Hochbegabtenberatung in der Praxis

Hochbegabtenberatung in der Praxis

Ein Leitfaden für ehrenamtliche Berater, Erzieher, Lehrer, Ärzte und Psychologen

2., erweiterte Auflage

von

Anna Julia Wittmann
und Heinz Holling

unter Mitarbeit von

Christina Schwarz, Marie-Christine Eck
und Verena Temminghoff

 Hogrefe

Göttingen · Bern · Toronto · Seattle · Oxford · Prag

Dr. phil. Anna Julia Wittmann, geb. 1971. 1991-1998 Studium der Psychologie in Münster. 1996-1997 Mitarbeiterin in einem Heilpädagogischen Kinderheim in Berlin. 1998 Seminar in Counseling Psychology an der San Diego State University in Kalifornien, USA. 1999-2001 Wissenschaftliche Mitarbeiterin an der Universität Münster. 1999-2004 Ausbildung in Person-zentrierter Psychotherapie in Bielefeld. Seit Ende 2001 Mitarbeiterin in einer Frauen- und Mädchenberatungsstelle in Magdeburg. 2002 Promotion.

Prof. Dr. Heinz Holling, geb. 1950. 1969-1976 Studium der Psychologie, Soziologie und Mathematik in Würzburg und Berlin. 1980 Promotion. 1987 Habilitation. Seit 1993 Professor für Psychologie an der Westfälischen Wilhelms-Universität Münster.

Bibliografische Information Der Deutschen Bibliothek

Die Deutsche Bibliothek verzeichnet diese Publikation in der Deutschen Nationalbibliografie; detaillierte bibliografische Daten sind im Internet über <http://dnb.ddb.de> abrufbar.

© 2001, 2004 Hogrefe Verlag GmbH und Co. KG
Göttingen · Bern · Toronto · Seattle · Oxford · Prag
Rohnsweg 25, 37085 Göttingen

http://www.hogrefe.de
Aktuelle Informationen · Weitere Titel zum Thema · Ergänzende Materialien

Umschlagbild: Angela Ziche, Berlin
Fotografische Gestaltung: Manfred Schoon und Ulrich Zink, Münster
Druck: Kaestner, 37124 Göttingen-Rosdorf
Printed in Germany
Auf säurefreiem Papier gedruckt

ISBN 3-8017-1807-7

Inhaltsverzeichnis

Vorwort zur 1. Auflage IX

Danksagung XI

„Read me First": Wichtige Hinweise zum Aufbau
dieses Leitfadens XII

Einleitung 1

Grundlagen der Hochbegabung 6

Teil I: Das telefonische oder persönliche Beratungs-
        gespräch 19

1   Einstieg in das Gespräch: Anliegen erkunden 23

1.1 Kontextinformationen sammeln: Wer sucht Beratung für wen?   23

> **Gesprächsführung I – Wie Sie dem Anliegen
> des Klienten auf die Spur kommen können** 23
> 1. Aktives Zuhören
> 2. Fragen stellen

1.2 Anliegen ausmachen 31

1.3 Abgleichen von Erwartungen des Klienten
      und Möglichkeiten des Beraters 32

> **Selbsthilfe für den Helfer I: Eigene Kompetenzen
> sowie Grenzen kennen und deutlich machen** 33

2   Kern des Gesprächs: Auf Anliegen eingehen 39

2.1 Informationsvermittlung 39

2.2 Persönliche Aussprache 43

> **Gesprächsführung II – Wie Sie dem Klienten
> emotionale Entlastung bieten können** 44
> 1. Gefühle des Klienten erkennen und wiedergeben
> 2. Sprachliche Ausdrucksformen

Selbsthilfe für den Helfer II: Umgang mit Verzweiflung . 53

2.3 Problemklärung 55

**Gesprächsführung III – Wie Sie mit dem Klienten
Veränderungen planen können** 56
1. Lösungswege finden
2. Stellung nehmen

**Selbsthilfe für den Helfer III: Umgang mit schwierigen
Beratungssituationen** 68

3   Abschluss des Gesprächs: Perspektiven schaffen 74

3.1 Zusammenfassung der Gesprächsergebnisse 74

**Gesprächsführung IV – Wie Sie den Überblick behalten:
Protokollieren und Strukturieren** 75

3.2 Absprachen 85

Selbsthilfe für den Helfer IV: Vermeiden von Burnout . 86

Exkurs: Besonderheiten der Beratung in Gruppen . . . 95

1   Gründung einer (Selbsthilfe-)Gruppe 98

1.1 Die Gründung planen 98

1.2 Erste Kontaktaufnahme mit den Gruppenteilnehmern 99

2   Leitung einer Beratungsgruppe 101

**Teil II: Zentrale Problem- und Fragestellungen sowie
           Möglichkeiten der Hilfe** 105

1   Bereich Anforderung und Leistung 109

1.1 Schulische Unterforderung 109

1.2 Underachievement 118

1.3 Mangelnde Lern- und Arbeitstechniken 127

1.4 Lese-Rechtschreib-Schwierigkeiten 135

1.5 Perfektionismus 142

2 Zwischenmenschlicher Bereich 150

2.1 Isolation 150

2.2 Mobbing in der Schule 162

2.3 Aggressivität 172

2.4 Konflikte in der Familie 182

2.5 Schwierigkeiten in der Lehrer-Schüler- und der
    Lehrer-Eltern-Beziehung 192

3 Innerpsychischer Bereich 205

3.1 Aufmerksamkeitsdefizit-/Hyperaktivitätsstörung 205

3.2 Ängstlichkeit 215

3.3 Psychosomatische Beschwerden 225

3.4 Depressionen 234

3.5 Suizidalität 243

Literaturverzeichnis 253

Anhang: Adressverzeichnis 265

1 Beratung, Psychotherapie und Selbsthilfe 269

1.1 Überregionale Anlaufstellen speziell zum Thema
    „Hochbegabung" 269

1.2 Allgemeine Anlaufstellen 275

1.3 Anlaufstellen zu spezifischen Problem- und
    Fragestellungen 276

1.4 Institutionen, die bei der Suche nach den richtigen
    Ansprechpartnern für ein spezielles Problem
    Unterstützung bieten 283

2   Begabtenförderung 288

2.1 Institutionen, die Fördermaßnahmen anbieten 288

2.2 Schulen für hochbegabte Kinder mit bundesweitem
     Einzugsgebiet 291

2.3 Förderangebote im Internet 295

2.4 Lernsoftware 297

**3   Fortbildung und Unterrichtsmaterialien für Lehrer
     und Erzieher** 299

3.1 Anbieter von Fortbildungsveranstaltungen 299

3.2 Unterrichts- und Spielmaterialien 301

Stichwortverzeichnis 305

Vorwort zur 1. Auflage

Begabtenförderung ist zu Beginn des neuen Millenniums in Deutschland kein Tabuthema mehr. Das war lange nicht selbstverständlich. Nachdem der Elitebegriff von den Nationalsozialisten für ihre Ideologie des Rassenwahns und des Führerprinzips vereinnahmt worden war, brauchte es Jahrzehnte, bis das verständliche Misstrauen überwunden war. Der Bewusstseinswandel war zum einen Folge einer unvorbelasteten internationalen Entwicklung, die Begabung und Leistung ganz unbefangen thematisierte. Der Wandel kam aber zum anderen auch aus der wachsenden Einsicht, dass unsere Abhängigkeit vom reibungslosen Funktionieren einer durchrationalisierten Alltagswelt Spitzenbegabungen vielfältiger Art voraussetzt, die man fördern kann und fördern sollte. Dabei ist die Förderung besonderer Begabungen um so effektiver, je früher sie einsetzt und je planmäßiger sie fortgeführt wird. Jedes Kind hat Stärken und Schwächen. Die Stärken zu erkennen und das Beste daraus zu machen, verdient Anerkennung und Förderung.

Unterschiedliche Begabungen bedürfen unterschiedlicher Förderung. Gefragt ist dazu nicht nur der Rat von Experten, die das Thema Begabtenförderung nicht selten auch gerade erst entdecken. In unserer pluralen Welt hat sich neben der Wissenschaft und anderen Institutionen in amtlicher oder freier Trägerschaft die Selbsthilfe als unverzichtbares Angebot für unabhängigen Rat und Information fest etabliert. Die Erfahrung zeigt, dass diese Form authentischer Beratung eine eigene Funktion hat, die professionellen Rat nicht überflüssig, sondern effektiver macht. Bei der Beratung von Eltern und Lehrkräften geht es nicht nur um Konzepte, sondern auch um Fragen der Durchsetzung, bei denen sich Experten gerne heraushalten. Hier vertritt u. a. die Deutsche Gesellschaft für das hochbegabte Kind e.V. (DGhK) die Interessen der Hochbegabten und bietet in gegenwärtig bundesweit 17 Regionalverbänden und -vereinen unentgeltliche Beratung an.

Es ist das gemeinsame Anliegen der DGhK und des Bundesministeriums für Bildung und Forschung, das Beratungsangebot für begabte Kinder und Jugendliche in Deutschland zu optimieren. Diese Ausgangslage hat das Projekt dieses Beratungsleitfadens auf den Weg gebracht. Das unseres Erachtens in jeder Hinsicht vorzeigbare Ergebnis verdankt seine Entstehung der Mitwirkung vieler Eltern, vieler Beraterinnen und Berater und nicht zuletzt der Förderung des Bundesministeriums für Bildung und Forschung. Ein besonderer Dank gilt Herrn Prof. Heinz Holling und seiner Mitarbeiterin Frau Dipl.-Psychologin Anna Wittmann, beide Universität Münster. Ihnen ist es mit Sachverstand und

Augenmaß gelungen, aus den Erkenntnissen einer umfangreichen empirischen Untersuchung sowie den Anregungen und reflektierten Erfahrungen der Praxis einen handhabbaren Leitfaden zu generieren.

Dr. Michael Breland   Beate Anders
Bundesministerium für   Bundesvorsitzende der
Bildung und Forschung   Deutschen Gesellschaft für
                                               das hochbegabte Kind

Danksagung

Wir danken den vielen ehrenamtlichen Beraterinnen und Beratern der DGhK für ihr großes Engagement, mit dem sie tatkräftig an der Durchführung der diesem Buch zugrunde liegenden Studien sowie der Konzeption des Buches selbst mitgewirkt haben. Da sie unentgeltlich eine sehr wertvolle Arbeit leisten, die mit einem enormen Zeitaufwand verbunden ist, wissen wir es sehr zu schätzen, dass sie ihre Kompetenzen, die sie in langjähriger praktischer Erfahrung gewonnen haben, außerdem auch hier eingebracht haben.

Für konstruktive Anregungen nach dem Lesen des Manuskripts oder von Teilen desselben möchten wir uns außerdem bei Frau Christa Dieterle, Herrn Dipl.-Päd. Olaf Jantz, Frau Monika Jost, Herrn Lothar Petrikowski, Frau Dipl.-Psych. Franzis Preckel, Herrn Klaus Schwartze, Frau Margret Unger und Frau Gerlinde Wittmann bedanken.

Folgenden Expertinnen und Experten, die – entsprechend ihrer jeweiligen Fachgebiete – die Kapitel über zentrale Problem- und Fragestellungen in der Hochbegabtenberatung in Teil II dieses Leitfadens kritisch geprüft haben, sei ebenfalls gedankt: Frau Prof. Renate de Jong-Meyer, Herrn Dr. Wolfgang Droll, Herrn Dr. Christian Fischer, Frau Dipl.-Psych. Gudrun Görlitz, Frau Dipl.-Psych. Christa Hartmann, Herrn Prof. Gerhardt Lauth, Frau Dipl.-Psych. Sigrid Meurer, Herrn Prof. Franz Petermann, Herrn Dr. Helmut Quitmann, Frau Dr. Mechthild Schäfer und Frau Dr. Bärbel Steverding.

Für ihre Beiträge zu einzelnen Kapiteln in Teil II des Leitfadens und/oder ihr sonstiges vielfältiges Engagement innerhalb des Projekts danken wir den damaligen studentischen Hilfskräften und jetzigen Diplom-Psychologinnen Frau Nicole Baltruschat, Frau Marie-Christine Eck, Frau Christina Schwarz, Frau Verena Temminghoff und Frau Miriam Vock sowie den damaligen Praktikantinnen Frau Katja Höffgen, Frau Elena Kotschunz, Frau Stefanie Kuschel, Frau Kristina Wulf und Frau Beate Ziegler.

Ein ganz besonders herzlicher Dank für hilfreiche inhaltliche aber genauso auch persönliche Unterstützung gilt außerdem Frau Dipl.-Psych. Susanne Hallmann, Frau Dipl.-Psych. Eva Nau und Herrn Christoph Werner. Auch all jenen, die hier namentlich nicht erwähnt sind, sich jedoch ebenfalls in dem Projekt engagiert haben, sei unser Dank ausgesprochen.

Münster und Magdeburg, April 2004   Anna Julia Wittmann
                                                 Heinz Holling

„Read me First": Wichtige Hinweise zum Aufbau dieses Leitfadens

Unser Anliegen ist es, mit Hilfe dieses Buches Personen, die in der Hochbegabtenberatung tätig sind, praxisorientiert zu unterstützen. Hier soll zunächst kurz dargelegt werden, auf welche wissenschaftliche Grundlage es sich stützt, an wen es sich im Einzelnen richtet und wie es aufgebaut ist.

Empirischer Hintergrund

Der vorliegende Leitfaden zur Hochbegabtenberatung basiert auf Studien, die wir, eine Forschungsgruppe der Universität Münster, in Kooperation mit der Deutschen Gesellschaft für das hochbegabte Kind e. V. (DGhK)[1] durchgeführt haben. Diese Studien wurden vom Bundesministerium für Bildung und Forschung gefördert und hatten das Ziel, eine Bestandsaufnahme der Beratungstätigkeit der DGhK vorzunehmen und darauf aufbauend Strategien zu entwickeln, mit deren Hilfe die Beratung noch effizienter und adressatengerechter gestaltet werden kann. Im Rahmen des Forschungsprojekts wurden zunächst die zentralen Beratungsanlässe erfasst, mit denen sich Eltern, Lehrer und andere Bezugspersonen von Kindern, bei denen eine Hochbegabung vorliegt oder vermutet wird, an die DGhK und auch an die Schulpsychologischen Dienste wenden. Zu diesem Zweck kamen eine Reihe von Datenerhebungsmethoden zum Einsatz:

- Mit einem detaillierten Protokollbogen zeichneten Berater der DGhK über einen Zeitraum von sechs Monaten ihre Beratungsgespräche auf.
- In Telefoninterviews mit Personen, die früher bei der DGhK Beratung gesucht hatten und mittlerweile selbst Mitglied waren, wurde erfragt, aus welchen Gründen sie sich damals an die DGhK gewandt hatten und wie sie dort beraten worden waren.
- Weitere wichtige Informationen erbrachten schriftliche Befragungen von Eltern, die in jüngerer Zeit eine Beratung bei der DGhK in Anspruch genommen hatten.
- Außerdem wurden Lehrer von Grundschulen und Gymnasien nach ihren Schwierigkeiten im Umgang mit (vermutlich) hochbegabten Kindern befragt.

---

1 Die DGhK ist ein ehrenamtlich arbeitender Verein, der als wichtigen Bestandteil seiner Arbeit Beratung zum Thema „Hochbegabung" anbietet, die meist telefonisch, häufig in Form von Elterngesprächskreisen und manchmal auch in persönlichen Gesprächen erfolgt.

– Darüber hinaus erfolgte eine schriftliche Befragung der Schulpsychologischen Dienste in Deutschland zu den Gründen, aus denen Eltern und Lehrer (vermutlich) hochbegabter Kinder bei Schulpsychologen Beratung suchen.

Die gewonnenen Daten wurden im Hinblick auf typische und schwierige Beratungsanlässe wie auch Beratungssituationen analysiert, mit denen sich die Berater der DGhK und der Schulpsychologischen Dienste konfrontiert sehen. Im Anschluss an die aufgeführten Erhebungen und ihre Auswertung erfolgte gemeinsam mit den Beratern der DGhK und einzelnen Schulpsychologen eine Erarbeitung von Strategien, die dazu geeignet sind, die Beratungstätigkeit zu optimieren. Darauf aufbauend wurde dieser Beratungsleitfaden erstellt. Da es sich dabei um ein Praxishandbuch handelt, werden die oben genannten Studien hier nicht ausführlicher geschildert. Detaillierte Erläuterungen der durchgeführten Untersuchungen mit Angaben von Stichprobengrößen und -zusammensetzungen, Rücklaufquoten etc. finden sich in dem ebenfalls im Hogrefe-Verlag erschienenen Buch „Hochbegabtenberatung. Theoretische Grundlagen und empirische Analysen" von Wittmann (2003).

Zielgruppen und Ziele

Da in unserem Forschungsprojekt sowohl bei der Bestandsaufnahme der Beratungsanlässe als auch bei der Optimierung der Beratungstätigkeit die Selbsthilfe-Beratung, nämlich die Beratung durch Mitglieder der DGhK, im Mittelpunkt stand, berücksichtigt dieser Leitfaden explizit die Beratung durch ehrenamtliche Kräfte. Seine Anwendung setzt keine psychologisch-beraterische Ausbildung voraus. Deshalb kann er auch Lehrern und Erziehern, die mit ihren Schülern bzw. ihren zu betreuenden Kindern, deren Eltern sowie mit Kollegen helfende Gespräche zur Prävention und Bewältigung von Schwierigkeiten führen, gute Unterstützung bieten. Professionelle Berater wie Psychologen, Sozialpädagogen oder Kinderärzte können mit seiner Hilfe ihr bereits vorhandenes Wissen vertiefen. Für diejenigen, die Fortbildungen für die genannten Personen- und Berufsgruppen anbieten, enthält dieses Buch sicherlich ebenfalls einige nützliche Informationen.

Selbsthilfe-Beratung sowie nebenberufliche und professionelle Beratung haben jeweils ihren eigenen Stellenwert und können sich nicht ersetzen, sollten sich jedoch sinnvoll ergänzen. Mit diesem Buch möchten wir dazu beitragen, dass diese Formen der Hilfe optimal ineinander greifen.

Ihnen als **Selbsthilfe-Beratern** vermittelt der Leitfaden Informationen über die in Ihrem Beratungskontext *zentralen Problem- und Fragestellungen* sowie *grundlegendes Beratungs-Know-how*. Die Auswahl dieser Informationen und Beratungstechniken stützt sich dabei auf die empirischen Erkenntnisse, die im Rahmen des Projekts zur Beratungstätigkeit der DGhK (s. o.) gewonnen wurden. Auf diese Weise möchten wir Sie in Ihrem Anliegen unterstützen, hochbegabten Kindern zur Förderung und zu einer gesunden psychischen Entwicklung zu verhelfen.

Als Selbsthilfe-Berater zeichnen Sie sich dadurch aus, dass Sie *eigene Erfahrungen mit dem Thema* haben. Von manchen professionellen Beratern wird bezweifelt, dass „persönliche Betroffenheit" eine brauchbare Grundlage für die Beratungsarbeit darstellt. Tatsache ist jedoch, dass in Deutschland ein großer Teil der Hochbegabtenberatungen von Selbsthilfe-Beratern durchgeführt wird und dass durch den persönlichen Bezug häufig ein besonderes Engagement entsteht. Unsere Untersuchungen haben gezeigt, dass die Solidarität, die Klienten bei Ihnen erfahren, für viele eine unentbehrliche Unterstützung zur Bewältigung ihrer Probleme bedeutet. Diese ureigene Selbsthilfekompetenz können Sie durch fundiertes Wissen, das Sie u. a. in diesem Beratungsleitfaden finden, ergänzen. Durch eine derartige Kombination von Fähigkeiten und Kenntnissen wird es Ihnen möglich, Ihren Klienten wirkungsvoll zu helfen: Sie können mit ihnen klären, welche Unterstützung sie brauchen und möchten, was Sie ihnen davon geben können und wo sie weitere Hilfen finden. In einigen Fällen führen diese weiteren Hilfen zu hauptberuflich tätigen Beratern und Psychotherapeuten. Durch das Gespräch mit Ihnen gestärkt und informiert, können Ihre Klienten diese Helfer dann gezielt und mit größerem Selbstbewusstsein aufsuchen.

Ihnen als **Lehrern** oder Angehörigen anderer Berufsgruppen, zu deren Tätigkeitsbereich grundsätzlich auch das Führen von helfenden oder beratenden Gesprächen gehört, bietet der Leitfaden eine Einführung in grundlegende Gesprächs- und Beratungstechniken. Diese elementaren Kommunikationshilfen sind allgemeiner Natur. Deshalb ist ihre Verwendung prinzipiell in jedem Beratungskontext förderlich, sei es in einem Gespräch mit einem hochbegabten Schüler, mit den Eltern eines schwach begabten Schülers, mit einem „schwierigen Kollegen" etc. Im zweiten Teil des Buches finden Sie Informationen zu den zentralen Schwierigkeiten, die im Umgang mit hochbegabten Schülern – und oftmals auch mit normal begabten – auftreten können (s. hierzu die weiter unten gegebenen Erläuterungen zur Spezifität der behandelten Beratungsthemen). Außerdem werden Ihnen Anregungen gegeben, wie diese Schwierigkeiten verhindert oder bewältigt werden können. Über das hinaus, was Sie selbst leisten können, werden Sie einige Schüler und ihre Eltern wahrscheinlich an eine Selbsthilfegruppe und/oder an den Schulpsychologischen Dienst bzw. eine andere Beratungsstelle verweisen, um die Bewältigung solcher Schwierigkeiten von diesen Seiten aus zu unterstützen.

Ihnen als **hauptberuflich tätigen Beratern** bzw. als solchen, die es werden wollen, kann dieses Buch einen ersten Zugang zu einer Gruppe von Klienten vermitteln, die in letzter Zeit zunehmend häufiger Beratung suchen: Eltern, Lehrer und sonstige Bezugspersonen von Kindern, die hochbegabt sind bzw. bei denen die Bezugspersonen eine Hochbegabung vermuten, sowie diese Kinder selbst. Teil II des Buches bereitet Sie darauf vor, welche Problem- und Fragestellungen in Hochbegabtenberatungen auftauchen und liefert dazu einige Hintergrundinformationen sowie Interventionsempfehlungen. Für Interventionen, bei denen Sie die Entwicklungs- und Veränderungsschritte der Klienten längerfristig begleiten, wie z. B. die Durchführung einer Psychotherapie, sind

Sie der Experte: Sie arbeiten damit dort weiter, wo Selbsthilfe-Beratung sowie nebenberufliche Beratung und auch dieser Beratungsleitfaden enden.

Unabhängig davon, in welcher Form Sie beratend tätig sind, ist das Ziel des Leitfadens, Sie möglichst praxisnah bei der Beratung von Eltern und anderen Bezugspersonen hochbegabter Kinder sowie von hochbegabten Jugendlichen zu unterstützen. Dazu dienen u. a. die in diesem Buch ausführlich dargestellten Beratungstechniken. Bei der Beschäftigung damit werden einige von Ihnen Neuland betreten. Für diejenigen unter Ihnen, die diese Beratungstechniken bereits kennen, sowie für diejenigen, die sie bereits intuitiv anwenden, bietet sich die Chance, an ihrer Ausgestaltung zu feilen, sie zu erweitern, sie gezielter einzusetzen und auch, sich Ihrer bereits vorhandenen Kompetenzen *bewusst* zu werden. Auf dieser Grundlage können Sie Ihre Beratungsgespräche dann mit größerem Selbst*bewusst*sein führen.

Aufbau

An den Anfang dieses Buches haben wir – nach einer Einleitung, in der die Begriffe „Hochbegabung" und „Hochbegabtenberatung" bereits kurz erläutert werden – ein Kapitel über wesentliche Grundlagen zur Hochbegabung gestellt. Darin nehmen wir eine etwas ausführlichere Definition von Hochbegabung vor und gehen auf die psychische und soziale Entwicklung von Hochbegabten ein. Außerdem geben wir einen kurzen Überblick über schulische Fördermaßnahmen. Entsprechend der oben genannten Zielgruppen und Intentionen des Leitfadens gestaltet sich der weitere Aufbau wie folgt:

Teil I: Das telefonische oder persönliche Beratungsgespräch orientiert sich in seiner Konzeption am chronologischen Verlauf eines Beratungsgesprächs. Er ist in drei Kapitel gegliedert: 1. Einstieg in das Gespräch, 2. Kern des Gesprächs und 3. Abschluss des Gesprächs. In jedem Kapitel werden die spezifischen Aufgaben besprochen, die der jeweilige Gesprächsabschnitt an Sie stellt. *Teil II* beschreibt *zentrale Problem- und Fragestellungen sowie Möglichkeiten der Hilfe* in der Hochbegabtenberatung und ist in insgesamt 15 thematische Kapitel untergliedert. Durch die in Teil I und II vermittelten Informationen möchten wir Sie unterstützen, drei wichtige Fähigkeiten zu trainieren, die Ihnen bei der Beratung helfen:

a) *Kommunikative Kompetenz*:
Aufgrund seiner bisherigen Lebens- und Beratungserfahrungen, (Berufs-) Ausbildungen etc. besitzt bereits jeder Berater eine gewisse Übung in der Gestaltung von Interaktionen mit anderen. Um die eigenen Möglichkeiten der Gesprächsführung auszubauen, bietet der Beratungsleitfaden eine Einführung in die wichtigsten „Techniken der Gesprächsführung". Diese Techniken werden in Teil I des Leitfadens in vier Blöcken dargestellt (Gesprächsführung I-IV), die jeweils in den Gesprächsabschnitten geschildert werden, in denen sie am stärksten zum Einsatz kommen. Da mit den grundlegenden Aspekten begonnen und zu spezielleren Techniken fortgeschritten wird, sind

die vorher vorgestellten Kommunikationsformen immer auch in nachfolgenden Gesprächsabschnitten von Bedeutung. Wie oben bereits erwähnt, sind die Gesprächsführungstechniken universeller Natur, also nicht für die Hochbegabtenberatung spezifisch, und ihre Kenntnis deshalb auch für die Beratungstätigkeit in anderen Kontexten hilfreich.

b) *Selbstkompetenz*:
Als Berater helfen Sie häufig anderen, große Lasten zu tragen. Damit Sie Ihre Kräfte dabei nicht erschöpfen, ist es für Sie wichtig, auch auf sich selbst, d. h. auf Ihr eigenes Wohlergehen Acht zu geben. Deshalb ist in Teil I des Leitfadens an vier Stellen ein Abschnitt „Selbsthilfe für den Helfer" eingefügt, der Ihnen Anregungen geben möchte, mit den Belastungen umzugehen, die in der Beratung entstehen können.

c) *Sachkompetenz*:
Berater sollten sich mit den Problemen, die ihre Klienten Unterstützung suchen lassen, möglichst gut auskennen. Die in Teil II des Buches besprochenen 15 Beratungsthemen wurden deshalb selektiert, weil sie sich in unseren Studien zur Beratungstätigkeit der DGhK und in unserer Befragung von Schulpsychologen als besonders relevant erwiesen (s. o.). Da sich hochbegabte Kinder in ihrer Persönlichkeitsstruktur nicht systematisch von anderen Kindern unterscheiden (s. Einleitung und Kapitel „Grundlagen der Hochbegabung"), verwundert es nicht, dass sich die in der Hochbegabtenberatung relevanten Themen mit denen in anderen Beratungskontexten überschneiden. Probleme, die für Hochbegabte spezifisch sind, werden in Kapitel II.1.1 und II.1.2 erörtert: „Unterforderung" sowie „Underachievement". Die übrigen in Teil II behandelten Beratungsthemen kommen z. B. auch in der Erziehungsberatung oder der allgemeinen Schulpsychologischen Beratung (häufig) vor. Insofern können sie ebenso mit Gewinn für die Beratung normal begabter Kinder und ihrer Bezugspersonen gelesen werden.

In Form eines Exkurses zwischen Teil I und Teil II (*Besonderheiten der Beratung in Gruppen*) werden zusätzlich einige spezifische Aspekte der Gruppenberatung dargestellt. Dieser Teil ist für jene Berater gedacht, die sich mit dem Gedanken tragen, einen Gesprächskreis für Eltern, Lehrer oder andere Bezugspersonen hochbegabter Kinder zu gründen bzw. die bereits einen solchen Kreis leiten.

Im Anhang dieses Buches finden Sie ein Adressverzeichnis. Hier sind Anschriften, Telefonnummern und Homepages solcher Institutionen aufgeführt, die für Ihre Klienten oder Sie selbst weitere Unterstützung anbieten.

Verweise auf andere Kapitel beziehen sich – soweit nicht anders angegeben – jeweils auf Textpassagen, die sich im selben Teil des Buches befinden. Wird auf ein Kapitel in einem anderen Buchteil verwiesen, erfolgt ein expliziter Hinweis darauf.

Aus Gründen der leichteren Lesbarkeit haben wir darauf verzichtet, bei Personen- und Berufsbezeichnungen zusätzlich die weiblichen Formen zu verwenden. Natürlich sind jedoch stets beide Geschlechter gemeint. Werden im Leitfaden Beispiele angeführt, so wird nach männlichen und weiblichen Bezeichnungen differenziert.

Zur besseren Übersicht sind häufig vorkommende Textbausteine mit Symbolen gekennzeichnet. Im Folgenden finden Sie eine Legende, die die Bedeutung der einzelnen Symbole erklärt.

In Teil I verwendete Symbole:

Die Blöcke zur „Gesprächsführung" sind mit einem blauen Balken gekennzeichnet.

Die Abschnitte zur „Selbsthilfe für den Helfer" sind durch einen grauen Balken hervorgehoben.

Kästen, die Zusammenfassungen im Überblick beinhalten, sind mit gekennzeichnet.

Auf Kästen, die Übungen beschreiben, wird mit hingewiesen.

Kästen, die Hinweise, Anregungen oder hilfreiche Gesprächsregeln enthalten,

lassen sich an dem Symbol erkennen.

In Teil I und II verwendete Symbole:

Besonders wichtige Hinweise sind mit einem gekennzeichnet.

Verweise auf Angaben im Literaturverzeichnis erfolgen durch in eckige Klammern gesetzte Zahlen, z. B. [1].

Einleitung

Dieses Buch widmet sich der Hochbegabtenberatung. Deshalb möchten wir zu Anfang kurz erläutern, was wir unter Hochbegabung und Hochbegabtenberatung verstehen. Eine ausführlichere Einführung in die Thematik der Hochbegabung erfolgt im nächsten Kapitel, das Leser, die bereits über fundierte Kenntnisse hierzu verfügen, überschlagen können. Ansonsten sind dort einige grundlegende Informationen zu finden, die durch weitere Literatur vertieft werden sollten. Dazu bietet sich als leicht verständliche Lektüre die kostenlos beim Bundesministerium für Bildung und Forschung zu beziehende Broschüre *Begabte Kinder finden und fördern* an. Dieses Werk ist eine sehr gute Ergänzung zu dem vorliegenden Buch, da hier weitere für die Beratung wichtige Themenstellungen z. B. zur Förderung von begabten Schülern behandelt werden und zudem viele einschlägige Informationen – wie u. a. eine zum Teil kommentierte Literaturliste – aufgeführt sind. Als grundlegende Literatur zur Hochbegabung sei außerdem auf [1], [2] und [3] verwiesen.

Leider ist Hochbegabung ein unpräziser Begriff und wird im Alltag wie im wissenschaftlichen Kontext nicht einheitlich verwendet. Es lassen sich unterschiedliche Formen von Hochbegabung unterscheiden, so z. B. sportliche, musikalische oder intellektuelle Hochbegabung. Wir beschränken uns hier auf die intellektuelle Hochbegabung, die allgemein als Disposition bzw. Potential zu sehr hohen intellektuellen Leistungen definiert werden kann. Dass Intelligenz ein zentrales Bestimmungsstück für intellektuelle Hochbegabung – im Folgenden schreiben wir der Einfachheit halber wieder nur „Hochbegabung" – darstellt, ist unumstritten. Unter Wissenschaftlern gibt es jedoch einen Diskurs darüber, ob Hochbegabung außerdem durch weitere Merkmale festgelegt wird und wenn ja, um welche es sich dabei handelt. So erachten einige Forscher außer Intelligenz auch Kreativität und Motivation [4] sowie zusätzlich Umweltfaktoren [5] als konstituierende Bestandteile von Hochbegabung. Damit soll zum Ausdruck gebracht werden, dass hohe intellektuelle Leistungen beispielsweise in der Schule, im Studium oder im Beruf nicht durch eine hohe Intelligenz allein bedingt werden. Da Begabung dadurch aber indirekt mit einer (späteren) hohen Leistung gleichgesetzt wird, mit dem Begriff Begabung u. E. jedoch lediglich die Disposition bzw. das Potential für hohe Leistungen gemeint ist, schließen wir uns Definitionen, die über die Intelligenz hinaus weitere Bestimmungsmerkmale implizieren, nicht an. Ansonsten würde man Underachiever nicht als hochbegabt betrachten, da es sich dabei um Kinder handelt, die zwar eine sehr hohe Intelligenz besitzen, aber z. B. aufgrund eines (zeitweiligen) Motivationsmangels

im Vergleich mit ihrer Altersgruppe bzw. ihren Klassenkameraden nur durchschnittliche oder sogar unterdurchschnittliche Leistungen erbringen (s. Teil II,
Kap. 1.2).

Andere Faktoren als Intelligenz – wie die Motivation des Kindes und seine sonstigen nicht-kognitiven Persönlichkeitseigenschaften sowie das Erziehungsverhalten der Eltern und weitere Umweltmerkmale – halten wir unter diagnostischen Gesichtspunkten für relevant, da sie Moderatorwirkung besitzen: Ob ein
hohes intellektuelles Potential in besondere Leistungen umgesetzt wird und in
welchem Bereich sich die Leistungen zeigen, ist tatsächlich nicht allein von der
Ausprägung der Intelligenz abhängig, sondern wird durch diese Variablen beeinflusst [6, 7]. Sind sie derart beschaffen, dass sie die Leistungsentwicklung
behindern oder zumindest nicht fördern, stellen sie einen Ansatzpunkt für Veränderungen dar, die durch Beratung in Gang gesetzt werden können.

Wenn man nun Hochbegabung als sehr hohes intellektuelles Potential einer Person versteht, das in der Regel über einen Intelligenzquotienten (= IQ) von mindestens 130 in Intelligenztests definiert wird (s. dazu das folgende Kapitel),
stellt sich die Frage: Was genau ist Intelligenz? Auch hierzu existiert eine Vielzahl von Modellen. Ein sehr differenziertes und weithin akzeptiertes Modell ist
das Berliner Intelligenzstrukturmodell nach Jäger [8] (s. a. nächstes Kapitel).
Hier werden intellektuelle Leistungen durch vier operative Faktoren – Bearbeitungsgeschwindigkeit, Verarbeitungskapazität, Einfallsreichtum und Gedächtnis – sowie drei inhaltliche Faktoren – rechnerisches, sprachliches und
räumliches Denken – beschrieben. Damit ergeben sich insgesamt zwölf (4 x 3)
Leistungsbereiche, z. B. räumliches Gedächtnis oder sprachliche Verarbeitungskapazität. Die Leistungsfähigkeit einer Person ist häufig in allen zwölf Bereichen ähnlich hoch ausgeprägt, mitunter gibt es jedoch auch deutliche Unterschiede. Die über alle Bereiche gemittelte Leistungsfähigkeit stellt ein Maß für
die allgemeine Intelligenz dar.

Zusammenfassend lässt sich festhalten, dass in diesem Buch Hochbegabung als
Potential zu hohen Leistungen gesehen und darunter konkret eine sehr hohe
Ausprägung der allgemeinen Intelligenz verstanden wird. Eine hohe allgemeine
Intelligenz bildet die Voraussetzung, in verschiedenen intellektuellen Bereichen
hohe Leistungen zu erbringen, wobei spezifische Fähigkeiten, z. B. im mathe-
matischen oder verbalen Bereich, unterschiedlich stark ausgeprägt sein können.

Nun steht jedoch nicht das Thema „Hochbegabung" an sich im Mittelpunkt des
vorliegenden Buches, sondern es geht in erster Linie um geeignete Vorgehensweisen und wichtiges Hintergrundwissen für in der Hochbegabten*beratung* tätige Personen. In den diesem Leitfaden zugrunde liegenden Studien (s. Kapitel
„Read me first" sowie [9]) wurden Daten über Klienten von Hochbegabtenberatungen und nicht über Hochbegabte per se erhoben. Insofern beschreibt er
nicht, wie hochbegabte Kinder „sind", da nicht über hochbegabte Kinder im
Allgemeinen informiert wird, sondern über solche Kinder, derentwegen Eltern
oder andere Bezugspersonen bei einem Selbsthilfe-Verein oder einer anderen
Anlaufstelle für Hochbegabtenfragen Unterstützung suchen. Selbstverständlich

sind nicht alle diese Kinder tatsächlich hochbegabt im Sinne der erläuterten Definition. Dennoch werden sie bzw. ihre Bezugspersonen dort beraten, gehören also zu den Klienten, mit denen Sie als Berater zu tun haben (s. hierzu auch Teil I, S. 71 ff.). Im Kontext dieses Leitfadens meint Hochbegabtenberatung deshalb, dass die Vermutung einer Hochbegabung zu der Beratung geführt hat, nicht jedoch, dass das Kind, um das es dabei geht, immer einen Intelligenzquotienten von 130 oder höher aufweist. Wenn in diesem Buch von hochbegabten Kindern gesprochen wird, müsste es folglich an einigen Stellen genauer heißen: „Kinder, die für hochbegabt gehalten werden", um so auch die zuletzt genannte Gruppe von Kindern einzuschließen. Da eine solche Formulierung den Lesefluss jedoch stark beeinträchtigt, wird im weiteren Verlauf des Textes darauf verzichtet, diesen Nebensatz mit einzufügen.

Wie mittlerweile durch die Ergebnisse einer Reihe von fundierten Forschungsprojekten bestätigt wurde, unterscheiden sich hochbegabte Kinder – abgesehen von ihren kognitiven Fähigkeiten – nicht systematisch von anderen Kindern [3, 10, 11]. Entgegen der früheren Annahme einer besonderen emotionalen Labilität hochbegabter Kinder entwickeln sie tatsächlich nicht häufiger psychische Störungen als andere Kinder auch. Von der Tendenz her sind hochbegabte Kinder sogar eher psychisch stabiler. In diesem Buch (s. Teil II) werden an der einen oder anderen Stelle Überlegungen zu spezifischen Ursachen für die Entstehung von Problemen bei hochbegabten Kindern angestellt. Diese Aussagen sind nicht so zu verstehen, dass Hochbegabte insgesamt ein größeres Risiko für die Entwicklung dieser Probleme hätten. Gemeint ist hier lediglich, dass bestimmte Person-Umwelt-Konstellationen, in denen hochbegabte Kinder zum Teil leben, zur Herausbildung der beschriebenen Probleme führen können. In der Beratung ist es wichtig, um solche charakteristischen Risikofaktoren zu wissen, damit sie bemerkt und bei den Interventionen, zu denen Sie in diesem Buch ebenfalls Hinweise erhalten, berücksichtigt werden können.

Was sind nun wichtige Themen im Rahmen der Hochbegabtenberatung? Als primäre Problemstellungen der Beratungstätigkeit begegneten Elbing [12] während seiner langjährigen Beratungstätigkeit an der Begabungspsychologischen Beratungsstelle der Ludwig-Maximilians-Universität München vor allem Elternprobleme bezüglich der Erziehung ihrer Kinder, die sich folgendermaßen zusammenfassen lassen:

- Elterliche Unsicherheit aufgrund der Beobachtung: „Mein Kind ist offensichtlich anders".
- Elterliche Bedürfnisse, Klarheit über die (vermuteten) kindlichen Fähigkeiten (Niveau und Schwerpunkt der Fähigkeiten ihres Kindes) zu bekommen.
- Das Gefühl der Eltern, inadäquat auf die Erziehung ihrer „außergewöhnlichen" Kinder vorbereitet zu sein.
- Unsicherheit bezüglich der Frage: Was ist die passende Schule für mein Kind?
- Bedürfnis nach Unterstützung in der Gestaltung anregender und entwicklungsbegünstigender häuslicher Umwelt.

- Informationen bezüglich der real verfügbaren Fördermöglichkeiten (Spezialschulen, enrichment-Möglichkeiten, Akzelerationsmaßnahmen, private Fördermöglichkeiten, Kontakte mit ähnlichen Kindern).
- Unterstützung im Umgang mit Schule und Lehrkräften.
- Unterstützung beim Zurechtkommen mit underachievement, Motivationsdefiziten, Selbstkontrolldefiziten, sozialen Schwierigkeiten und aggressivem Verhalten.
- Bedürfnis nach Anregungen für adäquateren Umgang mit typischen Merkmalen begabter Kinder wie Hartnäckigkeit, Perfektionismus, erhöhte Sensibilität, Introversion, Einsamkeit, Depression, Ausweichverhalten, Aufgabenverweigerung, defizitäre Empathie.
- Anregungen für den Umgang mit der erhöhten Spannungssituation in der Familie als Folge spezieller Bedürfnislagen begabterer Kinder.
- Bedürfnis nach Verständnis der eigenen Unsicherheit im Umgang mit dem Kind, bisweilen aber auch Suche nach Bestätigung des eigenen Standpunktes bei fehlender Änderungsbereitschaft (S. 24 f).

Die meisten der von Elbing aufgeführten Themen sind Gegenstand von Teil II dieses Buches. Ausschlaggebend für die Auswahl der von uns selektierten Problemstellungen waren jedoch nicht die Erfahrungen einzelner Beratungsstellen, sondern die Ergebnisse systematischer empirischer Untersuchungen. Mit ihnen analysierten wir die Beratungstätigkeit von Mitgliedern der DGhK sowie von Schulpsychologen und ermittelten diejenigen Themen- bzw. Problemstellungen im Rahmen ihrer Hochbegabtenberatung, die besonders häufig auftraten und/oder sich als besonders schwierig erwiesen (s. Kapitel „Read me first" sowie [9]). Damit ist die Auswahl der Beratungsthemen auch auf diese Gruppen von Beratern zugeschnitten und sicherlich nicht erschöpft. Hier nicht behandelte Fragestellungen sind in der einschlägigen Fachliteratur nachzulesen. Sehr umfassende und grundlegende Informationen für die Beratung von hochbegabten Kindern und Jugendlichen hinsichtlich schulischer Fragestellungen, wie Einschulung, Überspringen von Klassen, speziellen Schulzweigen, Spezialschulen oder Enrichment-Maßnahmen, finden sich in [13].

Literatur

[1] Feger, B. & Prado, T. M. (1998). *Hochbegabung: Die normalste Sache der Welt.* Darmstadt: Primus Verlag.

[2] Holling, H. & Kanning, U. P. (1999). *Hochbegabung: Forschungsergebnisse und Fördermöglichkeiten.* Göttingen: Hogrefe.

[3] Rost, D. H. (2000). Grundlagen, Fragestellungen, Methoden. In D. H. Rost (Hrsg.), *Hochbegabte und hochleistende Jugendliche. Neue Ergebnisse aus dem Marburger Hochbegabtenprojekt* (S. 1–91). Münster: Waxmann.

[4] Renzulli, J. S. (1978). What makes giftedness? Reexamining a definition. *Phi Delta Kappan, 60,* 180–185.

[5] Mönks, F. J. (1990). Hochbegabtenförderung als Aufgabe der Pädagogischen Psychologie. *Psychologie in Erziehung und Unterricht, 34,* 243–250.

[6] Gagné, F. (1993). Constructs and models pertaining to exceptional human abilities. In K. A. Heller, F. J. Mönks & A. H. Passow (Eds.), *International handbook of research and development of giftedness and talent* (pp. 69–87). Oxford: Pergamon.

[7] Ziegler, A. & Heller, K. A. (2000). Conceptions of giftedness from a meta-theoretical perspective. In K. A. Heller, F. J. Mönks, R. J. Sternberg & R. F. Subotnik (Eds.), *International handbook of giftedness and talent* (S. 3–21). Oxford: Elsevier.

[8] Jäger, A. O. (1984). Intelligenzstrukturforschung: Konkurrierende Modelle, neue Entwicklungen, Perspektiven. *Psychologische Rundschau, 35,* 21–35.

[9] Wittmann, A. J. (2003). *Hochbegabtenberatung. Theoretische Grundlagen und empirische Analysen.* Göttingen: Hogrefe.

[10] Kovaltchouk, O. L. (1998). *Hochbegabte Jugendliche und ihre Peer-Beziehungen.* Regensburg: Roderer.

[11] Rost, D. H. & Hanses, P. (1994). Zum Selbstkonzept hoch- und durchschnittlich begabter Kinder. *Zeitschrift für Psychologie, 202,* 379–404.

[12] Elbing, E. (2000). *Hochbegabte Kinder – Strategien für die Elternberatung.* München: Reinhardt.

[13] Holling, H. (2001). Schulische Begabtenförderung in den Ländern der Bundesrepublik Deutschland. In Bund-Länder-Kommision für Bildungsplanung und Forschungsförderung (Hrsg.), *Begabtenförderung – ein Beitrag zur Förderung von Chancengleichheit in Schulen – Orientierungsrahmen* (S. 27–270). Materialien zur Bildungsplanung und Forschungsförderung, Heft 91. BLK. Bonn.

Grundlagen der Hochbegabung

Im Alltag wird Hochbegabung nicht selten mystifiziert. So werden hochbegabte Menschen zuweilen als sonderbare Menschen mit einer erhöhten Neigung zum Neurotizismus oder zu anderen psychischen Störungen erachtet. Hiervon zeugt allein der oft zitierte Zusammenhang von Genie und Wahnsinn. Andere Alltagsvorstellungen gehen davon aus, dass Menschen mit einer außergewöhnlich hohen intellektuellen Begabung große Leistungen erbringen und steile Karrieren machen. Eine nüchterne Analyse vieler solcher Klischeevorstellungen nimmt Winner [1] in ihrer Monographie vor.

Eine Betrachtung der wissenschaftlichen Diskussion zur Hochbegabungsthematik zeigt, dass es z. T. beträchtliche Unterschiede in den Vorstellungen gibt, was Hochbegabung ist und welche Merkmale hochbegabte Personen auszeichnen. Im Folgenden stellen wir zunächst verschiedene Ansätze zur Definition von Hochbegabung dar. Anschließend gehen wir auf die psychische Entwicklung hochbegabter Personen ein. Den Abschluss dieses Kapitels bildet eine kurze Darstellung der wichtigsten schulischen Fördermaßnahmen.

Definition von Hochbegabung

Zunächst ist festzuhalten, dass unabhängig davon, wie Hochbegabung bzw. eine hohe Begabung im Einzelnen definiert wird, verschiedene Formen von Hochbegabung unterschieden werden können, insbesondere intellektuelle Hochbegabung, musische Hochbegabung im Bereich der Musik oder darstellenden Künste sowie sportliche Hochbegabung. Im vorliegenden Kontext geht es uns lediglich um die intellektuelle Hochbegabung.

Intellektuelle Hochbegabung stellt allgemein betrachtet das Potential bzw. die Disposition dar, sehr hohe intellektuelle Leistungen zu erbringen. Ob diese Leistungen realisiert werden, hängt von weiteren Faktoren wie Persönlichkeitsmerkmalen und der sozialen Umwelt ab.

Bisher vorgelegte Definitionen unterscheiden sich im Wesentlichen darin, wie die Disposition spezifiziert wird. Während Rost [2] lediglich eine hohe allgemeine Intelligenz als Bestimmungsmerkmal von Hochbegabung ansieht, werden in dem sogenannten Drei-Ringe-Modell der Begabung von Renzulli [3] drei Faktoren zur Definition von Hochbegabung herangezogen: überdurchschnittliche Fähigkeiten, Kreativität und Aufgabenverpflichtung beziehungsweise Aufgabenorientierung (s. Abb. 1).

Begabung

Abbildung 1: Drei-Ringe-Modell der Begabung von Renzulli [3]

Mönks [4] erweitert das Modell von Renzulli und geht von der Auffassung aus, dass das richtige Zusammentreffen von individuellen Anlagen und Bedürfnissen mit einer verständnisvollen und förderlichen Umwelt für die Entwicklung von entscheidender Bedeutung sei (s. Abb. 2). Daher berücksichtigt er neben den drei Faktoren, die bereits Renzulli in sein Modell einbezog, auch die soziale Umwelt als „Nährboden" für die Entwicklung der Begabungsanlagen. Als die drei wichtigsten Bereiche der sozialen Umgebung eines Kindes erachtet Mönks [4] die Familie, Schule und Freunde (hier Peers genannt).

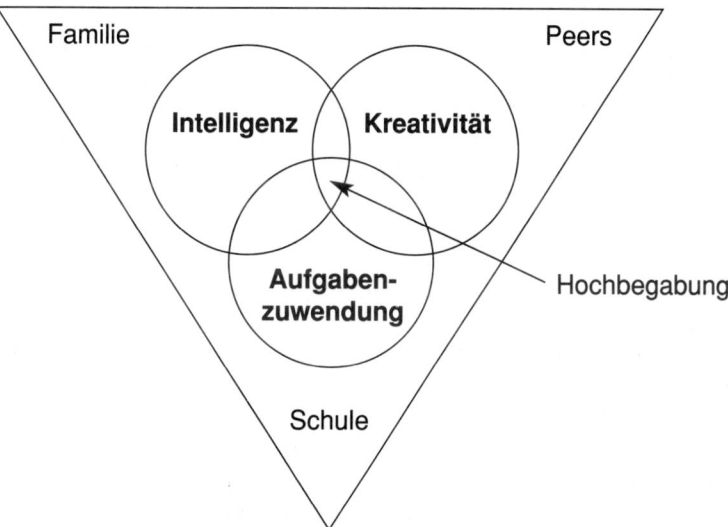

Abbildung 2: Triadisches Interdependenzmodell der Hochbegabung von Mönks [4]

Sicherlich sind nicht nur intellektuelle Faktoren für die Realisation von hohen Leistungen verantwortlich, wie an den sogenannten Underachievern zu sehen ist. Underachiever sind Schüler, die zwar über hohe intellektuelle Fähigkeiten verfügen, aber trotzdem – aus welchen Gründen auch immer – keine entsprechend guten schulischen Leistungen erbringen. Dennoch ist es für eine Definition des Begriffs intellektuelle Hochbegabung sinnvoll, lediglich die Disposition zu hohen intellektuellen Leistungen als entscheidendes Merkmal zu berücksichtigen und auf weitere Faktoren wie Motivation oder günstige Umweltfaktoren zu verzichten. Eine solche Definition stellt den allgemeineren Ansatz dar und benötigt zudem keine z. T. noch ungesicherten Annahmen darüber, wie intellektuelle Faktoren in Verbindung mit Persönlichkeitsmerkmalen und Umweltfaktoren zu hohen Leistungen führen.

In der Praxis ist die Frage, wie hochbegabte Personen ihr Potential bestmöglich realisieren können, natürlich entscheidend, da sich dessen Entfaltung, wie oben bemerkt, nicht automatisch vollzieht. So stellte Terman [5], der wohl die berühmteste Längsschnittstudie mit hochbegabten Personen durchführte (s. u.), in einem Vortrag als Emeritus-Professor an der Universität Berkeley fest, dass begabt zu sein noch nicht bedeutet, auch überdurchschnittliche Leistungen zu erbringen. Hohe Intelligenz könne nur im Zusammenspiel mit Durchsetzungsvermögen, Selbstvertrauen und einer positiv eingestellten sozialen Umgebung zu Leistungen auf hohem oder sehr hohem Niveau führen. Insofern sind umfassendere Modelle wie das Modell von Gagné [6] oder das Münchener (Hoch-)Begabungsmodell [7], die derlei Moderatorvariablen für die Umsetzung von Begabung in Leistung einbeziehen, eine wichtige Grundlage im Rahmen der theoretischen und praktischen Auseinandersetzung mit Fragen der Hochbegabung.

Es bleibt die Frage, welche intellektuellen Fähigkeiten mit welchem Ausprägungsgrad notwendig sind, um jemanden als intellektuell hochbegabt einzustufen. Über diese weitere Spezifikation herrscht in der einschlägigen Literatur keine Einigkeit. Betrachten wir zunächst die Frage, welche Dimensionen ein hohes intellektuelles Potential auszeichnen. Ist Kreativität wie im Ansatz von Renzulli [3] eine notwendige Komponente oder genügt die allgemeine Intelligenz als einzige Dimension wie im Ansatz von Rost [2]? Was genau bedeutet denn (allgemeine) Intelligenz?

Stern [8] definiert Intelligenz als „die allgemeine Fähigkeit eines Individuums, sein Denken bewußt auf neue Forderungen einzustellen; sie ist allgemeine geistige Anpassungsfähigkeit an neue Aufgaben und Bedingungen des Lebens" (S. 3). Wechsler [9], ein nicht minder bedeutender Intelligenzforscher, versteht unter Intelligenz „die globale oder zusammengesetzte Fähigkeit des Individuums, zweckvoll zu handeln, vernünftig zu denken und sich mit seiner Umgebung wirkungsvoll auseinanderzusetzen" (S. 13). Diese noch recht allgemeinen Definitionen erfahren eine Spezifikation durch umfassendere Intelligenzmodelle, von denen zahlreiche unterschiedliche entwickelt wurden. Die neueren Modelle gehen von mehreren Komponenten der Intelligenz aus, die z. T. auf unterschiedlichen Ebenen angesiedelt werden. Ein weithin akzeptiertes Intelligenzmodell stellt das Berliner Intelligenzstrukturmodell (BIS, [10]) dar (s. Abb. 3), auf dem auch der Test BIS-HB [11] beruht, der speziell für eine differenzierte Diagnose von Hochbegabung entwickelt wurde.

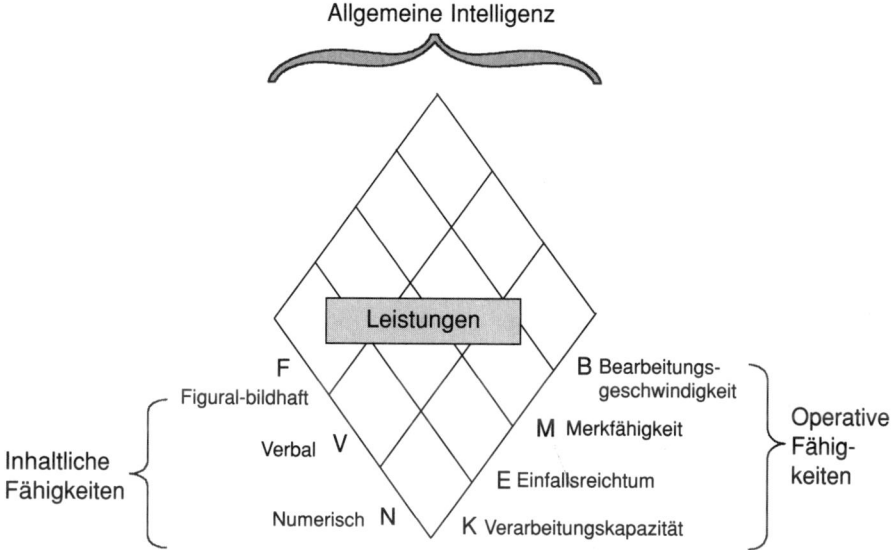

Abbildung 3: Berliner Intelligenzstrukturmodell nach Jäger [10]

Im BIS-Modell, das als einziges aktuelles Modell aus dem deutschsprachigen Raum auch international verwendet wird, wurden die Erkenntnisse der Intelligenzstrukturforschung der letzten Jahrzehnte integriert. Es geht davon aus, dass die sogenannte allgemeine Intelligenz durch sieben Fähigkeiten (F bis B) beschrieben werden kann. Die allgemeine Intelligenz wird in diesem Modell als eine sehr generelle Fähigkeit verstanden, die alle intellektuellen Leistungen beeinflusst. Die sieben spezielleren Fähigkeiten hingegen werden jeweils für spezifische intellektuelle Leistungen benötigt und lassen sich in sogenannte operative Fähigkeiten und in inhaltliche Fähigkeiten unterteilen. Die operativen Fähigkeiten beschreiben die folgenden Denkoperationen:

(1) *Bearbeitungsgeschwindigkeit:* Arbeitstempo, Auffassungsleichtigkeit und Konzentrationskraft beim Lösen leichter (Routine-)Aufgaben, (2) *Merkfähigkeit*: Fähigkeiten des Kurzzeitgedächtnisses, (3) *Einfallsreichtum*: Fähigkeit, für ein bestimmtes Problem viele verschiedene Ideen und Lösungen zu finden und (4) *Verarbeitungskapazität*: Fähigkeit, Aufgaben zu lösen, bei denen es auf logisches und exaktes Denken ankommt und bei denen viele verschiedene Informationen berücksichtigt werden müssen, d. h. die Fähigkeit zur Verarbeitung komplexer Informationen.

Die inhaltlichen Fähigkeiten beschreiben demgegenüber den Grad der Aneignung und der Verfügbarkeit der Medien Sprache, Zahlen und figural-bildhaftes

Material. Insgesamt gesehen kombinieren sich intellektuelle Leistungen gemäß des BIS-Modells immer aus inhaltlichen und operativen Fähigkeiten. Aus der Kreuzung der vier operativen und der drei inhaltlichen Fähigkeiten ergeben sich somit insgesamt zwölf Fähigkeitsbereiche. Ein auf diesem Modell basierender Test ermöglicht die differenzierte Messung der intellektuellen Begabung und zusätzlich die Bestimmung eines Wertes für die allgemeine Intelligenz als einem Durchschnittswert der einzelnen Fähigkeiten.

Im BIS-Modell wie auch in anderen Intelligenzmodellen wird Kreativität nicht von Intelligenz getrennt, sondern als Teil der Intelligenz verstanden. Daher ist Kreativität zur Definition von Hochbegabung nicht neben der allgemeinen Intelligenz und spezifischen intellektuellen Begabungen nochmals einzeln aufzuführen.

Zieht man nun ein hohes Ausmaß an allgemeiner Intelligenz als alleiniges Kriterium für die Bestimmung von intellektueller Hochbegabung heran, dann stellt dieses Konstrukt die Disposition für das Erbringen einer hohen Vielfalt von intellektuellen Leistungen dar, d. h. eine Person mit einer hohen allgemeinen Intelligenz hat die Fähigkeit, in vielen unterschiedlichen intellektuellen Bereichen eine hohe Leistung zu erzielen. Für die konkrete Vorhersage von bestimmten intellektuellen Leistungen ist es jedoch günstiger, auch die spezifischen Intelligenzkomponenten des BIS-Modells heranzuziehen. In der Regel stimmen die intellektuellen Leistungen in den unterschiedlichen Bereichen zwar recht gut überein, doch es gibt auch Personen, bei denen bedeutende Unterschiede zwischen den intellektuellen Leistungen in einzelnen Bereichen bestehen. So mag ein Schüler eine hohe numerische Intelligenz, aber lediglich eine mittlere sprachliche Intelligenz besitzen. Je nachdem, welche intellektuellen Leistungen man fokussiert, kann eine Person deshalb hochbegabt sein oder nicht.

Um die Situation nicht zu sehr zu komplizieren, geht man häufig von der allgemeinen Intelligenz als Kriterium zur Bestimmung von Hochbegabung aus. Dabei stellt sich allerdings noch die Frage, ab welcher Ausprägung intellektuelle Hochbegabung vorliegt. Zumeist werden die rund 2,2 % intelligentesten Menschen der Bevölkerung als hochbegabt bezeichnet. Der Grund dafür, dass gerade der Wert von 2,2 % und nicht beispielsweise 1,8 % oder 2,5 % herangezogen wird, liegt vorwiegend darin begründet, dass intellektuelle Leistungen der Gaußschen Normalverteilung folgen und man hier einen „glatten" Wert – nämlich einen IQ von 130 – wählt. Aus Abbildung 4 lässt sich erkennen, dass (etwa) 2,2 % aller Menschen einen Wert von 130 oder höher erzielen.

Festzuhalten bleibt, dass es sich hier um eine reine Konvention handelt. Die Festlegung des Schwellenwertes auf einen Intelligenzquotienten von 130 führt dazu, dass das Phänomen Hochbegabung klarer fassbar und auch wissenschaftlich besser erforschbar ist. Intelligenz ist jedoch ein kontinuierliches Merkmal. Bisher gibt es keinerlei Belege dafür, dass es ab einem bestimmten IQ einen „qualitativen Sprung" in den Denkvorgängen bzw. in der menschlichen Informationsverarbeitung gibt, dass also ab einem IQ von 130 bestimmte qualitative Formen von Leistung erbracht werden können, die mit einem IQ von beispiels-

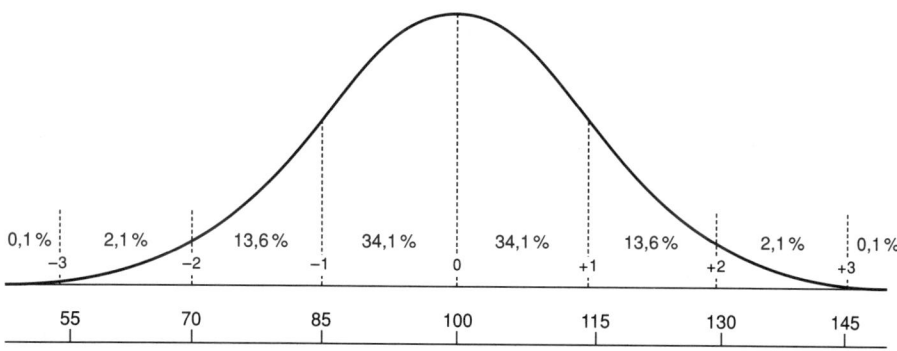

Abbildung 4: Normalverteilung der Intelligenzquotienten

weise 128 nicht auch vollbracht werden könnten. Dies lässt sich anschaulich anhand der Körpergröße verdeutlichen: Auch die Körpergröße ist kontinuierlich verteilt und es gibt keine Körpergröße, ab der man eindeutig sagen kann, dass eine Person „sehr groß" ist. Genauso verhält es sich mit der Begabung. Weiterhin gilt es noch zu beachten, dass in der Praxis und auch in der Forschung sehr unterschiedliche Intelligenztests eingesetzt werden, denen nicht das gesamte BIS-Modell, sondern lediglich Teilmengen dieses Modells zugrunde liegen. Das führt dazu, dass dieselbe Person in verschiedenen Tests unterschiedlich hohe Intelligenzquotienten erhalten kann.

Zusammenfassend ist somit festzuhalten, dass intellektuelle Hochbegabung eine Disposition ist, sehr hohe intellektuelle Leistungen zu erbringen. Kreativität kann als Teil dieser Disposition gelten. Ob sehr hohe Leistungen realisiert werden, hängt von weiteren Faktoren wie Persönlichkeitsmerkmalen und der sozialen Umwelt ab. Eine Differenzierung intellektueller Leistungen im Rahmen der Dispositionsanalyse lässt sich anhand des BIS-Modells mit der Untergliederung in inhaltliche und operative Facetten vornehmen. Damit kann die Vorhersage präzisiert werden, in welchen Bereichen besonders hohe Leistungen zu erwarten sind. So ist beispielsweise anzunehmen, dass eine Person mit einer hohen Fähigkeit im Bereich „Verarbeitungskapazität – numerisch" eine Disposition zu sehr guten Leistungen im Mathematikstudium hat. Gleichzeitig mag diese Person eher durchschnittlich ausgeprägte Fähigkeiten im verbalen Bereich besitzen, was einer geringeren Disposition für hohe sprachliche Leistungen entspricht.

Psychische Entwicklung von Hochbegabten

In zahlreichen Publikationen wird behauptet, dass hochbegabte Personen sich durch eine spezifische Persönlichkeit auszeichnen. Sie sollen u. a. sensibler sein, über einen größeren Gerechtigkeitssinn verfügen oder ein anderes Schlafverhalten zeigen. Dies ist nur ein kleiner Ausschnitt von zahlreichen spezifischen Merkmalen, die hochbegabte Menschen angeblich kennzeichnen. Nicht wenige Publikationen, in denen solche Zusammenhänge behauptet werden, sind schlichtweg als unwissenschaftlich zu bezeichnen. Hier werden allgemeine Gesetzmäßigkeiten aus wenigen Einzelfällen abgeleitet oder einfach behauptet. Eine solide Messung der Hochbegabung bzw. Intelligenz und der damit angeblich zusammenhängenden Eigenschaften hat häufig gar nicht stattgefunden.

Wenn sich Hochbegabte tatsächlich in bestimmten Eigenschaften bzw. deren Ausprägungen von durchschnittlich Begabten unterscheiden würden, müssten sich dafür stichhaltige Belege in den Ergebnissen der Persönlichkeits- und Intelligenzforschung finden. Hier sind jedoch keine signifikanten Zusammenhänge zwischen Intelligenz und anderen Persönlichkeitsmerkmalen wie Extraversion, Neurotizismus oder Verträglichkeit nachgewiesen worden. Auch viele andere in der (unwissenschaftlichen) Hochbegabtenliteratur behaupteten Zusammenhänge zwischen Hochbegabung und spezifischen Persönlichkeitsmerkmalen werden von methodisch korrekten, empirischen Untersuchungen nicht belegt.

Man könnte gegen viele Studien in der Persönlichkeitspsychologie und Intelligenzforschung einwenden, dass sie in aller Regel kaum hochbegabte Personen einschließen und die postulierten Zusammenhänge für den weiten Bereich durchschnittlich begabter Personen nicht gelten. Diese Argumentation erscheint zwar nicht sehr plausibel, lässt sich aber anhand empirischer Studien mit Stichproben von hochbegabten Personen überprüfen. Es gibt zahlreiche solcher Studien; viele von ihnen erfüllen allerdings nicht die Standards, die notwendig sind, um allgemeine Gesetzmäßigkeiten abzuleiten. So sind die untersuchten Stichproben hochbegabter Probanden häufig nicht repräsentativ und zeichnen sich insbesondere durch solche Probanden aus, die sich mit bestimmten Problemen an Beratungsstellen wenden. Vielfach sind gerade im Rahmen von sogenannten Querschnittsuntersuchungen Störvariablen nicht hinreichend kontrolliert, womit unklar bleibt, worauf Unterschiede zwischen durchschnittlich und hochbegabten Probanden zurückgehen.

Aussagekräftiger sind Längsschnittuntersuchungen, in denen die intellektuelle und psychische Entwicklung von hochbegabten Personen über einen längeren Zeitraum verfolgt werden, am besten vom Kindes- bis ins Greisenalter. Mittlerweile gibt es einige sehr umfassende Längsschnittuntersuchungen über Hochbegabte; die wohl berühmteste und erste Studie stammt von Lewis Terman an 1.528 hochbegabten Kindern in Kalifornien/USA [12]. In dieser Studie, die 1921 begann, wurden die Teilnehmer bis ins hohe Alter immer wieder befragt und untersucht. Zusammenfassend betrachtet entwickelten sich die von Terman untersuchten Personen durchweg positiv: Sie erzielten überdurchschnittlich gute Schul- wie Studienleistungen und ein überproportional großer Anteil dieser Stichprobe arbeitete später in hoch qualifizierten Berufen. Verglichen mit der durchschnittlichen Bevölkerung fand Terman in seiner Hochbegabten-Gruppe unter anderem einen besseren Gesundheitszustand und einen geringeren Anteil an Personen mit emotionalen Problemen und Persönlichkeitsstörungen.

Kritiker wendeten gegen diese Studie ein, dass auch hier die untersuchte Gruppe nicht repräsentativ gewesen sei. Terman rekrutierte seine Teilnehmer vorwiegend aus der gehobenen Mittelschicht, d. h. aus Familien mit einem höheren Einkommen und oft einer besseren Ausbildung als der amerikanische Durchschnitt. Insofern ist nicht eindeutig geklärt, wie viel des Erfolgs und der guten körperlichen und seelischen Gesundheit der untersuchten Probanden auf ihre Begabung und wie viel auf andere Faktoren, wie zum Beispiel die soziale Herkunft, zurückzuführen ist. Dennoch können die Ergebnisse Termans als relativ eindeutige Belege dafür herangezogen werden, dass zumindest bei der in Betracht gezogenen Subpopulation hochbegabte Personen keine negativere psychische Entwicklung durchlaufen als durchschnittlich Begabte. Da spätere Längsschnittstudien mit repräsentativeren Stichproben hochbegabter Probanden zu ähnlichen Resultaten führten, spricht viel dafür, dass sich die meisten Ergebnisse Termans doch generalisieren lassen.

Die von Julian Stanley im Jahre 1971 begründete Study of Mathematically Precocious Youth (SMPY) verfolgt den Entwicklungsverlauf von über 6.000 hoch und höchst Begabten hinsichtlich der schulischen, akademischen und beruflichen Entwicklung [13]. Die Teilnehmer an dieser Untersuchung wurden, bevor sie zwölf Jahre alt waren, anhand der Ergebnisse von routinemäßig an ihren Schulen durchgeführten Tests ausgewählt. Auch in dieser Studie konnten keine psychischen Auffälligkeiten der Hochbegabten festgestellt werden. Im Vergleich zu durchschnittlich Begabten erzielten die hochbegabten Probanden überwältigende akademische und berufliche Erfolge. Dabei konnten auch zwischen hoch Begabten und höchst Begabten (Top 1 of 10.000, d. h. die unter 10.000 Personen jeweils intelligenteste Person) deutliche Unterschiede hinsichtlich ihrer schulischen und akademischen Leistungen aufgezeigt werden [14].

Ein weiterer aus den zahlreichen Befunden dieser Studie ist insofern interessant, als er demonstriert, dass die Betrachtung des Intelligenzprofils über die Berücksichtigung der allgemeinen Intelligenz hinaus zu wertvollen Erkenntnissen führen kann. Lubinski, Webb, Morelock & Benbow [14] bildeten drei Gruppen: besonders verbal begabte, besonders mathematisch begabte und gleichmäßig begabte Personen. Dabei zeigte sich, dass besonders mathematisch Begabte vorwiegend naturwissenschaftliche Studiengänge und Berufe wählten, verbal Begabte vorwiegend geistes- und humanwissenschaftliche Disziplinen und Probanden mit einem ausgeglichenen Profil sich auf beide Richtungen etwa gleichmäßig verteilten.

Eine weitere, methodisch sehr sorgfältig geplante, Längsschnittstudie stellt das Marburger Hochbegabtenprojekt dar [2]. Im Rahmen dieser Studie, die im Jahre 1987 begann und sich (noch) nicht über einen so langen Zeitraum wie die beiden oben angesprochenen Studien erstreckt, wurden zunächst 7023 Schüler des 3. Schuljahrs aus insgesamt 350 Klassen mit verschiedenen Intelligenztestverfahren, die vornehmlich die allgemeine Intelligenz erfassen, getestet. Es wurden eine Stichprobe von Hochbegabten (N = 151, mittlerer IQ = 135) sowie eine Kontrollgruppe (N = 136, mittlerer IQ = 102) gebildet. Zudem wurde später eine „hochleistende" Stichprobe hinzugefügt, die sich aus Schülern mit sehr guten Schulleistungen, aber keiner Hochbegabung zusammensetzte. Mittlerweile existiert aus dieser Längsschnittstudie eine Fülle sehr gut dokumentierter Ergebnisse zur schulischen, psychischen oder sozialen Entwicklung von Hochbegabten. Generelles Fazit dieser Studie ist wiederum, dass Hochbegabte im Allgemeinen hervorragende schulische Leistungen erbringen und sich nicht durch eine negative psychische oder soziale Entwicklung auszeichnen. Rost [2] kommentiert die bis zum Jahre 2000 gefundenen Resultate folgendermaßen: „Hochbegabte Grundschulkinder sind ihren Peers ähnlicher, als man es aufgrund der in der Literatur immer wieder behaupteten ‚Andersartigkeit' Hochbegabter vermuten könnte: Hochbegabte Grundschüler sind zuerst einmal und vor allem Kinder wie alle anderen Kinder auch, mit ähnlichen Vorlieben, mit ähnlichen Abneigungen, mit ähnlichen Schwierigkeiten, mit ähnlichen Vorzügen." (S. 5). Eine besondere Problemgruppe unter den hochbegabten Schülern stellten allerdings die Underachiever dar [15].

Insgesamt ist also festzuhalten, dass Hochbegabte im Allgemeinen eine normale emotionale Entwicklung durchlaufen und nicht gefährdeter sind als durchschnittlich Begabte. Zu beachten ist jedoch, dass es bei Hochbegabten andere Ursachen für bestimmte Fehlentwicklungen geben kann als bei durchschnittlich Begabten, da Hochbegabte einigen Besonderheiten ausgesetzt sind, wie in [16] herausgestellt wird:

- *Asynchrone Entwicklung:* Die intellektuelle Entwicklung verläuft schneller als die emotionale und körperliche. Eine Gefahr dabei ist, dass Eltern und Lehrer falsche Verallgemeinerungen von der intellektuellen auf die soziale und emotionale Reife vornehmen („Er ist doch sonst so schlau, warum benimmt er sich dann nicht vernünftiger?").
- *Vorurteile über Hochbegabte:* Die Gleichsetzung von Hochbegabung mit einem erhöhten Risiko für emotionale oder andere Störungen ist genauso falsch wie die Erwartung von Perfektion in allen Bereichen. Die individuellen Besonderheiten des Kindes sind entscheidend. Pauschalaussagen und Schablonen werden dem Kind nicht gerecht; sie können sogar im Extremfall dazu führen, dass das Kind die Probleme entwickelt, die von ihm „erwartet" werden (man spricht auch von sich selbst erfüllenden Prophezeiungen).
- *Sozialleben:* Probleme können daraus entstehen, dass hochbegabte Kinder lernen müssen, mit intellektuell weniger befähigten Klassenkameraden umzugehen. Diese Situation erfordert emotionale Reife und ein hohes Maß an sozialer Kompetenz, da manchmal Individualität und manchmal Anpassung verlangt ist. Die überwiegende Mehrheit der Hochbegabten kann diese Anforderungen jedoch gut bewältigen. Nur wenige leiden unter besonderen Problemen im Umgang mit anderen Menschen. (S. 10).

Des Weiteren wird hier ausgeführt, dass bei Hochbegabten spezifische Faktoren für Leistungsschwächen oder Leistungsversagen vorliegen können:

- Eine *hohe Kreativität* des Kindes und eine unkonventionelle Art zu lernen können bei Eltern und Lehrern Widerstand auslösen, da das Kind Probleme und Aufgaben auf seine eigene, für andere ungewohnte und zum Teil unverständliche Art löst und organisiert. Dieses Vorgehen wird nicht immer als intelligentes und kreatives Arbeitsverhalten erkannt und passt manchmal nicht in den Ablauf einer Unterrichtsstunde in der Schule. Das Kind wird als „Störer" erlebt, in seiner Person und Wesensart abgelehnt und dazu aufgefordert, sich anzupassen. Eine Folge davon kann sein, dass die eigentlichen Begabungen des Kindes nicht gefördert werden, der Unterrichtsstil nicht zum Lernstil des Kindes passt und es dadurch in der Entfaltung seiner Stärken gehemmt wird. Eine weitere Konsequenz kann der innere Rückzug des Kindes sein.

– *Anfeindungen* körperlicher oder verbaler Art („Streber", „Lehrerkind"), Mobbing, Neid und Eifersucht oder Ausgrenzung von sozialen Kontakten durch Schul- und Spielkameraden – all das kann ein Kind enorm unter Druck setzen und dazu führen, dass es seine Fähigkeiten versteckt und sich, um dazu zu gehören, den Interessen und Werten der anderen anpasst.

– *Geschlechtsspezifische Rollenerwartungen* unserer Gesellschaft können bei hochbegabten Mädchen Rollenkonflikte verursachen, in denen Weiblichkeit und Erfolg nicht zusammen passen, was wiederum dazu führen kann, dass ein hochbegabtes Mädchen seine Interessen und Fähigkeiten versteckt.

– Hochbegabte, die *ethnischen Minderheiten* angehören und die nicht in ihrer Muttersprache unterrichtet werden, werden nicht immer erkannt und können oft keine optimale Förderung erfahren, da Sprachprobleme im Wege stehen.

– Ebenso werden *Hochbegabte mit körperlichen Erkrankungen, psychischen Störungen oder mit Teilleistungsschwächen* seltener erkannt. Das liegt unter anderem daran, dass beim Vorliegen einer Störung eine besondere Begabung weniger erwartet wird, so zum Beispiel bei Hochbegabten mit einer Lese-Rechtschreib-Schwäche (LRS).

– Einige Hochbegabte haben das *Lernen nie richtig gelernt*, da ihnen alles immer „zuflog". Bei der ersten intellektuellen Herausforderung, die Lernen erfordert, fehlt diesen Kindern dann das „Know-how" über Lern- und Arbeitstechniken.

– Außerdem können *Leistungsdruck*, übertriebener Ehrgeiz und ein *unrealistischer Anspruch* durch sich selbst oder durch andere das Kind überfordern und dazu führen, dass es Leistungen nicht mehr erbringen kann oder will. (S. 20 f.).

Schulische Förderung von hochbegabten Schülern

In dem vorliegenden Beratungsbuch geht es um Problemstellungen aus dem Bereich Anforderung und Leistung, dem zwischenmenschlichen und innerpsychischen Bereich sowie Möglichkeiten der Hilfe bei derlei Schwierigkeiten. Die Förderung Hochbegabter durch schulische Interventionen wird hierbei nur gestreift (s. Kapitel II.1.1 und den folgenden Abschnitt), umfassendere Aussagen dazu finden sich in [17]. In diesem im Jahr 2000 veranlassten Gutachten durch die Bund-Länder-Kommission für Bildungsplanung und Forschungsförderung (BLK) über die schulischen Fördermaßnahmen für besonders begabte

Schüler in der Bundesrepublik Deutschland wurde zusammengetragen, welche schulrechtlichen Gegebenheiten, Programme, Modellversuche, spezialisierten Einrichtungen und Konzepte für die Förderung besonders begabter Schüler in den einzelnen Ländern Deutschlands vorhanden sind. Zudem werden darin die bisherigen Evaluationsstudien bzw. Erfolgskontrollen zahlreicher Modelle und Möglichkeiten zur Förderung hochbegabter Schüler dargestellt.

Die unterschiedlichen Fördermaßnahmen lassen sich grob in zwei Klassen einteilen: Akzeleration und Enrichment. Außerdem gibt es Maßnahmen, die beide Prinzipien kombinieren.

Mit Akzeleration (übersetzt „Beschleunigung") sind all diejenigen Fördermaßnahmen gemeint, die zu einem schnelleren Durchlaufen der Schule führen. Diese Bezeichnung soll jedoch nicht nahe legen, dass es sich etwa um eine „künstliche" Beschleunigung der Entwicklung des Schülers handelt, vielmehr geht es darum, die Schüler auf einem Niveau zu unterrichten, das ihren Fähigkeiten entspricht. Der Unterricht wird „beschleunigt", um der schnelleren Auffassungsgabe und der fortgeschrittenen intellektuellen Entwicklung der Schüler besser gerecht zu werden. Die wichtigsten Maßnahmen zur Akzeleration sind

- vorzeitige Einschulung
- flexible Eingangsstufe (Hier können Schüler die ersten beiden Schuljahrgänge, die gemeinsam unterrichtet werden, je nach ihrer Fähigkeit entweder in einem, in zwei oder in drei Schuljahren durchlaufen.)
- Überspringen von Klassen
- Gruppenspringen (explizite Bildung von Gruppen begabter Schüler, die gemeinsam eine Klasse überspringen)
- „D-Zug-Klassen" (akzelerierte Klassen, in denen die Schulzeit für alle Schüler um ein Jahr verkürzt wird)

Enrichmentprogramme beinhalten Lerninhalte, die Themen oder Fächer des Lehrplans vertiefen (vertikales Enrichment) oder im normalen Unterrichtsprogramm gar nicht vorgesehen sind (horizontales Enrichment). Enrichment ergänzt das übliche Unterrichtsangebot, ersetzt es aber nicht. Die Möglichkeiten, den normalen Unterricht anzureichern, lassen sich in die „innere" und die „äußere" Differenzierung unterteilen.

Fördermaßnahmen für Hochbegabte, die zur inneren Differenzierung zählen, finden innerhalb des Klassenverbands statt. Eine Möglichkeit der inneren Differenzierung ist die Individualisierung, bei der das Arbeits- und Lernniveau an das Begabungsniveau jedes Schülers angepasst wird. Zwei Formen der Individualisierung werden in der Schule praktiziert. In der vom Lehrer bestimmten Form der Individualisierung werden die Vorgaben, Lerninhalte oder Materialien kontinuierlich möglichst gut an den aktuellen Lernstand angeglichen. Im Rahmen der zweiten Form der Individualisierung planen und gestalten Kinder und Jugendliche ihren Lernprozess weitgehend selbständig. Bei dieser Form von Unterricht wird vorausgesetzt, dass die Schüler lernwillig und zu eigenständigem Lernen fähig sind.

Maßnahmen, die unter die Rubrik äußere Differenzierung fallen, sind Förderprogramme für hochbegabte Schüler, die außerhalb ihres Klassenverbands angeboten werden und zusätzlich zum normalen Unterricht besucht werden können. Nicht selten wirkt sich dabei der Umgang mit Gleichbegabten in den Zusatzkursen günstig auf das Sozialverhalten aus. Zu den Maßnahmen der äußeren Differenzierung zählen insbesondere:

– Arbeitsgemeinschaften (z. B. zur Erlernung von Fremdsprachen oder Bearbeitung anspruchsvoller Themen)
– zusätzliche Leistungskurse (in der Sekundarstufe II)
– bundes- und landesweite Schülerwettbewerbe
– Kooperationen von Schulen mit Universitäten, anderen Forschungsinstitutionen oder Wirtschaftsunternehmen
– Schüleraustauschprogramme.

Mischformen aus Akzeleration und Enrichment stellen insbesondere die folgenden Maßnahmen dar:

– Intensivkurse (Der Stoff bestimmter Fächer, z. B. Fremdsprachen, wird in diesen Kursen schneller durchgenommen und die gewonnene Zeit für andere Zwecke, z. B. Vertiefung der Sprachkenntnisse oder Landeskunde genutzt.)
– D-Zug-Klassen mit Enrichment-Elementen (Ergänzung des Standardlehrstoffes in den D-Zug-Klassen um weitere Themenbereiche)
– Altersgemischte Klassen (Aufhebung des klassischen Jahrgangsprinzips, wie z. B. in den Montessori-Schulen)
– Schulen mit bilingualen Zügen
– Spezialschulen für Hochbegabte und Schulen mit Hochbegabtenklassen.

Die oben dargestellten Akzelerations- und Enrichmentmaßnahmen sowie ihre Mischformen werden in den einzelnen Bundesländern in unterschiedlichem Ausmaß praktiziert. Inwieweit sie wirksame Interventionen für hochbegabte Schüler darstellen, ist Gegenstand einschlägiger Evaluationsstudien. Eine Übersicht über diese Studien findet sich in [17].

Literatur

[1] Winner, E. (1998). *Hochbegabt: Mythen und Realitäten von außergewöhnlichen Kindern.* Stuttgart: Klett-Cotta.

[2] Rost, D. H. (2000). Grundlagen, Fragestellungen, Methoden. In D. H. Rost (Hrsg.), *Hochbegabte und hochleistende Jugendliche. Neue Ergebnisse aus dem Marburger Hochbegabtenprojekt* (S. 1–91). Münster: Waxmann.

[3] Renzulli, J. S. (1978). What makes giftedness: A reexamination of the definition of the gifted and talented. *Phi Delta Kappan, 60,* 180–184.

[4] Mönks, F. J. (1990). Hochbegabtenförderung als Aufgabe der Pädagogischen Psychologie. *Psychologie in Erziehung und Unterricht, 37,* 243–250.

[5] Terman, L. M. & Oden, M. H. (1976). The Terman study of intellectually gifted children. In W. W. Dennis & M. Dennis (Eds.), *The intellectually gifted: an overview* (pp. 51–67). New York: Grune & Stratton.

[6] Gagné, F. (1993). Constructs and models pertaining to exceptional human abilities. In K. A. Heller, F. J. Mönks & A.H. Passow (Eds.), *International Handbook of Research and Development of Giftedness and Talent* (pp. 69–87). Oxford: Pergamon.

[7] Heller, K. A. (2001). *Hochbegabung im Kindes- und Jugendalter*. (2. überarb. und erw. Aufl.). Göttingen: Hogrefe.

[8] Stern, W. (1912). *Die psychologischen Methoden der Intelligenzprüfung und deren Anwendung an Schulkindern*. Leipzig: Barth.

[9] Wechsler, D. (1964). *Die Messung der Intelligenz Erwachsener*. Bern: Huber.

[10] Jäger, A. O. (1984). Intelligenzstrukturforschung: Konkurrierende Modelle, neue Entwicklungen, Perspektiven. *Psychologische Rundschau, 35,* 21–35.

[11] Jäger, A. O., Holling, H., Preckel, F., Schulze, R., Vock, M., Süß, H.-M. & Beauducel, A. (2004). *Berliner Intelligenzstrukturtest für Jugendliche: Begabungs- und Hochbegabungsdiagnostik (BIS-HB)*. Göttingen: Hogrefe.

[12] Terman, L. M. (1954). The discovery and encouragement of exceptional talent. *American Psychologist, 9,* 221–230.

[13] Lubinski, D. & Benbow, C. P. (1994). The Study of Mathematically Precocious Youth (SMPY): The first three decades of a planned 50-year study of intellectual talent. In R. Subotnik & K. Arnold (Eds.), *Beyond Terman: Longitudinal studies in contemporary gifted education* (pp. 255–281). Norwood, NJ: Ablex.

[14] Lubinski, D., Webb, R. M., Morelock, M. J. & Benbow, C. P. (2001). Top 1 in 10,000: A 10-year follow up of the profoundly gifted. *Journal of Applied Psychology, 86,* 718–729.

[15] Hanses, P. & Rost, D. H. (1998). Das „Drama" der hochbegabten Underachiever – „Gewöhnliche" und „außergewöhnliche" Underachiever? *Zeitschrift für Pädagogische Psychologie, 12,* 53–71.

[16] Bundesministerium für Bildung und Forschung (Hrsg.). (2003). *Begabte Kinder finden und fördern – Ein Ratgeber für Elternhaus und Schule*. BMBF. Bonn.

[17] Holling, H. (2001). Schulische Begabtenförderung in den Ländern der Bundesrepublik Deutschland. In Bund-Länder-Kommision für Bildungsplanung und Forschungsförderung (Hrsg.), *Begabtenförderung – ein Beitrag zur Förderung von Chancengleichheit in Schulen – Orientierungsrahmen* (S. 27–270). Materialien zur Bildungsplanung und Forschungsförderung, Heft 91. BLK. Bonn.

Teil I:

Das telefonische oder persönliche Beratungsgespräch

Dieser erste Teil des Beratungsleitfadens führt in chronologischer Reihenfolge durch die Phasen eines Beratungsprozesses. Das Setting, d. h. der Rahmen eines Beratungsgesprächs, kann unterschiedlich aussehen: Vielleicht führen Sie mit der Mutter eines hochbegabten Kindes eine telefonische Beratung durch, möglicherweise sucht ein Elternpaar oder ein Lehrer Sie persönlich auf und evtl. erscheint auch eine ganze Familie, um mit Ihnen zu sprechen. In vielen Fällen umfasst der Beratungskontakt ein einziges Gespräch, manchmal jedoch auch zwei oder mehrere Gespräche. Gemeinsam ist den meisten Beratungssituationen, dass es ein Erwachsener ist, der den Kontakt mit Ihnen initiiert, wobei sich sein Anliegen auf (s)ein Kind bezieht. Da es verwirrend wäre, bei den in den nächsten Kapiteln dargestellten beraterischen Aufgaben und Methoden jeweils auf alle möglichen Beratungssettings einzugehen, wird von folgender typischer Situation ausgegangen: Sie beraten (zunächst) einen erwachsenen Klienten (alleine), der mit Ihnen über (s)ein Kind sprechen möchte und der somit im Zentrum der Beratung steht. Ihre Gesprächsführung stimmen Sie auf ihn ein, bieten ihm im Gespräch z.B. die Möglichkeit zu einer persönlichen Aussprache und damit zu emotionaler Entlastung. Das Kind, über das der Klient spricht, rückt während bestimmter Gesprächsabschnitte ebenfalls in den Fokus Ihrer Aufmerksamkeit – dann nämlich, wenn Sie über Maßnahmen sprechen, die seine Situation verbessern könnten. In vielen Fällen wäre es günstig, das Kind in dieser Phase der Beratung persönlich in das Gespräch einzubeziehen. Ist dies nicht möglich oder wird es auch nicht als günstig erachtet, sollte in jedem Fall sichergestellt werden, dass es in eine evtl. anstehende Entscheidungsfindung einbezogen wird. Überlegungen, die nicht die Meinung und die Bedürfnisse des Kindes einbeziehen, können zu keiner Verbesserung der Situation führen.

Die Intention dieses Leitfadens ist es, Sie langfristig bei Ihrer Beratungstätigkeit zu begleiten. In den folgenden Kapiteln finden Sie eine Fülle von Informationen und Übungen zu Gesprächsführungstechniken sowie von Anregungen zum sorgsamen Umgang mit sich selbst in der eigenen Beratungstätigkeit. Sich in der Kunst des Beratens zu üben, erfordert Geduld und Zeit. Deshalb empfiehlt es sich, nicht alle dargestellten Möglichkeiten auf einmal lesen, behalten und verwirklichen zu wollen, sondern sie nach und nach in Ihr Gesprächsverhalten zu integrieren. Dazu können Sie diesen Leitfaden immer wieder zu Rate ziehen und einzelne Abschnitte erneut lesen, die für Sie zu dem jeweiligen Zeitpunkt besondere Relevanz haben.

1 Einstieg in das Gespräch: Anliegen erkunden

Zu Beginn eines (telefonischen oder persönlichen) Beratungsgesprächs geht es darum, ausfindig zu machen, warum sich der Klient an Sie wendet. Handelt es sich um den ersten Kontakt, gilt es zunächst einige Kontext- oder Hintergrundinformationen zu sammeln, die zur besseren Einordnung der Fragen und Probleme dienen, welche das eigentliche Thema des Beratungsgesprächs darstellen werden.

1.1 Kontextinformationen sammeln: Wer sucht Beratung für wen?

Wenn sich ein Klient bei Ihnen meldet, müssen Sie zunächst wissen, in welcher Rolle er auftritt, z. B. als Mutter, Vater, Lehrerin oder Jugendlicher, und um wen es in dem Gespräch gehen soll, z. B. um den Sohn, die Tochter, einen Schüler oder die eigene Person. (Manchmal wechselt der Fokus im Laufe des Gesprächs: Eine Mutter möchte z.B. zunächst nur über ihre Tochter sprechen, erkennt in der Beratung jedoch Parallelen zu ihrer eigenen Geschichte, die dann ebenfalls Thema des Gesprächs wird.) Diese sowie wahrscheinlich einige weitere Kontextinformationen sind v. a. deshalb wichtig, damit Sie spätere Aussagen des Klienten besser verstehen können. Eine Erinnerungshilfe für möglicherweise wichtige Informationen kann Ihnen ein vorgefertigter Protokollbogen bieten, wie er in einer Lang- und einer Kurzform auf den Seiten 79–83 in diesem Beratungsleitfaden abgedruckt ist.

Wie die Überschrift dieses Abschnitts – „Kontextinformationen *sammeln*" – andeutet, geht es nicht darum, dass Sie Punkt für Punkt abfragen. Meistens erzählt der Klient die relevanten Aspekte von sich aus. Ihre Aufgabe ist es deshalb, *aktiv* zuzuhören und nur dort, wo Ihnen eine wichtige Information fehlt, *Fragen zu stellen.*

> **Gesprächsführung I – Wie Sie dem Anliegen des Klienten auf die Spur kommen können**

„Aktives Zuhören" und „Fragen stellen" bezeichnen die ersten beiden Techniken der Gesprächsführung, die in diesem Beratungsleitfaden vorgestellt werden. „Techniken" ist vielleicht ein missverständlicher Begriff für die Beschreibung dessen, was eigentlich damit ausgedrückt werden soll: Es geht hierbei um die Möglichkeit, mit Hilfe bestimmter Kommunikationsmittel Gespräche in einer Atmosphäre von Wärme und Wertschätzung für den Klienten so zu gestalten, dass sie fruchtbare Ergebnisse erzielen. Diese Kommunikationsmittel sind kein künstliches Werkzeug und werden auch nicht nur in Beratungsgesprächen verwendet. Vielmehr handelt es sich dabei um Möglichkeiten des Miteinanderredens und -interagierens, die sich in jedem Kontakt – sei er nun beraterischer, therapeutischer, freundschaftlicher, partnerschaftlicher oder kollegialer Art – positiv auf den Umgang miteinander auswirken. Diese Möglichkeiten einzuüben bedeutet deshalb, nicht nur in der Beratung, sondern auch im Alltag neue Formen der Begegnung und des Miteinanderredens zu erproben und sie in das bereits vorhandene persönliche Spektrum förderlicher Gesprächsverhaltensweisen zu übernehmen.

1. Aktives Zuhören

Was bedeutet *aktives* Zuhören? Aktives Zuhören geht über die bloße Aufnahme von Informationen, die ein Gesprächspartner anbietet, hinaus und umfasst eine Reihe weiterer Verhaltensweisen:

Komponenten des aktiven Zuhörens

- Vermitteln von *Aufmerksamkeit*
- Erfassen der wesentlichen Aussagen des Gesprächspartners und deren Wiedergabe mit eigenen Worten *(= Paraphrasieren)*
- *Zusammenfassen* einer längeren Gesprächssequenz

Diese kommunikativen Mittel können Ihnen dabei helfen, die inhaltlichen Aussagen des Klienten auch wirklich so zu verstehen, wie sie von ihm gemeint sind. Die Gefahr des Sich-Missverstehens, die bei Gesprächen immer gegeben ist, wird dadurch reduziert. Im Gegenzug erhöht sich die Chance, dass zwischen Ihnen und dem Klienten eine echte und fruchtbare Begegnung stattfindet. Erst wenn Sie verstanden haben, worum es dem Klienten geht und wobei er Ihre Hilfe braucht und wünscht, können Sie diese Hilfe leisten.

– Vermitteln von Aufmerksamkeit:

Ihre Aufmerksamkeit beeinflusst das Gelingen von Beratungsgesprächen in doppelter Hinsicht:
- Ihnen hilft das Aufmerksam*sein*, mehr über Ihren Gesprächspartner zu erfahren – eine notwendige Voraussetzung, um ihn zu verstehen.
- Die Tatsache, dass Sie wohlwollende Aufmerksamkeit *schenken*, zeigt Ihrem Gesprächspartner, dass Sie an ihm interessiert sind und trägt dazu bei, dass er sich respektiert und im Kontakt mit Ihnen sicher fühlt.

Ihre Fähigkeit, aufmerksam zu sein und Aufmerksamkeit zu vermitteln, können Sie dadurch unterstützen, dass Sie im Gespräch folgende Aspekte beachten:

- *Körperliche Entspannung:* Führen Sie Gespräche in einer bequemen Sitzposition. Körperliche Entspanntheit sorgt dafür, dass Sie weniger abgelenkt sind und vermittelt Ihrem Klienten, dass Sie bereit sind, ihm zuzuhören.

- *Am Thema bleiben:* Folgen Sie dem, was der Klient erzählt. Lassen Sie Ihre Kommentare oder Fragen in den Kontext einfließen, den Ihnen der Klient bietet, anstatt von sich aus ein Thema nach dem anderen anzuschneiden und „abzufragen".

- *Ermutigung zum Fortfahren und Erklären:* In einem persönlichen Gespräch hilft Ihnen regelmäßiger Blickkontakt mit dem Klienten, Ihre Aufmerksamkeit auf ihn zu bündeln und ihm zu zeigen, dass Sie zuhören. Bei telefonischen Beratungsgesprächen müssen Sie auf Blickkontakt verzichten, so dass hierbei verbale Zeichen von Aufmerksamkeit umso wichtiger werden. Eine Möglichkeit ist, auf Aussagen des Klienten durch kurze Äußerungen wie „Ja", „Hm", „Aha" oder die Wiederholung von ein oder zwei Schlüsselwörtern zu reagieren. Dadurch zeigen Sie nicht nur, dass Sie Ihrem Gesprächspartner zuhören, sondern ermutigen ihn auch, noch mehr oder detaillierter zu erzählen. Hierbei ist Ihr Fingerspitzengefühl gefragt. Manche Klienten, denen es schwer fällt, von sich zu erzählen, brauchen viele solcher Ermutigungen. Viele andere sprechen auch ohne besondere Ermutigung evtl. länger und schneller, als es Ihnen möglich ist, die berichteten Inhalte aufzunehmen. Teilen Sie dem Klienten in solchen Fällen mit, dass er zu schnell ist, in dem Sie ihm z.B. sagen: „Entschuldigung, dass ich Sie unterbreche. Ich muss gerade mal sicher gehen, dass ich Sie richtig verstanden habe. Könnten Sie ... noch einmal wiederholen?". Auch *Paraphrasieren* ist eine gute Möglichkeit, die Geschwindigkeit zu regulieren.

- *Paraphrasieren:*

Paraphrasieren meint das Erfassen der wesentlichen Aussagen des Klienten und deren Wiedergabe mit eigenen Worten. Paraphrasieren beinhaltet zu einem gewissen Maß auch die (An)Erkennung der Gefühle des Klienten, betont jedoch die kognitiven oder inhaltlichen Aspekte seiner Aussagen. Für das Gespräch bietet der Einsatz dieses kommunikativen Mittels v.a. folgende Vorteile:

- Paraphrasierungen schaffen Pausen und Sie gewinnen wieder Anschluss an den Gedankengang des Klienten. Außerdem überprüfen Sie Ihre Wahrnehmung: Haben Sie wirklich das verstanden, was der Klient gemeint hat?

- Der Klient merkt, dass es Ihnen wichtig ist, ihn exakt zu verstehen. Ohne von seinem Thema abgelenkt zu werden, kann er seine Gedanken weiterentwickeln und präzisieren [1].

Wichtig ist, dass Sie nicht zu oft paraphrasieren und die Worte des Klienten nicht einfach wiederholen, sondern seine zentralen Aussagen in eigenen Formulierungen wiedergeben. Folgender Beispiel-Dialog verdeutlicht, wie Paraphrasieren aussehen kann:

> **Klientin:** „Mein Mann und ich überlegen, ob wir unseren Sohn eine Klasse überspringen lassen sollen. Seine Klassenlehrerin hat das vorgeschlagen. Mein Mann hält es für eine gute Idee. Meine Mutter sagt, das sei völliger Unsinn. Ich selbst weiß nicht so recht. Das ist wirklich keine leichte Entscheidung."

> **Berater:** „Sie wissen im Moment überhaupt nicht, was Sie tun sollen. Verschiedene Menschen in Ihrem Umkreis haben Ihnen zu- bzw. davon abgeraten, dass Ihr Sohn überspringen soll. Für Sie ist es nun schwer zu entscheiden, was das Richtige ist."

Im Folgenden ist eine Übung zur Verbesserung der Aufmerksamkeit und des Paraphrasierens dargestellt, die Sie gemeinsam mit anderen Beratern, aber auch mit Freunden oder Ihrem Partner durchführen können.

Übung: Kontrollierter Dialog

Führen Sie mit einem anderen Berater, einem Freund oder Ihrem Partner ein Gespräch. Einer erzählt, der andere hört zu und fasst das Gesagte gelegentlich mit eigenen Worten zusammen. Der Gesprächspartner bestätigt jeweils die Zusammenfassung oder lehnt sie als unzutreffend ab. Er fährt in seiner Darstellung erst fort, wenn der Zuhörer eine korrekte Zusammenfassung gegeben hat. Nach einiger Zeit können Sie die Rollen tauschen. Wenn eine Person ihren Zuhörerpart beendet hat, sollten Sie darüber sprechen, inwieweit es ihr gelungen ist, aufmerksam zuzuhören und das Gesagte gelegentlich zu paraphrasieren. Die Person, die über sich gesprochen hat, sollte der anderen zurückmelden, ob sie sich richtig verstanden fühlte und ob das Paraphrasieren zu oft, zu wenig oder in passendem Maß erfolgte.

Fragen, über die Sie sich bei der Übung außerdem Gedanken machen können:

– Wie geduldig bin ich beim Zuhören und wovon hängt meine Geduld ab?

– Tue ich manchmal nur so, als ob ich zuhöre, bin in Wirklichkeit jedoch mit meinen Gedanken woanders?

– Gab es in meiner Lebensgeschichte jemanden, der gut zuhören konnte? Kenne ich das wohltuende Gefühl, von einem anderen verstanden zu werden?

– *Zusammenfassen einer längeren Gesprächssequenz:*

Zusammenfassungen werden genutzt, um Inhalte zu rekapitulieren und die wichtigsten Äußerungen des Klienten herauszukristallisieren. Insofern ähnelt das Zusammenfassen dem Paraphrasieren, weist jedoch einen fundamentalen Unterschied auf: Paraphrasiert werden nur die letzten Sätze des Klienten oder ein kurzer Gesprächsausschnitt. Eine Zusammenfassung zieht ein Resümee aus mehreren Gesprächssequenzen, einem Abschnitt der Beratungssitzung oder sogar einem gesamten Beratungsgespräch. Wie das Paraphrasieren dient auch das Zusammenfassen der Überprüfung, ob Sie den Klienten richtig verstanden haben. Es ist vor allem dann sinnvoll, wenn die Planung der nächsten Schritte einer gegenseitigen Übereinkunft bedarf.

Aktives Zuhören ist schwieriger, als es den Anschein hat. Um zu lernen, einige Gefahren beim Zuhören zu vermeiden, ist es wichtig, dass Sie Ihr Beraterverhalten beobachten und evtl. korrigieren, wenn Sie in eine der folgenden Fallen getappt sind.

Gefahren beim Zuhören

– Es kann leicht passieren, als Berater mit seinen Gedanken in die eigene Situation abzuschweifen. Problematisch ist dies dann, wenn einen die eigene Situation gefangenhält und den Weg zurück zum Klienten versperrt (s. *Selbsthilfe für den Helfer I*).

– Häufig denken Berater schon während der Gesprächssequenz des Klienten daran, was sie als Erwiderung sagen könnten, und verpassen dadurch evtl. wichtige verbale oder nonverbale Botschaften des Klienten [2].

– Auch Berater unterliegen der generellen menschlichen Tendenz, die Mitteilungen eines anderen sofort als gut oder schlecht, richtig oder falsch, akzeptabel oder unakzeptabel etc. zu bewerten. Tatsächlich ist es fast unmöglich, Bewertungen vollständig zu vermeiden. Möglich ist jedoch, Urteile zur Seite zu stellen, so lange es nur darum geht, dem Gesprächspartner zuzuhören und ihn zu verstehen.

– Eine weitere Gefahr besteht darin, die Aufmerksamkeit stärker auf Fakten als auf die Person zu richten. Tatsachen sind auch wichtig, sollten aber immer in Zusammenhang mit der Person gesehen werden, d.h. es kommt darauf an, wie die Person sie sieht und erlebt. Isoliert betrachtet haben Fakten wenig Bedeutung.

2. Fragen stellen

Um die Sichtweisen des Klienten zu verstehen, müssen Sie manchmal nachfragen, wenn Ihnen etwas unklar geblieben ist. Eine Gefahr dabei ist, dass der Klient dadurch zu Äußerungen gedrängt wird, die er (noch) nicht machen möchte, oder dass er sich ausgefragt fühlt. Hier befinden Sie sich auf einer Gratwanderung zwischen der „Falle" des Missverständnisses auf der einen Seite und des fragenden Bedrängens auf der anderen [3]. Das notwendige Gleichgewicht können Sie dabei am besten halten, indem Sie *offene Fragen* stellen.

Tabelle 1: Frageformen

1. .... 2. .... 3.	Beispiele	Wirkung	Merkmale
Offene Fragen	– Welche Erfahrungen haben Sie mit … gemacht? – Was meinen Sie dazu? – Wie denken Sie darüber? – Was ist geschehen?	– Die Beantwortung offener Fragen liefert eine große Menge an Informationen. – Offene Fragen werden als partnerschaftlich erlebt. – Sie werden als geringe Lenkung empfunden.	– Offene Fragen beginnen mit einem Fragewort: Was, wer, wie, wo … – Sie können nicht mit „ja" oder „nein" beantwortet werden. – Sie lassen dem Gesprächspartner große Freiräume hinsichtlich des Inhalts und der Formulierung der Antwort.
Geschlossene Fragen	– Haben Sie schon mit der Lehrerin gesprochen? – Können Sie bestätigen, dass …? – Sind Sie mit dieser Lösung einverstanden?	– Geschlossene Fragen bringen wenig Information. – Sie zwingen zu einer eindeutigen Stellungnahme. – Sie werden als starke Lenkung empfunden.	– Geschlossene Fragen beginnen mit einem Verb. – Sie lassen nur wenige Antwortmöglichkeiten zu; im Regelfall „ja" oder „nein".
Spiegelungsfragen	– Wenn ich Sie recht verstehe, meinen Sie …? – Wollen Sie damit sagen, dass …? – Sie sind also der Auffassung, dass …?	– Spiegelungsfragen signalisieren Anteilnahme. – Sie verhindern Mehrdeutigkeit, d. h. sie sichern gegenseitiges Verstehen.	– Spiegelungsfragen beginnen meistens nicht mit einem Fragewort und geben Inhalte vorangegangener Aussagen in Frageform wieder.

Wie Tabelle 1 verdeutlicht, lassen offene Fragen im Gegensatz zu geschlossenen Fragen, auf die es im Regelfall nur die Antwort „ja" oder „nein" gibt, viel Spielraum zum Antworten. Offene Fragen bieten dem Klienten die Möglichkeit, seine Äußerungen zu differenzieren und zu ergänzen. Dabei kann er die Fragestellung seinem Thema anpassen statt sich der Fragestellung anzugleichen. Offene Fragen wirken sich also günstig auf die weitere Exploration des Themas aus, geschlossene Fragen bringen nur in bestimmten Situationen nützliche Informationen. So können Sie z. B. geschlossen fragen, wenn Ihnen zum Verständnis der Situation bestimmte Fakten fehlen oder wenn Sie eine Vermutung haben, die Sie überprüfen wollen. Beispiele für geschlossene Fragen sind: „Haben Sie noch weitere Kinder?" und „Haben Sie mit Ihrem Kind einen Intelligenztest durchführen lassen?". Bei geschlossenen Fragen sollten Sie aufpassen, keine suggestiven Formulierungen zu verwenden oder Bewertungen vorwegzunehmen. Fragen wie „Ist das nicht ungewöhnlich?" geben dem Klienten die Antwort vor, explorieren jedoch nicht seine persönliche Sicht der Dinge.

Neben offenen und geschlossenen Fragen gibt es sogenannte Spiegelungs- oder Rückkoppelungsfragen (s. Tabelle 1). Sie stellen eine Paraphrasierung in Frageform dar und lassen sich sinnvoll in den Dialog integrieren.

Das Stellen von Fragen dient in der Beratung v. a. einem diagnostischen Zweck: Sie versuchen durch Fragen in Erfahrung zu bringen, was das konkrete Problem des Klienten ist. Mit Fragen können Sie jedoch noch mehr bewirken [2]:

– *Aufmerksamkeit vermitteln:*

Durch Fragen zeigen Sie dem Klienten, dass Sie aufmerksam sind und sich für das, was der Klient erzählt, interessieren.

– *Zu einer klareren Schilderung der Situation verhelfen:*

In sehr emotionalisierten Situationen führt Fragen beim Klienten zu stärkerer Rationalität. Die Gefühle des Klienten haben natürlich ihre Berechtigung und sollen im Gespräch Raum bekommen. Um bei einem sehr aufgewühlten und dadurch unstrukturiert sprechenden Klienten jedoch zunächst einmal zu verstehen, worum es geht, kann es durchaus sinnvoll sein, ihn mit Hilfe gezielter Fragen zu einer sachlicheren Schilderung seiner Situation anzuleiten.

Fragen (richtig) zu stellen, kann beim Klienten bereits eine Veränderung bewirken: In dem Ausmaß, in dem sich der Klient Ihnen gegenüber verständlich macht, wird ihm oft auch selbst deutlicher, was ihn beschäftigt.

Geschicktes Fragen läßt sich trainieren. Dabei kann folgende Übung hilfreich sein.

Übung: Fragen stellen

Lesen Sie sich folgende Problemsituation durch:

Eine Mutter berichtet, dass die Klassenlehrerin ihres hochbegabten Sohnes dem Thema „Hochbegabung" gegenüber absolut nicht aufgeschlossen sei. Erstens bezweifle die Lehrerin, dass der Junge wirklich besonders begabt sei. Zweitens wolle sie sowieso „keine Extrawürste braten", d.h. sie sei nicht bereit, ihn in irgendeiner Weise anders zu behandeln oder zu fördern als die anderen Kinder der Klasse.

Überlegen Sie, welche Aspekte möglicherweise zur Klärung der Problemlage in einer Beratungssituation beitragen könnten. Schreiben Sie diese Aspekte in Frageform auf. Gehen Sie dann Ihre Liste mit Fragen durch und beurteilen Sie sie anhand folgender Kriterien:

– Handelt es sich um eine offene, geschlossene etc. Frage? Streichen Sie alle suggestiv formulierten Fragen und überlegen Sie bei den übrigen geschlossenen Fragen genau, ob Sie die Information, die Ihnen die Antwort liefert, wirklich brauchen.

– Überprüfen Sie ebenso bei den verbleibenden Fragen: Trägt die Information, die eine Antwort auf die entsprechende Frage bieten kann, zur Lösung der Problemsituation bei? Generell sollten nur solche Informationen gesucht werden, die für eine Problemlösung von Bedeutung sind.

An dieser Stelle beenden wir den Abschnitt „Gesprächsführung I". Möglichkeiten, sich mit den in diesem sowie den folgenden Blöcken dargestellten Gesprächsführungstechniken vertiefend zu beschäftigen und weitere Übungsanregungen zu erhalten, bieten folgende Bücher:

– Bachmair, S., Faber, J., Hennig, C., Kolb, R. & Willig, W. (1999). *Beraten will gelernt sein. Ein praktisches Lehrbuch für Anfänger und Fortgeschrittene.* Weinheim: Beltz.

 Dieses Buch wendet sich an Personen wie Lehrer, Sozialarbeiter und Erzieher, die im Rahmen ihrer Tätigkeit beraten, jedoch keine hauptberuflichen Berater sind. Neben der Einführung in theoretische Grundlagen der Gesprächsführung nach Carl Rogers und Paul Watzlawick werden eine Reihe von Arbeits- und Übungsaufgaben vorgestellt.

– Egan, G. (1996). *Helfen durch Gespräch: Ein Trainingsbuch für helfende Berufe.* Weinheim: Beltz.

 Bei diesem Buch handelt es sich um ein Trainingsprogramm, das der Übung helfender und Problem lösender Gesprächsführung dienen soll.

Die Übungen eignen sich sowohl zum Selbststudium als auch für Kurse über Gesprächsführung.

- Murgatroyd, S. (1994). *Beratung als Hilfe. Eine Einführung in helfende Berufe.* Weinheim: Beltz.

Bei diesem Buch handelt es sich um eine Einführung in die Tätigkeit der Beratung. Trotz des Untertitels, der etwas anderes suggeriert, wendet sich der Autor gleichermaßen an hauptberuflich tätige und ehrenamtliche Berater. Neben der Beratung im Zweiergespräch wird auch die Situation der Beratung in Gruppen kurz angesprochen.

1.2 Anliegen ausmachen

Wie sich in unserer empirischen Untersuchung gezeigt hat, suchen Klienten wegen unterschiedlicher Bedürfnisse Beratung zum Thema „Hochbegabung", wobei sich drei Kategorien von Anliegen unterscheiden lassen:

1) Bedürfnis nach Information: Der Klient möchte bestimmte Fakten in Erfahrung bringen.

2) Bedürfnis nach persönlicher Aussprache: Der Klient hat den Wunsch, sich belastende Erlebnisse von der Seele zu reden.

3) Bedürfnis nach Problemklärung: Der Klient möchte herausfinden, wie er ein bestimmtes Problem lösen oder eine bestimmte Entscheidung treffen kann.

Nicht immer zeichnet sich zu Beginn des Gesprächs eindeutig ab, in welche Kategorie das Anliegen des Klienten fällt. Auch kann es sein, dass der Klient mehrere Anliegen hat und sich das eine hinter einem anderen verbirgt. Deshalb muss evtl. ein Anliegen nach dem anderen bearbeitet werden. Am Anfang geht es darum, durch aktives Zuhören (s. Gesprächsführung I.1, S. 24 ff.) herauszufinden, was der Klient *zunächst* möchte. Die korrekte Einschätzung der Bedürfnisse des Klienten ist deshalb sehr wichtig, weil der Hilfeprozess nur dann wirklich effektiv sein kann, wenn er sich an diesen Bedürfnissen orientiert.

Das Anliegen des Klienten, bestimmte Fakten in Erfahrung zu bringen, sollten Sie im weiteren Verlauf der Beratung durch Informationsvermittlung beantworten (s. Kap. 2.1). Spüren Sie beim Klienten den Wunsch nach persönlicher Aussprache, sollte sich Ihr Helferstil auf die emotionale Entlastung konzentrieren [4] (s. Kap. 2.2). Geht es dem Klienten vornehmlich um Problemklärung, besteht Ihr Auftrag darin, gemeinsam mit dem Klienten das Problem näher einzukreisen, konkret zu formulieren, den gewünschten Zielzustand festzulegen und Lösungswege dafür zu finden (s. Kap. 2.3).

1.3 Abgleichen von Erwartungen des Klienten und Möglichkeiten des Beraters

Nachdem Sie dem Klienten zunächst aufmerksam zugehört und die eine oder andere zusätzliche Information erfragt haben, sollten Sie ihm zusammenfassend zurückmelden, wie Sie die geschilderte Situation und sein Anliegen verstanden haben (s. Gesprächsführung I.1, S. 27). Im Folgenden finden Sie dazu ein Beispiel: „Ich fasse noch einmal zusammen, was Sie mir geschildert haben: Ihr Sohn ist jetzt sieben Jahre alt und besucht die zweite Grundschulklasse. In letzter Zeit hat er immer weniger Lust, in die Schule zu gehen. Im Unterricht langweilt er sich zunehmend, weil er die gestellten Aufgaben als ‚Babykram' empfindet. Sie überlegen nun, Ihren Sohn eine Klasse überspringen zu lassen ...".

a) wenn Sie das (vordergründige) Anliegen als *Informationsbedürfnis* verstanden haben:
   „... Wenn ich Sie richtig verstanden habe, möchten Sie von mir Informationen darüber, wie die Bestimmungen zum Überspringen aussehen und wie Sie dabei formal vorgehen müssen."

b) wenn Sie das (vordergründige) Anliegen als Bedürfnis nach *persönlicher Aussprache* verstanden haben: „... Verschiedene Leute in Ihrem Bekanntenkreis geben Ihnen dazu ganz unterschiedliche Empfehlungen. Das macht Sie unsicher. Sie befürchten, Sie könnten die falsche Entscheidung treffen und Ihrem Sohn schaden. Insofern bedeutet die Situation für Sie eine große Belastung ..."

c) wenn Sie das (vordergründige) Anliegen als Bedürfnis nach *Problemklärung* verstanden haben: „... Sie sehen, dass verschiedene Dinge für das Überspringen sprechen, andere aber auch dagegen. So haben Sie einerseits berichtet, dass sich Ihr Sohn in der jetzigen Klasse extrem langweilt, andererseits aber auch, dass er dort zwei gute Freunde hat, an denen er sehr hängt. Habe ich Sie richtig verstanden, dass Sie gerne genauer mit mir schauen möchten, welche Vor- und Nachteile ein Überspringen haben könnte, um so in Ihrer Entscheidung sicherer zu werden?"

Zusammenfassungen dieser Art – evtl. wie in Beispiel c) mit einer Spiegelungsfrage beendet – bieten Ihnen die Möglichkeit, sich zu vergewissern, dass Sie die Situation und das Anliegen des Klienten richtig verstanden haben. Sollten Missverständnisse aufgetreten sein, können Sie sich von Ihrem Gesprächspartner noch einmal genauer schildern lassen, worum es ihm geht. Durch eine solche Rückversicherung entgehen Sie der Gefahr, dem Klienten ein unzutreffendes Anliegen zu unterstellen oder den Beratungsfokus auf etwas zu lenken, das an seinen Interessen vorbeigeht.

Wenn Ihnen der Klient bestätigt, dass Sie ihn richtig verstanden haben, empfiehlt es sich als Nächstes, darzulegen, in welcher Form Sie ihm Hilfe anbieten können. Ihre Möglichkeiten des Helfens an dieser Stelle deutlich zu machen, kann aus folgendem Grund von großer Wichtigkeit sein: Wie sich in unserer Studie zeigte, hegen viele Klienten unrealistische Erwartungen an das, was in einer zeitlich begrenzten Beratung geleistet werden kann. So erwarten z. B. einige Klienten, dass der Berater den Löwenanteil der Arbeit (die in irgendeiner Form in der Veränderung der aktuell unzufriedenstellenden Situation besteht) vollbringt. Tatsächlich jedoch sind es die Hilfe Suchenden selbst, die die meiste Arbeit tun müssen [4]. Indem Sie verbalisieren, welche konkreten Hilfsangebote Sie machen können, was im Hilfeprozess geschehen kann und wo er enden muss, tragen Sie dazu bei, dass der Klient mit realistischen Erwartungen an das weitere Gespräch herangeht. Konkret können dazu mit dem Klienten z. B. folgende Fragen geklärt werden:

- Wie viele Kontakte wird die Beratung umfassen?
- Wie viel Zeit haben Sie für das heutige Gespräch?
- Wenn es sich um ein Telefongespräch handelt: Ist auch ein persönliches Treffen möglich?
- Wie vertraulich behandeln Sie das, was Ihnen der Klient erzählt? Geben Sie einige Informationen an Dritte weiter?

Welche Fragen im Einzelfall für die Beratung von Bedeutung sind, ist unterschiedlich und muss deshalb von Ihnen individuell entschieden werden. Günstig ist es, wenn der erste Abschnitt des Gesprächs mit einem definierten Ausblick auf den folgenden Hilfeprozess beendet wird. Bsp.: „Ich habe jetzt maximal eine halbe Stunde Zeit, um mit Ihnen zu reden. Wir können gemeinsam beleuchten, welche Argumente für und gegen ein Überspringen Ihres Sohnes sprechen. Wenn Sie das Bedürfnis haben, länger oder nochmals mit mir zu sprechen, können Sie mich nächste Woche wieder anrufen (bzw. nächste Woche wiederkommen) …“. Ziel einer solchen Vereinbarung ist es, zu verhindern, dass der Klient Ihre Dienstleistungen über Gebühr strapaziert [4].

Nachdem in den letzten drei Abschnitten die Schritte dargestellt wurden, die Sie zu Beginn des Gesprächs mit dem Klienten gehen, beschäftigt sich der nächste Abschnitt mit Ihren Kompetenzen und Grenzen als Berater und der Frage, wie Sie diese Grenzen schützen können.

Selbsthilfe für den Helfer I: Eigene Kompetenzen sowie Grenzen kennen und deutlich machen

Wie bereits angedeutet, haben Klienten oft hohe Erwartungen bezüglich der Leistungen und Kompetenzen des Beraters. Kein Berater kann jedoch in *jeder* Beziehung kompetent sein. Wie alle Menschen haben Berater Stärken und Schwächen, gute und schlechte Tage, und sie sind verletzbar.

Wenn Ihnen ein Klient ein Problem erzählt und dabei seine Traurigkeit und seinen Schmerz mitteilt, merken Sie vermutlich, wie dadurch Ihre eigenen Gefühle berührt werden. Sie erinnern sich vielleicht an ähnliche Situatio-

nen, die Sie selbst erlebt haben. Gerade weil Sie als Berater auch mensch-
lich und verletzbar sind, haben Sie die Möglichkeit, andere zu verstehen
und ihnen zu helfen. Beraten Sie andere Personen im Rahmen der Selbsthilfe, besitzen Sie aufgrund Ihres eigenen Erfahrungshintergrunds sogar ein
ganz besonders ausgeprägtes Verständnis für die Situation Ihrer Klienten.
Es gibt jedoch Bedingungen, die Ihre Fähigkeit zu helfen beeinträchtigen
können:

a) Organisatorische Bedingungen:

Die Rahmenbedingungen der Beratung sind sowohl für Sie als Berater als
auch für den Klienten von ausschlaggebender Bedeutung. Für Sie ist es
wichtig, dass Sie sich Rahmenbedingungen schaffen, unter denen Sie möglichst stressfrei beraten können. Beraten ist eine schwierige und verant-
wortungsvolle Aufgabe. Besonders wenn Sie die Beratungstätigkeit ehrenamtlich bzw. neben einer Reihe anderer Verpflichtungen durchführen, ist es
für Sie wichtig, sorgsam mit Ihren eigenen Ressourcen umzugehen und
nicht mehr davon zu verbrauchen, als es im Sinne Ihres eigenen Wohlerge-
hens ist. Dies wirkt sich auch auf den Klienten aus: Nur wenn Sie (äußer-
lich wie innerlich) Zeit und Ruhe haben, kann sich der Klient be*ruhig*t öff-
nen in dem Gefühl, mit seinem Anliegen bei Ihnen gut aufgehoben zu sein.
Für die Beratung günstige Rahmenbedingungen herzustellen ist aber v. a.
aus folgenden Gründen gar nicht so einfach:

– *Zeitliche Grenzen:* Insbesondere wenn Sie ehrenamtlich beraten, ist es
  für Sie wahrscheinlich schwierig, den Klienten immer die notwendige
  Zeit einzuräumen, die diese für eine Beratung bräuchten. Im Rahmen des
  Projekts wurde uns von vielen ehrenamtlichen Beratern berichtet, dass
  sie von früh morgens bis abends von Hilfe suchenden Personen kontaktiert werden und dieser dauernde Anfragenstrom sehr belastend sein
  kann. Schließlich müssen „nebenbei" auch andere Pflichten erfüllt werden, und freie Zeit bietet weniger Entspannung, wenn man weiß, dass
  einen jederzeit jemand anrufen und Hilfe beanspruchen könnte. Zur eigenen Entlastung empfehlenswert, jedoch nicht immer realisierbar, ist es
  deshalb, *beratungsfreie* Zeiten bzw. *Beratungs*zeiten einzurichten.

Möglichkeiten der zeitlichen Arbeitsorganisation

1. Einrichtung beratungsfreier Zeiten

Überlegen Sie sich, welche Tageszeiten und/oder Wochentage „bera-
tungsfrei" sein sollen.

Legen Sie sich ein paar Sätze zurecht, mit denen Sie Anrufern, die in
der beratungsfreien Zeit anrufen, erklären können, dass Sie gerade
nicht „im Dienst" sind. (Sonst passiert es allzu leicht, dass man sich

doch auf ein Gespräch einlässt, obwohl es eigentlich gerade gar nicht passt. Anrufer mit einem Beratungsanliegen stehen in den meisten Fällen unter einem starkem Druck, und als Berater kann es schwer fallen, sich davon abzugrenzen.)

Überlegen Sie sich, ob und unter welchen Bedingungen Sie zu Ausnahmen bereit sind und Gespräche auch in beratungsfreien Zeiten führen würden. Wenn Sie sich darüber bereits einmal Gedanken gemacht haben, fällt es in der Situation leichter zu entscheiden, ob es sich um einen Ausnahmefall handelt. Bedenken Sie dabei: Was macht den Anruf jetzt so dringend? Wenn das Problem sofort besprochen werden muss, kann ich den Klienten evtl. an andere (professionelle) Stellen mit größeren Kapazitäten weiter verweisen (s. u.)?

Vereinbaren Sie mit dem Anrufer einen anderen Gesprächstermin, der auch in Ihre eigene Zeitplanung gut passt.

2. Einrichtung von Beratungszeiten

Überlegen Sie sich, wie viel Zeit pro Woche Sie maximal für Beratungsgespräche aufwenden möchten bzw. können.

Legen Sie konkrete Sprechzeiten fest (z. B. montags von 18–20 Uhr), und beantworten Sie Anrufe nur in diesen Zeiten. Praktisch ist hier eine spezielle Beratungstelefonnummer, wenn man über einen ISDN-Anschluss und ein zweites Telefongerät verfügt. Außerhalb Ihrer Sprechzeiten können Sie einen Anrufbeantworter laufen lassen, der über Ihre Sprechzeiten informiert. Auch in den Publikationen, in denen Ihre Telefonnummer für Beratungszwecke veröffentlicht wird (z. B. Faltblätter, Zeitschriften etc.), können Sie Ihre Sprechzeiten mit angeben. Auch ohne ISDN-Anschluß sind Sprechzeiten realisierbar; es ist so nur etwas schwieriger, sie konsequent einzuhalten.

Informieren Sie sich außerdem über die Sprechzeiten anderer Berater in der Region, damit Sie Klienten, die Sie weiter verweisen, diese Zeiten direkt nennen können.

Gerade für stärker frequentierte Berater hat sich die Einrichtung von Sprechzeiten als günstig erwiesen: Sie werden nicht länger durch Anrufe bei anderen Tätigkeiten gestört und die Klienten können sicher sein, auch auf ein offenes Ohr zu treffen, wenn sie zu den Sprechzeiten anrufen.

– *Räumliche Voraussetzungen:* Um ein vertrauensvolles, hilfreiches Beratungsgespräch führen zu können, brauchen Sie und der Klient Ruhe, d. h. einen Raum, in dem Sie mit dem Klienten – sei es am Telefon oder in einem persönlichen Gespräch – alleine sein können. Wenn Sie Beratungsgespräche zu Hause führen, ist es für Sie vielleicht manchmal schwierig, diese Bedingungen herzustellen. Bei der Festlegung von Zeiten für Ihre Beratungsgespräche empfiehlt es sich deshalb zu berücksichtigen, wann Sie einen Raum für sich alleine zur Verfügung haben, in dem Sie nicht von anderen gestört werden.

b) Inhaltliche Bedingungen:

Es gibt zwei Gründe, aus denen Sie bei einem speziellen Problem vielleicht nicht der richtige Ansprechpartner für eine Hilfe suchende Person sein können:

– *Eigene Belastungen:* Wenn Sie selbst gerade in einer Situation sind, die Sie sehr belastet und in der Sie Hilfe brauchen, ist es sehr schwierig, einem anderen bei der Lösung seines Problems zu helfen. Dies gilt in besonderem Maße, wenn der Klient unter einem Problem leidet, von dem Sie selbst betroffen sind.

– *Kenntnisse spezifischer (psychischer und rechtlicher) Probleme:* Kein Berater kann sich mit allen Problemen auskennen, derentwegen Klienten Hilfe suchen, insbesondere nicht, wenn die Beratung in ehrenamtlicher Tätigkeit erfolgt.

Wie einleitend dargestellt, ist auch der beste Berater in den eigenen Kompetenzen und Möglichkeiten begrenzt. Wichtig ist, dass Sie um Ihre Grenzen wissen und verantwortungsvoll damit umgehen. Dazu kann es nützlich sein, sich über folgende Fragen Gedanken zu machen.

Gedankenanregung: Einschätzung eigener Möglichkeiten und Grenzen

1. Inwiefern helfen und wo hindern mich meine eigenen Probleme bei der Beratung?

Fragen Sie sich, ob Sie von einem Problem momentan so sehr belastet sind, dass es Sie gefangen hält und bei der Beratung eines anderen Menschen blockiert.

Ein Problem selbst zu haben bzw. gehabt zu haben, d. h. aus eigener Erfahrung zu kennen, ist oftmals von Vorteil: Sie können einen anderen Menschen in einer ähnlichen Situation dann besonders gut verstehen. Nachteilig wirken sich eigene Probleme nur dann aus, wenn sie noch nicht genügend verarbeitet werden konnten und vor allem, wenn uns dies nicht klar ist. Die Verstricktheit in eigene Probleme führt nämlich leicht dazu, dass wir die Situation nicht aus der Sicht des Klienten betrachten können, sondern unsere eigenen Sichtweisen und Gefühle im Vordergrund stehen. Dadurch wird jedoch wirkliches Verstehen verhindert. Außerdem besteht die Gefahr, dass wir den Klienten – unbewusst – als Entlastungsmöglichkeit benutzen: Wir erzählen ihm dann unsere eigene Geschichte nicht aus dem Grund, dem Klienten wichtige Informationen zu vermitteln, sondern aufgrund unseres Bedürfnisses, uns auszusprechen.

2. Wie weit reichen und wo enden meine Kompetenzen?

Machen Sie sich bewusst, mit welchen Beratungsthemen und -aufgaben Sie sich gut auskennen und wozu Ihnen umfassende Informationen und Erfahrungen fehlen. Hierbei besteht die Gefahr, die eigenen Fähigkeiten zu unter- oder auch zu überschätzen.

Einige ehrenamtliche oder nicht hauptberuflich tätige Berater meinen, dass sie nur wenige Beratungskompetenzen besitzen, weil ihnen eine spezielle (berufliche) Ausbildung fehlt. Diese Berater sind sich oftmals des Potentials nicht bewusst, das sie tatsächlich – auch aufgrund ihrer eigenen Lebenserfahrungen – besitzen. Wenn Sie selbst solche Zweifel hegen, achten Sie auf die Rückmeldungen Ihrer Klienten. Reaktionen, die Ihnen zeigen, dass den Klienten durch Ihre Beratung wirklich geholfen wurde, können Ihnen dabei helfen, Ihre Unsicherheiten bezüglich der eigenen beraterischen Fähigkeiten abzubauen.

Wenn Sie einem Klienten einmal nicht helfen konnten, ist es nützlich, sich im Anschluss an das Beratungsgespräch Zeit zu nehmen und – evtl. indem Sie sich dazu kurze Notizen machen – zu analysieren, weshalb Sie ihm nicht helfen konnten:

– Fehlten Ihnen fachliche Kenntnisse, z.B. über die Behandlungsmöglichkeiten eines bestimmten Problems?
– Waren Sie emotional überfordert?
– Haben Sie das Anliegen des Klienten nicht richtig verstanden?

Neben solchen Überlegungen, die Sie für sich alleine anstellen können, besteht eine weitere Möglichkeit darin, sich einer Ausbildungs- oder Supervisionsgruppe (s. Selbsthilfe für den Helfer IV, S. 91 ff.) anzuschließen, in der Sie mit Hilfe der Rückmeldungen der anderen Teilnehmer sensibler für Ihre Stärken und Schwächen sowie auch für Ihre Kompetenzen und Grenzen werden können. Für alle professionellen, nebenberuflichen und ehrenamtlichen Berater wird es immer Probleme und Situationen geben, die ihre Kompetenzen überschreiten. Akzeptieren Sie Ihre persönlichen Grenzen.

Wenn Sie von einem Problem zu sehr betroffen und gefangen sind oder sich damit nicht genügend auskennen, dann verweisen Sie den Klienten an jemanden, der für diese spezielle Problemstellung ein geeigneterer Helfer ist. Achten Sie darauf, dem Klienten nicht das Gefühl zu vermitteln, dass er als Person generell zu schwierig ist. Machen Sie ihm deutlich, dass *Sie* bei diesem *speziellen* Problem nicht genügend Hilfestellung geben können, es jedoch Helfer gibt, die sich darauf spezialisiert haben und ihn deshalb besser beraten können.

Wenn Sie in einer Organisation zusammen mit anderen Beratern tätig sind, besteht die Möglichkeit, untereinander abzusprechen, wer sich mit welchen Problemstellungen am besten auskennt und deshalb welche Klienten übernimmt. So können Personen, die mit einem bestimmten Problem bei einem anderen Berater anrufen, direkt an den „Experten" für diese Fragestellung weiter verwiesen werden. Wenn die Zuständigkeitsbereiche eher grob eingeteilt werden, z. B. „Kindergartenkinder"/„Schulkinder" oder „Schullaufbahnentscheidungen"/„psychische Probleme" kann sogar bereits auf einem zentralen Anrufbeantworter für die Klienten eine Information hinterlassen werden, an wen sie sich am besten wenden.

Am Ende dieses Beratungsleitfadens finden Sie ein Adressverzeichnis (s. Anhang 1 bis 3). Unter der Rubrik „Anlaufstellen zu spezifischen Problem- und Fragestellungen" (s. Anhang 1.3) sind kompetente Ansprechpartner zu einer Reihe von Problemen aufgeführt, mit denen Sie im Laufe Ihrer Beratungstätigkeit wahrscheinlich häufiger konfrontiert werden. Machen Sie davon Gebrauch und ergänzen Sie die Liste auf den noch freien Seiten durch die Anschriften und Telefonnummern von Psychotherapeuten, Ärzten, Selbsthilfeberatern, Beratungsstellen und anderen Hilfsorganisationen Ihrer Region. Unter der Rubrik „Allgemeine Beratungsangebote" (s. Anhang 1.2) finden Sie die Telefonnummern und Sprechzeiten der Telefonseelsorge und des Kinder- und Jugendtelefons. Ruft Sie ein Klient in großer Not an und Sie sind aus organisatorischen oder inhaltlichen Gründen nicht in der Lage, adäquate Hilfestellung zu leisten, so können Sie ihm – je nachdem, ob es sich um einen Erwachsenen oder einen Jugendlichen handelt – diese Institutionen als Ansprechpartner nennen.

2 Kern des Gesprächs: Auf Anliegen eingehen

Im ersten Teil des Gesprächs haben Sie geklärt, welche Anliegen der Klient (zunächst) an Sie heranträgt und Sie sind übereingekommen, in welcher Form Sie ihm helfen können. Nun geht es darum, diese Hilfe in die Tat umzusetzen, d. h. dem Klienten Informationen zu vermitteln, ihm die Gelegenheit zur persönlichen Aussprache zu geben und/oder ihn bei der Klärung eines Problems zu unterstützen. In diesem Kapitel werden Möglichkeiten dargestellt, diese Beratungsaufgaben auszufüllen.

2.1 Informationsvermittlung

Ebenso wie zunächst die gezielte Ermittlung bestimmter Informationen notwendig sein kann, steht im weiteren Verlauf des Beratungsgesprächs häufig die Vermittlung spezifischer Informationen im Vordergrund. Grob lassen sich die Informationen, die von Klienten gewünscht werden bzw. ihnen in ihrem Anliegen weiterhelfen können, in zwei Klassen einteilen [5]:

1. Informationen, die Klienten helfen, ihr Problem zu lösen

Hierbei kann es sich z. B. um die Adresse von Institutionen handeln, die Förderkurse anbieten, eine Erklärung, wie das Überspringen einer Klasse in die Wege geleitet werden kann, oder die Information, wo Eltern mit ihrem Kind einen Intelligenztest durchführen lassen können (s. Exkurs: „Intelligenztests für Kinder", S. 41 ff.). Dabei geht es um Sachinformationen, das persönliche Befinden des Klienten wird bei einer solchen Informationsvermittlung nicht thematisiert.

Steht Ihnen die Information, nach der der Klient fragt, nicht zur Verfügung, können Sie ihm anbieten, sich darum zu bemühen, und einen zweiten Gesprächstermin mit ihm vereinbaren, um die Anfrage dann beantworten zu können. Insbesondere wenn Sie als Selbsthilfeberater tätig sind, ist es jedoch günstig, wenn Sie auch den Klienten aktiv an der Suche beteiligen. Sie können ihm dazu andere Anlaufstellen nennen, bei denen er die gewünschten Auskünfte evtl. finden kann. Hilfreich für Sie ist es, Ihre Klienten zu bitten, die Informationen, die sie bei ihrer weiteren Suche in Erfahrung bringen, wiederum kurz an Sie zurückzumelden, wenn Sie diese später erneut brauchen könnten.

Wo lassen sich solche Informationen finden? Neben dem Internet und Printmedien bietet gerade bei Fragen zu sehr aktuellen Themen, zu denen bislang in Büchern oder Zeitschriften wenig veröffentlicht wurde, der kollegiale Austausch für Sie bzw. der Verweis auf Kollegen für den Klienten eine wichtige Informationsquelle.

2. Informationen, die Klienten helfen, ihre Schwierigkeiten besser zu verstehen

Für einen konstruktiven Umgang mit der eigenen Situation ist es häufig sinnvoll, dem Klienten zu helfen, seine Schwierigkeiten besser zu verstehen und zunächst zu akzeptieren, dass sie vorhanden sind. So können Sie Ihre Klienten z. B. darüber informieren, dass andere Familien mit hochbegabten Kindern ähnliche Erfahrungen gemacht haben. Es könnte in einigen Fällen auch sinnvoll sein zu erklären, wie eine bestimmte Problematik, von der Klienten berichten, entsteht. Je nach Kontext sind dabei z. B. folgende Informationen hilfreich:

– Wenn ein Kind von Beginn seiner Lerngeschichte oder Schulzeit an unterfordert wird, lernt es häufig nicht, wie man lernt. Es empfindet die Schulaufgaben als „Babykram", die keinerlei Anstrengung von ihm fordern. Wenn es sich später doch einmal anstrengen muss, um z. B. Vokabeln zu lernen, weiß es gar nicht, „wie das geht", was also geeignete Lernstrategien darstellen.

– Depressionen oder andere psychische Probleme haben meist viele Ursachen und sind nicht unbedingt allein auf die Hochbegabung sowie den Umgang des Kindes und seiner Umgebung damit zurückzuführen. Andere Ursachen können z. B. Konflikte in der Familie sein.

Wo lassen sich solche Informationen finden? Informationen zu psychologischen Hintergrundinformationen über spezielle Themen und Problemstellungen sowie zu weiteren Hilfsorganisationen und Fördermaßnahmen finden Sie in Teil II dieses Leitfadens. Auskünfte des Beraters, die dem besseren Verständnis des Klienten für seine Schwierigkeiten dienen, können auch im Rahmen einer persönlichen Aussprache nützlich sein (s. Kap. 2.2) bzw. es dem Klienten erleichtern, von seinen persönlichen Erfahrungen zu erzählen.

Die mit am häufigsten geäußerten Wünsche nach Informationsvermittlung stellen Fragen zur Testung der Intelligenz dar. Als hauptberuflich tätige Berater müssen Sie Klienten in Beratungsgesprächen häufig Testergebnisse mitteilen. Hierbei ist es wichtig, Sinn und Zweck der diagnostischen Untersuchung sowie der daraus abgeleiteten Aussagen zu erläutern. Die Stellungnahme „Ihr Kind ist hochbegabt" oder „Ihr Kind ist nicht hochbegabt", „Ihr Kind hat einen IQ von 137" oder „Ihr Kind hat einen IQ von 116" hilft allein wenig, sondern stellt für die Betroffenen unter Umständen lediglich ein Etikett dar. Wichtig ist, den Klienten mitzuteilen, welche praktischen Implikationen die Ergebnisse haben: Wo hat das Kind seine Stärken und Schwächen? In welchen Bereichen sollte es gefördert werden?

Als ehrenamtlich tätige Berater werden Sie häufig gefragt, wo Intelligenztests durchgeführt werden und wie viel sie kosten. Der folgende Exkurs liefert Ihnen Informationen zu diesen Fragen und zu Hintergründen der gängigsten Intelligenztests.

Exkurs: Intelligenztests für Kinder

1. Wo kann ein Intelligenztest durchgeführt werden?

Intelligenztests werden von verschiedenen Seiten angeboten:

- Alle Schulpsychologischen Dienste führen Intelligenztests durch, setzen jedoch meistens eine spezifische Fragestellung für die Testung voraus. Im Internet kann unter der Adresse *www.schulpsychologie.de* ermittelt werden, wo überall Schulpsychologische Dienste vertreten sind und welcher Dienst folglich für einen Klienten einer bestimmten Region zuständig ist.

- In Deutschland gibt es einige spezifische Hochbegabungsberatungsstellen. Die Adressen finden Sie z. B. in der Broschüre „Begabte Kinder finden und fördern", die kostenlos beim Bundesministerium für Bildung und Forschung angefordert werden kann, sowie teilweise in Anhang 1.1.

- Außerdem führen einige niedergelassene Psychologen Intelligenztests durch. Die Adressen müssen regional bei Kollegen erfragt oder den örtlichen Telefonbüchern bzw. den Gelben Seiten entnommen werden.

2. Wie teuer ist die Durchführung eines Intelligenztests?

Während die Intelligenztestung beim Schulpsychologischen Dienst kostenlos erfolgt, verlangen Hochbegabungsberatungsstellen und niedergelassene Psychologen zwischen 300 und 2000 DM bzw. zwischen 150 und 1000 Euro für eine Testung plus deren Besprechung.

3. Welches sind die am häufigsten eingesetzten Verfahren und was testen sie?

- *Hamburg-Wechsler-Intelligenztest für Kinder (bisher HAWIK-R, neu: HAWIK-III)*

Der HAWIK ist das Standardverfahren der psychologischen Beratungsstellen [6]. Von den im Rahmen der Studie befragten Schulpsychologischen Dienste wurde dieses Verfahren zur Intelligenztestung vermutlich hochbegabter Kinder am häufigsten – und zwar von zwei Dritteln der Befragten – verwendet.

Die Durchführung dauert etwa eineinhalb Stunden. Der HAWIK kann nur in Einzeltestung durchgeführt werden. Er ist für Kinder zwischen sechs und 16 Jahren geeignet. Es gibt auch eine Version dieses Tests für Kinder im Vorschulalter (HAWIVA).

Der Gesamttest untergliedert sich in einen Verbalteil und einen Handlungsteil. Bei der Bestimmung des Testergebnisses werden ein getrennter Verbal-IQ-, ein Handlungs-IQ- sowie ein Gesamt-IQ-Wert berechnet. Außerdem lässt sich anhand der sogenannten Wertpunkte für die verschiedenen Untertests ein Begabungsprofil mit Stärken und Schwächen in unterschiedlichen spezifischen Fähigkeiten erstellen.

Der Verbalteil besteht u. a. aus je einem Untertest zum *allgemeinen Wissen* (z. B. „Warum donnert es beim Gewitter?"), zum *allgemeinen Verständnis* (z. B. „Warum sehen Gegenstände und Personen in der Ferne kleiner aus?") sowie zum *Finden von Gemeinsamkeiten* (z. B. „Was ist das Gemeinsame an einer Säge und einer Zange?").

Der Handlungsteil besteht u. a. aus je einem Untertest, der das *Ordnen von Bildern* zu einer sinnvollen Bildergeschichte, das Nachbauen eines auf Papier dargestellten *Mosaiks* mit Hilfe von Würfeln, deren Seiten verschiedenfarbig bemalt sind, und das *Wiedererkennen von Symbolen,* beinhaltet.

– *Grundintelligenztest Skalen 1, 20 und 3 (CFT = Culture Fair Test)*

Dieser Test wird ebenfalls häufig von Schulpsychologen verwendet – knapp zwei Drittel der von uns Befragten setzten ihn ein. Der CFT besteht nur aus nonverbalen Aufgaben und ist deshalb v. a. für ausländische Kinder geeignet, bei denen Sprachschwierigkeiten das Ergebnis eines anderen Intelligenztests verfälschen würden. Seine Durchführung dauert etwa 50 bis 60 Minuten. Der CFT 1 ist für Kinder zwischen 5 und 9 Jahren vorgesehen, der CFT 20 für Kinder ab 9 Jahren und der CFT 3 für Jugendliche ab 14 Jahren. Die CFT-Skalen gliedern sich jeweils in mehrere Untertests, der CFT 20 und der CFT 3 beispielsweise in die Aufgabengruppen:

– *Figuren fortsetzen:* Hier gilt es, aus jeweils fünf Figuren diejenige herauszusuchen, die eine dargestellte Reihe richtig fortsetzt.

– *Figuren klassifizieren:* Die Aufgabe lautet, diejenige unter fünf Figuren ausfindig zu machen, die nicht in die Reihe passt.

– *Figurenmatrizen vervollständigen:* Das Kind soll die Figur ankreuzen, die ein lückenhaft dargestelltes Muster korrekt ergänzt.

– *Topologische Schlussfolgerungen ziehen:* Bei diesen Aufgaben wird jeweils ein Beispiel mit einer bestimmten Anordnung geometrischer Objekte gezeigt. Aus fünf Figuren soll diejenige herausgesucht werden, deren Anordnung derjenigen der Beispiel-Figur entspricht.

– *Adaptives Intelligenz Diagnostikum (bislang AID, nun auch AID 2):*

Das AID und seine überarbeitete Fassung AID 2 sind insofern besondere Verfahren, als dass die Testung adaptiv erfolgt, d. h. sie orientiert sich an dem Fähigkeitsniveau des individuellen Kindes. Das bedeutet, dass sich die Auswahl der Aufgaben, die einem Kind vorgegeben werden, nach den Leistungen dieses Kindes in vorangegangenen Aufgaben richtet. Dadurch kann zum einen eine besondere Testgenauigkeit erreicht werden, zum anderen werden hochbegabte Kinder in diesem Test nicht durch zu leichte Aufgaben gelangweilt. Von den in unserer Studie befragten Schulpsychologen verwendeten 34 % den AID. Der AID besteht aus elf Untertests, die sich thematisch an die Untertests des HAWIK anlehnen. Aufgrund der Ergebnisse in diesen Untertests lassen sich die (Gesamt-test-)Intelligenz, die verbal-akustische und die manuell-visuelle Intelligenz bestimmen [6]. Die Testdauer beträgt 20 bis 60 Minuten. Mit dem Test können Kinder zwischen sechs und 15 Jahren untersucht werden.

– *Kaufman-Assessment Battery for Children (K-ABC):*

Eine Alternative zum HAWIK, die das Problem der Schulgebundenheit umgeht, ist die Kaufman-Assessment Battery for Children (K-ABC), die 33 % der von uns befragten Schulpsychologen einsetzten. In diesem Test werden Untertests, die schulische Fertigkeiten wie Wortschatz, Lesen und Rechnen prüfen, von Skalen zur Erfassung schulunabhängiger intellektueller Fähigkeiten wie die Identifizierung eines Objektes, das sich dreht und von dem immer nur ein kleiner Teil sichtbar ist, getrennt. In der Kaufman-Assessment Battery wird also nicht nur Faktenwissen erhoben, sondern auch die Art und Weise ermittelt, auf die eine Person ein Problem löst, um daraus Leistungsbesonderheiten abzuleiten [6]. Der Test ist für Kinder von unter 3 Jahren bis zu 12 Jahren geeignet. Seine Durchführung dauert je nach Alter 40 bis 90 Minuten.

Nur Diplom-Psychologen sind in der Durchführung und Auswertung von Intelligenztests ausgebildet und dazu berechtigt. Tests, die von Ärzten, Lehrern und Vertretern anderer Berufsgruppen durchgeführt werden, sollten mit Vorsicht betrachtet werden.

2.2 Persönliche Aussprache

Viele Klienten möchten von Ihnen nicht nur Informationen erhalten, sondern haben auch das Bedürfnis, sich bei Ihnen auszusprechen, d. h. Ihnen von Dingen zu erzählen, für die sie bislang selten ein offenes Ohr gefunden haben. Dabei spielen die Gefühle der Klienten eine große Rolle: Einige sind traurig oder wütend, manche verzweifelt, viele sind unsicher und verwirrt – und diese Gefühle drängen danach, ausgesprochen zu werden und sich zu klären.

Gefühle sind ein grundsätzlicher Bestandteil des menschlichen Handelns und Denkens. Hoffnung und Freude beispielsweise regen zu Annäherung und Auseinandersetzung mit Themen und Problemen an, Befürchtung und Angst dagegen motivieren zu Flucht und Abwehr. Zweifel und Verwirrung lassen eine Person meist zögern, Wut reißt sie mitunter zu spontanen, übertriebenen Reaktionen hin, Traurigkeit und Resignation können zu zeitweiliger Handlungsunfähigkeit führen [3]. Um einem Klienten zu helfen, sein Problem angemessen lösen zu können, ist es deshalb häufig wichtig, zunächst den Gefühlen Raum zu geben, die momentan noch einer effektiven Problemlösung im Wege stehen. Dadurch gewinnt der Klient eine klarere Sicht seiner Situation und kann aufgrund der erfahrenen Unterstützung Kraft und Mut schöpfen, um in einem nächsten (evtl. jedoch erst späteren) Schritt positive Veränderungen für sich selbst bzw. sich selbst und sein Kind (seinen Enkel, Schüler etc.) in die Wege leiten zu können.

In der Psychotherapie stellt der Ausdruck von Gefühlen und ein zukünftig veränderter Umgang mit diesen häufig ein zentrales Ziel dar, das der psychischen Heilung dient. In der hier dargestellten Form der Beratung, die sich oft nur auf einen oder auf wenige Beratungskontakt(e) beschränkt, kann dieser Schwerpunkt nicht gesetzt werden. Vorausgesetzt jedoch, der Klient hat nicht nur ein reines Informationsbedürfnis (s. o.), sollen seine Gefühle nicht ausgeklammert werden, sondern als wichtiger Bestandteil menschlichen Handelns und Erlebens mit in das Gespräch einbezogen werden. Deshalb geht es im folgenden Abschnitt (Gesprächsführung II.1, s. unten) um das Training der Fähigkeit, Gefühle des Klienten zu erkennen und wiederzugeben. Im übernächsten Abschnitt (Gesprächsführung II.2, S. 49 ff.) wird besprochen, welche sprachlichen Ausdrucksformen zur Wiedergabe der Gefühle des Klienten angemessen sind. Das Aushalten dieser Gefühle ist nicht immer leicht, insbesondere dann nicht, wenn bei dem Klienten eine große Verzweiflung spürbar wird. Deshalb zeigt der darauf folgende Abschnitt (Selbsthilfe für den Helfer II) Möglichkeiten auf, wie Berater eine professionelle Distanz halten können, um nicht selbst von diesen Gefühlen überflutet zu werden und so handlungsfähig zu bleiben.

Gesprächsführung II – Wie Sie dem Klienten emotionale Entlastung bieten können

1. Gefühle des Klienten erkennen und wiedergeben

Worin besteht nun genau die Klärung der Gefühle des Klienten?

Es handelt sich dabei um einen Prozess, der sich aus zwei Schritten zusammensetzt (s. Kasten).

Schritte bei der Klärung von Gefühlen

– *Erkennen* der Gefühle:

Erkennen von Gefühlen bedeutet herauszufinden, was dem Klienten das Thema bedeutet, über das er sprechen möchte: Stellt es für ihn eine Bedrohung dar, ruft es Ärger hervor usw.? Welche Empfindung steht im Vordergrund? Außerdem sollte der Berater darauf achten, wie der Klient mit seinen Gefühlen im Zusammenhang mit diesem Thema umgeht.

Kann er auch Gefühle, die manche Menschen bei sich weniger zulassen können, wie z. B. Stolz, zeigen oder solche, die gesellschaftlich weniger anerkannt sind, wie z. B. Angst, äußern?

– *Wiedergeben (Widerspiegeln) der Gefühle:*

Wenn der Berater die Gefühle des Klienten verstanden hat, kann er diese präzise an ihn zurückmelden. Dadurch klären sich die Gefühle auch für den Klienten selbst und ermöglichen eine emotionale Verarbeitung des Themas. So werden potentielle Störquellen des Problemlöseprozesses verringert.

Was muss ich tun, um die Gefühle des Klienten zu erkennen und wiederzugeben?

– *Erkennen der Gefühle des Klienten:*

Das Erkennen von Gefühlen setzt zunächst Ihre Offenheit voraus, neben den sachlichen Inhalten, die der Klient kommuniziert, auch auf emotionale Botschaften zu hören. Wichtig ist, sich klar zu machen, dass ein anderer nicht so fühlt, wie Sie es tun. Um die Gefühle des Klienten präzise wahrnehmen zu können, müssen Sie deshalb von Ihrem eigenen Bezugsrahmen, Ihren Ansichten und Gefühlen zu bestimmten Dingen, Abstand nehmen und in die Welt des Klienten „eintauchen", als ob es Ihre wäre. Unvoreingenommenes Interesse an dem, was Ihr Gesprächspartner zu dem Thema, über das Sie sprechen, fühlt und was es ihm bedeutet, ist eine günstige Haltung, um möglichst viel von der Welt des anderen zu begreifen.

Manchmal sprechen Klienten ihre Gefühle direkt an. Sie sagen z. B., dass sie das bürokratische Verhalten des Schulleiters, das ein Überspringen ihres Kindes mitten im Schuljahr verhindert, wütend macht. Häufig jedoch kommunizieren Klienten ihre Gefühle indirekter und sie sind sich ihrer selbst nicht ganz bewusst bzw. noch nicht so klar, dass sie sie in Worte fassen könnten. In der Art und Weise, wie sie etwas sagen, liefern die Klienten Ihnen jedoch eine Reihe von Hinweisen auf ihre Gefühle, z. B. durch den Ton, in dem sie sprechen: So drückt sich Unsicherheit in einer leisen, Wut in einer erhobenen Stimme aus. Auch die Sprechgeschwindigkeit gibt Hinweise auf emotionale Zustände: Begeisterung geht häufig mit schnellerem, Enttäuschung mit langsamerem Sprechen einher. In einem persönlichen Gespräch können Sie dem Gesichtsausdruck des Klienten differenzierte Gefühle entnehmen. Tränen können z. B. Zeichen intensiven Schmerzes sein. Dieser Aufzählung ließen sich viele weitere Beispiele hinzufügen. Achten Sie einmal im Alltag darauf, was Ihnen die Stimme, Mimik und Gestik Ihrer Gesprächspartner vermitteln!

– *Wiedergeben (Widerspiegeln) der Gefühle des Klienten:*

Wiedergeben der Gefühle des Klienten bedeutet, dass Sie mit Ihren Worten ausdrücken, was der Klient empfindet. Folgender Ausschnitt aus einem fiktiven Dialog zwischen einer Beraterin und einer Klientin verdeutlicht, wie ein Widerspiegeln von Gefühlen aussehen kann:

> **Klientin:** Was meinen Sie, was wir tun sollen – auswandern oder nach einer anderen Schule suchen, in der es wieder nicht funktionieren wird?
>
> **Beraterin:** Sie sind verzweifelt, da es keinen Ausweg zu geben scheint.
>
> **Klientin:** Ja, das stimmt.

Hätte die Beraterin im Beispiel hingegen erwidert: „Haben Sie sich denn schon umfassend über alternative Schulen in Deutschland informiert?", wäre sie über das Gefühl der Klientin hinweggegangen. Sie hätte stattdessen einen Vorschlag gemacht, was die Klientin tun könnte. Aufgrund ihrer Verzweiflung wäre die Klientin jedoch wahrscheinlich in diesem Moment für einen solchen Vorschlag nicht offen gewesen. Hätte sie sich bereits umfassend informiert, würde sie sich möglicherweise nicht ernst genommen fühlen und sich über die Beraterin ärgern. Hätte sie sich noch nicht informiert, würde sie die Erwiderung der Beraterin vielleicht als Vorwurf empfinden und sich ebenfalls über sie ärgern. In ihrer Verzweiflung bliebe sie in jedem Fall allein und könnte wahrscheinlich zu diesem Zeitpunkt und evtl. auch mit dieser Beraterin nicht (in effektiver Form) weiter über Lösungsmöglichkeiten sprechen. Aus diesem Grund ist es wichtig, zunächst der Verzweiflung der Klientin Raum zu geben, um dann später, wenn sie sich in dieser Verzweiflung nicht mehr gefangen fühlt, nach realistischen Handlungsmöglichkeiten suchen zu können.

Im folgenden Kasten finden Sie Hinweise, auf die Sie bei der Widerspiegelung von Gefühlen achten sollten [3].

Widerspiegelung von Gefühlen

– Benennen Sie die Gefühle des Klienten präzise!

Nur wenn Sie die Gefühlsäußerung des Klienten genau benennen, kann dies zu einer emotionalen Klärung für den Klienten beitragen. Globale Formulierungen wie „Sie haben dabei ein schlechtes Gefühl." sind für den Klienten wenig hilfreich.

– Vermeiden Sie eine Wiederholung des genauen Wortlauts des Klienten!

Wenn der Klient sein Gefühl bereits selbst präzise benennt, sollte der Berater lieber durch Nicken oder ein zustimmendes „Ja" zum Ausdruck bringen, dass er die Empfindung des Klienten verstanden hat, anstatt sie mit genau den gleichen Worten zu wiederholen.

– **Formulieren Sie die Gefühle des Klienten in der Gegenwart!**

Eine Klärung von Gefühlen hilft wenig, wenn sie sich nur in der Erinnerung abspielt. Da Erinnerungen an Gefühle ähnliche emotionale Zustände in der Gegenwart hervorrufen, sollten Sie diese Gefühle im Hier und Jetzt widerspiegeln. Bsp.: „Wenn Sie jetzt darüber sprechen, steigt der Ärger wieder hoch."

– **Verwechseln Sie die Gefühle des Klienten nicht mit Ihren eigenen!**

Wenn Sie selbst zu einem Thema andere Gefühle haben als der Klient oder dem Klienten seine Gefühle nicht glauben, ist die Gefahr groß, dass Sie seine Gefühle in veränderter Form oder mit bestimmten Zusätzen wiedergeben. Wenn Sie sich unsicher sind, ob Sie die Gefühle des Klienten richtig erkannt haben bzw. korrekt von Ihren eigenen trennen können, teilen Sie dem Klienten mit, dass Sie ihn noch nicht ganz verstanden haben. Bsp.: „Mir ist deutlich geworden, dass Ihnen viel an ... liegt. Was ... genau für Sie bedeutet, ist mir jedoch noch nicht klar."

– **Verwenden Sie verschiedene Einstiegsformulierungen!**

Um nicht eintönig und dadurch weniger authentisch zu wirken, sollten Sie Ihre Widerspiegelungen sprachlich variieren. Statt jedesmal zu sagen „Sie haben das Gefühl, ..." können Sie z. B. auch folgende Einstiegsformulierungen wählen: „Sie empfinden ... Für mich hört sich das an, als ... Für mich klingt das ... Mein Eindruck ist, dass ... Mir scheint ... Was Sie erzählen, wirkt auf mich ...".

– **Reflektieren Sie angenehme Gefühle genauso wie unangenehme Gefühle!**

Die Wiedergabe von Gefühlen ist prinzipiell angemessen, unabhängig davon, ob es sich um angenehme, unangenehme oder ambivalente Gefühle handelt und ebenfalls unabhängig davon, ob sich die Gefühle auf die Person des Klienten selbst, auf den Berater oder auf andere Personen beziehen. Häufig wird die Wiedergabe angenehmer Gefühle wie Freude oder Stolz vernachlässigt. Gerade darin liegt jedoch eine Möglichkeit der Beraters, das positive Selbstbild des Klienten und seine Hoffnung auf Erfolg zu stärken.

In welcher Situation ist das Wiedergeben der Gefühle des Klienten angemessen?

Nicht immer ist eine Reflexion der Gefühle des Klienten angebracht. Voraussetzung dafür ist, dass die Reflexion für den Klienten in diesem Moment relevant ist. Die Kunst besteht also darin, adäquat einzuschätzen, was für den Klienten gerade wichtig ist. Dabei kann es zu Missverständnissen kommen, wie sich anhand des Kommunikationsmodells von Schulz von Thun [7, 8] erklären lässt. Nach diesem Modell können an jeder Nachricht eines Senders, d. h. an jeder Mitteilung einer Person, vier Seiten unterschieden werden:

1. der *Sachinhalt*, der Informationen über Dinge und Vorgänge enthält

2. die *Selbstkundgabe*, durch die der Sender etwas über seine Persönlichkeit und seine aktuelle Befindlichkeit mitteilt

3. der *Beziehungshinweis*, durch den der Sender zu erkennen gibt, wie er zum Empfänger steht

4. der *Appell*, der den Versuch darstellt, in bestimmter Richtung auf den anderen Einfluss zu nehmen.

Den Gesprächspartner richtig zu verstehen und in der Folge adäquat auf ihn eingehen zu können, bedeutet bei Schulz von Thun, dass die relativen Anteile dieser vier Aspekte einer Nachricht vom Empfänger richtig entschlüsselt werden. Es gilt also für den Empfänger einer Nachricht, in unserem Fall für Sie als Berater, zu erkennen, welcher Aspekt jeweils im Vordergrund steht. Hinweise, die Ihnen dabei helfen können, stellen der *Kontext* der Aussage, die *Art der Formulierung* (z. B. „Ich bin sterbenskrank" oder „Ich bin ein bisschen angeschlagen."), der *Tonfall* sowie *Körperbewegung*, *Mimik* und *Gestik* des Klienten dar. Erkennen Sie aus diesen Hinweisen, dass der Selbstkundgabeaspekt im Vordergrund steht, ist ein Spiegeln der Gefühle des Klienten angemessen. Steht hingegen z. B. der Appellaspekt „Geben Sie mir Informationen und Tipps" im Vordergrund, ist es unangebracht, wenn Sie sich auf ebenfalls mitschwingende Selbstkundgabeaspekte konzentrieren, d. h. auf Zeichen der Befindlichkeit des Klienten achten, und darauf einzugehen versuchen.

Konkrete Hinweise darauf, dass Sie an einer bestimmten Stelle des Gesprächs Ihre Aufmerksamkeit auf die Gefühle des Klienten lenken und diese widerspiegeln sollten, können folgende Beobachtungen sein, die Sie im Kontakt mit dem Klienten machen:

– Der Klient hat offensichtlich etwas auf dem Herzen und möchte es loswerden: Seine Erlebnisse „sprudeln nur so aus ihm heraus".

– Der Klient sendet nonverbale Zeichen, z. B. durch eine erhöhte Sprechgeschwindigkeit oder einen anderen Tonfall (s. o.), die auf wichtige Gefühle hindeuten.

– Der Klient äußert Gefühle diffus oder widersprüchlich. Vielleicht senden Ihnen die Worte des Klienten und sein Tonfall, seine Gestik oder Mimik unterschiedliche Botschaften. Ein einfühlsames Aufzeigen dieser Widersprüche durch den Berater kann dem Klienten deutlich machen, was er in diesem Moment tatsächlich fühlt (s. Gesprächsführung III.2, S. 64).

– Es treten mehrfach Störungen des Problemlösungsprozesses auf, da der Klient z. B. alle Ihre Vorschläge zurückweist. Das Aufspüren der Gefühle, die diese abwehrende Haltung bedingen, kann den Weg zu einer gelingenden Problemlösung frei machen.

Im Folgenden finden Sie eine Übung zum Training der Wiedergabe von Gefühlen, die eine Erweiterung der aus dem Block „Gesprächsführung I" bekannten Übung „Kontrollierter Dialog I" darstellt.

Übung: Kontrollierter Dialog II

Führen Sie mit einem Kollegen, einem Freund oder Ihrem Partner ein möglichst persönliches Gespräch über ein Thema, das Sie emotional beschäftigt. Einer („der Klient") erzählt, der andere („der Berater") hört zu und versucht, den gefühlsmäßigen Zustand, den der andere mit seinen Äußerungen signalisiert, zu erfassen und präzise wiederzugeben. Dabei nimmt er keine detektivisch-diagnostische Haltung, sondern eine Haltung wohlwollender Einfühlung ein [8]. Der Gesprächspartner bestätigt jeweils die Spiegelung der Gefühle oder lehnt sie als unzutreffend ab. Er fährt in seiner Darstellung erst fort, wenn der Zuhörer seine Gefühle korrekt benannt hat.

Nach einiger Zeit können Sie die Rollen tauschen. Wenn eine Person ihren Zuhörerpart beendet hat, sollten Sie darüber sprechen, inwieweit sich der Sprecher vom Zuhörer emotional verstanden und akzeptiert fühlte.

Dazu können Ihnen folgende kurze Auswertungsbögen helfen [9]:

Bogen I (Person in der Klientenrolle):

1. Ich habe mich im Gespräch gut verstanden gefühlt.   [ ]
2. Das Verhalten des Beraters war für mich sehr angenehm und ermutigend.   [ ]
3. Meine Gefühle wurden mir durch das Gespräch klarer.   [ ]

Bogen II (Person in der Beraterrolle):

1. Es fiel mir leicht zu verstehen, was der Klient gesagt hat.   [ ]
2. Der emotionale Hintergrund der Klientenaussagen wurde mir klar.   [ ]
3. Ich konnte die Gefühle des Klienten präzise wiedergeben.   [ ]

Tragen Sie jeweils in Klammern ein, wie sehr Sie den einzelnen Aussagen zustimmen: stimmt …

genau = 1, durchaus = 2, mittel = 3, wenig = 4, überhaupt nicht = 5.

---

2. Sprachliche Ausdrucksformen

Der Klient fühlt sich umso besser verstanden und gewinnt umso mehr Klarheit für seine Situation, je flexibler, deutlicher und konkreter sich der Berater ausdrückt, wenn er die gefühlsmäßigen Anteile der Klientenäußerungen aufgreift. Hilfreich kann es für den Berater sein, sich an folgende Richtlinien zu halten [1].

Allgemeine Richtlinien des sprachlichen Ausdrucks

- *Einfachheit* des sprachlichen Ausdrucks
- Verwendung von *Synonymen* (bedeutungsähnlichen Wörtern) oder *Antonymen* (Verneinung des Gegenteils)
- Erkennen und Aufgreifen des bevorzugten *Repräsentationssystems* (des vornehmlich verwendeten Wahrnehmungskanals) des Klienten

Im Folgenden werden die dargestellten Richtlinien durch kurze Erklärungen und Beispiele veranschaulicht.

– *Einfachheit des sprachlichen Ausdrucks*

Sowohl bei Klienten, die selbst eine „einfache" Sprache benutzen als auch bei Klienten, die sehr „akademisch" sprechen, empfiehlt es sich, dass Sie sich anschaulich und klar ausdrücken. Die ersteren Klienten fühlen sich nur so wirklich verstanden und angenommen. Die letzteren distanzieren sich oftmals durch abstrakte Ausdrucksformen von ihren unmittelbaren Gefühlen. Indem Sie selbst einfach und plastisch sprechen, können Sie diese Klienten zu konkreten und gefühlsmäßigen Aussagen anleiten. Wichtig für eine einfache Sprache ist die Bildung kurzer Sätze und das Vermeiden von Fremdwörtern und Fachbegriffen.

– *Verwendung von Synonymen und Antonymen:*

Indem Sie die Gefühle des Klienten, die Sie seinen verbalen und nonverbalen Mitteilungen entnommen haben, durch bedeutungsähnliche Wörter oder Aussagen, die das Gegenteil verneinen, widerspiegeln, vermeiden Sie zum einen Wiederholungen. Zum anderen helfen Sie dem Klienten dadurch, seine Gefühle zu spezifizieren. Er kann so herausfinden, was es für ihn genau bedeutet, wenn er z. B. sagt, dass er Hemmungen hat, mit der Lehrerin seines Sohnes zu sprechen [1]. Viele Gefühle lassen sich durch eine ganze Reihe von Begriffen umschreiben. Ähnliche Bedeutungen wie traurig haben z. B.

- die Synonyme: niedergeschlagen, bedrückt, unglücklich, mutlos, betrübt, bekümmert, trostlos sowie
- die Antonyme: nicht froh, nicht glücklich bzw. unglücklich, nicht heiter, freudlos.

– Erkennen und Aufgreifen des bevorzugten Repräsentationssystems des Klienten

Günstig ist, wenn Sie bei der Wiedergabe der Gefühle eines Klienten dessen Sprache sprechen, d. h. auf dessen bevorzugtes Repräsentationssystem achten [10]. Repräsentationssystem meint die Sinnesmodalität (Sehen, Hören, Fühlen, Riechen, Schmecken), die eine Person benutzt, um ihre Wahrnehmungen sprachlich auszudrücken. Informationen über unsere Umwelt nehmen wir in erster Linie über das Sehen (das visuelle System), das Hören (das auditive System) und über körperliche Empfindungen (das kinästhetische System) auf. Häufig wird dabei ein bestimmtes Repräsentationssystem bevorzugt. Manche Personen stellen sich Dinge v. a. visuell vor, d. h. sie sehen sie mit ihrem inneren Auge, andere haben bevorzugt auditive Vorstellungen, d. h. sie hören Dinge mit ihrem inneren Ohr. Bei anderen wiederum lösen Vorstellungen häufig kinästhetische Empfindungen aus, d. h. sie fühlen sich körperlich von etwas berührt [1]. An der Sprache eines Klienten können Sie erkennen, welches Repräsentationssystem er am meisten verwendet. Hinweise liefern Ihnen dabei v. a. sogenannte Prozesswörter, also Verben, Adjektive und Adverbien. Beispiele hierfür finden sich in folgender Tabelle:

Tabelle 2: Sprachliche Entsprechungen verschiedener Repräsentationssysteme

Repräsentations-system	Beispiele für Klienten-Aussagen
visuell	– Ich kann das nicht mehr sehen. – Mir wird schwarz vor Augen.
auditiv	– Ich kann das nicht mehr hören. – Da hat es bei mir geklingelt.
kinästhetisch	– Mich schüttelt es bei dem Gedanken. – Ich könnte kotzen.

Wenn also z. B. ein Klient sagt: „Ich kann Frau X nicht mehr sehen!", könnten Sie, um in seinem Repräsentationssystem – dem visuellen – zu bleiben, sagen: „Diese Frau ist für Sie ein rotes Tuch." Weniger angemessen wären die Erwiderung „Sie wollen von dieser Frau nichts mehr hören.", die das auditive System anspricht, oder die Antwort „Diese Frau lässt Sie vor Wut kochen.", die eine kinästhetische Vorstellung enthält. Am Anfang ist es anstrengend, die Aufmerksamkeit über die Inhalte des Gesagten sowie die bereits besprochenen nonverbalen Signale hinaus außerdem auf das Reprä-sentationssystem der Klienten zu richten. Eine Hilfe ist es, auch im Alltag darauf zu achten, wie andere Menschen ihre Wahrnehmungen ausdrücken. Mit der Zeit lernen Sie, automatisch auf das Repräsentationssystem ande-rer zu reagieren.

Folgende Übung ist ein Spiel (abgewandelt nach Gudjons [9]), an dem Sie die ganze Familie, Freunde etc. beteiligen können. Es trainiert bei der Wie-dergabe von Gefühlen die Flexibilität in der Wortwahl und schärft zugleich bei allen Mitspielern das Bewusstsein für Gefühle. In seiner erweiterten Form können mit diesem Spiel auch das Beachten und die Nutzung unter-schiedlicher Repräsentationssysteme geübt werden.

Übung: Gefühle formulieren

Folgende Liste emotionaler Zustände, die eigenständig erweitert wer-den sollte, wird auf kleine Karteikarten geschrieben:

zufrieden sein, sich betrogen fühlen, Beklemmungen spüren, unsicher sein, träge sein, sich ausgelacht fühlen, Minderwertigkeitsgefühle haben, Ekel verspüren, Angst haben, frustriert sein, verwirrt sein, Mut haben, überrascht sein, sich freuen

Die Karten werden gemischt und verdeckt auf den Tisch gelegt. Jeder Mitspieler hat Papier und Schreibzeug vor sich liegen. Einer deckt die oberste Karte auf und liest vor, was darauf steht. Gleichzeitig wird eine Sanduhr umgedreht. Alle notieren nun so viele umschreibende Formu-lierungen für den Gefühlszustand auf der Karteikarte, wie ihnen in der Zeit, bis der Sand durchgelaufen ist, einfallen. Dann werden die Um-schreibungen reihum vorgelesen und es kann darüber diskutiert wer-den, ob sie zutreffend sind. Wenn gewünscht, kann die Anzahl der gül-tigen Umschreibungen für jede Person vermerkt werden. Dann wird die nächste Karte aufgedeckt.

Beispiel: Für „ärgerlich sein" wären die Umschreibungen: *„wütend sein", „aufgebracht sein", „in Rage sein", „an die Decke gehen", „aus der Fassung geraten"*, gültig.

In der erweiterten Form dieser Übung besteht die Aufgabe darin, mit den Umschreibungen möglichst viele verschiedene Repräsentations-systeme anzusprechen. Für das obige Beispiel könnten dabei folgende Umschreibungen gefunden werden:

„vor Wut beben/zittern/brodeln" (kinästhetisch), „rot sehen" (visuell), „platzen können" (kinästhetisch), „losbrüllen wollen" (auditiv)

Selbsthilfe für den Helfer II: Umgang mit Verzweiflung

> Man kann Weinenden nicht die Tränen abwischen,
> ohne sich die Hände nass zu machen.
>
> (Sprichwort aus Südafrika)

Einige Ihrer Klienten suchen bei Ihnen wegen sehr schwerwiegender Probleme Beratung. Mit ihnen zu arbeiten, ist nicht einfach – sich ihre Geschichten anzuhören, ihre Verzweiflung mitzuerleben und die Verantwortung zu tragen, die mit Ihrer Hilfe verbunden ist. Vielleicht kennen Sie die Erfahrung, dass Sie Ihre Beratungstätigkeit einerseits belebt und mit Zufriedenheit erfüllt: Sie arbeiten dadurch an persönlichen und gesellschaftlichen Veränderungen mit, die Ihnen ganz besonders am Herzen liegen. Andererseits fühlen Sie sich manchmal vielleicht auch so, als ob Sie von der Verzweiflung Ihrer Klienten angesteckt worden seien oder Sie noch lange nach dem Gespräch eine schwere Last mit sich herumtragen.

Was tut Ihren Klienten gut, wenn sie sich verzweifelt fühlen?

Für Klienten, die verzweifelt sind, ist es sehr wohltuend zu erfahren, dass ein anderer – in diesem Fall Sie – ihre Verzweiflung verstehen und aushalten kann. Das heißt in der Konsequenz: Versuchen Sie nicht, Ihren Klienten die Verzweiflung auszureden und sie davon zu überzeugen, dass es keinen Grund dafür gibt. Vermitteln Sie ihnen, dass Sie ihre Gefühle nachvollziehen können. Machen Sie gleichzeitig jedoch deutlich, dass Sie *nicht* die Meinung teilen, ihre Situation sei hoffnungslos. Auf diese Weise ist die Chance am größten, dass die Klienten mit Ihrer Hilfe erkennen, welche Veränderungsmöglichkeiten in ihrer Macht liegen und sie die Kraft gewinnen, diese zu realisieren.

Was kann Ihnen helfen, eine solche Beratungssituation zu meistern?

Vergessen Sie nicht, auf sich selbst Acht zu geben! Das ist natürlich leichter gesagt als getan. Wenn Sie sich von der Verzweiflung ihrer Klienten zu sehr abgrenzen, so dass Sie zwar physisch im Beratungsgespräch anwesend sind, aber doch nicht wirklich an der Welt Ihrer Klienten teilhaben, können Sie ihnen wenig helfen. Wenn Sie dagegen so tief in die Welt des Klienten eintauchen, dass sein Schmerz auch Ihr eigener wird, erschöpfen Sie sich und werden ebenso hilflos wie der Klient selbst.

Wie kann es gelingen, in einem Beratungsgespräch gleichzeitig offen und geschützt zu sein? Und was kann man nach emotional anstrengenden Beratungsgesprächen tun, um neue Kraft zu tanken? Sicherlich keine endgültigen Lösungen, jedoch einige Anregungen für einen sorgsamen Umgang mit sich selbst finden Sie im folgenden Kasten.

Möglichkeiten, mit der Verzweiflung von Klienten umzugehen

1. Schutzmöglichkeiten während des Gesprächs

– *Seien Sie sich der Grenze zwischen Ihnen und dem Klienten bewusst!*

Im letzten Abschnitt ist das Erkennen und Widerspiegeln von Gefühlen beschrieben worden. Eine Voraussetzung dafür ist das Einfühlen in die andere Person. Wenn Sie mit einem Klienten sprechen, der verzweifelt ist, und Sie fühlen sich in ihn ein, empfinden Sie seine Verzweiflung nach. Sie spüren diese Verzweiflung, *als ob* es Ihre wäre. Seien Sie sich dabei des „als ob" bewusst: Es handelt sich nicht um Ihre Verzweiflung, Sie können sich in sie hineinfühlen, müssen darin jedoch nicht verweilen!

Hierbei kann Ihnen vielleicht Ihre Vorstellung helfen: Versuchen Sie, sich während eines emotional anstrengenden Gesprächs der äußeren Umrisse Ihres Körpers gegenwärtig zu sein und sich dadurch bewusst als getrennt von dem Menschen zu empfinden, mit dem Sie sprechen. Das ist nicht einfach, denn es setzt voraus, dass Sie Ihre Aufmerksamkeit zwischen Ihrem eigenen Erleben und dem des Klienten hin- und herbewegen. Im Gespräch Ihrer eigenen Selbstwahrnehmung immer wieder Aufmerksamkeit zu schenken, ist jedoch eine Voraussetzung dafür, sorgsam mit sich selbst umgehen zu können.

– *Verteidigen Sie Ihre Grenze!*

Achten Sie auf Signale, die anzeigen, dass Ihre Grenzen überschritten werden: Wenn Sie Ihren Atem anhalten, sich Ihre Muskeln zusammenziehen, Ihr Körper gleichsam Platz macht, haben Sie der fremden Verzweiflung wahrscheinlich zu viel Raum gegeben. Erobern Sie sich Ihren Platz zurück! Manchen Beratern hilft auch hier eine Vorstellungsübung: Mit dem Ausatmen wird aufgenommener Schmerz wieder abgegeben und mit dem Einatmen frische Energie aufgenommen. Meistens trägt alleine das bewusste Umgehen mit den eigenen Grenzen und eine sensible Wahrnehmung dafür, wann sie überschritten werden, dazu bei, sich zu schützen.

2. Möglichkeiten, nach dem Gespräch loszulassen

– Manchmal kann sich die Verzweiflung, von der Sie erfahren, trotzdem in Ihrem Körper festsetzen und evtl. wissen Sie nach dem Gespräch nicht, wie Sie sie wieder loswerden sollen. Sie erleben vielleicht selbst heftige Wut und Schmerz über die Ungerechtigkeiten, die andere erfahren mussten. Sorgen Sie dafür, dass Sie mit diesen Gefühlen nicht allein bleiben, sondern sie Ihrerseits anderen Menschen – Freunden oder Kollegen – mitteilen können (s. hierzu *Selbsthilfe für den Helfer IV*, S. 92 f.).

– Ebenfalls eine gute Möglichkeit loszulassen, stellen ablenkende angenehme Tätigkeiten und Entspannungstechniken dar. Machen Sie Sport oder tun Sie etwas, das Ihnen richtig Spaß macht und wobei Sie ausgelassen sein können. Eine Reihe von Vorschlägen für Aktivitäten, die der Entspannung dienen können, finden Sie im Abschnitt *„Selbsthilfe für den Helfer IV"*, S. 90.

2.3 Problemklärung

Wie in den letzten Abschnitten dargestellt, befinden sich manche Klienten, die Ihre Hilfe suchen, in einer ihnen so hoffnungslos erscheinenden Situation, dass es ihnen sehr schwer fällt, alleine damit fertig zu werden. Für diese Klienten steht zu Beginn des Gesprächs häufig eher das Bedürfnis nach Entlastung von ihrem Gefühl der Verzweiflung im Vordergrund als die Erarbeitung einer Lösung für ihr Problem. Konnten sie im Kontakt mit Ihnen eine solche Entlastung erfahren, wird es jedoch – vielleicht direkt im Anschluss oder später – möglich, über konkrete Änderungen der Situation nachzudenken.

Für andere Klienten steht von vornehrein der Wunsch im Vordergrund, im Gespräch mit Ihnen Möglichkeiten einer Erfolg versprechenden Problemlösung zu finden. Diesen Wunsch zu realisieren, ist mitunter nicht einfach: Wie bereits ganz zu Anfang anklang, sind von dem Problem, um das es geht, zumeist mehrere Personen betroffen. Deshalb muss auf möglicherweise verschiedene Bedürfnisse der Beteiligten geachtet werden. Die Bedürfnisse des Kindes mögen z. B. andere sein als die der Eltern oder des Lehrers. Diese unterschiedlichen Perspektiven müssen in die Überlegungen zur Problemlösung einbezogen werden. Im folgenden Block „Gesprächsführung III" werden Möglichkeiten vorgestellt, systematisch nach Lösungen zu suchen und dabei die Perspektive des Kindes adäquat zu berücksichtigen.

Gesprächsführung III – Wie Sie mit dem Klienten Veränderungen planen können

1. Lösungswege finden

Der Prozess der Problemlösung lässt sich in mehrere Schritte unterteilen:

Schritte des Problemlöseprozesses

– *Situation verstehen:*

Dieser Schritt wurde bereits in den bisherigen Phasen des Gesprächs („Anliegen erkunden" und „Persönliche Aussprache") vollzogen.

– *Problem spezifizieren, das Priorität haben soll:*

Das Problem, das zunächst bearbeitet werden soll, muss genau benannt werden.

– *Ziele setzen:*

Der Klient muss sich darüber klar werden, worin genau seine Ziele bestehen, d. h. was er für sich, sein Kind oder seine Familie erreichen möchte.

– *Lösungsalternativen entwickeln:*

Hierbei gilt es, möglichst viele Ideen zur Erreichung dieser Ziele zu sammeln und zwar zunächst ohne die Einfälle zu bewerten.

– *Beste Alternativen auswählen:*

Die Erfolg versprechendsten Strategien sollen ausgewählt werden.

– *Lösungsstrategien in die Realität umsetzen:*

Es muss sichergestellt werden, dass der Klient die Maßnahmen realisieren kann und dies auch tut.

– *Situation verstehen*:

Den ersten Schritt zu einer Problemlösung haben Sie mit dem Klienten bereits vollzogen. In den bisherigen Sequenzen des Beratungsprozesses konnten Sie beide allmählich eine umfassendere Vorstellung der problematischen Situation gewinnen. Durch *Paraphrasieren* und das *Wiedergeben der*

Gefühle des Klienten haben Sie ihm geholfen, sein(e) Problem(e) genauer zu spezifizieren. Durch *Fragen, die Sie gestellt haben*, wurden Lücken in der Situationsbeschreibung gefüllt. In manchen Fällen schält sich dabei ein klar umrissenes Problem heraus oder der Klient konnte es ohnehin von vorneherein so benennen. In anderen Fällen wird eine Vielfalt von Problemen sichtbar.

– Problem spezifizieren, das Priorität haben soll:

In Fällen, bei denen mehrere Probleme vorliegen, ist es wichtig, sich für ein Problem zu entscheiden, das zuerst angegangen werden soll. Sind mehrere der vorhandenen Schwierigkeiten auf eine Ursache zurückzuführen, lassen sie sich manchmal „mit einer Klappe schlagen", d. h. durch die gleiche Maßnahme lösen. Ist ein Kind z. B. in der Schule unterfordert, langweilt sich und verhält sich deshalb im Unterricht unruhig, können Maßnahmen zum Abbau der Unterforderung sowohl die Langeweile als auch das zappelige Verhalten des Kindes beenden. Ist das Kind dagegen hyperaktiv, können höhere Anforderungen lediglich die Langeweile reduzieren, nicht jedoch das zappelige Verhalten. Oft ist es nicht möglich, eindeutig zu entscheiden, ob verschiedene Probleme auf die gleiche(n) Ursache(n) – in diesem Fall auf die Hochbegabung bzw. den Umgang damit – zurückzuführen sind. Deshalb ist das Setzen von Prioritäten so wichtig.

Günstig ist es, zunächst das Problem anzugehen, das folgende zwei Kriterien erfüllt: Erstens verschafft seine Lösung dem Klienten bzw. dem Kind, um das es geht, möglichst viel Erleichterung und zweitens ist die Wahrscheinlichkeit seiner Lösbarkeit groß. Fängt man mit der Lösung eines Problems, das diese Kriterien erfüllt, an, wird die Praxis zeigen, welche Schwierigkeiten aufgrund der dazu gewählten Lösungsstrategien ebenfalls verschwinden und für welche später evtl. weitere Erklärungen und Lösungen gefunden werden müssen.

– Ziele setzen:

Wenn Sie nun das Problem, das die Priorität haben soll, konkret benannt haben, sollten Sie mit dem Klienten auch das angestrebte Ziel der Problemlösung klären. Stellt das Problem z. B. permanente Langeweile des Kindes dar, könnte das Ziel die Wiederherstellung seines Interesses und seiner Freude an schulischen und außerschulischen Aktivitäten sein. Für Sie als Berater ist es wichtig, dass Sie bei der Zielbestimmung insbesondere auf folgende Aspekte achten:

– Das Ziel soll positiv formuliert werden. Also nicht „Ich möchte, dass wir in der Familie nicht mehr so viel streiten.", sondern lieber „Ich möchte, dass wir in der Familie wieder liebevoll miteinander umgehen."

– Je konkreter das Ziel beschrieben wird, desto leichter lassen sich Lösungen dafür finden. Es ist also günstig, genau zu ermitteln, was „liebevoll miteinander umgehen" oder „Freude an der Schule haben" bedeuten. Bsp.: „Ich wünsche mir, dass das große Interesse meiner Tochter an Mathematik gestillt wird, d. h., dass sie durch entsprechende Aufgaben angemessen herausgefordert wird."

– Das Ziel muss erreichbar sein. Wenn sich der Klient etwas völlig Unrealistisches wünscht, ist es Ihre Aufgabe, ihn darauf hinzuweisen und gemeinsam nach einem realistischeren Ziel zu suchen. Besteht das Ziel des Klienten z. B. darin, die Streitereien in der Familie und die Depression des Kindes mit einem Schlag zu beheben („Ich möchte, dass wir ab morgen friedlich miteinander sind und mein Sohn glücklich ist."), so wissen Sie, dass dies nicht gelingen kann. Der Versuch, unrealistische Ziele zu erreichen, führt zu einer großen Enttäuschung, vor der Sie Ihre Klienten nach Möglichkeit bewahren sollten.

– *Lösungsalternativen entwickeln:*

Nun schließt sich die Suche nach Lösungsmöglichkeiten an: Es sollen Ideen zur Lösung des Problems entwickelt werden, ohne diese in irgendeiner Form zu bewerten, um auch kreative Ansätze zu berücksichtigen. Die Bewertung der einzelnen Ideen z. B. bezüglich ihrer Durchführbarkeit folgt erst im nächsten Schritt. Hauptanliegen dieser Problemlösephase ist es, so viele Alternativen wie möglich zu entwickeln. Die Ideen dürfen ruhig „verrückt" sein, einzelne Ideen können miteinander kombiniert und fortlaufend erweitert oder präzisiert werden [11]. Dieses Vorgehen wird als Brainstorming bezeichnet.

Günstig ist, wenn Sie zunächst den Klienten alleine Lösungsmöglichkeiten nennen lassen. Versiegen seine Ideen, können Sie eigene Vorschläge äußern. Machen Sie dem Klienten dabei deutlich, dass die von Ihnen beigesteuerten Einfälle nur dazu dienen, das Ideen-Angebot zu vergrößern, sie jedoch später vom Klienten oder dem Kind verworfen werden können. Die Tatsache, dass Sie selbst Lösungsvorschläge hinzufügen, ist jedoch sehr wichtig, da in den meisten Fällen davon auszugehen ist, dass der Klient einige der bestehenden Möglichkeiten, z. B. bestimmte Fördermaßnahmen, gar nicht kennt.

Ein Beispiel:

Das in der Beratung gemeinsam festgelegte Ziel der Problemlösung besteht darin, die auf Unterforderung beruhende Langeweile des knapp fünfjährigen Kindes der Klientin abzubauen. Positiv formuliert: Das Kind soll an seinen Spiel- und Lernaktivitäten (wieder) Interesse entwickeln.

Die Mutter entwickelt im Brainstorming u. a. folgende Ideen:
– die Erzieherin bitten, dem Kind vertiefende Aufgaben anzubieten
– Museumsbesuche mit dem Kind

- Sachbücher zu den Interessengebieten des Kindes aus der Bücherei ausleihen
- Wechsel auf einen Montessori-Kindergarten
- das Kind in der Musikschule anmelden, um ein Instrument zu erlernen
- Kauf eines Computers und spezieller Lernsoftware
- gemeinsam mit dem Kind eine Sprache lernen

Sie könnten u. a. folgende Ideen zufügen:
- Früheinschulung
- Teilnahme an einem Philosophiekurs für hochbegabte Kinder

- *Beste Alternativen auswählen:*

Haben Sie eine Vielzahl potentieller Lösungsstrategien gesammelt, geht es im nächsten Schritt darum, ihre Nützlichkeit zur Erreichung des angestrebten Ziels zu überprüfen. Von den gesammelten Lösungsideen können zunächst die ausgesondert werden, die auf keinen Fall in Frage kommen. So könnten bestimmte Maßnahmen, z. B. der Kauf eines Computers, an den finanziellen Möglichkeiten der Familie scheitern, andere, z. B. das gemeinsame Lernen einer Sprache, daran, dass die Eltern aufgrund ihrer Berufstätigkeit wenig Zeit haben. Für die übrig bleibenden Strategien muss überlegt werden, wie relevant sie jeweils zur Zielerreichung sind, d. h., wie viel sie dazu beitragen können, und ob Komplikationen zu erwarten sind.

Wie oben angesprochen, sind von den Schwierigkeiten, für die Sie gemeinsam mit dem Klienten Lösungen suchen, meistens mehrere Personen betroffen. Deshalb ist es besonders wichtig, die Folgen und „Nebenwirkungen" nicht nur für den oder die anwesenden Klienten zu beachten, sondern auch Auswirkungen auf die weiteren unmittelbar und mittelbar Beteiligten mit in die Auswahl einer Strategie einzubeziehen. Vorausgesetzt, das Kind ist alt genug, ist es an dieser Stelle günstig, wenn es am Entscheidungsprozess beteiligt wird. In manchen Beratungssettings ist das Kind von Anfang an im Gespräch anwesend oder kann für diese Fragestellung in das Gespräch mit einbezogen werden. In anderen Settings, z. B. bei einer telefonischen Beratung, ist dies nicht realisierbar. Hier besteht jedoch die Möglichkeit, dem Klienten die Aufgabe zu stellen, zu Hause ohne den Berater, jedoch gemeinsam mit dem Kind, über die Vor- und Nachteile der in Frage kommenden Lösungswege nachzudenken.

Für Strategien, die als hoch relevant zur Zielerreichung eingeschätzt werden, kann es sinnvoll sein, den Klienten eine sogenannte Bilanzauf-

stellung vornehmen zu lassen [5]. Hierbei müssen evtl. nicht nur die
Meinungen des Kindes, sondern auch die weiterer Betroffener in Erfahrung gebracht werden. Bei einer Bilanzaufstellung muss der Klient für
eine bestimmte in Frage kommende Strategie, z. B. eine Früheinschulung, folgende Punkte klären:

1. Die *Vorteile* dieser Vorgehensweise für:

   a) das betroffene Kind

   b) den/die erwachsenen Klienten (z. B. die Mutter, den Vater)

   c) weitere betroffene Personen (z. B. den aufnehmenden Lehrer, die
   Schulleiterin, Geschwister).

2. Die *Nachteile* dieser Vorgehensweise für:

   a) das betroffene Kind

   b) den/die erwachsenen Klienten (z. B. die Mutter, den Vater)

   c) weitere betroffene Personen (z. B. den aufnehmenden Lehrer, die
   Schulleiterin, Geschwister).

Aufgrund dieser einzelnen Überlegungen kann dann eine Gesamtbewer-
tung der Strategie vorgenommen und entschieden werden, ob es sinnvoll
ist, sie zu verwirklichen oder nicht. Dies können Sie nach Absprache mit
dem Klienten gemeinsam in einem zweiten Gespräch tun. Wenn die Entscheidung für die betreffende Lösungsstrategie fällt, ist es sinnvoll, auch
darüber zu sprechen, wie den Nachteilen begegnet werden kann (z. B.
Befürchtung von Komplikationen durch den aufnehmenden Lehrer, ablehnende Haltung der Schulleiterin, Eifersucht der Geschwister), um das
Risiko des Scheiterns möglichst gering zu halten.

– *Lösungsstrategien in die Realität umsetzen:*

Hat sich der Klient nun für eine oder mehrere Strategien entschieden, z. B.
das Ausleihen von Büchern und eine Früheinschulung, geht es darum,
deren Umsetzung zu planen. Während Ihr Klient für die Nutzung der Stadt-
bücherei wahrscheinlich keine weiteren Hilfen von Ihnen braucht, gilt es
z. B. bei einer Früheinschulung das genaue Vorgehen zu besprechen.

Die Durchführung der geplanten Maßnahmen muss der Klient schließlich alleine vollziehen. Als günstig erweist sich, mit ihm ganz konkret
abzusprechen, wann und wie er welche Pläne realisieren wird, damit er
nicht Gefahr läuft, die Umsetzung aufgrund seiner vielleicht bestehenden Unsicherheit auf die lange Bank zu schieben und schließlich doch
aufzugeben. In Teil I, Kapitel 3.2 wird auf dieses Problem noch einmal
Bezug genommen.

In der Praxis läuft der Prozess der Problemlösung nicht unbedingt in der
schematisiert aufgezeigten Form ab, doch sind die im Einzelnen genannten
Schritte Bestandteile eines jeden Problemlöseprozesses. Je nach Art und

Umfang des Problems bekommen sie bei unterschiedlichen Klienten eine unterschiedliche Gewichtung [1]. Um sich mit den allgemeinen Grundprinzipien von Problemlösungsprozessen vertraut zu machen, empfiehlt es sich, eigene Probleme mit Hilfe des aufgezeigten Ablaufs zu bearbeiten (s. nachfolgende Übung).

Übung: Problemlösen

Wenn Sie demnächst mit einem etwas kniffligeren Alltagsproblem konfrontiert werden, dann nehmen Sie doch einmal die Chance wahr, die Lösung dieses Problems systematisch anzugehen, indem Sie die oben aufgezeigten Problemlöseschritte durchlaufen. Wenn von diesem Problem mehrere Personen betroffen sind, z. B. Ihr Partner und Sie oder Ihre ganze Familie, dann beziehen Sie die anderen Beteiligten nach Möglichkeit in diese Übung ein. Geht es bei dem Problem um Sie alleine, kann es trotzdem hilfreich sein, einen Trainingspartner hinzuzuziehen, der Sie bei dem Prozess begleitet.

– Machen Sie sich zunächst klar: Wie sieht die problematische Situation aus? Schreiben Sie wichtige Stichpunkte auf oder erklären Sie Ihrem Trainingspartner, in welcher Lage Sie sich befinden.

– Kristallisieren Sie das Problem heraus, für das Sie Lösungen finden wollen, und benennen Sie den genauen Zielzustand.

– Entwickeln Sie im Brainstorming mögliche Lösungsalternativen und notieren Sie diese Möglichkeiten. Evtl. kann Ihr Trainingspartner auch Vorschläge einbringen bzw. Ihnen zu weiteren Ideen verhelfen.

– Bewerten Sie die gesammelten Alternativen bezüglich ihrer Durchführbarkeit. Was nicht realisierbar scheint, sollte jetzt gestrichen werden. Überlegen Sie für die verbleibenden Möglichkeiten, wie relevant sie jeweils zur Erreichung Ihres Zieles sind. Wägen Sie Vor- und Nachteile für sich selbst und weitere Betroffene ab.

– Treffen Sie eine Entscheidung, welche Lösungswege Sie ausprobieren wollen.

– Planen Sie die Umsetzung der gewählten Lösungsstrategien so konkret wie möglich. Sprechen Sie mit Ihrem Trainingspartner oder einer an der Übung unbeteiligten Person ab, was Sie wann vorhaben. Diese Absprache dient der Verpflichtung, Ihre Vorsätze auch wirklich in die Tat umzusetzen.

– Nachdem Sie Ihre Pläne ausgeführt haben, sollten Sie sich noch einmal Zeit nehmen, um zu überlegen, wie erfolgreich Ihre Lösungsversuche waren. Was hat funktioniert? Was hat nicht funktioniert? Ist das Ziel (teilweise) erreicht? Was können Sie jetzt noch dafür tun?

In diesem Kapitel haben Sie kennen gelernt, wie Sie systematisch mit Klienten nach Lösungen für Probleme suchen können. Wie deutlich wurde, sind Sie in diesem Prozess kein passiver Begleiter des Klienten, sondern bringen auch selbst Lösungsvorschläge ein. Dieser Aspekt der eigenen Äußerung von Ideen, von Anregungen, auch des Mitteilens eigener Erlebnisse oder des Deutlichmachens eigener Einstellungen soll im nächsten Kapitel etwas ausführlicher erläutert werden, wirft er doch eine Reihe von Fragen auf, über die sich viele Berater Gedanken machen.

2. Stellung nehmen

Sind persönliche Stellungnahmen in einer Beratung überhaupt angemessen?

Berater erwägen häufig, ob oder wie sie sich im Beratungskontakt selbst einbringen dürfen, d. h. ob oder in welcher Form es sinnvoll ist, von eigenen Erfahrungen zu berichten, persönliche Meinungen zur Situation und zu Handlungen des Klienten zu äußern etc. Die Unsicherheit darüber wird von Befürchtungen geschürt, den Klienten durch solche Äußerungen in eine Richtung zu drängen oder ihm vorzugeben, was er tun soll, und ihm so seine Eigenverantwortlichkeit zu nehmen. Die folgenden Ausführungen bieten dazu einige Klärungshilfen.

Zunächst soll die Frage beantwortet werden, *ob* überhaupt eigene Stellungnahmen im Beratungskontakt erlaubt sind: *Ja,* sie sind es! Schließlich nehmen Sie die Schilderungen des Klienten nicht wie ein Gesprächsautomat völlig reglos auf, sondern Sie machen sich dazu Gedanken und entwickeln Gefühle, manchmal fallen Ihnen eigene Erfahrungen ein etc. Diese Reaktionen können ein wertvoller Fundus für die Beratung sein. Deshalb gilt es nicht, sie unter allen Umständen vor dem Klienten zu verbergen, sondern sie in einer Art und Weise, die für den Klienten förderlich ist, in den Kontakt einzubringen. Nur – welche Art und Weise ist förderlich? Welche persönlichen Äußerungen können dem Klienten helfen? In Beantwortung der aufgeworfenen Fragen beschäftigt sich dieses Kapitel mit verschiedenen Formen von Stellungnahmen und gibt Beispiele sowie Hinweise für ihren Einsatz.

Formen von Stellungnahmen des Beraters

– *Bekräftigen von Verhaltensweisen des Klienten:*

Durch anerkennende Kommentare zu Bewältigungsaktivitäten des Klienten können Fortschritte verstärkt werden.

– *Stimulieren von Verhaltensweisen des Klienten:*

Indem der Berater selbst Vorschläge macht, regt er den Klienten zu Veränderungsaktivitäten an.

– Hinterfragen von Verhaltensweisen:

Wenn der Klient von Dingen erzählt, die er tut oder zu tun gedenkt und die aus Sicht des Beraters problematisch sind, ist es nützlich, sie kritisch zu hinterfragen.

– Konfrontieren:

Der Berater spricht Widersprüche des Klienten an, um ihn auf etwas aufmerksam zu machen, auf das er bisher nicht geachtet hat.

– Mitteilen eigener Erfahrungen:

Der Berater erzählt von eigenen Erfahrungen und vermittelt dem Klienten auf diese Weise, dass andere ähnliche Sorgen kennen und er damit nicht alleine ist.

Wie können die verschiedenen Formen persönlicher Stellungnahmen angemessen realisiert werden?

– Bekräftigen von Verhaltensweisen des Klienten:

Viele Klienten bekommen von den Personen ihrer Umgebung kaum Verstärkungen für ihr Verhalten. Deshalb ist es wichtig, dass Sie die Aktivitäten Ihrer Klienten auch direkt anerkennen und ermutigen [1]. Möglichkeiten dazu sind z. B.

- knappe positive Äußerungen wie „gut", „ja", „O. K."
- kommentierende positive Erwiderungen ohne Begründung wie „Da sind Sie aber schon ein ganzes Stück weitergekommen.", „Das haben Sie gut gemacht."
- kommentierende positive Erwiderungen mit Begründung wie „Das finde ich gut, da Sie Ihrem Kind auf diese Weise vermittelt haben, dass Sie zu ihm stehen."
- Ausdruck von Vertrauen in die Bewältigungskompetenzen des Klienten wie „Ich glaube, dass Sie das schaffen werden."

– Stimulieren von Verhaltensweisen des Klienten:

Indem Sie z. B. in der Brainstormingphase des Problemlöseprozesses (s. Gesprächsführung III.1, S. 58) selbst Vorschläge machen, stimulieren Sie Veränderungsaktivitäten des Klienten. Wie bereits erwähnt, müssen Sie sicherstellen, dass der Klient Ihre Vorschläge als Anregung auffasst und nicht als Ratschlag.

Was ist der Unterschied zwischen einem Vor- und einem Ratschlag? Unsere Sprache führt hier ein wenig zur Verwirrung. Sie sind Be*rat*er, doch Sie sollen keine *Rat-*, sondern Vorschläge machen. Ratschläge beinhalten eine klare Anweisung, wie jemand anderes etwas tun soll, und implizieren, dass der Ratgeber am besten weiß, was für den anderen das Richtige ist. Vorschläge dagegen stellen nur eine Möglichkeit dar, die der Gesprächspartner reflektiert. Ein Vorschlag von Seiten des Beraters erkennt an, dass der Klient am besten weiß, was für ihn das Richtige ist. Deshalb wird ein Vorschlag auch nicht in der Befehlsform geäußert: „Tun Sie dies und jenes!", sondern viel vorsichtiger formuliert, z. B. „Mir fällt eine Möglichkeit ein, die manchen Leuten hilft, und zwar ...". Der Klient kann und soll daraufhin prüfen, was er von der Idee hält und v. a., wie er gefühlsmäßig dazu steht. Bewertet er den Vorschlag als gut, kann er ihn evtl. in die Tat umsetzen, ansonsten verwirft er ihn.

– Hinterfragen von Verhaltensweisen des Klienten:

Wenn Sie den Eindruck haben, dass ein Klient Bewältigungsstrategien verwendet, die aus Ihrer Sicht nicht geeignet sind, oder in der Phase der Bewertung von Lösungsalternativen (s. Gesprächsführung III.1, S. 59 f.) Strategien voreilig für gut befindet, die Ihnen problematisch erscheinen, sollten Sie diese Lösungswege hinterfragen. Sie können z. B. sagen „Ich weiß nicht, ob das wirklich weiterhelfen würde." oder „Ich könnte mir vorstellen, dass ..." und den Klienten auf diese Weise auf potentielle Schwierigkeiten hinweisen.

– Konfrontieren des Klienten:

Wenn Sie Widersprüche im Verhalten des Klienten bemerken, von denen Sie den Eindruck haben, dass sie ihn bei der Lösung des Problems behindern, können Sie diese Widersprüche thematisieren. Bereits im Abschnitt Gesprächsführung II.1 („Gefühle erkennen und wiedergeben", S. 48) war ein Beispiel dafür angesprochen worden: Der Klient sendet verbal und nonverbal unterschiedliche Botschaften. Weitere Widersprüche können z. B. zwischen

- den Verhaltensweisen, die der Klient zeigt, und den Zielen, die er anstrebt, auftreten.
- dem Bild, das der Klient von sich hat (z. B. „Ich bin eine schlechte Mutter."), und dem Bild, das Sie von ihm haben (z. B. „Sie ist eine wunderbare Mutter."), bestehen.

 Konfrontationen sind nur dann angemessen, wenn sich bereits eine vertrauensvolle Beziehung zwischen Ihnen und dem Klienten entwickelt hat. Kennen Sie sich noch kaum, sollten Sie auf Konfrontationen verzichten. Wichtig ist, dass der Klient Ihre Konfrontation als Hilfe verstehen kann und nicht als Vorwurf oder Kritik empfindet [1].

– Mitteilen eigener Erfahrungen:

Das Mitteilen Ihrer eigenen Erlebnisse kann für den Klienten hilfreich sein, wenn Sie ihm gleichzeitig aufzeigen, in welcher Weise Ihre Erfahrung mit ihm zu tun hat. Vor allem für solche Klienten, die sich mit ihrer Situation sehr alleine fühlen, ist es wohltuend zu hören, dass ein anderer ähnliche Erfahrungen, Gefühle etc. kennt oder auch schon von ähnlichen Situationen gehört hat.

Worauf muss ich bei persönlichen Stellungnahmen besonders achten?

Im Folgenden finden Sie einige allgemeine Regeln, deren Beachtung helfen kann, persönliche Stellungnahmen, wie sie oben beschrieben wurden, angemessen auszuwählen und zu formulieren [1, 3, 12].

Regeln für persönliche Stellungnahmen

– Seien Sie selektiv in Ihrer Kritik!

Wichtig ist, dass die Wahrnehmungen, Gedanken und Gefühle, die Sie dem Klienten gegenüber äußern, ehrlich sind. Sie müssen jedoch nicht alles äußern, was Ihnen auf- und einfällt, sondern sollten dasjenige auswählen, das für die Problemklärung förderlich und der Tragfähigkeit der Beziehung angemessen ist.

– Formulieren Sie Ihre Aussagen als Ich-Botschaften!

Ihre Stellungnahmen können dem Klienten helfen, wenn sie ihm Denkanstöße bieten, nicht jedoch, wenn sie Moralpredigten darstellen. Es geht also nicht darum, dem Klienten zu sagen: „Das sollte man nicht machen.", sondern ihm Ihre persönliche Meinung oder Ihre Bedenken mitzuteilen. Dies tun Sie durch sogenannte „Ich-Botschaften". Den Unterschied zwischen „Du-Botschaften" und „Ich-Botschaften" verdeutlicht folgendes Beispiel [1].

1. Formulierung als „Du-Botschaft":
   Berater: „Sie sollten sich mehr Zeit für sich nehmen!"
   Klient: „Das ist leicht gesagt! Wo soll ich die Zeit denn hernehmen?"

2. Formulierung als Ich-Botschaft:
   Berater: „Ich bin geradezu erschrocken, als Sie mir eben erzählt haben, wie Ihr Tagesablauf aussieht. Das macht mich richtig atemlos."
   Klient: „So fühle ich mich auch und deshalb brauche ich unbedingt mehr Zeit für mich."

– Kennzeichnen Sie Ihre Stellungnahme als Ihre Meinung!

Wenn Sie persönlich Stellung beziehen, sollte für den Klienten immer deutlich sein, dass es sich bei Ihren Äußerungen nicht um allgemein gültige Wahrheiten handelt, sondern um Ihre subjektive Sichtweise, die der Klient zurückweisen kann. Wenn er dies tut, also z. B. eine kritische Äußerung von Ihnen zurückweist, dann beharren Sie nicht darauf, sondern nehmen Sie sie zurück.

– Formulieren Sie Stellungnahmen konkret-anschaulich!

Nur konkrete Formulierungen können eine Veränderung des Klienten bewirken, allgemein bewertende Aussagen sind dagegen wenig nützlich. So hilft es einer Mutter z. B. kaum, wenn Sie ihr sagen, dass sie Ihrem Eindruck zufolge „zu anti-autoritär" ist. Hilfreicher ist z. B. die Aussage:

„Als sich Ihre Tochter tagelang geweigert hat, ihre Sachen aus dem Wohnzimmer zu räumen, haben Sie – so ist mein Eindruck – überhaupt nicht gezeigt, dass Sie darüber total wütend waren. Ihren Schilderungen zufolge gibt es in Ihrer Familie auch gar keine Regeln, welche Räume von wem belegt werden dürfen, wer was aufräumen muss etc. Vielleicht könnte es hilfreich sein, in Ihrer Familie solche Regeln aufzustellen."

– Achten Sie nicht nur auf Defizite oder Schwierigkeiten, sondern insbesondere auch auf Positives, d. h. auf Stärken des Klienten!

Die meisten von uns haben in ihrer Lerngeschichte v. a. die Fähigkeit trainiert, an anderen sofort Fehler zu entdecken, während die Wahrnehmung von Stärken wenig sensibilisiert wurde. Bloße Kritik entmutigt und verstärkt Ängste sowie Widerstände. Bloße Zustimmung dagegen vermittelt dem Klienten keine neuen Informationen über sich. Als Berater sollten Sie sich um Ausgewogenheit in Ihren Stellungnahmen bemühen und im Wissen um unsere allgemeine „Schlagseite zur Kritik" [3] besonders auf die Bewältigungskompetenzen und Fortschritte des Klienten achten.

– Behalten Sie stets den Klienten im Fokus der Aufmerksamkeit!

Wenn Sie von eigenen Erfahrungen berichten, sollten Sie unbedingt darauf achten, dabei nicht selbst so betroffen zu werden, dass Sie den Klienten bzw. dessen Anliegen und Bedürfnisse vergessen. Tauchen Sie bei Ihren Erzählungen nicht in Ihre eigene Welt ein, sondern bleiben Sie in der des Klienten. Halten Sie Ihre Schilderung möglichst kurz und knapp!

Nachfolgend finden Sie eine Anregung, wie Sie diese Gesprächsregeln üben können, damit sie Ihnen mit der Zeit leicht „von der Hand gehen".

Übung: Stellung beziehen

Führen Sie mit einem anderen Berater, einem Freund oder Ihrem Partner ein Gespräch. Nehmen Sie dieses Gespräch nach Möglichkeit auf Kassette oder Video auf. Die Person, mit der Sie sprechen, soll sich ein Thema überlegen, zu dem sie gerne Ihre Meinung hören möchte. Sie könnte also z. B. mit den Worten beginnen: „Mich beschäftigt da etwas und ich würde gerne wissen, was du dazu denkst ...". Ihr Gesprächspartner erzählt zunächst und Sie bemühen sich darum, ihn zu verstehen, indem Sie die bereits besprochenen Gesprächsführungstechniken – insbesondere das Paraphrasieren – einsetzen. Wenn der Hintergrund für Sie klar geworden ist, beginnen Sie, die Äußerungen Ihres Gesprächspartners zu kommentieren, indem Sie ihn bekräftigen, eigene Ideen einbringen, bestimmte Dinge hinterfragen, ihn mit Widersprüchen konfrontieren und/oder eigene Erfahrungen mitteilen. Achten Sie dabei auf eine wertschätzende Haltung! Die vor dieser Übung aufgeführten Hinweise, insbesondere die Formulierung Ihrer Aussagen als Ich-Botschaften (s. o.), helfen Ihnen dabei, diese Haltung zu realisieren.

Nach Beendigung des Gesprächs folgt eine gemeinsame Auswertung. Diskutieren Sie mit Ihrem Gesprächspartner folgende Punkte:
– Wie wohl hat sie/er sich im Gespräch mit Ihnen gefühlt? Woran lag das?
– Zu welchen Punkten haben Sie Stellung bezogen? Wie hat das jeweils auf Ihren Gesprächspartner gewirkt?
– Wie „echt" haben Sie in Ihren Äußerungen auf Ihren Gesprächspartner gewirkt? Hat sie/er Ihre positive und negative Kritik als Ihre ehrliche Meinung empfunden?

Wenn Sie durch das Besprechen dieser Fragen eine genaue Rückmeldung dazu bekommen haben, wie Ihre Stellungnahmen auf Ihren Gesprächspartner gewirkt haben, können Sie sich einzelne Gesprächssequenzen noch einmal auf Video ansehen bzw. auf Kassette anhören. Überlegen Sie bei weniger gelungenen Äußerungen, wie Sie anders hätten reagieren können. Verfallen Sie jedoch bei Ihrer Gesprächsanalyse nicht der „Schlagseite zur Kritik", sondern achten Sie besonders auch auf das, was Ihnen gut gelungen ist!

Selbsthilfe für den Helfer III: Umgang mit schwierigen Beratungssituationen

In den letzten Kapiteln ist deutlich geworden, dass Sie sich als Berater in Ihrem Verhalten zwar von den Bedürfnissen Ihrer Gesprächspartner leiten lassen, dabei jedoch eine durchaus aktive Rolle einnehmen, indem Sie z. B. Stellung beziehen. Dadurch helfen Sie dem Klienten, in seinem Problem-löseprozess voranzukommen. In manchen Situationen ist es auch deshalb wichtig, dass Sie „das Zepter in die Hand nehmen", um wenig sinnvolle Gespräche zu beenden oder sie sinnvoller zu gestalten. Einige schwierige Gesprächssituationen, zu deren Bewältigung Sie initiativ werden müssen, wurden bereits besprochen:

– *Schwierigkeiten, die in der äußeren Gestaltung der Beratungssituation begründet liegen*, z. B. Zeitdruck, Raumprobleme etc. (s. Selbsthilfe für den Helfer I, S. 34 ff.)

– *Schwierigkeiten, die in der Person des Beraters wurzeln*, z. B. eigene un-gelöste Konflikte (s. Selbsthilfe für den Helfer I, S. 36 ff.) oder Unsicher-heit gegenüber heftigen Gefühlen des Klienten (s. Selbsthilfe für den Hel-fer II, S. 53 ff.)

– *Schwierigkeiten in der Interaktion zwischen Ihnen und dem Klienten:* Der Klient äußert sein Anliegen z. B. sehr diffus und es gelingt Ihnen nicht, das für ihn Wesentliche auszumachen, so dass er sich von Ihnen nicht verstanden fühlt. Wie Sie diesen Schwierigkeiten begegnen kön-nen, wurde in Kapitel 1.1 (Gesprächsführung I, S. 23 ff.) dargestellt.

Darüber hinaus können *Schwierigkeiten* auftreten, *die aus dem Verhalten bestimmter Klienten entstehen*. Beispiele dafür sind:

– Der Klient beansprucht Sie sehr stark: Er redet z. B. stundenlang, auch wenn eigentlich alles Wichtige gesagt ist. Ähnlich unproduktive Ge-spräche entstehen dann, wenn der Klient keine der in der Beratung be-sprochenen Lösungswege in die Praxis umsetzt, sich aber immer wieder meldet, um sich bei Ihnen auszujammern.

– Der Klient greift Sie persönlich an: Er ist z. B. unzufrieden mit seiner Si-tuation und fängt an, Sie zu beschimpfen, weil Sie nicht tun, was er möchte, oder ihm nicht in der Weise helfen können, die er sich wünscht. Vielleicht äußert er auch Zweifel an Ihrer Kompetenz.

– Der Klient erwartet von Ihnen Unmögliches: Er möchte vom Berater z. B. eine telefonische Bestätigung der Hochbegabung seines Kindes, wobei diese Bestätigung für sein eigenes Selbstwertgefühl sehr wichtig zu sein scheint. Manchmal haben Sie vielleicht den Eindruck (oder es legen auch die Testergebnisse nahe), dass das Kind nicht wirklich hoch-begabt, sondern z. B. hyperaktiv oder in sonstiger Form verhaltensauf-fällig ist. Gegen eine solche Möglichkeit sperrt sich der Klient jedoch.

Wenn ein Klient, wie oben beispielhaft dargestellt, Kritik und Zweifel an Ihnen oder Ärger über Sie zum Ausdruck bringt, extreme Widerstände zeigt oder auch starke Abhängigkeit signalisiert, reagieren Sie darauf mit bestimmten Gefühlen: Sie werden vielleicht wütend auf den Klienten, fühlen sich erschöpft oder genervt. Einige Berater berichten von dem Gefühl, als „Mülleimer für psychischen Schutt" benutzt zu werden. Ein solcher Eindruck deutet an, dass Ihre Grenzen überschritten sind.

Doch wie können Sie die Situation verändern, wenn Sie nicht einfach den Hörer auflegen bzw. den Raum verlassen oder den Klienten zum Gehen auffordern wollen? Den verärgerten Klienten ebenfalls zu beschimpfen, wird ihn kaum zum Schweigen bringen und das Gespräch sicherlich nicht in konstruktivere Bahnen lenken. Bei einem vielredenden Klienten das Thema zu wechseln, wird ihn dazu bewegen, auf Umwegen wieder zu seinem Ursprungsthema zurückzufinden oder sich nun über den neuen Gegenstand auszulassen.

Hier ist Ihre Initiative gefragt! Trauen Sie sich in solchen Situationen, „Tacheles" zu reden. Sagen Sie dem Klienten z. B. „Ich glaube, wir haben jetzt alles Wichtige besprochen und können das Gespräch beenden." Wenn Sie ein Klient beschimpft und so sehr verletzt hat, dass Sie überhaupt nicht mehr mit ihm weiter sprechen wollen, teilen Sie ihm ruhig mit, dass Sie nicht länger bereit sind, ihn zu beraten und brechen damit den Kontakt ab.

Häufig ist es jedoch nicht notwendig, die Beratung direkt zu beenden. Wenn Sie frühzeitig bei Störungen eingreifen, lassen sich destruktive Gespräche oftmals in konstruktivere Bahnen umleiten. Ein gutes Hilfsmittel dazu ist die *Metakommunikation*, eine Gesprächsführungstechnik, die prinzipiell in allen Situationen, in denen eine Störung der Interaktion zwischen zwei Gesprächspartnern eintritt, weiterhelfen kann. Sie meint „das Reden darüber, wie wir miteinander reden" [13]. Indem Sie die Art, wie der Klient mit Ihnen spricht, und die Gefühle, die er bei Ihnen auslöst, zum Thema machen, erreichen Sie zum einen, dass die störenden Verhaltensweisen für eine Zeit unterbrochen werden. Zum anderen schaffen Sie damit eine Basis für Veränderungen. Der folgende Kasten verdeutlicht, wie Metakommunikation mit schwierigen Gesprächspartnern aussehen kann.

Anregungen zum Umgang mit schwierigen Gesprächspartnern – Metakommunikation

– Machen Sie dem Klienten deutlich, dass Sie jetzt über die Form der Kommunikation zwischen Ihnen beiden sprechen möchten, indem Sie z. B. sagen: „Mir fällt in unserem Gespräch etwas an der Art auf, wie wir miteinander sprechen. Darüber würde ich gerne mit Ihnen reden."

- Sprechen Sie nicht alle Punkte, die Ihnen auffallen, auf einmal an, sondern entscheiden Sie sich zunächst für den wichtigsten. Dies könnte z. B. sein: „Mir fällt auf, dass Sie jetzt zum fünften Mal bei mir anrufen und wir immer wieder über das gleiche Problem und mögliche Lösungen reden, Sie aber das, was wir hier absprechen, nicht einhalten." Bringen Sie Ihre eigenen Gedanken und Gefühle zum Ausdruck. Sie könnten z. B. sagen: „Ich habe den Eindruck, dass Sie Dampf ablassen müssen und mich als Ventil benutzen. Sie beschimpfen mich und werden mir gegenüber ausfallend. Das macht mich wütend und das kann ich auch nicht akzeptieren."

- Bleiben Sie im Hier-und-Jetzt. Sprechen Sie an, was Sie im Moment empfinden, nicht, was vielleicht früher gewesen ist. Also nicht „Ich hatte schon vom ersten Moment unseres Gesprächs an den Eindruck, dass Ihr Sohn gar nicht hochbegabt ist.", sondern z. B. „Ich spüre Zweifel, ob wir noch auf dem richtigen Weg sind mit unseren Überlegungen. Wir suchen nach Lösungen für die Probleme Ihres Sohnes und gehen dabei davon aus, dass diese Probleme dadurch bedingt sind, dass er hochbegabt ist. Vielleicht sollten wir erst einmal Klarheit darüber bekommen, ob das wirklich so ist."

- Vermeiden Sie es, die Handlungen und Aussagen des Klienten zu interpretieren und zu verurteilen. Absolut nicht förderlich wären Erwiderungen wie „Sie spielen sich mir gegenüber doch nur so auf, weil Sie sich eigentlich ganz schwach und hilflos fühlen." oder „Sie quasseln mir nur deshalb ein Ohr ab, weil Ihre Ehe im Eimer ist und Sie außer Ihrem Partner auch niemanden haben, mit dem Sie reden können." Sprechen Sie nur an, was Sie konkret erleben, also z. B. „Wir sitzen jetzt schon seit einer Stunde zusammen (oder telefonieren bereits seit einer Stunde) und Ihre Geschichte sprudelt nur so aus Ihnen heraus. Ich kann in Ihrer Erzählung gar kein Ende absehen, merke jedoch, dass ich mich nicht mehr konzentrieren kann."

Wenn Sie sich durch einen Klienten ausgenutzt fühlen, schwinden wahrscheinlich Ihr Verständnis und Ihre Akzeptanz für ihn. Metakommunikation bietet Ihnen die Möglichkeit, solche unangenehmen Gesprächssituationen nicht passiv ertragen zu müssen, sondern Ihre eigenen Gefühle zum Ausdruck zu bringen und Grenzen deutlich zu machen. Sie fordern damit Verständnis und Akzeptanz für Ihre Person und können gleichzeitig Verständnis und Akzeptanz für den Klienten zurückgewinnen. Da Metakommunikation das Verhalten beider Partner anspricht („Ich erlebe mich . . . und ich sehe Sie. . ."), wird die Gefahr verringert, dass der Klient Ihre Aussagen als Vorwürfe empfindet. Ihm kann deutlich werden, wie er sich Ihnen gegenüber verhält und auch, ob er dies ändern möchte. Wenn ja, kann es ihm beispielsweise aufgrund Ihrer Rückmeldung gelingen, seinen Zorn auf die Person zu richten, die ihn ausgelöst hat, so dass er nicht länger Sie für seine

Misere verantwortlich machen und beschimpfen muss. Vielleicht wird so auch ein Teil seines Problems klarer. Hat der Klient z. B. massive Konflikte mit den Lehrern seiner Tochter, ist sein beschuldigendes und ausfälliges Verhalten evtl. ein Aspekt, der bei der Entstehung oder Aufrechterhaltung dieser Konflikte eine Rolle spielt.

Zum Abschluss dieser Ausführungen zum Umgang mit schwierigen Beratungssituationen soll auf eine besondere, oben bereits angesprochene Schwierigkeit noch einmal etwas ausführlicher eingegangen werden, von der viele Berater berichten, sie zunehmend häufig zu erleben: Sie haben den Eindruck, dass das Kind, dessentwegen ein Klient – meistens ein Elternteil – Ihre Beratung sucht, nicht wirklich hochbegabt ist oder zumindest die geschilderten Probleme nichts mit einer Hochbegabung zu tun haben. Zweifel am Bestehen einer Hochbegabung werden dadurch begründet, dass die Eltern problematische Verhaltensweisen ihres Kindes, z.B. Zappeln, Unkonzentriertheit oder Regelmissachtungen, als Zeichen für seine Hochbegabung anführen, das Leistungsvermögen des Kindes jedoch nicht über dem Durchschnitt zu liegen scheint. Ein Großteil der Kinder, von denen Sie diesen Eindruck gewinnen, ist tatsächlich nicht hochbegabt; die vielfach leider verzerrte Darstellung von Hochbegabung in den Medien lässt die Eltern jedoch zu diesem Fehlschluss kommen. Nun kann Ihnen als Berater in Ihrer Einschätzung aber auch der umgekehrte Fehler unterlaufen, denn das Leistungsvermögen eines Kindes korrekt zu beurteilen, ist nicht einfach. Von Leistungen, zumindest von geringen Leistungen, kann man nicht immer auf die (geringe) Begabung des Kindes schließen. Underachiever z.B. haben nur mittelmäßige oder schlechte Noten, besitzen aber durchaus ein hohes Leistungspotential (s. Teil II, Kap. 1.2). Deshalb ist es ohne umfassende Erfahrung in der (Test-)Diagnostik von Hochbegabung häufig nicht möglich, ganz sicher zu sein, ob ein Kind tatsächlich hochbegabt ist oder nicht. Wichtig ist jedoch, sich bewusst zu sein, dass die Ursachen für die in der Beratung geschilderten Probleme, auch wenn das Kind hochbegabt ist, nicht in kausalem Zusammenhang damit stehen müssen. Erziehungsfehler der Eltern oder kritische Lebensereignisse stellen Gründe dar, aus denen Kinder jeglichen Begabungsniveaus Probleme entwickeln können. Deshalb ist in Ihrer Beratung in erster Linie die Unterscheidung wichtig, ob spezifische Schwierigkeiten, über die Klienten mit Ihnen sprechen, wahrscheinlich auf eine Hochbegabung oder eher auf andere Ursachen zurückzuführen sind. „Auf eine Hochbegabung zurückzuführen" könnte missverständlich klingen. Hochbegabung selbst stellt ja keine Ursache für Probleme dar. Die Interaktion zwischen einem hochbegabten Kind mit seinen spezifischen Eigenschaften, Fähigkeiten und Bedürfnissen und einer Umwelt – v. a. Eltern, Schule und Peers –, die darauf nicht angemessen einzugehen weiß, kann jedoch zu Problemen führen. Inwiefern hochbegabungsspezifische Eigenschaften an der Entstehung der in der Beratung thematisierten Schwierigkeiten beteiligt sein können und welche anderen, von Begabung unabhängigen, Faktoren als Ursache in Frage kommen, wird jeweils in den Abschnitten „Verstehen" der Kapitel zu den zentralen Problem- und Fragestellungen in Teil II des Leitfadens diskutiert. Haben Sie mit Hilfe dieser Informationen den Eindruck gewonnen, dass die geschilderten Probleme nicht mit einer Hochbegabung, sondern eher mit begabungsunabhängigen Faktoren wie einem ungünstigen familiären Umfeld zusammenhängen, stehen Sie vor der etwas schwierigen Aufgabe, den Klienten Ihren Eindruck mitzuteilen. Der folgende Exkurs bietet dazu eine Anregung.

Exkurs: Mitteilen der Vermutung, dass andere Ursachen als eine Hochbegabung für die Probleme eines Kindes verantwortlich sind

Ein Klient hat in den Medien etwas über das Thema „Hochbegabung" erfahren und interpretiert nun problematische Verhaltensweisen seines Kindes, die Ihrem Eindruck nach vermutlich eher auf eine Aufmerksamkeitsdefizit-/Hyperaktivitätsstörung (s. Teil II, Kap. 3.1) oder eine Verhaltensstörung zurückzuführen sind, als Zeichen für eine Hochbegabung. Von dieser Interpretation relativ überzeugt, sucht er Ihre Beratung auf.

Es ist wichtig, dass Sie dem Klienten Ihren tatsächlichen Eindruck, nämlich dass das Kind vielleicht gar nicht hochbegabt, wahrscheinlich jedoch z. B. aufmerksamkeitsgestört/hyperaktiv ist, mitteilen. Sonst können Sie wenig zu einer hilfreichen Problemlösung beitragen. Das Äußern Ihrer Vermutung gestaltet sich jedoch häufig nicht so einfach, da der Klient eine „pathologische" Ursache für die bestehenden Schwierigkeiten ablehnt.

Eine solche Reaktion ist verständlich. Wenn Sachverhalte bei Menschen – d. h. bei Klienten genauso wie bei Beratern oder anderen Personen – zu viele Ängste auslösen, neigen sie dazu, ein Schutz- und Abwehrverhalten aufzubauen. Dieser Mechanismus dient dazu, die Ängste zu vermindern, Spannungen zu verringern und somit Schwierigkeiten erträglicher zu machen [14]. Wichtig ist, dass Sie dieses Verhalten verstehen und zunächst akzeptieren. Nur durch eine solche Haltung werden Sie erreichen können, dass sich der Klient im Laufe des Gesprächs anderen Erklärungsmöglichkeiten für die Probleme seines Kindes öffnet.

Es wäre in dieser Situation ein Fehler, den Klienten direkt mit Ihrem Eindruck zu konfrontieren, also z. B. zu sagen: „Ich glaube, Ihr Sohn ist gar nicht hochbegabt, zumindest hat seine Unkonzentriertheit damit nichts zu tun. Ich vermute eher, er ist aufmerksamkeitsgestört und hyperaktiv. Sie müssen sich die Tatsachen einmal objektiv vor Augen führen." Durch eine solche Äußerung erzeugen Sie beim Klienten in der Regel noch mehr Abwehr. Deshalb ist es häufig angebracht, *sich mit dem Widerstand zu verbünden* [15]. Wenn Sie die Gesprächssequenz vorsichtiger einleiten, z. B. wie in obigem Kasten dargestellt „... Vielleicht sollten wir uns erst einmal darüber klar werden, ob das [Hochbegabung als Ursache der Probleme] stimmt ..."

wird der Klient wahrscheinlich äußern, dass doch ganz vieles darauf hindeutet und sein Kind von anderen meistens falsch eingeschätzt wird, so auch von Ihnen. Daraufhin könnte sich folgender Dialog zwischen Ihnen und dem Klienten entspannen, in dem Sie den Widerstand des Klienten nicht zu brechen versuchen, sondern ihm im Gegenteil Anerkennung zollen.

Ihre Erwiderung: „So wie ich Sie verstanden habe, ist Ihr Eindruck, dass Ihr Sohn von vielen in seinen Fähigkeiten und Stärken verkannt wird. Das macht Sie natürlich traurig. Und nun haben Sie den Eindruck, dass auch ich ihn verkenne."

Klient: „Ja, genau. Ich bin vorsichtig, was mir andere einreden wollen. Schließlich kenne ich meinen Sohn am besten."

Ihre Erwiderung: „Das stimmt. Sie haben somit allen Anlass, vorsichtig zu sein und nicht alles ungeprüft zu glauben, was ich Ihnen sage. Ich würde Ihnen gerne einige Informationen über typische Verhaltensweisen hochbegabter Kinder geben und über mögliche Ursachen für unkonzentriertes Verhalten. Wenn ich etwas sage, das Sie verletzt oder das Sie nicht glauben können, bitte ich Sie, sofort zu protestieren."

Klient: „Na ja, man kann ja erst mal abwarten, was das für Informationen sind."

Ihre Erwiderung: „Ja, Sie nehmen also einfach mal eine abwartende Position ein und überprüfen nach und nach, was Sie von meinen Informationen annehmen wollen."

Nun können Sie dem Klienten mitteilen, welche Verhaltensweisen typisch und untypisch für hochbegabte Kinder sind und welche z. B. für das Vorliegen einer Aufmerksamkeitsdefizit-/Hyperaktivitätsstörung (AD/HS) sprechen (zum weiteren Vorgehen bei einem Verdacht auf AD/HS s. Teil II, Kap. 3.1).

3 Abschluss des Gesprächs: Perspektiven schaffen

Idealerweise bringen Sie ein Beratungsgespräch dann zum Abschluss, wenn Sie mit dem Klienten dessen zentrale(s) Anliegen, auf das/die Sie sich zu Beginn geeinigt haben, in für den Klienten hilfreicher Weise besprechen konnten, so dass er nun befähigt ist, sich alleine bzw. mit der Unterstützung anderer Personen oder Institutionen weiterzuhelfen. Manchmal, wenn der Klient z. B. nur eine reine Informationsfrage hat, ist dies in wenigen Minuten erreicht. In anderen Fällen brauchen Sie dazu deutlich länger. Übersteigt der zeitliche Rahmen 60 Minuten, ist es häufig am besten, einen zweiten Beratungstermin zu vereinbaren, da die Konzentration bei einem längeren Gespräch meist auf beiden Seiten nachlässt. Sinnvoll ist in jedem Fall, wenn Sie am Schluss eines Gesprächs – unabhängig davon, ob es zu einem zweiten Termin fortgeführt wird oder nicht – eine Zusammenfassung der zentralen Gesprächsergebnisse geben. Konkrete Hilfen dazu finden Sie im nächsten Abschnitt und im darauf folgenden Block „Gesprächsführung IV" (s. S. 77 ff.). Daran anschließend wird darauf eingegangen, wie Sie mit dem Klienten verbleiben können, d. h. welche Absprachen hilfreich sind, damit er mit der weiteren Bewältigung seiner Schwierigkeiten gut zurechtkommt. Der letzte Abschnitt widmet sich noch einmal Ihrem Wohlergehen als Berater und zeigt, wie Sie sich vor Burnout schützen können.

3.1 Zusammenfassung der Gesprächsergebnisse

Nachdem der Problemlöseprozess beendet ist, tritt die Beratung in die Abschlussphase ein. Günstig ist, wenn Sie an dieser Stelle ein Resümee des Beratungsprozesses ziehen, indem Sie die zentralen Ergebnisse zusammenfassen (s. Gesprächsführung I.1, S. 27). Ganz wichtig ist, dass Sie noch einmal die Aktivitäten benennen, die nun vom Klienten selbst zu leisten sind, also z. B.

- das Führen eines Gesprächs mit dem Kind über angedachte Maßnahmen (s. Gesprächsführung III.1, S. 59 f.)
- die Vereinbarung eines Termins mit der Klassenlehrerin des Kindes
- die Anmeldung des Kindes bei einem Förderkurs
- das Einleiten der für ein Überspringen notwendigen bürokratischen Schritte
- die Einführung von im Gespräch besprochenen Regeln für das Kind und die Familie.

Formulieren Sie sodann aus Ihrer Sicht, welche(s) Anliegen des Klienten geklärt werden konnte(n) und welche Fragen evtl. noch offen geblieben sind. Bitten Sie daraufhin den Klienten, sich zu äußern, ob seine Eindrücke mit Ihren übereinstimmen oder in welchen Punkten sie differieren. Welche Einsichten konnte er aus dem Beratungsgespräch ziehen, wo „tappt" er evtl. noch „im Dunkeln"? Zu Beginn der Beratung (Kap. 1) und auch zu Beginn des Problemlöseprozesses

(s. Gesprächsführung III.1, S. 57) haben Sie sich über die zentralen Punkte verständigt, über die Sie gemeinsam sprechen wollten. Dass in einem kurzen Beratungsprozess von einer oder wenigen Stunden bei komplexen Problemsituationen nicht *alles* geklärt werden kann, ist selbstverständlich. Noch offen gebliebene Punkte müssen Sie also nicht davon abhalten, das Gespräch nun dem Ende zuzuführen. Sie sollten jedoch mit dem Klienten vereinbaren, ob er erneut Ihre Hilfe in Anspruch nehmen darf und wo er weitere Unterstützung finden kann (s. o.). Bevor in Kapitel 3.2 näher auf solche Vereinbarungen eingegangen wird, finden Sie im nun folgenden Block „Gesprächsführung IV" Hinweise dazu, wie es Ihnen gelingen kann, während des gesamten Beratungsprozesses den Überblick zu behalten. Dies ist nämlich Voraussetzung dafür, dass Sie zielsicher in diese letzte Phase des Gesprächs einlaufen können und eine Zusammenfassung der zentralen Gesprächsergebnisse, wie sie eben dargestellt wurde, überhaupt vornehmen können.

Gesprächsführung IV – Wie Sie den Überblick behalten: Protokollieren und Strukturieren

---

In den bisherigen Kapiteln von Teil I dieses Beratungsleitfadens wurde – orientiert am zeitlichen Ablauf, nach dem sich Beratungsgespräche typischerweise gestalten, – besprochen, welche Anforderungen die einzelnen Phasen und Schritte der Beratung jeweils an Sie als Berater stellen. In einem Gespräch, das sich nicht zwingend dem typisierten Fahrplan eines Beratungsleitfadens anpasst, ist es mitunter schwierig, den Überblick zu behalten. Es gibt jedoch einige Methoden, die es Ihnen erleichtern, den roten Faden nicht zu verlieren:

Möglichkeiten, in der Beratung den Überblick zu behalten

– *Feinstrukturierung*:

Feinstrukturierung meint das Schaffen von Klarheit und Transparenz innerhalb der einzelnen Phasen des Gesprächs. Instrumente der Strukturgebung stellen das *Paraphrasieren*, das *Wiedergeben von Gefühlen*, das *Finden von Lösungen mit Hilfe eines Problemlöseschemas* und das *Zusammenfassen* dar (s. o.).

– *Grobstrukturierung*:

Grobstrukturierung meint, das Gesamtgespräch an einem roten Faden zu orientieren, zu dem auch beim Beschreiten von Umwegen immer wieder zurückgefunden wird. Besonders wichtig ist, im Beratungspro-

> zess das zentrale Anliegen des Klienten im Auge zu behalten. Eine
> Hilfe zur Grobstrukturierung liefert die Verwendung eines vorgefertig-
> ten *Protokollbogens*. Zwei Muster eines solchen Protokollbogens sind
> in diesem Kapitel abgedruckt (s. u.)

Wie bereits angesprochen, machen viele Berater die Erfahrung, dass Klienten stundenlang von ihren Erfahrungen und Problemen reden könnten, da
das Thema für sie grenzenlos (schwierig) ist. Dem Klienten ist jedoch nicht
damit geholfen, wenn er sich mit Ihnen in mehrstündigen Jammerge-
sprächen verliert. Auch die Rahmenbedingungen, insbesondere Ihre Zeit,
erlauben es meistens nicht, dass Sie mit einem Klienten so lange (und oft)
sprechen. Deshalb ist es wichtig, in der Beratung die zentralen Themen zu
fokussieren und durch Strukturierung Klarheit zu schaffen sowie Perspektiven zu eröffnen, wie der Klient sich und seinem Kind eigenständig weiterhelfen kann.

Strukturieren erfordert zwar intellektuelle Fähigkeiten, stellt jedoch keineswegs eine „kopflastige Angelegenheit" dar, die Ihre Intuition, Herzlich-
keit und Spontaneität beschränken würde. Im Gegenteil schafft das Strukturieren Raum für das, was Sie als wichtig erspüren. So können Sie gerade
in den für den Klienten bedeutsamsten Punkten besonders verständnisvoll
und wohlwollend auf ihn eingehen. Struktur schaffen meint nicht, dass von
vorneherein ein fester Ablauf für das Gespräch festgelegt wird, der unter
keinen Umständen verändert werden kann, um spontanen Ideen zu folgen.
Es meint jedoch, sich des Weges, den Sie mit dem Klienten abschreiten, bewusst zu sein, den Klienten den Wegeplan mit lesen zu lassen und an Kreu-
zungen gemeinsame Entscheidungen zu treffen, in welcher Richtung Sie
weiter gehen. Durch Ihre Strukturierung wird der Beratungsprozess also für
den Klienten (und auch für Sie!) transparent und Sie haben die Möglichkeit, sich bei allen Entscheidungen bezüglich der Themenwahl und des
Vorgehens abzustimmen.

Die Besprechung der Techniken zur Strukturierung des Gesprächs dient
einem doppelten Zweck: Erstens werden Ihnen in den kommenden beiden
Abschnitten konkrete Möglichkeiten vorgestellt, wie Sie in Ihren Beratungsgesprächen den Überblick behalten und schaffen können. Zweitens
fasst der nächste Abschnitt gleichzeitig noch einmal kurz zusammen, welche dazu nützlichen Hilfen zur Gesprächsführung bereits in früheren Kapiteln besprochen wurden.

– *Feinstrukturierung*:

Wie angedeutet, haben Sie, wenn Sie den Leitfaden bis hierher gelesen
haben, bereits einige Methoden kennen gelernt, um innerhalb der einzelnen
Phasen und Schritte des Gesprächs Struktur zu schaffen und sich so auf die
wesentlichen Inhalte konzentrieren zu können:

- In der ersten Phase des Gesprächs, in der Sie das Anliegen des Klienten erfassen möchten, bietet insbesondere das *Paraphrasieren* eine gute Möglichkeit, um Klarheit zu schaffen. Der Klient kann dadurch, dass er seine Mitteilungen noch einmal aus Ihrem Munde hört, Wichtiges von weniger Wichtigem trennen und konkreter erläutern sowie evtl. selbst genauer verstehen, was sein zentrales Anliegen darstellt.

- Für die Klärung emotionaler Zustände gibt es eine spezielle Gesprächsführungstechnik, die dem Paraphrasieren ähnelt, sich jedoch auf die gefühlsmäßigen Anteile der Klienten-Aussagen bezieht: das *Widerspiegeln von Gefühlen*.

- Um *Lösungswege* für spezifische Probleme zu *finden*, bietet sich die Verwendung eines Problemlöseschemas an, das die Suche nach möglichen Lösungswegen und die Auswahl der besten Alternativen systematisiert.

Jeweils am Ende eines Gesprächsabschnitts ist es günstig, durch *Zusammenfassungen* Struktur zu schaffen: Dadurch wird festgehalten und noch einmal verdeutlicht, worin die bisherigen Gesprächsergebnisse bestehen. Mit Zusammenfassungen ziehen Sie ein Fazit aus dem bisher Gesagten, schaffen Übergänge und haben damit auch die Möglichkeit, das Gespräch thematisch sowie zeitlich zu begrenzen. Um sinnvolle Übergänge von einer Phase der Beratung zur nächsten zu gestalten, ist es notwendig, dass Sie insgesamt den Überblick haben, von wo Sie mit dem Klienten losgehen und wohin Sie möchten. Im Folgenden lernen Sie eine Möglichkeit kennen, wie Sie diesen Überblick gewinnen und für sich und den Klienten den groben Weg von der Eröffnung des Beratungsgesprächs bis zu seiner Beendigung bahnen können.

- *Grobstrukturierung:*

Auf den Seiten 79–83 finden Sie die Lang- und Kurzform eines Protokollbogens, der auf der Grundlage der Ergebnisse unserer Studie speziell für Beratungsgespräche zum Thema „Hochbegabung" konzipiert wurde. Dieser Protokollbogen bietet zum einen den Vorteil, dass Sie Ihre Beratungsgespräche aufzeichnen können und so bei einem zweiten Anruf oder Besuch des Klienten wissen, worüber Sie letztes Mal gesprochen haben. Der Protokollbogen folgt in seinem Aufbau, an den sich auch die Gliederung dieses Leitfadens anlehnt, einem chrono*logischen* Gesprächsverlauf (s. o.). Deshalb kann er Ihnen zum anderen einen roten Faden für Ihre Beratungsgespräche zur Verfügung stellen, zu dem Sie auf dem individuellen Weg, den Sie mit dem Klienten beschreiten, immer wieder zurückfinden können. Wenn Sie sich die Flexibilität zugestehen, einzelne Punkte des Protokollbogens zu überspringen oder weiter auszuführen, kann Ihnen die grobe Orientierung daran insbesondere am Anfang Ihrer Beratungstätigkeit eine große Hilfe und Sicherheit bieten. Um ihn zu benutzen, können Sie den

Protokollbogen aus dem Buch kopieren. Es empfiehlt sich, die einzelnen Seiten dabei auf DIN A 4 zu vergrößern. DIN A 4-Vorlagen zum Kopieren erhalten Sie auch direkt, wenn Sie sich den Protokollbogen aus dem Internet unter der Adresse *wwwpsy.uni-muenster.de/hbprot.html* herunterladen.

Die Langform des Protokollbogens, die aus vier Seiten besteht, sei hier kurz erläutert: Auf der ersten Seite werden einige Hintergrundinformationen zum Klienten und dem betreffenden Kind aufgezeichnet (s. Kap. 1.1, S. 23). Außerdem können Sie auf dieser Seite vermerken, welches Anliegen des Klienten zunächst im Vordergrund steht (s. Kap. 1.2, S. 31) und wie dringlich dieses Anliegen für ihn ist: Handelt es sich um Fragen, die der Prävention von Schwierigkeiten dienen oder bestehen bereits Schwierigkeiten und evtl. sogar akute Not?

Auf den mittleren zwei Seiten des Protokollbogens befindet sich ein Kategoriensystem mit Themen, die häufige Beratungsanlässe im Zusammenhang mit Hochbegabung darstellen. Hier können Sie die Aspekte, zu denen der jeweilige Klient Auskunft wünscht (s. Kap. 2.1), über die er sich aussprechen möchte (s. Kap. 2.2) oder zu denen er Lösungen sucht (s. Kap. 2.3), ankreuzen. Zur besseren Übersicht sind die Themen inhaltlich in fünf Bereiche gegliedert: *Anforderung und Leistung – Zwischenmenschlicher Bereich – Innerpsychischer Bereich – Fördern und Helfen – Ressourcen*. Die im Einzelnen genannten Themen füllen jeweils nur die linke Hälfte der beiden mittleren Seiten aus. Die rechten Spalten bieten Platz für Ihre Notizen, damit evtl. wichtige, nicht aufgeführte Probleme ergänzt und angekreuzte Themen durch Zusatzinformationen näher erläutert werden können. Neben vielen Kategorien befinden sich – gekennzeichnet durch die Symbole ▭ *S.* bzw. *S.* – Verweise auf die Kapitel bzw. die konkreten Stellen eines Kapitels in Teil II des Beratungsleitfadens, die Hintergrundinformationen zu dem entsprechenden Thema liefern.

Die letzte Seite des Protokollbogens dient der Aufzeichnung der Ergebnisse des Gesprächs. Hier kann vermerkt werden, welche Lösungsstrategien Sie mit dem Klienten erarbeitet haben, welche Empfehlungen Sie ihm gegeben haben und wie Sie mit ihm verblieben sind (s. Kap. 3.2). Unten auf der Seite finden Sie Platz für weitere Kommentare.

Die Frage, ob besser während oder nach dem Gespräch protokolliert werden sollte, kann nicht pauschal beantwortet werden. Während des Gesprächs mitzuschreiben, empfinden manche Berater als anstrengend und ablenkend, so dass sie bevorzugen, ihre Aufzeichnungen nach dem Gespräch zu machen. Dafür muss dann natürlich Zeit eingeplant werden. Doch auch das direkte Protokollieren hat Vorteile: Es bietet die Gelegenheit, Gedankenpausen einzulegen und die erhaltenen Informationen zu ordnen. Wenn Sie während der Beratung protokollieren, sollten Sie dies Ihren Klienten kurz mitteilen, indem Sie z. B. sagen: „Ich werde mir während unseres Gesprächs einige Notizen machen, damit ich nichts Wichtiges, das Sie mir erzählen, übersehe."

Protokollbogen
zur Aufzeichnung von Beratungsgesprächen:
– Langform –

---

1. Formales zum Gespräch *Bogen-Nr.:* _____

Datum: _____ Uhrzeit: Beginn: _____ Ende: _____

Wievielter Kontakt? _____ Früherer Kontakt aufgezeichnet im Bogen Nr. _____

Adresse Anrufer(in): _____

_____

Bei Beratungen im Rahmen der Selbsthilfe: Darf die Adresse an andere Klienten mit ähnlichen Anliegen weitergegeben werden? ☐ ja ☐ nein

---

2. Angaben zum betreffenden Kind/Jugendlichen

Geschlecht: ☐ m ☐ w Alter (Jahre; Monate): _____

Kindergarten/Schulform: Einschulungsalter: _____ Klasse: _____

_____ ○ _ _ _ Klasse übersprungen ○ _ _ _ Klasse wiederholt

Geschwister: Anzahl: ___ Geschlecht/Alter: _____ _____

_____ _____

---

3. Vorgeschichte

Gab es bereits wegen des gleichen Anlasses einen Kontakt mit anderen Beratungsstellen?

☐ nein ☐ ja, und zwar mit _____

Worin äußert sich die besondere Begabung des Kindes? _____

_____

Wurde die Intelligenz bereits getestet? ☐ nein ☐ ja, mit folgendem Test und Ergebnis:

_____

_____

---

4. Was ist (zunächst) das zentrale Anliegen?

☐ Informationsvermittlung ☐ Persönliche Aussprache ☐ Problemklärung

---

5. Dringlichkeit des Hilfeersuchens:

Der Klient/die Klientin wirkt ①——②——③——④——⑤

gar nicht   etwas   sehr   aufgewühlt.

6. **Themen des Gesprächs**	**Erläuterungen**

A: Anforderung und Leistung

Zu geringe Anforderungen und mögliche Folgen
Unterforderung/Langeweile ⌨ *S. 109 ff.*
Enttäuschung über das Lehr-/Spielangebot
keine Lust, in Schule/Kindergarten zu gehen
Motivationslosigkeit
Konzentrationsschwierigkeiten
Underachievement ⌨ *S. 118 ff.*
mangelnde Lern- und Arbeitstechniken ⌨ *S. 127 ff.*

Lese-Rechtsschreib-Schwierigkeiten ⌨ *S. 135 ff.*

Perfektionismus ⌨ *S. 142 ff.*

Intelligenztestung
Unsicherheit, ob das Kind hochbegabt ist
Wunsch, Intelligenz zu testen
Frage, wo man testen lassen kann *S. 41*
Testergebnis wurde Eltern nicht mitgeteilt
Unsicherheit, wem das Testergebnis
mitgeteilt werden sollte
Finanzierung von Intelligenztests *S. 41*
Sonstiges:

B: Zwischenmenschlicher Bereich

Schwierigkeiten im sozialen Kontakt
Isolation in der Klasse/Gruppe ⌨ *S. 150 ff.*
kaum Freunde und/oder Einsamkeit
Außenseiter
Mobbing durch andere Kinder ⌨ *S. 162 ff.*
(fast) ausschließlich ältere Freunde
im Umgang mit anderen unbeholfen

Schwierigkeiten in der Familie ⌨ *S. 182 ff.*
Kind missachtet Regeln
Kind sehr anstrengend
massive Konflikte zwischen Eltern und Kind
Eifersucht zwischen Geschwistern
Eltern befürchten, den Bedürfnissen des
Kindes nicht gerecht werden zu können
Uneinigkeit der Eltern über den Umgang mit
der Hochbegabung
Eltern wollen Hochbegabung nicht wahrhaben
besondere Familienstruktur, und zwar: →

Über- und Nicht-Anpassung in der Schule
Verbergen der eigenen Fähigkeiten
extrem stilles Verhalten, Rückzug
Kind stört Unterricht/ spielt Klassenclown
Aggressivität ⌨ *S. 172 ff.*

Themen des Gesprächs	Erläuterungen

Schwierigkeiten mit Lehrern 🕮 **_S. 192 ff._**

Lehrer fühlen sich von Kind provoziert	
kein Verständnis der Lehrer/Erzieher für die besonderen Bedürfnisse des Kindes	
Lehrer/Erzieher zweifeln an Begabung	

Mangel an sozialer Unterstützung

Unverständnis anderer für die Situation	
niemand da, mit dem Anrufer(in) über die beschriebene Situation sprechen kann	
Sonstiges:	

C: Innerpsychischer Bereich

Gefühl, anders zu sein **_S. 156 ff._**	
besondere Sensibilität	
mangelndes Vertrauen in die eigenen Fähigkeiten	
motorische Schwierigkeiten	
Aufmerksamkeitsstörung/Hyperaktivität 🕮 **_S. 205 ff._**	
Ängstlichkeit 🕮 **_S. 215 ff._**	
psychosomatische Beschwerden 🕮 **_S. 225 ff._**	
Depressionen 🕮 **_S. 234 ff._**	
suizidale Äußerungen oder Suizidversuch 🕮 **_S. 243 ff._**	
Sonstiges:	

D: Fördern und Helfen

Fördermaßnahmen

Einschulung vor 6. Lebensjahr	
Überspringen **_S. 113 ff._**	
Schulwechsel sinnvoll?	
Suche außerschulischer Fördermaßnahmen	
Finanzierung der Fördermaßnahmen	

Pädagogische und psychologische Hilfen

Suche nach Literatur über Hochbegabung	
Suche nach Informationen über mögliche zukünftige Komplikationen in der Entwicklung des Kindes	
Suche nach einem mit Hochbegabung erfahrenen Therapeuten	
Sonstiges:	

E: Ressourcen

hohe soziale Kompetenz des Kindes	
vertrauensvolle Beziehung zwischen Kind und Eltern	
intensive Freundschaften	
gute Beziehung zum Lehrer/Erzieher	
Lehrer/Mentor engagiert sich für Förderung	
Sonstiges:	

7. Erarbeitete Lösungen/Ansätze zu einer Veränderung

❏ Überspringen   ❏ Früheinschulung

❏ Teilnahme an Förderkursen, und zwar _____

❏ Weitere Fördermaßnahmen, und zwar _____

❏ Gespräch mit Lehrer(n): _____

❏ Sonstiges: _____

_____

_____

8. Empfehlungen zu weiteren Hilfsangeboten (Diagnostik und Beratung)

❏ Durchführung eines Intelligenztests bei _____

❏ Therapie für Kind und/oder Familie bei _____

❏ Besuch bei Familien- oder Erziehungsberatungsstelle

❏ Beratung bei Schulpsychologischem Dienst

❏ Besuch einer Selbsthilfegruppe (Elterngesprächskreis)

❏ Kontaktaufnahme mit Familie _____, die ähnliche Probleme kennt

❏ Sonstiges: _____

_____

_____

9. Absprachen

❏ Erneutes Gespräch

  Wann? _____

  Worum soll es gehen? _____

_____

_____

❏ Sonstiges: _____

_____

_____

10. Kommentare

Protokollbogen
zur Aufzeichnung von Beratungsgesprächen:

– Kurzform –

---

1. Kontextinformationen

Datum: Beginn: Ende: Wievielter Kontakt? _____

Adresse Anrufer(in): _____

_____

Darf die Adresse an Klienten mit ähnlichen Problemen weitergegeben werden?

❑ ja   ❑ nein

Vorname des Kindes: _____   Geschlecht: ❑ m   ❑ w

Alter (Jahre; Monate): _____   Geschwister: _____

Intelligenz getestet? ❑ nein   ❑ ja, mit folgendem Test und Ergebnis:

_____

_____

2. Anliegen/Anlass des Gesprächs

→ Was sind die zentralen Fragen oder Probleme?

_____

_____

_____

_____

_____

_____

_____

3. Wie geht es weiter? Empfehlungen/Absprachen

→ Weiterverwiesen? An wen? _____

→ Erneutes Gespräch? Wann, aus welchem Grund?_____

_____

_____

_____

_____

Die Verwendung eines Protokollbogens mutet für viele am Anfang umständlich an. Hat man sich jedoch mit dem Aufbau des Bogens erst einmal vertraut gemacht, kann seine Verwendung sehr hilfreich sein (s. o.). Damit Sie herausfinden können, ob Sie besser mit der Lang- oder Kurzform des Protokollbogens zurecht kommen, möchten wir Ihnen folgende Übung anbieten:

Übung: Protokollieren

Legen Sie sich im Geiste einen Beratungsfall zurecht. Dabei kann es sich um eine Beratung handeln, die Sie tatsächlich durchgeführt haben oder Sie kombinieren aus den vielen Fällen, die Sie kennen gelernt haben, einen fiktiven Fall. Überlegen Sie sich die Details:

– Wie alt ist das Kind, um das es in der Beratung geht?
– Handelt es sich um ein Mädchen oder einen Jungen?
– Wer ist Ihr Klient: die Mutter, der Vater …?
– Was sind die zentralen Probleme?
– Welche Lösungen finden Sie dafür in der Beratung?
– Wie verbleiben Sie miteinander?

Versuchen Sie nun, diesen Beratungsfall in der Langform des Protokollbogens zu dokumentieren, indem Sie in den dazu vorgesehenen Feldern Eintragungen machen bzw. auf den Innenseiten die zutreffenden Beratungsthemen ankreuzen. Wie gut werden diese Aufzeichnungen Ihrer Erinnerung auf die Sprünge helfen, falls sich der gleiche Klient ein oder zwei Jahre später noch einmal bei Ihnen meldet? Wie aufwändig war für Sie das Ausfüllen?

Ziehen Sie im Anschluss die Kurzform des Bogens heran. Notieren Sie Ihren Fall ein zweites Mal in diesem Bogen. Sie haben hier weniger Platz und müssen sich auf das Wichtigste konzentrieren. Wie gut werden diese Aufzeichnungen Ihrer Erinnerung auf die Sprünge helfen, falls sich der gleiche Klient ein oder zwei Jahre später noch einmal bei Ihnen meldet? Wie aufwendig war für Sie das Ausfüllen?

Überlegen Sie, welche Form der Protokollierung Ihnen eher zusagt und probieren Sie in der Praxis aus, ob es Ihnen gelingt, während des Gesprächs bereits Notizen zu machen, oder ob Sie dies lieber im Anschluss an die Beratung tun (s. o.). Finden Sie den Weg, der es Ihnen am besten ermöglicht, während des Gesprächs die Orientierung zu behalten und bei einer evtl. zu einem späteren Zeitpunkt nochmaligen Beratung der gleichen Person den Fall wieder in Erinnerung zu rufen.

3.2 Absprachen

Bevor Sie den Klienten „in die Selbständigkeit" entlassen, ist es sinnvoll, mit ihm bestimmte Absprachen zu treffen. Diese beziehen sich zum einen auf die Realisierung seiner Problemlöseversuche, zum anderen darauf, wo er weitere Unterstützung finden kann.

1. Absprachen zur Ausführung der gemeinsam geplanten Problemlösestrategien

Wie in Abschnitt „Gesprächsführung III.1" (vgl. S. 60) bereits angedeutet, ist es wichtig, mit dem Klienten genau zu besprechen, wann und wie er die gemeinsam erstellten Pläne zur Problemlösung in die Tat umsetzen wird, damit sie die größten Realisierungschancen haben. Günstig erweist sich zusätzlich, den Klienten um eine kurze Rückmeldung über den Erfolg der besprochenen Problemlösemaßnahmen zu bitten. Davon profitieren Sie beide: Der Klient fühlt sich stärker verpflichtet, nun auch zu tun, was Sie miteinander vereinbart haben. In der Regel möchte er nicht zugestehen müssen, dass er sich nicht getraut hat, zu faul war, es vergessen hat etc. Für Sie ist es schön, später ein Feedback zu erhalten, weil Sie auf diese Weise mitbekommen, wozu Ihre Beratung geführt hat. Oft werden Sie erleben, dass es dem Klienten und dem Kind, über das Sie gesprochen haben, nun deutlich besser geht. Freuen Sie sich über diesen Erfolg, zu dem Sie ein Stück beigetragen haben! Manchmal werden Sie hören, dass Maßnahmen aus bestimmten Gründen nicht gefruchtet haben. Eine solche Rückmeldung können Sie dazu nutzen zu überlegen, ob es sinnvoll ist, bei manchen Problemen noch differenzierter, d.h. noch individueller auf die einzelne Person abgestimmt, zu beraten. Vielleicht wäre es günstig, die Lösungsmöglichkeiten noch genauer zu besprechen und auf mögliche Schwierigkeiten hin zu untersuchen etc.

2. Absprachen zum Aufsuchen weiterer Hilfsangebote

Es wurde bereits angesprochen, dass manche Anliegen nicht in einer Stunde zufriedenstellend besprochen werden können. In diesen Fällen können Sie dem Klienten anbieten, ein zweites Gespräch zu führen und direkt einen Termin dazu vereinbaren. Ist für den Klienten noch nicht klar, ob er Ihre Hilfe ein weiteres Mal benötigen wird, kann es für ihn schon eine Unterstützung sein, wenn Sie ihm anbieten, dass er sich erneut bei Ihnen melden darf, auch wenn er es dann vielleicht gar nicht tun wird.

Einige *wenige* Klienten neigen dazu, sich regelmäßig, zumeist auf telefonischem – d.h. bequemem – Wege, „eine Beratung abzuholen", ohne dass es hierfür einen aktuellen Grund gibt. Da Sie sich wahrscheinlich vielen anderen wichtigen Dingen und Menschen widmen müssen und wollen, können Sie diesen Klienten ruhig sagen, dass Sie der Meinung sind, sie könnten sich durchaus alleine helfen und bräuchten nicht Ihre knappe Zeit in Anspruch zu nehmen. Bei anderen Klienten kann es dagegen, z.B. im Rahmen einer Schullaufbahnberatung, durchaus sinnvoll sein, regelmäßige, beispielsweise alljährliche Gespräche zu vereinbaren bzw. anzubieten, um über die weitere Entwicklung des Kindes zu sprechen.

Außer dem Angebot Ihrer persönlichen weiteren Hilfe ist es sinnvoll, mit dem Klienten zu besprechen, wo er ansonsten Unterstützung finden kann, z. B. bei einer Erziehungs- oder Familienberatungsstelle, in Form einer Therapie für das Kind, in einer Selbsthilfegruppe für die Eltern, bei Anbietern von Förderkursen für hochbegabte Kinder etc. Geben Sie dem Klienten entsprechende Adressen, soweit Sie darüber verfügen, oder sagen Sie ihm, wo er diese finden kann.

Wenn Sie mit dem Klienten die dargestellten Vereinbarungen getroffen und ihn mit den aufgeführten Informationen versorgt haben, können Sie ihn – in dem Gefühl, Ihr Bestes für diesen Menschen getan zu haben – verabschieden. Sie haben mit dem Klienten daran gearbeitet, eine realistische Perspektive zur Verbesserung der Situation zu schaffen und ihn bestärkt, dass er die Kraft zur Veränderung hat.

Auch für Sie ist es wichtig, sich eine realistische Perspektive zu schaffen. Wie geht es für Sie weiter, wenn Sie einen Klienten verabschiedet haben? Der nächste Klient kommt und dann der übernächste, der überübernächste etc. Oft sprechen Sie an einem Tag mit einer ganzen Reihe von Klienten und vielleicht merken Sie, dass der Tag zu kurz ist, da eigentlich noch viel mehr Klienten Ihre Hilfe wünschen, als Sie Kapazitäten frei haben. So wichtig und erfüllend Ihre Tätigkeit ist, sind Sie nicht nur für Ihre Klienten und deren Wohlergehen da. In erster Linie sind Sie für sich selbst verantwortlich und dafür, dass es Ihnen (und Ihrer Familie) gut geht und dass dies so bleibt. Wenn Sie dafür Sorge tragen, werden Sie im Übrigen auch mit Ihrer Arbeit (noch) zufriedener sein. Der nächste Block *„Selbsthilfe für den Helfer IV"* wird deshalb darauf eingehen, wie Sie sich vor Überbeanspruchung schützen können. So schwierig dies ist, lassen Sie sich bitte dazu auffordern, Ihnen selbst ebenso viel Aufmerksamkeit und Fürsorge zukommen zu lassen wie Ihren Klienten.

Selbsthilfe für den Helfer IV: Vermeiden von Burnout

Viele Berater berichteten uns im Rahmen unserer Studie, sie seien durch ihre ehrenamtliche Beratungstätigkeit ermüdet, ausgebrannt oder „am Ende". Der Begriff Burnout bezeichnet genau diesen Zustand und meint „das Erschöpfen der eigenen körperlichen und seelischen Reserven" [16]. Burnout bedeutet etwas Ähnliches wie Stress, bezieht sich aber nur auf die (berufliche) Tätigkeit einer Person. Burnout tritt v. a. bei den Personen auf, die mit anderen Menschen arbeiten und eine helfende sowie gebende Rolle einnehmen [17] – also Leuten wie Ihnen. An Sie werden von Seiten Ihrer Klienten enorme Erwartungen gestellt. Gegen übertriebene Erwartungen müssen Sie sich rechtzeitig abgrenzen, um einem möglichen Burnout zu entgehen. Das Schwierige daran ist, dass Burnout meistens nicht als Ergebnis einzelner überfordernder Erlebnisse auftritt, sondern als schleichende psychische Auszehrung [17]. Deshalb laufen Sie Gefahr, zunächst gar nicht zu merken, dass Ihre Tätigkeit Sie über die Maßen anstrengt.

Was können Alarmzeichen für Sie sein?

Die möglichen Merkmale von (beginnendem oder auch bereits fortgeschrittenem) Burnout lassen sich in drei Kategorien einteilen [17]:

- *Körperliche Ermüdung*: Hierzu zählen z. B. Symptome wie chronische Ermüdung, Verspannungen der Hals- und Schultermuskulatur, Schlafstörungen oder eine erhöhte Anfälligkeit gegenüber Erkältungen und Viruserkrankungen.

- *Emotionale Ermüdung*: Mögliche Erscheinungsformen hierfür sind ein Gefühl der Niedergeschlagenheit und des emotionalen Ausgehöhltseins, mangelnder Enthusiasmus sowie ein Gefühl der Hoffnungslosigkeit und Hilflosigkeit.

- *Geistige Ermüdung*: Unzulänglichkeitsgefühle und der Eindruck, den Aufgaben nicht mehr gewachsen zu sein, können geistige Ermüdung signalisieren. Hält dieser Zustand an, kann sich daraus eine allgemeine negative Einstellung zur Arbeit und zum Leben entwickeln.

Im Internet können Sie unter der Adresse *www.tk-online.de* in „Schnellsuche" den Begriff „Burnout" eingeben, der Sie zu einem kurzen Fragebogen zum Thema „Burnout" führt. Wenn Sie ihn ausfüllen und die Daten abschicken, erhalten Sie sofort im Anschluss eine Auswertung. Sie gewinnen so einen ersten Eindruck davon, in welchen Bereichen Sie bereits gut für Ihr Wohlbefinden sorgen – Sie tun vielleicht schon einiges für Ihren Belastungsausgleich – und in welchen es günstig wäre, wenn Sie etwas ändern würden, z. B. indem Sie Ihre Anforderungen an sich selbst nicht mehr so hoch stecken. Wie Sie solche Veränderungen konkret angehen können, wird im Folgenden dargestellt.

Was können Sie tun, um Burnout zu verhindern oder abzubauen?

Insbesondere präventiv kann Ihnen die Kenntnis möglicher Ursachen für die Entstehung von Burnout helfen, damit Sie ihnen entgegenwirken können. Worin bestehen diese Ursachen?

- Durch Ihre Beratungstätigkeit unterstützen Sie Klienten bei der Lösung von Problemen, die diese belasten. Die Beschäftigung mit so viel Leiden bedeutet eine emotionale Belastung auch für Sie (s. Selbsthilfe für den Helfer II, S. 53).

- Häufig erleben Sie Ihre Klienten nur in dem Moment, in dem es ihnen schlecht geht. Selten berichten Klienten später von sich aus über die positiven Wirkungen Ihrer Hilfe oder bedanken sich noch einmal bei Ihnen, so dass Sie auch Erfreuliches und Erfolge erfahren. Unter anderem deshalb wurde weiter oben vorgeschlagen, dass Sie Ihre Klienten um ein späteres Feedback bitten.

– Aus der großen Anzahl an Klienten im Bereich der Hochbegabtenberatung und den wenigen kompetenten Helfern ergibt sich eine starke Überbelastung des einzelnen Beraters.

Wenn sich bereits ein Gefühl der Auszehrung in Ihnen breit gemacht hat bzw. Sie erste Anzeichen dafür spüren (s. o.), ist es sinnvoll, sich die Zeit zu nehmen, um sich über bestimmte Vorstellungen über und Erwartungen an die eigene beratende Tätigkeit Klarheit zu verschaffen. Wahrscheinlich sind einige Ihrer Erwartungen an sich selbst besonders hoch gesteckt. Der folgende Kasten zeigt alternative Denkstrategien, die diesen Erwartungen realistische Argumente entgegensetzen [4].

Gedankenanregung: Grundlegende Facetten des helfenden Prozesses

– *„Vielen Klienten konnte ich bereits helfen.“*

Werfen Sie zunächst einmal einen Blick zurück auf das, was Sie bisher in Ihrer Rolle als Berater geleistet haben. Denken Sie an die Situationen, in denen Sie andere Menschen wirkungsvoll unterstützt haben. Seien Sie sich Ihrer Stärken bewusst. Lassen Sie die Erinnerung an Ihre gelungenen Hilfeleistungen auch dann noch gelten, wenn Ihnen aktuell etwas nicht gelingt.

– *„Mehr als mein Bestes kann ich nicht geben.“*

Wahrscheinlich fällt es Ihnen in den meisten Fällen nicht schwer, bei anderen Beratern Schwächen zu akzeptieren und ihnen Fehler zuzugestehen. Wichtig innerhalb der eigenen Beratungstätigkeit ist die Einsicht, dass Sie auch selbst nicht mehr geben können, als Sie ohnehin schon tun. Wenn Sie nach Beendigung eines Beratungsgesprächs denken, dass Sie etwas versäumt oder falsch gehandelt hätten, machen Sie sich bewusst, dass Ihre Verhaltensstrategie die beste war, die Ihnen in dem betreffenden Augenblick zur Verfügung stand.

– *„Sorgenvoll auf die eigene Arbeit zu schauen ist für einen Helfer normal.“*

Dass Sie sich unsicher sind bezüglich Ihrer Kompetenzen ist verständlich und normal. Letztendlich sind es die Zweifel und Fragen, die zum eigenen Lernen motivieren und dabei helfen, bestimmte Vorgehensweisen zu optimieren. Beratung ist eine sehr anspruchsvolle Tätigkeit, in der sich Menschen durch viel Übung und Austausch mit anderen Beratern allmählich entwickeln. Deshalb können, wie eingangs bereits erwähnt, die in diesem Beratungsleitfaden dargestellten Gesprächsführungstechniken nicht von heute auf morgen erlernt werden. Versuchen Sie, sich gute Lernbedingungen zu schaffen (s. u.: „Kollegiale Supervision und Trainingsgruppen"), und seien Sie geduldig mit sich selbst!

– *„Helfer können nicht perfekt sein."*

Hohe Anforderungen an die eigene Beratungstätigkeit sind förderlich, um ständig an sich zu arbeiten und sich zu verbessern. Für Sie ist es aber wichtig zu akzeptieren, dass Ihnen Fehler unterlaufen können. Anstatt nach Perfektionismus zu streben, sollten Sie versuchen, Fehler zu erkennen und zu korrigieren, um daraus zu lernen, nicht, um sich selbst schlecht zu machen.

– *„Unmittelbare Ergebnisse sind unmöglich."*

Um mögliche Enttäuschungen zu vermeiden, ist es wichtig, sich zu vergegenwärtigen, dass die meisten besprochenen Maßnahmen zur Verbesserung der Situation Zeit benötigen, um Erfolge sichtbar werden zu lassen. Aus diesem Grund sollten Sie möglichst versuchen, die Prozesse, die Sie in die Wege leiten, im Auge zu behalten (s. o.) und eher langfristig zu denken.

– *„Ich kann nicht mit jedem erfolgreich sein."*

Als Berater hat man häufig den Anspruch an sich selbst, jedem helfen zu können. Es ist jedoch wichtig zu akzeptieren, dass Sie keine Erfolgsgarantie übernehmen können, mit manchen Klienten besser zurecht kommen als mit anderen, sich mit manchen Themen besser auskennen als mit anderen etc. (s. Selbsthilfe für den Helfer I, S. 37).

– *„Ich bin nicht für die Probleme meiner Klienten verantwortlich."*

Machen Sie sich klar, dass Sie weder für die Misere Ihres Klienten verantwortlich sind noch für die Lösung seiner Probleme. Sie können dem Klienten helfen – die Verantwortung für sein Leben und das seiner Kinder trägt er. Sie dagegen sind verantwortlich für Ihr Leben und Ihr Wohlergehen.

Neben diesen Gedankenumstrukturierungen und Veränderungen der eigenen, möglicherweise zu hoch gesetzten Ziele gibt es eine Reihe weiterer Strategien zur Vermeidung oder zum Umgang mit Burnout. Probieren Sie aus, was Ihnen am meisten zusagt und am besten tut:

– Entspannung

Eine Möglichkeit, die eigene Belastbarkeit und Gelassenheit zu erhöhen, ist die Durchführung von Entspannungsübungen. Beispiele für solche Aktivitäten sind Entspannungstechniken wie Yoga, Entspannungsübungen nach Musik, progressive Muskelrelaxation, autogenes Training u. v. m. Sie werden meistens in Volkshochschulen oder Weiterbildungskursen angeboten und durchgeführt.

– Zufriedenheitserlebnisse

Aktivitäten, die Ihnen einfach Spaß machen, wie z. B. sich mit Freunden treffen, Sport treiben, Lesen oder sich einem anderen Hobby widmen, das einem etwas bedeutet, können ebenfalls vor Burnout schützen.

– Verbesserung der Arbeitssituation: Pausen einlegen, Fallzahlen senken

Für Sie ist es sehr wichtig, dass Sie bei Ihrer Beratungstätigkeit Pausen („Time-outs") einlegen, um sich zwischen den einzelnen Gesprächen erholen zu können [18]. Hierzu zählt auch, dass ein explizites Zeit-Management, wie z. B. festgelegte Beratungszeiten, betrieben wird (s. Selbsthilfe für den Helfer I, S. 34 f.), um diese „Time-outs" in den eigenen Arbeits- und Tagesplan einbauen zu können.

Außerdem kann in vielen Fällen der Überbelastung eine Weitervermittlung an andere Berater, die sich in dem jeweiligen Problem vielleicht sogar besser auskennen, hilfreich sein (s. Selbsthilfe für den Helfer I, S. 37 f.). Dadurch können die eigenen Fallzahlen gesenkt werden, wodurch unmittelbar eine geringere Belastung erreicht werden kann. Für die Klienten ist dies von Vorteil, denn so können Sie sich verstärkt den Fällen, die dann noch auf Sie entfallen, widmen.

– Abgrenzung

Empfehlenswert ist eine weitgehende Trennung zwischen Beratungstätigkeit und Freizeit. Für ehrenamtliche Berater, die zu Hause beraten, ist dies oft schwer zu realisieren. Je nach Wohnverhältnissen besteht evtl. die Möglichkeit, die Beratung in einem separaten Raum durchzuführen, der nicht zu ihrem eigentlichen Wohnbereich gehört. Das Wohnzimmer z. B. sollte ausschließlich für Ihre privaten Aktivitäten reserviert sein.

– Selbstbeobachtung

Um sich von Zeit zu Zeit über die eigene aktuelle Stressbelastung Klarheit zu verschaffen und persönlich bedeutsame Stressquellen sowie mögliche Burnout-Symptome bewusst wahrzunehmen, kann es Ihnen vielleicht helfen, eine *Stress- und Spannungstabelle* zu führen. Diese könnte wie folgt aussehen [18]:

Tabelle 3: Hypothetische Stress- und Spannungstabelle (Beispiele)

Beschrei-bung der Stress-anzeichen	Zeit-punkt	In welcher Situation empfand ich Stress?	Welche Gedanken hatte ich dabei?	Wie reagierte ich auf den Stress?	Welchen Effekt hatte die Maßnahme?
Kopf-schmerzen	15.09., 9.45 h	Bei einem tele-fonischen Bera-tungsgespräch mit Frau X.	Ich kann es nicht mehr hören!	Ich habe einen Kaffee getrunken und das nächste Beratungs-gespräch geführt.	stärkere Kopf-schmerzen, Genervtheit
Kopf-schmerzen	20.09., 15.30 h	Bei einer telefonischen Be-ratung von Frau Y.	Mir wird alles zu viel!	Ich habe den AB angestellt und bin spazieren gegangen.	Ich wurde ent-spannter und gelassener.

Diese Beispiele verdeutlichen, dass es sowohl entscheidend ist, Merkmale und Anzeichen von Stress und Überbelastung durch die Beratungstätigkeit wahrzunehmen, als auch zu beobachten, wie Sie auf diese reagieren und welcher Erfolg mit den einzelnen Bewältigungsstrategien verbunden ist. Mit der Zeit können Sie auf diese Weise herausfinden, welche Strategien Ihnen zum Umgang mit Stress in bestimmten Situationen am meisten helfen, so dass Sie mehr und mehr in der Lage sind, besser für sich und Ihr Wohlergehen sorgen zu können.

– Erwerb von Fertigkeiten

Eine gute Möglichkeit, dem Gefühl der Überforderung und Überanstrengung vorzubeugen oder zu begegnen, ist der Erwerb fachlicher Kompetenzen. Dieser Leitfaden beispielsweise vermittelt Ihnen solche Kompetenzen: Zum einen lernen Sie darin Beratungstechniken kennen und erwerben Hintergrundwissen über hochbegabungsspezifische Probleme. Dadurch verbessern Sie Ihre Beratung und wirken dem evtl. auftretenden Gefühl entgegen, Sie seien Ihren Aufgaben nicht gewachsen. Zum anderen erfahren Sie Mittel und Wege, mit den Belastungen, die mit dem Helfen und Beraten einhergehen, besser zurecht zu kommen. Sie lernen, sorgsamer mit sich selbst umzugehen, passen stärker auf, dass Ihre Grenzen nicht überschritten werden, und behalten so mehr Freude und Energie bei Ihrer Tätigkeit.

– Soziale Unterstützung: Kollegiale Supervision und Trainingsgruppen

Die meisten Schwierigkeiten lassen sich besser ertragen und bewältigen, wenn sie mit anderen Menschen besprochen werden können. Dies ist ja auch der Grund, aus dem sich Ihre Klienten an Sie wenden. Ihnen selbst tut soziale Unterstützung natürlich ebenso gut, um z. B. mit Schwierigkeiten, die in der Beratung auftauchen, besser zurechtzukommen. Besonders wenn Sie als *Selbst*hilfeberater tätig sind, haben Sie häufig *selbst* ähnliche, teilweise schmerzhafte, Erfahrungen gemacht wie Ihre Klienten, die in Beratungsgesprächen wieder angerührt werden können. Dies ist ein zusätzlicher Grund dafür, dass Sie nicht alleine bleiben sollten mit dem, was Sie in Ihrer Beratung erleben und was Ihnen Sorge bereitet.

Eine Möglichkeit für Sie, Unterstützung zu finden, ist die Teilnahme an einer Supervision – einer Art Begleitung, Unterstützung und Anleitung für Berater [4]. In der Supervision können Schwierigkeiten, die in der Beratungstätigkeit auftauchen, und damit verbundene persönliche Probleme in Einzel- oder Gruppenarbeit mit einem erfahrenen „Supervisor" aufgearbeitet werden, was allerdings teuer ist. Manche Institutionen finanzieren ihren im sozialen Bereich tätigen Mitarbeitern eine Supervision, in vielen Einrichtungen jedoch wird daran gespart. Falls Sie nicht zu den Beratern zählen, denen eine Supervision kostenlos angeboten wird und Sie es sich nicht leisten können, sie privat zu bezahlen, besteht die Möglichkeit, eine Arbeitsgruppe zur kollegialen Supervision zu gründen, die sich regelmäßig, z. B. 14-tägig, trifft.

Arbeitsgruppen zur kollegialen Supervision (nach Bachmair et al. [19])

Was in einer kollegialen Supervision passiert, kann wie folgt beschrieben werden:

1. Ein Gruppenmitglied berichtet von einem Beratungsgespräch, in dem Schwierigkeiten, z. B. Unsicherheiten bezüglich des eigenen Verhaltens, auftraten.

2. Alle Gruppenmitglieder versuchen gemeinsam, das Dargestellte zu verstehen.

3. Was nicht verstanden wurde, wird hinterfragt, was verstanden wurde, in neuen Formulierungen benannt, d. h. paraphrasiert (s. Gesprächsführung I, S. 25 f.).

4. Derjenige, der von seinem Erlebnis erzählt hat, ist an dieser Rückmeldung natürlich nicht nur intellektuell interessiert, sondern auch emotional beteiligt. Er erfährt neue Sichtweisen und ihm bislang unbekannte Sinnzusammenhänge, aus denen er möglicherweise neue Handlungsperspektiven ableiten kann.

Erfahrungsgemäß wirken die persönlichen Rückmeldungen der anderen Supervisionsteilnehmer am Anfang Angst auslösend, weil dabei manchmal blinde Flecken aufgedeckt werden, was als schmerzhaft und verunsichernd erlebt werden kann. Wenn Sie an einer kollegialen Supervision teilnehmen, ist es deshalb wichtig, dass Sie und Ihre Kollegen miteinander genauso einfühlsam und akzeptierend umgehen, wie Sie dies mit Ihren Klienten tun. Sie sollten gegenüber Außenstehenden Verschwiegenheit über die Vorgänge in der Gruppe bewahren und Verhörsituationen („Warum hast du bloß ...?") vermeiden. Wenn Sie den Mut aufbringen, sich in einer Supervisionsgruppe Selbsterkenntnissen zu stellen, werden Sie dadurch belohnt, dass Sie viel für Ihre Beratungstätigkeit und Ihre persönliche Entwicklung lernen. Sie gewinnen Sicherheit in schwierigen Beratungssituationen, da Sie aufgrund der durch die Supervision gewonnenen Kenntnisse über ein größeres Verhaltensrepertoire verfügen und mit größerem Selbstvertrauen agieren können.

Deshalb empfiehlt sich die Teilnahme an einer Supervision eigentlich für alle Berater und insbesondere für diejenigen, die sich in ihrer Tätigkeit alleine fühlen, da sie z. B. keine direkten Kollegen haben, mit denen sie sich auch „informell" austauschen können. Forschungsergebnisse belegen, dass die Qualität der Beratung verbessert wird, wenn die beratende Person Supervision erhält. Wenn Supervision und Unterstützung durch Kollegen fehlen, entsteht hingegen mit größerer Wahrscheinlichkeit Burnout [4].

Wie eine Beratungsgruppe zur kollegialen Supervision aufgebaut werden kann und was es dabei im Einzelnen zu beachten gilt, kann z. B. in folgendem Buch nachgelesen werden: Bachmair, S., Faber, J., Hennig, C., Kolb, R. & Willig, W. (1999). *Beraten will gelernt sein. Ein praktisches Lehrbuch für Anfänger und Fortgeschrittene.* (Kapitel 5). Weinheim: Beltz.

Außer Supervisions- können auch Trainingsgruppen wertvolle Unterstützung dabei bieten, die eigenen Beratungskompetenzen zu erweitern. So besteht beispielsweise die Möglichkeit, sich mit mehreren Beratern und evtl. einem Trainer zu thematischen Abenden zu treffen, an denen jeweils bestimmte Gesprächsführungstechniken und Beratungssituationen geübt werden.

Mit diesen Anregungen wird Teil I des Beratungsleitfadens, der Sie durch die einzelnen Phasen eines Beratungsgesprächs geführt und Überlegungen zur allgemeinen Gestaltung Ihrer Beratungstätigkeit angestellt hat, beendet. Die Autoren wünschen Ihnen an Ihrem weiteren Wirken viel Freude, gutes Gelingen – und dass Sie sorgsam mit sich selbst und Ihren Kräften umgehen!

Im Folgenden finden Sie in Form eines Exkurses einige Hinweise zur Beratung in Gruppen. Anschließend folgt Teil II des Leitfadens, der Hintergrundinformationen zu den zentralen Beratungsanlässen im Bereich der Hochbegabtenberatung vermittelt.

Exkurs:

Besonderheiten der Beratung in Gruppen

Die bisherigen Ausführungen bezogen sich auf Situationen, in denen ein Berater mit jeweils einem Klienten (bzw. einem Elternpaar, einer Familie etc.) arbeitet. Doch nicht jede Beratung findet auf diese Weise statt. Eine andere Form der Beratung ist die Gruppenberatung, bei der mehrere Menschen gleichzeitig Hilfe suchen und erhalten.

Welche Vorteile hat die Beratung in Gruppen gegenüber der Einzelberatung? Sie hebt die Isolation und Entfremdung des Einzelnen auf, der mit bestimmten Schwierigkeiten zu kämpfen hat. Beratungsgruppen stärken die Solidarität untereinander, woraus jeder Einzelne neuen Mut und neue Kraft schöpfen kann. Dieser Prozess jedoch bedarf Zeit. Schnelle Problemlösungen sind eher selten.

Beratung in Gruppen kann auf zwei verschiedene Arten konzipiert sein:

- In *Selbsthilfegruppen* sind typischerweise alle Gruppenmitglieder gleichgestellt und es gibt keinen Leiter. Die Teilnahme an einer Selbsthilfegruppe ist kostenlos.
- In *Beratungsgruppen* gibt es einen Leiter, der Erfahrungen in der Beratungstätigkeit mit Gruppen besitzt und in der Regel von den Teilnehmern bezahlt wird.

In der Praxis finden sich auch Mischmodelle, die z. B. darin bestehen, dass langjährige Mitglieder einer Selbsthilfeorganisation unentgeltlich die Leitung einer Selbsthilfegruppe für „Neue" übernehmen.

Ob Gruppen mit oder ohne Anleitung besser, d. h. effektiver, in ihrer Hilfeleistung sind, lässt sich nicht pauschal beantworten.

- *Selbsthilfegruppen*, die völlig ohne Leitung arbeiten, haben, wenn sie „durchhalten", ein enormes Veränderungspotential. Sie stellen jedoch eine sehr hohe Anforderung an Ausdauer, Zuverlässigkeit, Offenheit und Einfühlsamkeit der einzelnen Teilnehmer.
- *Angeleitete Gruppen* haben bei Schwierigkeiten, die im Gruppenprozess auftreten, einen professionellen Helfer an der Hand, der die Teilnehmer darin unterstützen kann, diese zu bewältigen. Gerät die Gruppe jedoch in zu starke Abhängigkeit vom Leiter, besteht die Gefahr, dass die Teilnehmer handlungsunfähig und unmündig werden.

Um die Vorteile beider Arbeitsformen miteinander zu verbinden, werden manche Gruppen zu Beginn von einem erfahrenen Berater angeleitet und arbeiten später selbständig weiter.

1 Gründung einer (Selbsthilfe-)Gruppe

1.1 Die Gründung planen

Bevor Sie eine (Selbsthilfe-)Gruppe ins Leben rufen, sollten Sie sich über folgende Aspekte und Fragen Klarheit verschaffen:

1. *Eigene Motivation:* Wollen Sie diese Gruppe wirklich gründen?

   Der Aufbau einer Gruppe kostet viel Zeit, Geduld, Ausdauer und manchmal auch Geld, die Sie aufzubringen bereit sein müssen.

2. *Gruppenziele:* Welche Funktion(en) soll die Gruppe übernehmen? Soll z. B.

   a) die Vermittlung von Informationen, z. B. über neue Schulen oder Fördereinrichtungen,

   b) gemeinsam erarbeitete und vollzogene Verhaltensänderungen, z. B. Änderungen des Erziehungsverhaltens, und/oder

   c) emotionale Unterstützung, z. B. durch Anteilnahme der anderen Gruppenmitglieder an den Erfahrungsberichten einzelner Teilnehmer,

   im Vordergrund stehen?

   Eine klare Definition der Funktion(en) einer Beratungsgruppe ist deshalb wichtig, damit die Teilnehmer nicht enttäuscht werden und sich nicht gegenseitig enttäuschen. Geht ein Teilnehmer z. B. davon aus, dass in der Gruppe lediglich Informationen ausgetauscht werden, wird er von den emotionalen Erlebnisberichten eines anderen Teilnehmers genervt sein und dementsprechend wenig einfühlsam darauf reagieren. In der Folge sind dann beide Teilnehmer bzw. die gesamte Gruppe unzufrieden.

3. *Zielgruppe:* Wer kann Mitglied der Gruppe werden?

   Sie müssen beispielsweise entscheiden, ob nur Eltern hochbegabter Kinder an der Gruppe teilnehmen dürfen oder ob auch Lehrer, Erzieher etc. als Mitglieder erwünscht sind.

4. *Suche nach Interessenten:* Wie lassen sich Mitglieder für die Gruppe finden?

   Eine Möglichkeit besteht darin, eine Anzeige in den örtlichen Zeitungen aufzugeben. Eine andere ist die Zusammenarbeit mit einem Journalisten, der über die Gründung der Gruppe und ihre Ziele in einem etwas ausführlicheren Artikel berichtet. Auch über das Radio und das Internet können Sie Ihr Vorhaben einer Gruppengründung bekannt geben.

5. *Gruppengröße:* Wie viele Teilnehmer soll die Gruppe haben?

   Eine überschaubare und für die persönliche Arbeit günstige Teilnehmerzahl liegt zwischen sechs und zwölf Personen. Bedenken Sie, dass zu Beginn häufig viele Personen wieder abspringen, so dass es nicht ungünstig ist, wenn sich zunächst mehr Interessenten melden.

6. *Zeit und Ort der Treffen:* Wann, wie lange, wie oft und wo soll sich die Gruppe treffen?

Für eine effektive Arbeit hat sich als wichtig erwiesen, dass die Gruppentreffen regelmäßig, am besten wöchentlich, mindestens jedoch einmal pro Monat, stattfinden. Die Gruppensitzungen sollten nach Möglichkeit in einem neutralen Raum, also nicht im Wohnzimmer des Leiters bzw. eines Teilnehmers stattfinden, damit sich keine Gäste- und Besucherrollen ausbilden und Störungen vermieden werden. Räume, die für eine Gruppenberatung in Frage kommen, sind beispielsweise Praxisräume von Ärzten oder Psychologen, von Beratungsstellen oder örtlichen Selbsthilfekontaktstellen (s. u.).

7. *Ambiente:* Sollen Getränke und Essen angeboten und darf geraucht werden?

Die Beantwortung dieser Frage entscheidet darüber, ob eher eine gemütliche oder eher eine Arbeitsatmosphäre hergestellt werden soll, was abhängig von den Gruppenzielen ist. Werden v. a. Informationen ausgetauscht, stört es nicht, dabei etwas zu trinken. Für die Erarbeitung von Verhaltensänderungen und zum intensiven persönlichen Austausch ist es dagegen günstiger, auf Ablenkungen durch Trinken, Essen und Rauchen zu verzichten.

Wenn es sich bei der Beratungsgruppe, die Sie gründen wollen, um eine *Selbsthilfegruppe* handelt, finden Sie bei sog. Selbsthilfekontaktstellen Unterstützung für die Realisierung Ihres Projekts. In diesen Kontaktstellen arbeiten Berater, die Sie bei der Klärung der oben aufgeworfenen Fragen und den konkreten Schritten, die Sie im Folgenden unternehmen müssen, unterstützen. Selbsthilfekontaktstellen gibt es in vielen Städten und Kreisen Deutschlands. Aktuelle Adressen von professionellen Einrichtungen der Selbsthilfe-Unterstützung erhalten Sie u. a. bei der Nationalen Kontakt- und Informationsstelle (NAKOS) in Berlin (Adresse s. Anhang 1.4, S. 283).

1.2 Erste Kontaktaufnahme mit den Gruppenteilnehmern

Nachdem Sie die oben dargestellten Vorbereitungen getroffen haben, geht es darum, mit den Teilnehmern den ersten Kontakt aufzunehmen und sie auf die gemeinsame Arbeit vorzubereiten. Falls die Gruppe nicht nur dem reinen Informationsaustausch dienen soll, ist es sinnvoll, die Teilnehmer in einem persönlichen Vorgespräch oder beim ersten Gruppentreffen über Folgendes in Kenntnis zu setzen [4]:

– Jeder ist für seine eigenen Beiträge in der Gruppe verantwortlich und entscheidet selbst, was und wie viel er von sich preisgeben möchte.

– Das Feedback, das ein Gruppenmitglied von den anderen Teilnehmern und dem Leiter erhält, kann Einsichten vermitteln, die mit Unbehagen und manchmal auch mit Schmerz verbunden sind – das ist ganz normal. Wer sich auf eine Gruppenberatung einlässt, sollte damit rechnen.

– Persönliche und evtl. auch gesellschaftliche Veränderungswünsche, die mit der Gruppenberatung verknüpft sind, brauchen Zeit und sind oft anstrengend. Zumeist lohnt es sich jedoch, Ausdauer zu haben und geduldig zu sein.

Über diese Informationen hinaus hat es sich als günstig erwiesen, *verschiedene Regeln des Umgangs miteinander* zu vereinbaren, z. B. dass jeder von sich in der Ich-Form spricht, anderen keine Ratschläge erteilt werden und über persönliche Äußerungen von Teilnehmern Stillschweigen bewahrt wird. Ganz besonders wichtig ist es, eine *Verbindlichkeit der Teilnahme* zu vereinbaren. Diese könnte in der Abmachung bestehen, dass alle, die zum zweiten Treffen erscheinen, für weitere fünf Treffen dabei bleiben. In dieser Phase können sich die Teilnehmer gegenseitig „beschnuppern" und jeder kann für sich herausfinden, ob die Gruppe seinen Erwartungen entspricht. Danach sollte entschieden werden, wer weiterhin (regelmäßig!) daran teilnimmt und wer ausscheiden möchte. Nur mit dieser Verbindlichkeit kann sich gegenseitiges Vertrauen aufbauen und gewinnbringend an eigenen Problemen gearbeitet werden. Detailliertere Empfehlungen zu Regeln, die helfen, den Gruppenprozess in konstruktive Bahnen zu lenken, finden Sie in den schriftlichen Arbeitshilfen, die bei NAKOS (Adresse s. Anhang 1.4, S. 283) bestellt werden können.

2 Leitung einer Beratungsgruppe

Wenn die Beratungsgruppe, die Sie ins Leben gerufen haben, nicht als reine Selbsthilfegruppe organisiert sein soll, nehmen Sie innerhalb der Gruppe eine Leitungsfunktion ein. Sie moderieren das Gruppengeschehen, d. h. Sie entscheiden über den Gruppenverlauf, während die Teilnehmer bestimmen, welche Inhalte und Anliegen besprochen werden [15]. Was sind Ihre Aufgaben als Moderator der Gruppenarbeit konkret?

1. *Strukturieren der Gruppensitzungen:* Um den Gesprächsverlauf fruchtbar zu gestalten, ist es günstig, wenn Sie den Treffen Struktur verleihen. Dazu sind folgende Methoden hilfreich:

   a) *Anbieten situativ sinnvoller Arbeitsverfahren:* Zu Beginn und zum Ende der Gruppensitzungen ist es empfehlenswert, eine sogenannte „Blitzlichtrunde" durchzuführen. Dabei kommt jeder kurz zu Wort und berichtet über seine aktuelle Befindlichkeit, ohne dass die anderen dazu Stellung beziehen. In der Runde zu Anfang der Sitzung soll jeder formulieren, was für ihn in der heutigen Stunde das Hauptanliegen ist. Danach kann gemeinsam beschlossen werden, auf welches Anliegen heute ausführlicher eingegangen werden soll, indem z. B. festgestellt wird, an welchem Thema die meisten Teilnehmer interessiert sind oder ob das Anliegen eines Teilnehmers besonders dringend ist.

   Manchmal passiert es in der Blitzlichtrunde zu Anfang, dass entgegen der Abmachungen nach dem ersten oder zweiten Sprecher andere sofort Stellung nehmen und in eine Diskussion geraten. Hier ist es meist am besten, wenn Sie sofort einschreiten. Sie könnten z. B. sagen: „Moment bitte, ich möchte Sie an unsere Absprache erinnern, dass zunächst jeder reihum sagt, was er möchte und wir erst danach anfangen, darüber zu diskutieren. Sind Sie damit einverstanden, Herr X?" Herr X würde daraufhin vielleicht erwidern: „Ich wollte doch nur ganz kurz erklären, dass Frau Y letztes Mal auch schon ..." In einem solchen Fall droht erneut eine Diskussion und es ist wichtig, dass Sie sich durchsetzen! Sie könnten z. B. mit fester Stimme hervorbringen: „Herr X, ich bin da jetzt ganz strikt. Ich nehme an, für Sie ist sehr wichtig, was Sie uns mitteilen wollen, aber ich bitte Sie, damit zu warten!"

   Im weiteren Gruppenverlauf schlagen Sie vielleicht die Durchführung einer Übung, eines Brainstormings (s. Gesprächsführung III.1, S. 58) etc. vor. Auch hier müssen Sie darauf achten, dass die Regeln des jeweiligen Verfahrens eingehalten werden.

   b) *Regelmäßiges Zusammenfassen des bisherigen Gruppengeschehens:* Eine weitere Möglichkeit des Strukturierens, die Sie bereits in Teil I des Leitfadens kennen gelernt haben, ist das Zusammenfassen, d. h. die Wiedergabe der wichtigsten Aussagen einer Gesprächssequenz in den

Worten des Beraters. Wenn in der Gruppe ein Teilnehmer von sich erzählt und sich mehrere andere dazu äußern, ist es häufig sinnvoll, dass Sie diese Äußerungen noch einmal kurz in Ihren Worten zusammenfassen und dabei in eine gewisse Ordnung bringen. Bsp.: „Frau Y hat erzählt, dass Ihre Tochter in der Schule gemobbt wird. Es wurde deutlich, wie sehr das sowohl ihre Tochter als auch sie selbst belastet. Auch in dieser Runde war viel Betroffenheit zu spüren. Herr X erzählte von seinen Erfahrungen als Lehrer mit Mobbing in der Schule, Frau Z berichtete … Wollen sich weitere Teilnehmer dazu äußern?"

c) *Im-Auge-Behalten der Ziele des Gruppenprozesses*: Zu Ihren Aufgaben als Moderator gehört es auch, darauf zu achten, ob die Ziele des Gruppenprozesses, auf die sich alle Teilnehmer geeinigt haben, weiterhin Gültigkeit besitzen. Haben sich die Teilnehmer z. B. darauf verständigt, dass Sie an Ihrem Erziehungsverhalten arbeiten möchten, sprechen jedoch bei dem Treffen von ganz anderen Dingen, sollten Sie ihnen Ihre Beobachtung mitteilen. Dadurch kann den Teilnehmern klar werden, ob sie doch lieber an einem anderen Ziel arbeiten oder zu dem ursprünglichen Ziel zurückkehren möchten.

2. *Beeinflussung des Gruppenklimas*: Damit sich die Teilnehmer respektiert und sicher fühlen, wenn sie von sich erzählen, sollten Sie in der Gruppe für eine Atmosphäre gegenseitiger Akzeptanz und Wertschätzung sorgen. Wie können Sie das erreichen?

a) *Anbieten und Erarbeiten von Regeln des Umgangs miteinander:* Die Verhaltensregeln, die Sie zu Beginn mit den Teilnehmern vereinbart haben (s. voriges Kapitel), stellen einen ersten Wegweiser für die Entwicklung eines günstigen Gruppenklimas dar. Trotzdem passiert es manchmal, dass ein Gruppenmitglied von einem anderen verletzt wird. Dann ist es Ihre Aufgabe, einzugreifen, die betreffende Person zu schützen und für die Zukunft auf respektvollere gegenseitige Umgangsformen hinzuwirken. Bsp.: Herr X sagt in einer Gruppensitzung zu Frau Y: „Sie haben ja nur Angst. Sonst hätten Sie der Lehrerin Ihrer Tochter doch schon längstens die Meinung geblasen. Sie sind mir vielleicht eine gute Mutter! Wie soll denn Ihre Tochter lernen, sich zu wehren, wenn Sie ihr ein so schlechtes Vorbild sind?!" Eine Möglichkeit Ihres Eingreifens besteht in diesem Fall darin, dass Sie Frau Y auffordern, Herrn X mitzuteilen, wie seine Worte auf sie gewirkt haben. Sie würde sich dann vielleicht wie folgt äußern: „Sie begreifen gar nicht, in welcher schwierigen Situation ich bin. Ich dachte, Sie würden mich unterstützen, aber Sie machen mir nur Vorwürfe." Daraufhin kann in der Gruppe gemeinsam überlegt werden, in welcher Weise Stellung zueinander bezogen werden soll. Dabei geht es darum herauszufinden, wie ehrliche Rückmeldungen in Verbindung mit gegenseitiger Wertschätzung zum Ausdruck gebracht werden können. Hilfreich dazu kann es sein, wenn Sie zu den Ideen der Teilnehmer die Gesprächsregeln beisteuern, die im Abschnitt Gesprächsführung III.2 (S. 65 f.) dargestellt wurden.

b) *Vorbild sein für wertschätzendes Verhalten:* Sie selbst stellen ein Vorbild für den achtungsvollen Umgang miteinander dar. Sie nehmen alle Teilnehmer ernst und bemühen sich darum, Einzelne nicht zu bevorzugen oder zu benachteiligen. Sie achten darauf, dass auch die eher Schweigsamen Gelegenheit bekommen, sich zu äußern. Ihre Wertschätzung bringen Sie z. B. zum Ausdruck, indem Sie Gefühle, die ein Teilnehmer äußert, wiedergeben, ohne diese zu bewerten (s. Gesprächsführung II.1, S. 46 f.).

c) *Offene Fragen stellen:* Sie können den Gruppenprozess unterstützen, indem Sie offene Fragen stellen. Erzählt eine Mutter z. B. von der Schwierigkeit, ihrem Sohn Grenzen zu setzen, könnten Sie Beiträge anderer Teilnehmer anregen, indem Sie fragen: „Welche Erfahrungen haben die anderen mit dem Thema ‚Grenzen setzen' gemacht?"

Ihre Aufgabe als Leiter einer Gruppe ist nicht einfach. Sie tragen Verantwortung für den Schutz des Individuums und die Kooperation in der Gruppe [15]. Scheuen Sie vor der Notwendigkeit, Ihre Autorität in Sachen Gesprächsführung und -strukturierung einzusetzen, nicht zurück, denn nur so kann der Austausch gelingen und von allen als heilsam empfunden werden. Das beste Leitungstraining besteht darin, zunächst aktiv an Gruppen teilzunehmen, die von jemand anderem geleitet werden, bevor Sie selbst eine Leitungsfunktion übernehmen. In folgendem Kasten werden Sie auf Fehler aufmerksam gemacht, die Sie als Leiter vermeiden sollten [15]:

Unangemessenes Leiterverhalten

- Der Leiter hat Ziele für den Gruppenprozess, die er der Gruppe nicht mitteilt. Beispielsweise könnte er von den Gruppenmitgliedern erwarten, dass sie sich auch in der Öffentlichkeitsarbeit engagieren, die er betreibt, dies jedoch nicht deutlich aussprechen.

- Der Leiter drängt die Gruppe in eine Richtung, in die sie im Moment nicht gehen möchte. Er sagt z. B.: „Wir haben jetzt genug Zeit in ... investiert und sollten uns nun ... zuwenden", obwohl die Bedürfnisse der Gruppenteilnehmer darin bestehen, sich noch weiter oder intensiver mit dem betreffenden Thema zu beschäftigen.

- Der Gruppenleiter ist hauptsächlich mit der Erforschung und dem Ausdruck seiner eigenen Gedanken und Gefühle beschäftigt. Dabei vergisst er, dass die Gruppe in erster Linie der persönlichen Entwicklung für die Teilnehmer dienen soll und nicht seiner Selbstdarstellung.

- Der Gruppenleiter bietet dauernd Interpretationen der Handlungen und Aussagen einzelner Gruppenmitglieder an, indem er z. B. sagt: „Was Sie äußern, ist für mich ein Hinweis darauf, dass …“. Ab und zu können solche Kommentare nützlich sein, ständige Interpretationen beeinträchtigen jedoch die Gruppenarbeit. Die Teilnehmer fühlen sich dann in dem, was sie sagen, „überführt" und geben lieber nichts mehr von sich preis oder rebellieren gegen den Leiter.

Teil II:

Zentrale Problem- und Fragestellungen sowie Möglichkeiten der Hilfe

Dieser Teil des Beratungsleitfadens behandelt zum einen die Problem- und Fragestellungen, die in Beratungen zum Thema „Hochbegabung" besonders häufig angesprochen werden, und zum anderen solche, die an die Berater sehr hohe Anforderungen stellen. Die insgesamt 15 Themen, denen jeweils ein Kapitel gewidmet ist, sind inhaltlich nach drei Bereichen geordnet.

– Bereich A umfasst Schwierigkeiten, die mit *Anforderung und Leistung* zu tun haben: Zunächst erfolgt eine Einführung in das Thema „Unterforderung", die im ungünstigen Falle verschiedene weitere der in Teil II dargestellten Probleme nach sich ziehen kann. An erster Stelle sind hier „Underachievement" sowie „Mangelnde Lern- und Arbeitsstrategien" zu nennen, die in den beiden nachfolgenden Kapiteln behandelt werden. Weitere Schwierigkeiten, die mit Leistung und Leisten zu tun haben und in diesem Bereich erörtert werden, sind „Lese-Rechtschreib-Schwierigkeiten" und „Perfektionismus".

– Bereich B behandelt *Schwierigkeiten hochbegabter Kinder im zwischenmenschlichen Kontakt.* Zunächst werden hier die Themen „Isolation" und „Mobbing" aufgegriffen. Diese Probleme können für das hochbegabte Kind eine besondere Belastung darstellen und/oder den Eltern Anlass zu großer Sorge geben. Im Anschluss wird auf das Thema „Aggressivität" bei hochbegabten Kindern eingegangen, das in unserer Studie sowohl von Lehrern als auch Eltern häufig angesprochen wurde und auf Seiten der erwachsenen Bezugspersonen nicht selten Hilflosigkeit auslöst. Konkrete Konflikte zwischen hochbegabten Kindern und ihren Eltern sowie ihren Lehrern, jedoch auch zwischen den Eltern und Lehrern werden in den beiden letzten Kapiteln dieses Bereichs „Konflikte in der Familie" sowie „Schwierigkeiten in der Lehrer-Schüler und der Lehrer-Eltern-Beziehung" besprochen.

– Im Bereich C werden Probleme geschildert, die den *innerpsychischen Bereich* des Kindes betreffen. Das erste Kapitel beschäftigt sich mit dem Thema „Aufmerksamkeitsdefizit-/Hyperaktivitätsstörung" (AD/HS), da es hier häufiger Schwierigkeiten in der Abgrenzung von Verhaltensweisen, die auf AD/HS und solchen, die auf Hochbegabung hindeuten, gibt. Anschließend wird auf das Thema „Ängstlichkeit" eingegangen, das in unserer Studie von den befragten Eltern als sehr häufiges Problem ihres Kindes beschrieben wurde. Ebenfalls oft erwähnt wurden „Psychosomatische Beschwerden", über die im dritten Kapitel dieses Bereichs informiert wird. Die letzten beiden Kapitel behandeln Probleme, die zum Glück nicht sehr häufig auftreten, jedoch eine besondere Umsicht des Beraters erfordern: „Depressionen" und „Suizidalität" bei hochbegabten Kindern.

Alle Kapitel sind weitgehend parallel aufgebaut. Einführend wird im ersten Abschnitt eine Fallgeschichte erzählt, die prototypisch schildert, wie sich das entsprechende Problem äußern kann. Im nächsten Abschnitt werden Erkennungsmerkmale und im dritten Abschnitt Hintergründe zur Entstehung der Problematik beschrieben. Neben allgemeinen Ursachen, die unabhängig vom Bestehen einer Hochbegabung häufig zur Entwicklung der betrachteten Schwierigkeiten führen, wird hier außerdem auf die Aspekte eingegangen, die bei hochbegabten Kindern besonders relevant sein können. Der vierte Abschnitt widmet sich möglichen Hilfsmaßnahmen und verweist auf Anlaufstellen, bei denen Betroffene weitere Unterstützung finden können. Die Adressen dieser Anlaufstellen finden sich jeweils im Anhang; die Rubriken, unter denen sie aufgeführt sind und teilweise die Seitenzahlen, werden im Text genannt.

Bei einer Reihe von Problem- und Fragestellungen wird im vierten Abschnitt darauf hingewiesen, dass unter Umständen psychotherapeutische Hilfe gesucht werden sollte. Um im Einzelfall zu entscheiden, ob eine Psychotherapie indiziert ist, muss – beispielsweise in einer Erziehungsberatungsstelle oder bei einem niedergelassenen Kinder- und Jugendpsychotherapeuten – eine differenzierte Diagnostik durchgeführt werden. Wenn eine Psychotherapie indiziert scheint, kann durch eine solche genauere Untersuchung auch entschieden werden, welche Psychotherapie*form* in diesem Fall geeignet ist. Die Psychotherapieformen, auf die in den folgenden Kapiteln hingewiesen wird, sind die personenzentrierte Therapie mit Kindern und Jugendlichen, die kognitive Verhaltenstherapie und die Familientherapie. Was sie im Einzelnen leisten können, wird jeweils knapp im Zusammenhang mit der Besprechung der verschiedenen Problem- und Fragestellungen dargestellt.

Im fünften und letzten Abschnitt werden beispielhaft Literaturempfehlungen für die Klienten gegeben.

Die Darstellung der 15 zentralen Problem- und Fragestellungen jeweils für sich alleine, d. h. in einem eigenen Kapitel, wurde aufgrund der besseren Übersichtlichkeit und Verständlichkeit gewählt. In der Realität sind bei einem Klienten oft mehrere Problem- und Fragestellungen miteinander verwoben; auf häufige Zusammenhänge wird im Abschnitt „Erkennen" verwiesen. Keinesfalls sollte vergessen werden, dass jeder Mensch in seiner Art – seinen Fähigkeiten und auch seinen Schwierigkeiten – einzigartig ist und Sie als Berater einem Klienten nur dann gerecht werden können, wenn Sie ihn in seiner individuellen Besonderheit zu verstehen versuchen.

1 Bereich Anforderung und Leistung

1.1 Schulische Unterforderung

Fallgeschichte „Jasmin"

Jasmin äußerte bereits in der Grundschule Enttäuschung über das Lehrangebot, doch so richtig offensichtlich wurden ihre Schwierigkeiten mit der Schule erst im Gymnasium. Auch hier fand sie den Unterricht langweilig und außerdem kamen Probleme mit Klassenkameraden hinzu. Die Interessen ihrer Mitschüler waren nicht die ihren und umgekehrt. Wegen ihrer guten Noten, die ihr ohne Mühe zufielen, wurde sie schnell zum „Streber" ernannt und somit unbeliebt. Ihr starkes Mitteilungsbedürfnis und ihre Neugierde musste sie sehr drosseln, denn der Unterricht stellte andere Anforderungen. Vor allem war sie enttäuscht vom Biologie- und Mathematikunterricht. Der Stoff wurde so langsam erarbeitet, dass sie sich langweilte. Vieles hatte sie sich schon längst selbst beigebracht oder angelesen. Besonders die Hausaufgaben empfand sie als unnötige Wiederholung und äußerst quälend. Sie wurde immer unglücklicher und einsamer. Nach Gesprächen mit der Schulleitung wurde es Jasmin als damaliger Sechstklässlerin erlaubt, den Informatikunterricht der 11. Klasse zu besuchen. Jasmin freute sich dann in jeder Woche auf die zwei Tage, an denen sie dort teilnehmen durfte.

So richtig zufrieden ist sie jedoch erst, seitdem sie sich nach einem Schüleraustauschjahr in England dafür entschieden hat, dort auch ihr Abitur zu machen. Es scheint, als habe sie „ihre Schule" gefunden. Der Unterricht findet in kleinen Lerngruppen statt. Die Lehrer sind – auch über die Unterrichtszeit hinaus – sehr engagiert. Trotz eines umfangreichen Tagesablaufes mit Unterricht am Vor- und Nachmittag, festgelegter Hausaufgabenzeit, diversen Aktivitäten wie Sport, Musik, Haushaltspflichten etc. arbeitet Jasmin wieder mit großem Einsatz, Freude und Begeisterung. Sie ist sehr froh, dass ihr diese Möglichkeit zuteil wurde.

Ähnliche Erfahrungen wie Jasmin machen viele hochbegabte Schüler an deutschen Regelschulen. Die Ergebnisse unserer Studie zeigen, dass Unterforderung sowohl aus der Sicht von Lehrern als auch Eltern das zentralste schulische Problem darstellt. Über 80 % der befragten Lehrer und Eltern beobachteten, dass hochbegabte Schüler in Regelschulen unterfordert sind. Eine Differenzierung im Unterricht würde eine individuelle Förderung ermöglichen. Doch der Realisierung z. B. durch Freiarbeit, offenen Unterricht, Werkstattunterricht etc. stehen der enorme Mehraufwand an Arbeit für die Lehrer, die großen Klassen etc. entgegen. Wird jedoch nicht dafür gesorgt, dass den Bedürfnissen hochbegabter Kinder schulisch besser Rechnung getragen wird, können Hochbegabte, die beständig unterhalb ihrer Leistungsfähigkeit liegen,

Unterforderung

verschiedene Schwierigkeiten entwickeln. In den nachfolgenden Kapiteln wird auf diese Probleme noch ausführlich eingegangen. Einige grundlegende Reaktionsformen hochbegabter Kinder auf chronische Unterforderung seien jedoch bereits im nächsten Abschnitt dargestellt.

Erkennen

Beobachtungen zeigen, dass sich hochbegabte Schüler, die lange Zeit unterfordert sind und deshalb Schwierigkeiten entwickeln, meist einem der vier in nachfolgendem Kasten aufgeführten „Typen" zuordnen lassen [1, 2]:

Anzeichen von Unterforderung
im Verhalten hochbegabter Kinder

– **Abschalten vom Geschehen im Unterricht:** Die/der *Geistesabwesende* ist nicht motiviert und beschäftigt sich mit anderen Dingen. Für sie/ihn besteht die Gefahr des Nicht-Erlernens von Lern- und Arbeitstechniken (s. Kap. 1.3), in deren Folge schulisches Versagen eintreten kann (s. Kap. 1.2).

– **Stören des Unterrichts:** Der/die *Aufsässige* reagiert auf Unterforderung, indem er/sie den Klassenclown spielt, im Unterricht dazwischen ruft, herumläuft etc. Der Lehrer hat mit ihm/ihr v. a. Disziplinschwierigkeiten (s. Kap. 2.5).

– **Verbergen eigener Fähigkeiten:** Die/der *Angepasste*, sozialisationsbedingt häufiger ein Mädchen, stellt sich unwissender als sie/er ist, da für sie/ihn aufgrund des sozialen Drucks das Image und die Erwartungen anderer wichtiger sind als ihre/seine Zensuren.

– **Hochleistung mit potentiellem Verzicht auf soziale Anerkennung:** Der *Ignorant*/die *Ignorantin* kümmert sich nicht um die Meinung seiner/ihrer Mitschüler. Er/sie wird Klassenbeste(r) und als Einzige(r) der vorgestellten „Typen" mit Sicherheit als hochbegabt erkannt.

Da lang anhaltende Unterforderung das seelische Gleichgewicht des Kindes stören kann, äußert sich Unterforderung mitunter auch in psychosomatischen Beschwerden (siehe Kap. 3.3), depressiven Verstimmungen (siehe Kap. 3.4) oder sogar Suizidgedanken (siehe Kap. 3.5).

Verstehen

Weshalb sind hochbegabte Kinder in der Schule so oft unterfordert? Hauptsächlich wird Unterforderung dadurch bedingt, dass das Schulcurriculum wie auch die Unterrichtsdidaktik und -methodik auf den durchschnittlichen Schüler ausgerichtet sind [3]. Der gewöhnliche Schulunterricht zeichnet sich deshalb durch eine Reihe von Merkmalen aus, die den Eigenschaften und Fähigkeiten hochbegabter Schüler nicht gerecht werden (vgl. Tab. 4).

Tabelle 4: Ausgewählte Eigenschaften und Fähigkeiten Hochbegabter sowie Merkmale des üblichen Schulunterrichts in der Gegenüberstellung [1]

Eigenschaften und Fähigkeiten Hochbegabter	Merkmale des üblichen Schulunterrichts
– Bevorzugung produzierenden Denkens – schnelle Auffassungsgabe – vielseitige und tiefe Interessen – großes Vorwissen – hohe Kreativität – Bevorzugung offener, verständlicher Lösungswege	– Förderung reproduzierten Wissens – Vielfache Wiederholung – Begrenzte Fächeranzahl und Fachtiefe – Wissenszuordnung nach Klassenstufen – Erwartung von Konformität – Behandlung konkreter Inhalte

Helfen

Was kann man tun, um die dargestellten möglichen Folgen einer Unterforderung zu vermeiden oder ihnen wirkungsvoll zu begegnen, falls sie bereits eingetreten sind? Es gibt eine Reihe von Fördermaßnahmen, die helfen können, hochbegabten Kindern die Entfaltung ihres Potentials zu ermöglichen, und auf diese Weise allgemein zu ihrer gesunden geistigen und psychischen Entwicklung beitragen. Zu nennen wären hier beispielsweise [4, 5]:

– Innere Differenzierung des Unterrichts
Hierbei wird das Arbeits- und Lernniveau an das Begabungsniveau jedes einzelnen Schülers angepasst, d.h. ein hochbegabter Schüler bearbeitet im Unterricht andere Aufgaben als ein nomalbegabter Schüler.

– Arbeitsgemeinschaften und Plus-Kurse
In jahrgangsübergreifenden Gruppen von Schülern können anspruchsvollere Themen bearbeitet werden, die im normalen Unterricht nicht vorgesehen sind.

– Schülerwettbewerbe
In Wettbewerben können sich hochbegabte Schüler in ihren Spezialkenntnissen mit anderen messen und neue Kontakte knüpfen.

– Sommercamps
Sie finden in den Ferien statt und verfolgen das Ziel, zum einen die Fachkenntnisse und zum anderen die sozialen Kompetenzen der Teilnehmer zu fördern.

– Früheinschulung

Hiermit ist die Möglichkeit gemeint, dass Kinder, die vor dem – mittlerweile von Bundesland zu Bundesland unterschiedlich festgesetzten – Stichtag geboren sind, bereits eingeschult werden dürfen, wenn sie die entsprechende Reife aufweisen.

– Teil-Unterricht in höheren Klassen

Für einzelne Stunden werden hochbegabte Schüler in bestimmten Fächern in einer höheren Klasse unterrichtet. So können sie etwa in Mathematik auf dem Niveau ihrer Begabung arbeiten oder bereits eine weitere Fremdsprache lernen, ohne den Kontakt zu ihren Klassenkameraden zu verlieren.

– Überspringen

Diese Maßnahme bezeichnet die Möglichkeit, ein oder mehrmals in der Schullaufbahn eine Klasse zu überspringen (s. u.).

Bücher, in denen Sie genauere Informationen über diese und weitere Fördermöglichkeiten finden, werden am Ende des Kapitels angegeben. Im Block Gesprächsführung III.1 (vgl. S. 56 ff.) wurde bereits eine allgemeine Methode zur Auswahl der geeignetsten Fördermaßnahmen und Problemlösungen dargestellt. Da Klienten und Berater besonders häufig das Überspringen einer Klasse in Erwägung ziehen, wird diese Möglichkeit hier herausgegriffen und ausführlicher dargestellt. Um Ihre Empfehlung für oder gegen ein Überspringen in einem konkreten Fall zu unterstützen, finden Sie im Folgenden einige Fragen zur Entscheidungshilfe. Die Beantwortung dieser Fragen zeigt Aspekte auf, die tendenziell eher für oder gegen das Überspringen sprechen. Beachten Sie bitte, dass die Antworten häufig nicht eindeutig sein können und im Gesamtkontext betrachtet werden müssen. Die Pro- und Contra-Argumente, die beim Durchlaufen des Flussdiagramms aufgeworfen werden, können jedoch die Entscheidung unterstützen und mögliche Schwierigkeiten erkennen helfen. Durchlaufen Sie das Flussdiagramm auf jeden Fall bis zur letzten Frage!

Leitfragen zum Überspringen

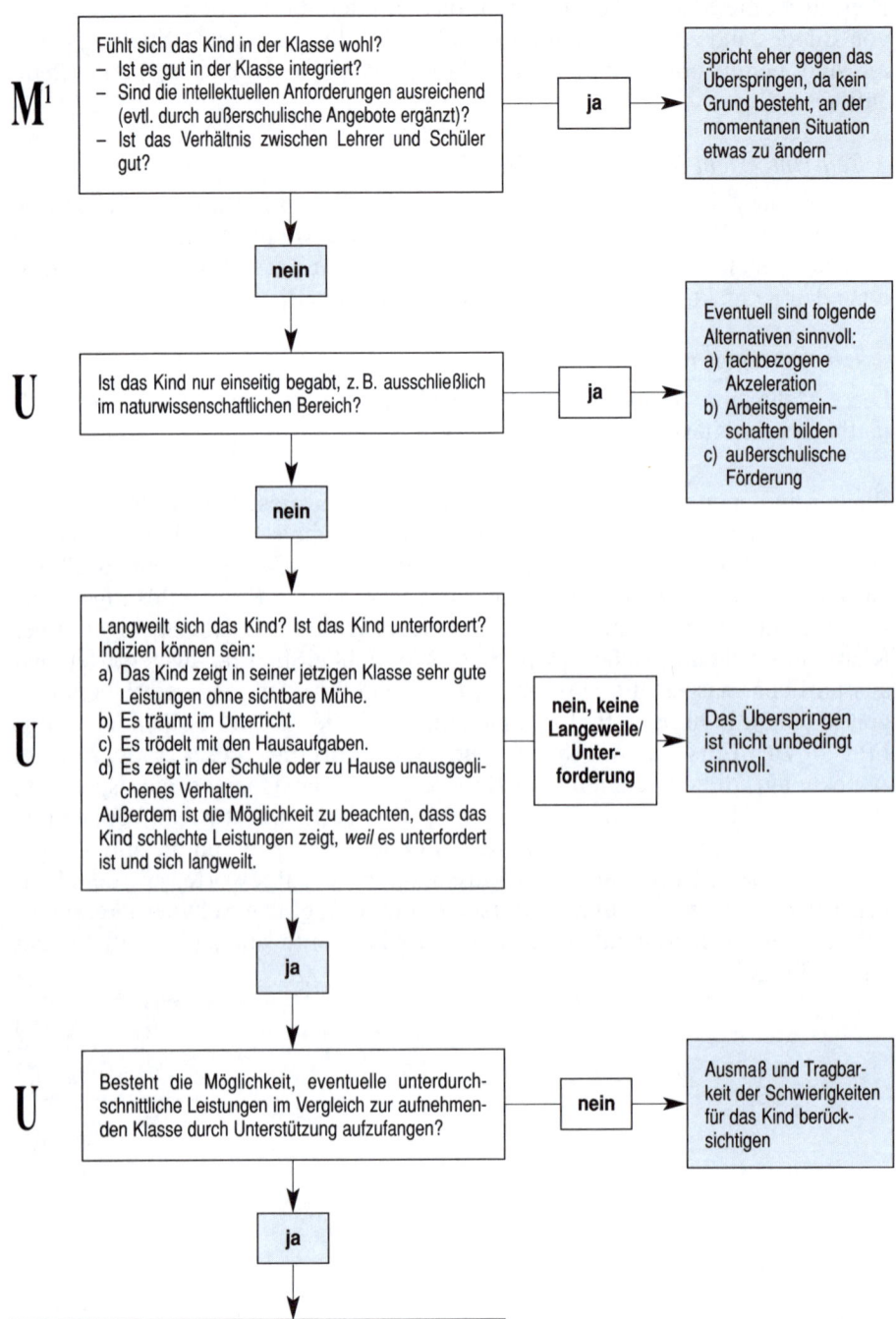

1   Für das Abwägen der Vor- und Nachteile des Überspringens sollten verschiedene Bereiche geprüft werden: **M** = Motivation zum Überspringen / **U** = Unterforderung / **S** = sozial-emotionale Voraussetzungen

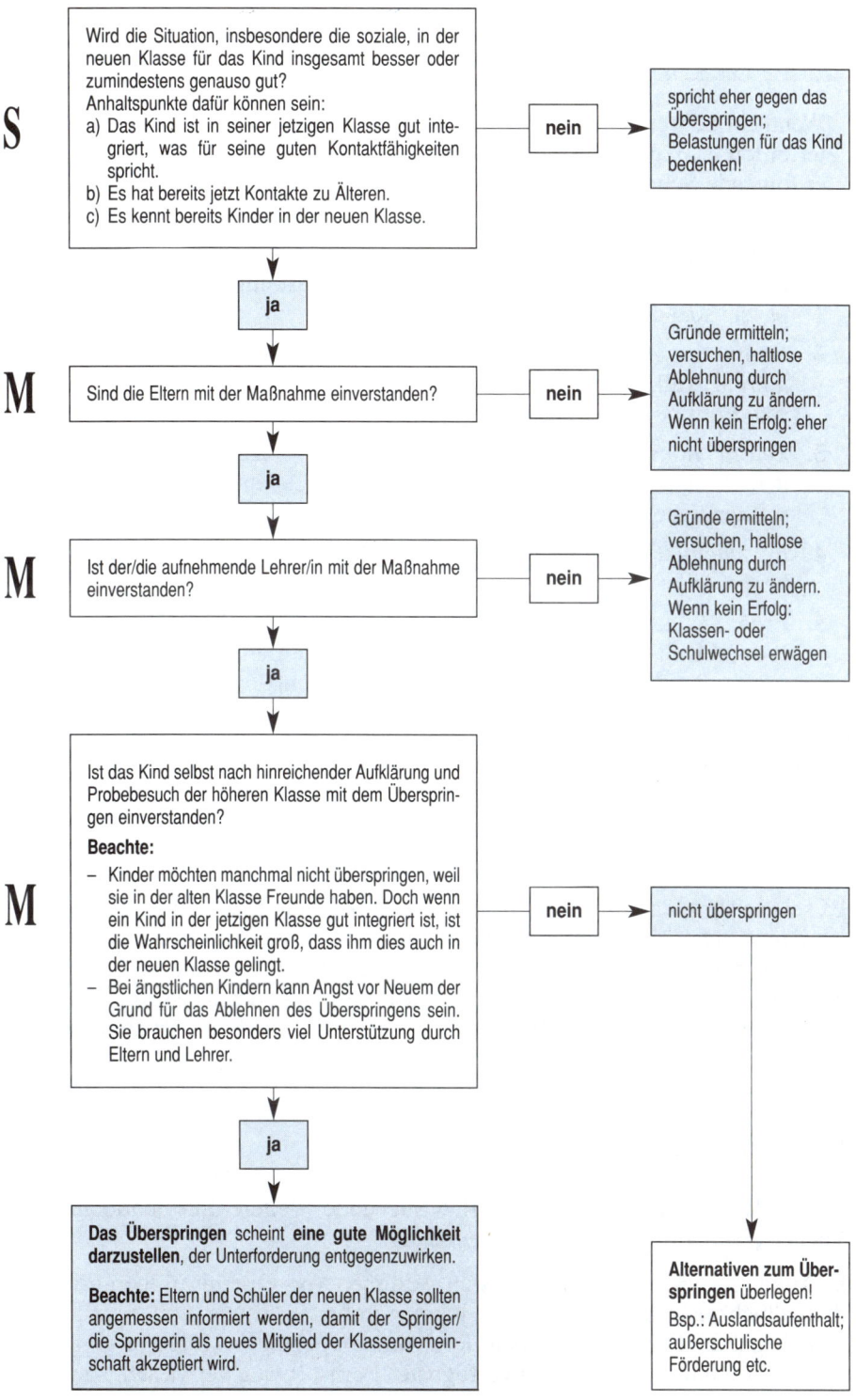

S

Wird die Situation, insbesondere die soziale, in der neuen Klasse für das Kind insgesamt besser oder zumindestens genauso gut?
Anhaltspunkte dafür können sein:
a) Das Kind ist in seiner jetzigen Klasse gut integriert, was für seine guten Kontaktfähigkeiten spricht.
b) Es hat bereits jetzt Kontakte zu Älteren.
c) Es kennt bereits Kinder in der neuen Klasse.

nein → spricht eher gegen das Überspringen; Belastungen für das Kind bedenken!

ja

M

Sind die Eltern mit der Maßnahme einverstanden?

nein → Gründe ermitteln; versuchen, haltlose Ablehnung durch Aufklärung zu ändern. Wenn kein Erfolg: eher nicht überspringen

ja

M

Ist der/die aufnehmende Lehrer/in mit der Maßnahme einverstanden?

nein → Gründe ermitteln; versuchen, haltlose Ablehnung durch Aufklärung zu ändern. Wenn kein Erfolg: Klassen- oder Schulwechsel erwägen

ja

M

Ist das Kind selbst nach hinreichender Aufklärung und Probebesuch der höheren Klasse mit dem Überspringen einverstanden?
Beachte:
– Kinder möchten manchmal nicht überspringen, weil sie in der alten Klasse Freunde haben. Doch wenn ein Kind in der jetzigen Klasse gut integriert ist, ist die Wahrscheinlichkeit groß, dass ihm dies auch in der neuen Klasse gelingt.
– Bei ängstlichen Kindern kann Angst vor Neuem der Grund für das Ablehnen des Überspringens sein. Sie brauchen besonders viel Unterstützung durch Eltern und Lehrer.

nein → nicht überspringen

ja

Das Überspringen scheint **eine gute Möglichkeit darzustellen**, der Unterforderung entgegenzuwirken.

Beachte: Eltern und Schüler der neuen Klasse sollten angemessen informiert werden, damit der Springer/ die Springerin als neues Mitglied der Klassengemeinschaft akzeptiert wird.

Alternativen zum Überspringen überlegen!
Bsp.: Auslandsaufenthalt; außerschulische Förderung etc.

Empfehlungen für Lehrer

Wenn ein Lehrer den Eindruck gewinnt, dass ein Schüler im Unterricht unterfordert ist und für ihn deshalb ein Überspringen in Erwägung zieht, sollte er folgende Schritte einleiten:

1. *Überprüfen, ob der Schüler auch in anderen Fächern unterfordert ist*: Austausch vielschichtiger Beobachtungen mit den anderen Lehrern des Schülers sowohl über seine intellektuelle Begabung als auch über seine psychosoziale Entwicklung.

2. *Beratungsgespräch mit dem betroffenen Schüler und seinen Eltern führen*: Aufklärung über die Möglichkeit des Überspringens; gemeinsam Für und Wider abwägen.

3. *Zeit für die Entscheidungsfindung geben*: Ein oder zwei Wochen nach dem Erstgespräch zweites Beratungsgespräch anbieten. Der Schüler soll genügend Zeit haben, sich alles gründlich zu überlegen.

4. *Entscheidungshilfe in Anspruch nehmen*: Bei Entscheidungsschwierigkeiten sollte ein kompetenter Psychologe zu Rate gezogen werden.

5. *Probezeit vereinbaren*: Wenn der Schüler unsicher ist, sollte ihm eine Probezeit in der neuen Klasse eingeräumt werden, innerhalb der er in seine alte Klasse zurückwechseln kann, wenn er sich in der neuen Klasse überfordert oder unwohl fühlt.

Aus: Staatsinstitut für Schulpädagogik und Bildungsforschung: Handreichung für das individuelle Überspringen der Jahrgangsstufe 6. München. 1992, S. 34/35.

Es sei erwähnt, dass mit dem Springen nicht zu viele Erwartungen verbunden werden sollten [6]. Durch diese Maßnahme allein wird nämlich das generelle Problem der Unterforderung nicht immer geändert. Es kann sein, dass das Kind nach kurzer Zeit erneut an der Leistungsspitze der Klasse liegt. In diesem Fall muss die Akzeleration durch außerschulische Fördermaßnahmen ergänzt werden.

Beratung und Information

Wo finden Berater, Lehrer und Rat Suchende weitere Informationen zum Thema „Förderung für hochbegabte Kinder"?

In Anhang 2 (S. 288 ff.) finden sich Adressen von Organisationen, die Fördermaßnahmen für hochbegabte Kinder anbieten sowie von Schulen für Hochbegabte. Außerdem werden dort Förderangebote im Internet vorgestellt und es wird auf eine Übersicht verfügbarer Lernsoftware verwiesen. Anhang 3

(S. 299 ff.) nennt Institutionen, die Fortbildungen für Lehrer und Erzieher anbieten, sowie (Internet-)Adressen, bei denen Unterrichts- und Spielmaterialien bezogen werden können.

Literaturempfehlungen für Rat Suchende

1. Jost, M. (1998). *Extra-Klasse? Hochbegabte in der Schule erkennen und begleiten.* Wiesbaden: Universum-Verlagsanstalt GmbH KG.

Dieses Buch gibt wichtige Tipps dazu, was Lehrer tun können, um Hochbegabte zu erkennen und sinnvoll zu fördern. Ebenso liefert es Hinweise darauf, wie Eltern ihre hochbegabten Kinder begleiten und die Arbeit der Schule unterstützen können. Besonders hilfreich sind die vielen Adressen, z. B. von Schulen mit besonderem Profil oder mit Spezialklassen für Hochbegabte, die praktischen Tipps und die Literaturhinweise, z. B. zu Unterrichtsmaterialien.

2. Bundesministerium für Bildung und Forschung (1999). *Begabte Kinder finden und fördern. Ein Ratgeber für Eltern und Lehrer.* Bonn: Bundesministerium für Bildung und Forschung.

In dieser Broschüre finden Sie wichtige Informationen zum Thema Schullaufbahngestaltung und interessante Tipps und Adressenhinweise zu außerschulischen Aktivitäten, wie z. B. die Teilnahme an Schüler- und Jugendwettbewerben. Die Broschüre kann kostenlos angefordert werden beim Bundesministerium für Bildung und Forschung (BMBF), Referat Öffentlichkeitsarbeit, 53170 Bonn, E-Mail: information@bmbf.bund400.de.

3. Fels, C. (1999). *Identifizierung und Förderung Hochbegabter in den Schulen der Bundesrepublik Deutschland.* Stuttgart: Haupt.

In diesem Buch werden die Geschichte der schulischen Förderung, Merkmale, Probleme und Identifizierung hochbegabter Kinder sowie Fördermaßnahmen beschrieben, wobei der Hauptteil auf der Analyse der derzeitigen schulischen Bedingungen für Hochbegabte liegt. Zum Abschluss spricht der Autor Empfehlungen zur Verbesserung der Situation Hochbegabter in deutschen Schulen aus. Dieses Buch ist eher als wertvolle wissenschaftliche Informationsquelle zu betrachten und weniger als praktische Handreichung.

1.2 Underachievement

Fallgeschichte „Stefan"

Das Problemkind der Klasse war Stefan, denn Stefan störte: Er sprang in der Klasse umher, ärgerte die anderen Kinder und wartete nicht, bis er aufgerufen wurde, sondern platzte mit seinen Antworten und Fragen einfach dazwischen. Damit er sich das abgewöhnte, wurde er von den Lehrern ignoriert oder verwarnt – mit wenig Erfolg. Seine Aufgaben erledigte Stefan immer sehr schnell und in der Zeit, die ihm blieb, bis die anderen fertig waren, trieb er Unsinn. Den Lehrern und auch der alleinerziehenden Mutter war klar, dass Stefan ein aufgewecktes, intelligentes Bürschchen war, doch die gezielte Förderung blieb aus, im Mittelpunkt stand ganz die Disziplinierung des störenden Verhaltens.

Im Laufe der Zeit verlor Stefan die Lust an der Schule. Sein Selbstvertrauen schwand, da er weder als Person noch durch seine Leistungen Anerkennung fand. Seine Motivation zur Arbeit ließ immer mehr nach. War er in der Grundschule noch einer der besten Schüler gewesen, so wurden seine Leistungen im Gymnasium beständig schlechter. Mittlerweile bewegt er sich mit seinen Leistungen im unteren Drittel der Klasse. In den Augen seiner Lehrer ist er faul und ignorant. Ihnen ist nicht bewusst, dass sich Stefan erst zu einem verhaltensauffälligen Schulversager entwickelt hat.

„Bei seiner Begabung könnte er mehr leisten" – das musste sich Stefan oft genug anhören. Diese Äußerung spricht ein alt bekanntes Phänomen an. Es gibt Schüler, die als „intelligent", „begabt", „klug" oder „pfiffig" bezeichnet werden, aber in der Schule nur Unterdurchschnittliches leisten, weil sie ihr Begabungspotential aus psychologischen und/oder sozialen Gründen nicht angemessen aktivieren können. Man bezeichnet sie als „Underachiever" (Minderleister). Naturgemäß ergibt sich die beschriebene Problematik nicht bei Minderbegabten und kaum bei normal Begabten, da hier die Spanne zwischen Leistungsfähigkeit und tatsächlich erbrachten Leistungen nicht so groß sein kann. Von Underachievement wird deshalb hauptsächlich im Zusammenhang mit Hochbegabung gesprochen [1].

Sowohl in unserer Studie als auch in anderen Untersuchungen zeigte sich, dass Underachievement bei Jungen häufiger vorkommt als bei Mädchen. In der Literatur wird ein Verhältnis zwischen Jungen und Mädchen von 2:1 bzw. 3:1 angegeben [1].

Zählt man zu den Underachievern all jene Schüler, deren Intelligenzquotient bei einem Wert von 130 oder höher liegt und deren Notendurchschnitt sich in der unteren Hälfte der Klasse bewegt, so liegt der Anteil an Underachievern innerhalb der Hochbegabten-Population bei 11 % [1]. In unserer Studie berichteten 40 % der befragten Eltern, dass die Leistungen ihrer hochbegabten Kinder unter ihrem Potential lagen, wobei diese Tatsache von 19 % als schwerwiegend bzw. sehr belastend empfunden wurde.

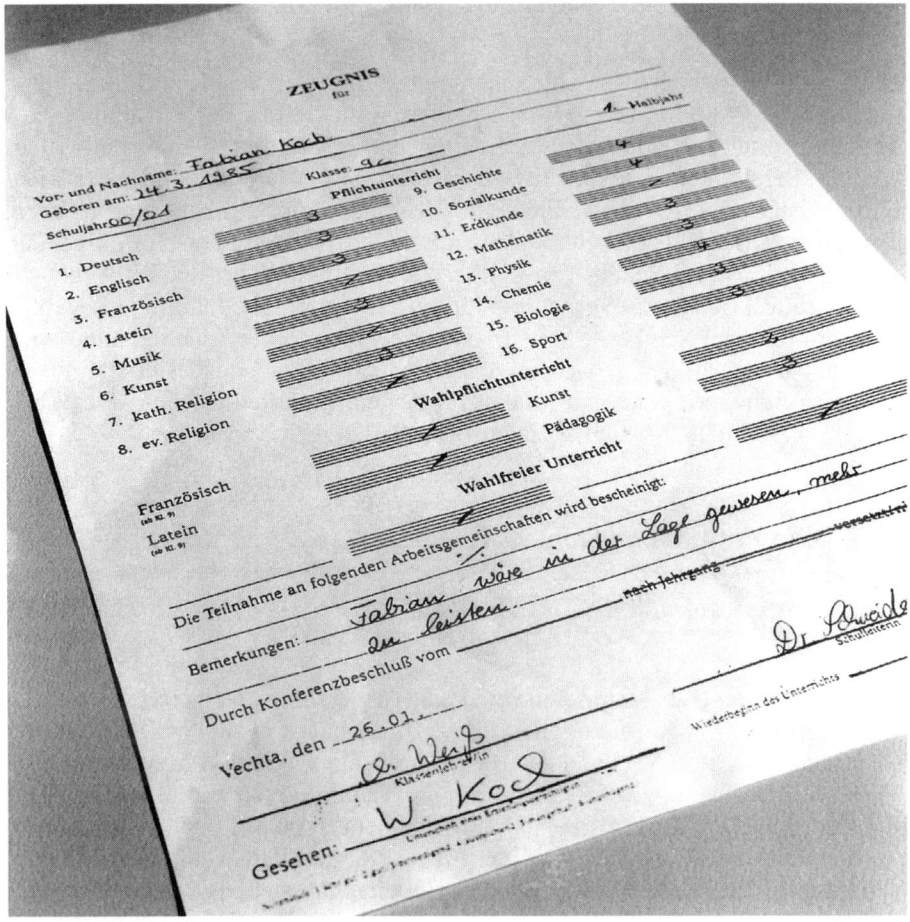

Underachievement

Dass Eltern von Underachievern relativ häufig Beratung suchen, wird aus den umfassenden Problemen verständlich, die mit Underachievement zumeist verbunden sind. Wenn die Entfaltung des Begabungspotentials gehemmt ist, kommt es nämlich nicht selten zu Störungen in der gesamten Persönlichkeit des Kindes [2]. Problematisch ist die Tatsache, dass die Verhaltensauffälligkeiten, die Underachiever zeigen, häufig nicht als unrealisiertes Begabungspotential, sondern ausschließlich als Verhaltensstörung verstanden werden. Sicherlich ist zu beachten, dass nicht jedes auffällige, träumerische, faule, kaspernde oder schulmüde Verhalten ein Zeichen für ungenutzte Begabungen ist, doch sollten Lehrkräfte, Eltern und Berater zumindest diese Möglichkeit in Erwägung ziehen [3]. Deshalb informiert dieses Kapitel darüber, welche Merkmalskombinationen auf Underachievement hindeuten, wie sich dieses Problem entwickelt und was man tun kann, um betroffenen Kindern zu helfen.

Erkennen

Underachiever werden oft erst in einer weiterführenden Schule auffällig. Meistens ist es dann nicht mehr so einfach, eine Verbesserung der Einstellung, des Verhaltens und besonders der Motivation herbeizuführen [4]. Deshalb ist es wichtig, bereits auf erste Anzeichen aufmerksam zu werden und diese nicht fälschlicherweise als (ausschließliche) Verhaltensstörung zu interpretieren, damit dem Kind frühzeitig und adäquat geholfen werden kann. Im Folgenden werden typische Merkmale von Underachievern aufgeführt und teilweise auf Abgrenzungskriterien zu Verhaltensstörungen bei normal oder minderbegabten Schülern hingewiesen [1, 4, 5, 6, 7]. Wenn bei einem individuellen Kind auch nicht alle im Einzelnen genannten Anzeichen zutreffen, so ist es doch typisch, dass sich Schwierigkeiten auf allen drei der dargestellten Ebenen – im Leistungs-, Persönlichkeits- und sozialen Bereich – zeigen.

Erkennungsmerkmale hochbegabter Underachiever

A. Leistungsebene

- **Hohe kognitive Kompetenz:** Vorausgesetzt, es verweigert sich nicht, zeigt das Kind in Intelligenztests hervorragende Leistungen. Sein gutes Gedächtnis und Verständnis sowie sein breites Wissen offenbaren sich außerdem, wenn es sich für bestimmte Themen interessiert, was häufig der Fall ist. Weiterhin erkennt man seine herausragende intellektuelle Begabung am Inhalt und der Art der Fragen, die das Kind stellt. Verhaltensgestörte, nicht hochbegabte Kinder würden nicht über das Verständnis der betreffenden Materie verfügen, um solche Fragen stellen zu können.

- **Leistungsstörungen:** Trotzdem erbringt das Kind in der Schule keine herausragenden Leistungen. Seine Noten liegen unter dem Durchschnitt der Klasse, allerdings nur selten so weit, dass es versetzungsgefährdet wäre. Vor allem in Stresssituationen, etwa bei Leistungskontrollen und Prüfungen, sind die Denkabläufe des Kindes gestört und es zeigt nicht, was ihm eigentlich möglich wäre. Die geringen Leistungen werden auch durch die folgenden beiden Punkte bedingt.

- **Probleme im Lern- und Arbeitsverhalten:** Das Kind hat nicht gelernt zu lernen, d. h. ihm fehlen für den Schulerfolg notwendige Lern- und Arbeitstechniken. Es arbeitet wenig sorgfältig und kann seine Konzentration nicht längere Zeit auf den Lernstoff richten. Häufig äußert das Kind Unzufriedenheit über die eigenen Lerngewohnheiten und die erreichten Resultate, weiß aber nichts daran zu ändern. Seine Versuche, bessere Leistungen zu erbringen, werden meist nicht zuletzt durch sein geringes Durchhaltevermögen, das Setzen unrealistischer Ziele sowie die mangelnde Zielkontrolle im Keim erstickt. Genauere Ausführungen dazu, wie sich mangelnde Lern- und Arbeitstechniken äußern, finden sich in Kapitel 1.3 auf S. 128 f..

– **Geringes Interesse an schulischen Aktivitäten:** Die Einstellung des Kindes gegenüber allem, was mit Schule zusammenhängt, ist negativ. Seine Leistungsorientierung und Anstrengungsbereitschaft sind wenig ausgeprägt, doch beschäftigt es sich in seiner Freizeit durchaus ausdauernd mit intellektuell herausfordernden Themen. Verhaltensgestörte Kinder, die nicht hochbegabt sind, tun dies weder in der Schule noch in ihrer Freizeit.

B. Persönliche Ebene

– **Geringe emotionale Stabilität:** Das Kind ist ängstlich und emotional labil. Es fühlt sich schnell in seiner Persönlichkeit angegriffen und kann Kritik nicht gut vertragen. Um dieses Gefühl der Bedrohung abzuwehren, reagiert das Kind häufig impulsiv aggressiv, denn es macht die Erfahrung, dass Wut die Angst vertreibt und aggressive Verhaltensweisen gegenüber Gegenständen oder Personen seine Anspannung reduzieren.

– **Mangelndes Selbstvertrauen:** Das Kind traut sich selbst wenig zu. Es hat die Tendenz, die Ursachen für Erfolg und Versagen in äußeren Einflüssen zu suchen. Hat es eine schwierige Aufgabe bewältigt, so schreibt es dies z. B. dem „Glück" zu, hat es bei einer Arbeit versagt, so lag dies seiner Meinung nach z. B. an der unfairen Aufgabenstellung des Lehrers. Manchmal wird Misserfolg auch den eigenen mangelnden Fähigkeiten zugeschrieben, was das Selbstvertrauen ganz besonders beeinträchtigt. Der Knackpunkt ist, dass das Kind nicht das Ausmaß seiner Anstrengung als entscheidend für seine Erfolge und Misserfolge betrachtet und erkennt, dass es diese beeinflussen kann.

C. Soziale Ebene

– **Einzelgänger:** Da das Kind ein so geringes Selbstvertrauen hat und sich selbst nicht leiden kann, ist es häufig davon überzeugt, dass auch niemand anderes es mag. Zeigen sich Klassenkameraden oder andere Kinder/Jugendliche an einem Kontakt mit ihm interessiert, ist es misstrauisch und abweisend. Aufgrund seines Verhaltens bestätigt sich seine Befürchtung, dass es von seinen Peers (den Gleichaltrigen) nicht akzeptiert wird. So hat das Kind meist keine oder nur wenige und oberflächliche Freundschaften. Die Eltern betonen die ungünstige Entwicklung des Sozialverhaltens ihres Kindes und bezeichnen es als besonders schwierig. Auch zu Hause verhält sich das Kind – allerdings aus anderen Gründen – häufig einzelgängerisch. Mit den ihm vertrauten Familienmitgliedern fühlt es sich sicherer, lehnt jedoch aufgrund seiner sehr autonomen Ansichten intensiveren Kontakt mit seinen Eltern vielfach ab. Gegenüber Unterstützungs- und Beeinflussungsversuchen zeigt es sich unzugänglich, was für die Eltern den Umgang mit ihrem Kind erschwert.

– **Grenzüberschreitendes Verhalten:** Das Kind missachtet vielfach Grenzen. So läuft es z. B. im Unterricht herum und stört seine Mitschüler. Bei Spielen hält es sich häufig nicht an die Regeln. Die Anweisungen von Lehrern oder Eltern werden sehr oft zurückgewiesen, so dass es von diesen als rebellisch und ungehorsam erlebt wird.

– **Rückzugsverhalten:** Insbesondere wenn es sich bei dem Kind um ein Mädchen handelt, zieht es sich häufig zurück. Es spricht kaum mit Lehrkräften oder Mitschülern. Oft verliert es sich in Tagträumereien oder malt herum. In seiner Haltung ist es eher passiv, bemüht sich kaum um Mitarbeit und verteidigt sich auch nicht, wenn es von Lehrern gerügt wird.

Man hat festgestellt, dass Underachievement gehäuft in Kombination mit bestimmten anderen Schwierigkeiten auftritt, und zwar insbesondere mit häufigem Fehlen in der Schule aufgrund psychosomatischer Beschwerden (s. Kap. 3.3). Nicht selten zeigen sich bei „Underachievern" auch hypochondrische Tendenzen, d. h. sie beobachten fortwährend ihren eigenen Körper und haben ständig Angst, krank zu sein oder zu werden. In manchen Fällen konnte man auch feststellen, dass Underachievement mit Hyperaktivität und übermäßiger Anspannung einhergeht [6].

Verstehen

Wie kommt es dazu, dass sich ein *hochbegabtes* Kind zu einem Underachiever entwickelt? Als Gründe werden u. a. folgende Faktoren diskutiert:

– *Geringe Orientierung der Familie an den Bedürfnissen des Kindes*

Eltern, die kein Wissen über Hochbegabte haben bzw. nicht wahrhaben wollen, dass ihr Kind hochbegabt ist, versuchen oft, aus ihrem Kind ein ganz „normales" Kind zu machen, d. h. sie ignorieren seine hochbegabungsspezifischen Eigenarten oder probieren, ihm diese „abzuerziehen". Insbesondere im Kleinkindalter sind Hochbegabte häufig sehr anstrengend und fordernd, so dass Eltern im Umgang mit ihrem Kind mitunter einfach überfordert sind.

Ein häufiger Grund für die Entstehung von Problemen liegt außerdem darin, dass die Diskrepanz zwischen der intellektuellen und der emotionalen Entwicklung des Kindes leicht zu falschen Erwartungen und zur Überforderung durch Eltern und andere Bezugspersonen führt. Während die kognitive Entwicklung hochbegabter Kinder akzeleriert verläuft, lassen sich für andere nicht-intellektuelle Persönlichkeitsbereiche keine verallgemeinerbaren Entwicklungsvorsprünge aufzeigen [3]. Wenn hochbegabte Kinder ihren Eltern schon früh vor allem durch ihre besonderen intellektuellen Bedürfnisse und Fähigkeiten auffallen, besteht die Gefahr, dass die Eltern von den hervorragenden intellektuellen Fähigkeiten fälschlich auch auf eine besonders hohe emotionale Kompetenz ihres Kindes schließen, so dass sich zu hohe Erwartungen ausbilden und Betreuungs- sowie Unterstützungsbedürfnisse übersehen werden.

– Mangel an schulischer Förderung

Schulische Unterforderung und der Zwang zur Anpassung an die Norm können dazu führen, dass sich besonders aufgeweckte und kreative Schüler zu Underachievern entwickeln [6]. Ihr ständiges Querfragen stört den Unterricht und wird im schlimmsten Fall über die Notengebung diszipliniert. Die erlebte Ablehnung und Missachtung von Seiten der Lehrer sowie die Tatsache, dass das häufige Wiederholen bereits erfassten Wissens demotivierend wirkt, hat nicht selten zur Folge, dass das hochbegabte Kind seine Mitarbeit einstellt und sich in andere Beschäftigungen zurückzieht [7].

– Kritische Lebensereignisse

Um kritische Lebensereignisse, wie die Scheidung der Eltern, eine schwere Erkrankung oder den Tod einer geliebten Person, verarbeiten zu können, braucht ein Kind viel Unterstützung. Bekommt es diese nicht in ausreichendem Maße, kann das Selbstwertgefühl des Kindes darunter stark leiden und seine Arbeitsmotivation beeinträchtigt werden.

– Lese-Rechtschreib-Schwierigkeiten (LRS)

Da in der Schule das Lesen und Schreiben eine Schlüsselfertigkeit für Erfolg darstellt, kann eine LRS Underachievement begünstigen. Aufgrund ihrer schlechten schulischen Leistungen wird die wahre Begabung von Kindern mit LRS häufig nicht erkannt und folglich werden sie auch nicht gefördert (vgl. Kap. 1.4).

– Sozialer Druck zur Anpassung

Manche hochbegabten Kinder – häufig sind dies Mädchen und speziell auch Angehörige ethnischer Minderheiten – erleben in der Schule einen besonderen Druck, sich ihren Klassenkameraden anzupassen, um von ihnen akzeptiert zu werden. Deshalb verbergen sie mitunter ihre Fähigkeiten und geben es manchmal ganz auf, ihre Interessen weiter zu verfolgen. Für Lehrer wird oft kaum deutlich, dass sie eigentlich ein viel höheres Leistungspotential besitzen [8].

Auch Anfeindungen körperlicher oder verbaler Art („Streber"), Eifersucht und Ausgrenzung durch Klassen- und Spielkameraden können dazu führen, dass Kinder es vorziehen, ihre Fähigkeiten zu verstecken.

– Unzureichende Ausbildung von Lern- und Arbeitstechniken

Da ihnen alles immer „zuflog", haben einige hochbegabte Kinder das Lernen nicht gelernt (s. Kap. 1.3). Durch ihren Mangel an Lern- und Arbeitstechniken müssen die Schüler leidvoll miterleben, dass bei ihnen im Laufe der Zeit gravierende Wissenslücken entstehen, die dazu führen, dass ihre schulischen Leistungen immer schlechter werden [7].

Zusammenfassend lässt sich sagen, dass vermutlich das Gefühl, nicht anerkannt zu werden, sowie fehlende Förderung und Herausforderung eine entscheidende Rolle bei der Ausbildung der Underachievement-Problematik spielen, da das Selbstwertgefühl des Kindes darunter erheblich leidet. Es traut sich in der Konsequenz wenig zu, achtet sich selbst gering und kann sich nicht vorstellen, dass es von anderen gemocht wird. Nun scheint eine Art Teufelskreis in Gang gesetzt zu werden, der folgendermaßen aussehen könnte:

Das Kind glaubt, schulischen Anforderungen nicht gewachsen zu sein. Zum einen leidet es in der Folge unter Prüfungsangst, zum anderen strengt es sich nicht weiter an. So schneidet es in Klassenarbeiten meist schlecht ab. Doch selbst wenn es eine Aufgabe gut erledigt hat und vom Lehrer dafür gelobt wird, hat dies nur wenig motivierende Effekte, weil sich der Schüler den Erfolg nicht selbst zuschreibt (s. o.). Dadurch kann er auch nicht den mit Erfolg verbundenen Stolz und die daraus entstehende Selbstbestätigung erleben. Aufgrund der Misserfolge jedoch leidet das Selbstwertgefühl immer mehr.

Auf der sozialen Ebene geschieht etwas Ähnliches: Im Glauben, von niemandem gemocht zu werden, aufgrund seiner allgemeinen Unzufriedenheit und seiner Unfähigkeit, Impulse zu steuern, verhält sich das Kind gegenüber anderen abweisend und aggressiv. Dadurch erfährt es kaum soziale Anerkennung, was sein Selbstbild, dass es nicht liebenswert sei, weiter verfestigt.

Je länger sich das Kind bereits in diesem Teufelskreis befindet, desto schwieriger wird es, die verfestigten Einstellungs- und Verhaltensstrukturen wieder aufzubrechen (s. o.). Deshalb haben Interventionen um so größere Chancen, je früher sie erfolgen. Was konkret getan werden kann, wird im nächsten Abschnitt dargestellt.

Helfen

Wie in den bisherigen Ausführungen deutlich wurde, müssen Hilfen für Underachiever auf der emotionalen und der Verhaltensebene ansetzen. Das Ziel dieser Hilfen besteht darin, dass die Kinder mehr Wertschätzung für sich selbst entwickeln, sich wieder mehr zutrauen und lernen, ihrer Begabung entsprechend zu arbeiten.

– Individualtherapie des Kindes

Insbesondere um das Kind emotional zu stabilisieren, empfiehlt sich eine Psychotherapie. Ist das Kind jünger als zehn bis zwölf Jahre, kann eine personenzentrierte Spieltherapie hilfreich sein. Im Kontakt mit dem Therapeuten kann es eine vorbehaltlose Akzeptanz und ein Verständnis seiner eigenen Gefühle und Bedürfnisse erfahren. Im Spiel bekommt es die Möglichkeit, neue Formen der Bewältigung von Leistungs- und sozialen Situationen zu erproben, wobei ihm der Therapeut teilweise als Modell dient. Ängste können thematisiert und im Gespräch sowie im Spiel verarbeitet werden.

Ist das Kind bereits älter, besteht die Möglichkeit, eine personenzentrierte Psychotherapie (s. Kap. 2.1, S. 160) oder eine kognitive Verhaltenstherapie durchzuführen. In der zuletzt genannten Therapieform wird an den Denk- und Einstellungsmustern des Kindes gearbeitet. Glaubt es z. B., dass es nichts kann und nicht liebenswert sei, wird versucht, diese unzutreffenden Annahmen zu widerlegen und durch günstigere und realistischere Annahmen zu ersetzen. So können freundlich gemeinte Kontaktaufnahmen anderer auch wieder als solche verstanden werden sowie adäquatere Anforderungen gewählt und angenommen werden.

Eltern und Lehrer sollten eine Psychotherapie unterstützen, indem sie dem Kind mehr Zuwendung zukommen lassen, ihm ihre Achtung ausdrücken und ihm zeigen, dass sie es ernst nehmen.

– Erwerb von Lern- und Arbeitstechniken

Da Underachiever – wie oben dargestellt – typischerweise mangelnde Lern- und Arbeitstechniken aufweisen, kommt dem Training solcher Techniken eine entscheidende Rolle zu. Kapitel 1.3 liefert ausführliche Informationen darüber, wie dies geschehen kann.

– Förderung des kognitiven Potentials

Um Durchhaltevermögen und Konzentration des Kindes zu trainieren, ist es günstig, Anforderungen zu wählen, die das Kind faszinieren. Eine gute Möglichkeit dazu ist die Teilnahme des Kindes an einem Förderkurs zu einem Thema seines Interesses. Erlebt es hierbei Erfolge, wird sein Selbstvertrauen gestärkt, was sich positiv auf schulische Leistungssituationen auswirken kann. Wichtig ist aber auch, dass das Kind in einem solchen Förderkurs Misserfolge erfährt und lernt, auf andere, „gesündere" Weise damit umzugehen. „Gesünder" wäre z. B., dass das Kind für einen Misserfolg seine mangelnde Anstrengung verantwortlich macht, nicht jedoch (wie früher) den Lehrer bzw. Kursleiter oder seine mangelnde Begabung. An seinem Durchhaltevermögen kann es in der Folge arbeiten, wäre es wirklich unbegabt, ließe sich daran nichts ändern und auch auf den Lehrer bzw. Kursleiter könnte es wenig Einfluss nehmen. Wichtig für eine Veränderung der individuellen Ursachenzuschreibungen für Erfolg und Misserfolg ist, dass dem

Kind die Angst vor Fehlern genommen wird. In einem außerschulischen Kurs, in dem es „um nichts geht", können dafür gute Voraussetzungen geschaffen werden.

Wenn es nicht gelingt, einen Underachiever durch entsprechende Maßnahmen in der Regelschule (s. Kap. 1.1, S. 112 f.) sowie außerschulische Kurse ausreichend zu fördern, kann der Besuch einer spezifischen Hochbegabtenschule erwogen werden. Hier sind Hochbegabte meist unter sich und erhalten ein sehr umfangreiches Angebot an intellektuellen Herausforderungen. Da es nur wenige Hochbegabtenschulen in Deutschland gibt, wohnen die Schüler meis-tens im Internat.

Beratung und Information

Ein Psychotherapeut lässt sich am einfachsten über den Psychotherapie-Informations-Dienst (Adresse s. Anhang 1.4, S. 283) finden. Trainings zu Lern- und Arbeitstechniken werden z. B. von Schulpsychologen durchgeführt (s. Kap. 1.3). Nach § 13 SGB VIII (KJHG) haben sozial benachteiligte oder individuell beeinträchtigte Kinder – also auch hochbegabte Kinder, die eine Underachiever-Problematik aufweisen – das Recht auf besondere Hilfen und Förderung [9]. Wird ein entsprechender Antrag gestellt, übernimmt das Jugendamt die Kosten bestimmter Fördermaßnahmen, wie z. B. die Teilnahme an außerschulischen Förderkursen oder den Besuch einer Hochbegabtenschule und des angeschlossenen Internats. Weitere Informationen sind beim Verein Hochbegabtenförderung e. V. erhältlich. Die Adresse findet sich in Anhang 2.1 (S. 288). Dort sind außerdem einige andere Anbieter von Fördermaßnahmen aufgeführt. Anhang 2.2 (S. 291 ff.) nennt die zur Zeit in Deutschland existierenden Schulen für hochbegabte Kinder.

Literaturempfehlungen für Rat Suchende

Huser, J. (2000). *Lichtblick für helle Köpfe. Ein Wegweiser zur Erkennung und Förderung von hohen Fähigkeiten bei Kindern und Jugendlichen auf allen Schulstufen.* Zürich: Lehrmittelverlag des Kantons Zürich.

Dieses Buch wendet sich in erster Linie an Lehrer, jedoch auch an Eltern hochbegabter Kinder und an Erzieherinnen. Das fünfte Kapitel mit dem Titel „Minderleistende helle Köpfe" liefert sehr praxisnahe Informationen zu typischen Erscheinungsformen von Underachievement sowie zu Handlungs- und Hilfsmöglichkeiten durch Lehrer und Eltern. Insgesamt gibt dieses Buch sehr viele Anregungen zur Gestaltung von Fördermaßnahmen für hochbegabte Kinder: Es werden Möglichkeiten zur Unterrichtskonzeption aufgezeigt und viele Bücher, Spiele und Computersoftware vorgestellt. Das Buch ist im DIN A 4-Format gedruckt und graphisch schön gestaltet, was sich jedoch leider in einem hohen Preis niederschlägt.

1.3 Mangelnde Lern- und Arbeitstechniken

Fallgeschichte „Peter"

Peter war in der Grundschule ein guter Schüler. Ihm ging alles sehr leicht von der Hand, bei seinen Klassenkameraden war er beliebt und in Sachkunde durfte er öfters von seinen Spezialinteressen erzählen. Mit dem Eintritt in das Gymnasium wendete sich das Blatt jedoch. Peter klagte über Langeweile und arbeitete im Unterricht nicht mehr mit. Er wurde aggressiv gegenüber seinen Lehrern und Mitschülern und verhielt sich im Unterricht oft unruhig. Seine Aufgaben erledigte Peter nur unvollständig und er weigerte sich, bei Gruppenarbeiten mitzumachen. Seine Heftführung war miserabel. Seine Noten wurden immer schlechter.

In der neunten Klasse bekam Peter eine Klassenlehrerin, die sich sehr um ihn bemühte. Nach intensiven Gesprächen zwischen ihr, Peter und seiner Mutter besserte sich die Situation zunächst ein wenig: Peter beteiligte sich phasenweise am Unterricht, doch seine Hausaufgaben fertigte er weiterhin nur sehr lückenhaft an. Nach einiger Zeit zog er sich wieder ganz aus dem Unterrichtsgeschehen zurück.

Erst nach einem IQ-Test und weiteren Untersuchungen beim Schulpsychologischen Dienst wurde klar, dass Peter unterfordert war und vor allem nur über unzureichende Lern- und Arbeitstechniken verfügte. Für seine Eltern, insbesondere jedoch für seine Klassenlehrerin, war es schwer zu verstehen, dass Peter, der die erforderten Leistungen nicht erbringt, besonders begabt sein sollte und seine fehlenden Lernstrategien zu den schulischen Misserfolgen geführt hatten.

Wenn Kinder in der Schule schlechte Leistungen zeigen, kann das viele Ursachen haben. Eine davon sind Unzulänglichkeiten in Lern- und Arbeitstechniken [1]. Unter Lern- und Arbeitstechniken versteht man konkrete Methoden, beim Lernen bestimmte Strategien, wie etwa die Reduktion der Informationen, die ein Text enthält, zu verfolgen. Solche Strategien sind notwendig, um ein Lernziel zu erreichen [2], im Beispielfall die wesentlichen Inhalte des gelesenen Textes zu behalten.

Aufgrund der neuen Lernanforderungen an den weiterführenden Schulen, wie z. B. das Auswendiglernen von Vokabeln, haben Schüler dort zu Anfang häufig mit einem Leistungsabfall zu kämpfen. Durch Präventionsmaßnahmen, die eine Vermittlung adäquater Lern- und Arbeitstechniken einschließen, könnte dies in vielen Fällen verhindert werden.

Dieses Kapitel liefert deshalb Informationen darüber, wie solche präventiven Maßnahmen, jedoch auch Maßnahmen, die bei bereits ausgeprägtem Mangel an Lern- und Arbeitstechniken greifen können, aussehen und woran es liegen kann, dass ein Kind beim Lernen keine sinnvollen Strategien einzusetzen weiß. Zunächst jedoch wird dargestellt, woran sich dieses Problem konkret zeigt.

Mangelnde Lern- und Arbeitstechniken

Erkennen

Auf Defizite in Lern- und Arbeitstechniken von Schülern deuten die im Kasten auf der nächsten Seite dargestellten unzureichend ausgebildeten Fähigkeiten hin [3, 4]:

Die ersten drei Punkte bezeichnen einen Mangel an Kompetenzen, die normalerweise bei hochbegabten Kindern aufgrund ihrer hervorragenden Gedächtniskapazitäten besonders ausgeprägt sind. Aufgrund emotionaler und motivationaler Blockaden können diese Fähigkeiten jedoch auch bei ihnen eingeschränkt sein. Die drei zuletzt genannten Schwierigkeiten haben gemeinsam, dass sie durch mangelnde Selbstdisziplin hervorgerufen werden, womit hochbegabte Kinder natürlich ebenso Probleme entwickeln können wie normal begabte. Der Abschnitt „Verstehen" wird zeigen, dass die Schwierigkeiten hochbegabter Kinder mit Lern- und Arbeitstechniken allerdings häufig eine spezifische Entstehungsgeschichte haben.

Erkennungsmerkmale für fehlende Lern- und Arbeitstechniken

– **Schwierigkeit, Wissen zu speichern:** Das Auswendiglernen von Formeln, Regeln, Vokabeln etc. ist für den Schüler mit großen Schwierigkeiten verbunden. Was er heute meint, gelernt zu haben, hat er morgen wieder vergessen.

– **Schwierigkeiten der Wissensintegration und -organisation:** Dem Schüler gelingt es nicht, innerhalb des neu zu lernenden Stoffs Sinnstrukturen herauszuarbeiten und neu Gelerntes auf andere Kontexte zu übertragen.

– **Mangelnde Fähigkeiten zur Strukturierung:** Der Schüler kann Informationen nicht in eine kognitiv leichter zu verarbeitende Form, z.B. in eine Gliederung oder ein Diagramm, bringen. Ihm fehlt die Fähigkeit, Wissen zu strukturieren und dadurch komplexe Informationen zu reduzieren. Außerdem fällt es ihm schwer, Wichtiges von weniger Wichtigem zu unterscheiden. So verliert er beim Lesen oder beim Lösen von Aufgaben leicht den roten Faden bzw. kann gar keinen roten Faden ausmachen.

– **Mangelnde Fähigkeiten zur selbständigen Planung des Lernprozesses:** Der Schüler hat Schwierigkeiten, seinen Lernprozess zu planen, eigene Lernziele zu setzen und Aufgabenanforderungen zu durchschauen. Sein Zeitmanagement ist schlecht: Ihm gelingt es nicht, sich die Zeit zum Lernen einzuteilen, d.h. er macht alles auf den „letzten Drücker".

– **Mangelnde Selbstkontrollstrategien:** Dem Schüler gelingt es nicht, seine Aufmerksamkeit längerfristig auf den Lernstoff zu lenken und sich beim Lernen z.B. selbst Fragen zu stellen, um zu prüfen, ob er den vorliegenden Inhalt verstanden hat. Er stimmt die Intensität der Auseinandersetzung mit einem Sachverhalt nicht auf dessen Schwierigkeit ab, variiert also beispielsweise seine Lesegeschwindigkeit nicht in Abhängigkeit von der Komplexität des Textes.

– **Unangemessene Gestaltung der Lernumgebung:** Häufig sieht der Arbeitsplatz von Schülern, die mangelnde Lern- und Arbeitsstrategien aufweisen, chaotisch aus. Der Schüler hat auf seinem Schreibtisch typischerweise viele Dinge liegen, die von der Arbeit ablenken, wie z.B. ein Radio, Süßigkeiten, Quartettkarten etc. Oft arbeitet der Schüler auch nicht an einem festen Platz, sondern lernt mal am Schreibtisch, mal sitzt er im Wohnzimmer und schaut gleichzeitig beim Lernen fern.

Verstehen

Mangelnde Lern- und Arbeitstechniken können zum einen dadurch entstehen, dass eine Person im Laufe der Zeit das Lernen wieder verlernt. Menschen, die in fortgeschrittenem Alter noch einmal „die Schulbank drücken", die Universität besuchen etc., merken häufig, dass sie sich nicht mehr so richtig ins Lernen einfinden können. Zum anderen kann es aber auch sein, dass eine Person das systematische Arbeiten nie gelernt hat. Letzteres ist meistens bei *hochbegabten* Kindern, die Schwierigkeiten mit Lern- und Arbeitstechniken aufweisen, der Fall. Hier liegt häufig folgende Entwicklung vor: Hochbegabte Kinder zeigen schon in der frühen Kindheit viel Freude am Lernen. Ohne Anstrengung nehmen sie Informationen durch ihre Umwelt auf, beschäftigen sich aus eigenem Antrieb mit den unterschiedlichsten Themen und stellen den Menschen ihrer Umgebung eine Menge an Fragen. Wenn die Kinder in die Schule kommen, können sie die dort an sie gestellten intellektuellen Anforderungen zunächst spielend bewältigen. Dank ihres hervorragenden Gedächtnisses, ihrer Fähigkeit, logisch zu denken und ihres bereits vorhandenen Wissens können sie den Stoff schnell verarbeiten und ihre Hausaufgaben „mit links" erledigen. Sie sind problemlos gute Schüler, wenn sie nicht aufgrund von Enttäuschung über das mangelnde Schulangebot und das langsame Lerntempo rebellieren, sich verweigern und problematisches Verhalten entwickeln (vgl. Kap. 3.4, S. 238).

Während der Grundschulzeit wird diesen Schülern somit kaum Gelegenheit geboten bzw. haben sie es nicht nötig, sich Lernstrategien und -techniken anzueignen. Der Lernstoff ist für sie so einfach, dass sie ihn auf einen Blick erfassen können und keine Strategien zur Informationsreduktion oder Selbstkontrolle benötigen. Deshalb führen fehlende Lern- und Arbeitsstrategien in der Grundschule meistens noch nicht zu Problemen. Ab der Sekundarstufe I jedoch macht sich ein mangelndes Lern- und Arbeitsverhalten bemerkbar: Das Lernmaterial wird komplexer und ist teilweise völlig neu – wie die Vokabeln einer Fremdsprache –, so dass die rasche Auffassungsgabe und das gute Gedächtnis nicht mehr ausreichen. Die Schüler müssten nun Anstrengung in das Lernen investieren, doch ihnen fehlt die Erfahrung, dass sich ihre Mühe lohnt.

Die Tatsache, dass sie sich langweilen und in den gestellten Aufgaben keine Herausforderung sehen, begünstigt außerdem eine geringe Selbstdisziplin beim Lernen. Was sie tun müssen, tun diese Schüler dann häufig auf den letzten Drücker, überprüfen ihren Lernerfolg nicht und sehen beispielsweise auch keine Notwendigkeit darin, ihren Schreibtisch aufzuräumen. Wenn die Gelegenheit verpasst wird, die Schüler spätestens zu diesem Zeitpunkt doch noch an das Lernen heranzuführen, ihnen Übungen und Wiederholungen, wie z. B. das Vokabellernen, sowie Selbstkontrolle des eigenen Lernens beizubringen, wird sich die Leistung ab der Sekundarstufe I kontinuierlich verschlechtern. Defizite in Lern- und Arbeitstechniken können so das Potential zu hervorragenden Leistungen untergraben.

Ein Problem besteht darin, dass Schüler, die hochbegabt und leistungsschwach zugleich sind, häufig nicht entdeckt werden [2]. Wenn jedoch erkannt wird, dass sie eine besondere Begabung haben und warum sie diese nicht besser entfalten können, gibt es – wie der nächste Abschnitt zeigen wird – effektive Möglichkeiten, ihnen zu helfen.

Helfen

Im Folgenden werden zu den oben genannten Lernstrategien, an denen es häufig mangelt, beispielhaft verschiedene Techniken aufgezeigt, mit deren Hilfe Schüler das Lernen *lernen* können. Da es aus Platzgründen nicht möglich ist, diese Techniken umfassend darzustellen, wird an mehreren Stellen auf weiterführende Literatur verwiesen.

– Speicherung von neuem Wissen

Durch das aktive Wiederholen einzelner Fakten, Regeln etc. gelingt es, neu Gelerntes im Gedächtnis zu behalten. Aktives Wiederholen kann u. a. realisiert werden durch

- die Verwendung von Karteikarten
- lautes und leises Wiederholen von einzelnen zu lernenden Elementen
- mehrmaliges Lesen von bestimmten Textstellen[1].

– Integration von neu aufgenommenem Wissen in bestehende Wissensstrukturen

Die Speicherung von neuem Wissen im Gedächtnis wird u. a. durch Techniken erleichtert, die darauf abzielen, Verbindungen zwischen dem neuen Wissen und dem Vorwissen des Lernenden herzustellen. Sie bestehen z. B. aus
- dem Ausdenken konkreter Beispiele
- der Vorstellung praktischer Anwendungen
- dem Herstellen bildhafter oder verbaler Verknüpfungen[2].

– Struktur herstellen

Durch die Transformation von Informationen in eine kognitiv leichter zu verarbeitende Form wird der Lerninhalt organisiert, strukturiert und reduziert. Hilfreiche Techniken hierzu sind z. B.
- das Zusammenfassen von Lernstoff
- das Unterstreichen von Hauptgedanken
- das Erstellen von Gliederungen, Flussdiagrammen, Skizzen etc.[3]

---

1 Liebetanz, F. (1994). *Vokabeln: neue Lern- und Merktechniken; 6.–9. Klasse.* Weinheim: Beltz.
2 Schräder-Naef, R. (1996). *Schüler lernen Lernen. Vermittlung von Lern- und Arbeitstechniken in der Schule.* Weinheim: Beltz.
3 Endres, W. & Althoff, D. (1997). *Das Anti-Pauk-Buch. Lerntipps und -tricks für Schüler und Schülerinnen.* Weinheim: Beltz.

– Systematische Planung des Lernprozesses

Zur Planung einer Lernsequenz gehören z. B. die Einteilung des Lernstoffs in übersichtliche Abschnitte, das Setzen von Zielen, bis zu welchem Zeitpunkt welche Bereiche beherrscht werden sollen und die Konzentration auf die wesentlichen Aspekte. Für das Erledigen der täglichen Schulaufgaben können folgende Punkte beachtet werden:

– Das Hausaufgabenheft sollte gleichzeitig für die Arbeitsplanung und als Terminkalender genutzt werden: So lässt sich die Erledigung aller Angelegenheiten leicht kontrollieren.
– Günstig ist, erledigte Aufgaben mit einem farbigen Stift abzuhaken.
– Die Aufgaben sollten nicht bis zum letzten Tag aufgeschoben, sondern gleichmäßig auf die Wochentage bzw. in Abstimmung mit dem Freizeitprogramm verteilt werden.
– Umfangreiche Aufgaben werden am besten in kleinere Aufgaben zerlegt und schrittweise erledigt. Dies gilt besonders bei der Vorbereitung auf Klassenarbeiten.[4]

– Selbstkontrolle: Überprüfung der eigenen Lernfortschritte

Der Schüler sollte immer wieder prüfen, ob der Lernprozess Fortschritte macht, bei welchen Informationen Schwierigkeiten bei der Aneignung auftreten und ob angesichts der verbleibenden Lernzeit der Lernaufwand vergrößert werden muss oder kann. Hierbei sind Techniken zur Selbstmotivation hilfreich. Außerdem sind die Überwachung der eigenen Anstrengung und Aufmerksamkeit in Abhängigkeit des individuellen Tagesrhythmus sowie die planvolle Nutzung der Lernzeit, z. B. Festlegung bestimmter Lernzeiten und frühzeitiger Lernbeginn, notwendig. Dazu ist es sinnvoll, den Verlauf seiner individuellen Lernkurve zu erkunden, d. h. herauszufinden, zu welchen Zeiten man sich gut und weniger gut konzentrieren kann [5]:

Jeder Mensch hat im Laufe eines Tages gewisse Leistungsschwankungen. Manche Menschen gehören zu den typischen „Tages-", andere zu den typischen „Nachtarbeitern". Dazwischen finden sich viele Übergänge. Eine Regel über den Verlauf der Leistungskurve, die für alle gelten würde, gibt es also nicht, da die Menschen zu unterschiedlich sind.

Allgemein hat man jedoch festgestellt: Die günstigste Zeit für ein konzentriertes Arbeiten liegt am Vormittag. Danach, zwischen 13 und 15 Uhr, ist bei den meisten Lernenden ein Leistungstief festzustellen. Ab ungefähr 16 Uhr steigt die Leistungskurve noch einmal verhältnismäßig stark an und fällt gegen 21 Uhr wieder ab.

---

4 Bergstadt-Gymnasium Lüdenscheid (o. J.). *„Lernen lernen". Ein Unterrichtsprojekt am Bergstadt-Gymnasium Lüdenscheid in Zusammenarbeit mit der Schulpsychologischen Beratungsstelle der Stadt Lüdenscheid.* Mappe für Schüler mit Hinweisen, Tips und Anleitung. Die Mappe kann beim Schulpsychologischen Dienst in Lüdenscheid bestellt werden (Adresse s. Anhang 3.2, S. 301).

– Gestaltung der Lernumgebung

Einen großen Einfluss auf die Fähigkeit zu lernen hat die Gestaltung der Lernumwelt. Hierbei kommt dem Arbeitsplatz eine zentrale Bedeutung zu:

- Sehr empfehlenswert ist, dass der Schüler einen eigenen Arbeitsplatz hat.
- Ablenkungsmöglichkeiten sollten dort so weit wie möglich ausgeschlossen werden, d. h. auf dem Schreibtisch sollten sich ausschließlich Schulbücher und -hefte befinden und keine anderen Bücher, Spiele etc.
- Wichtig sind außerdem eine gute Beleuchtung und viel Sauerstoff.

Beratung und Information

Wie können diese und weitere Arbeits- und Lerntechniken von Schülern trainiert werden und wer kann sie dabei unterstützen?

Eine erste Hilfe vermitteln Bücher, wie sie beispielhaft im vorigen (s. Fußnoten) und im nächsten Abschnitt aufgeführt sind. Es gibt Literatur, die für Schüler geschrieben ist, und solche, die sich (auch) an Lehrer wendet. Letztere bietet Anregungen, wie Lehrer im Unterricht nicht nur Inhalte, sondern auch Methoden zu deren Aneignung vermitteln können. Falls Bücher alleine nicht reichen, empfiehlt sich für die Schüler die Teilnahme an einem Training zu Lern- und Arbeitstechniken bei der Volkshochschule, beim Studienkreis (Adresse s. Anhang 2.1, S. 289) oder beim Schulpsychologischen Dienst (s. Anhang 1.1, S. 273). Manche Schulpsychologen bieten diese Trainings auch speziell für hochbegabte Kinder an.

Literaturempfehlungen für Rat Suchende

a) *Literatur für Schüler:*

1. Endres, W. & Althoff, D. (1997). *Das Anti-Pauk-Buch. Lerntipps und -tricks für Schüler und Schülerinnen*. Weinheim: Beltz.
2. Endres, W. (1996). *99 starke Lerntips*. Weinheim: Beltz.

In diesen beiden Büchern finden sich originelle Merksysteme und pfiffige Tricks für fast alles, was in der Schule an Lernarbeit anfällt. Die Bücher sind sehr anschaulich und verständlich geschrieben. Kleine Übungen und Experimente lockern den Lesefluss auf und versprechen eine interessante Auseinandersetzung mit den eigenen Lernstrategien.

b) *Literatur für Lehrer:*

1. Klippert, H. (1996). *Methoden-Training. Übungsbausteine für den Unterricht*. Weinheim: Beltz.
2. Schräder-Naef, R. (1996). *Schüler lernen Lernen. Vermittlung von Lern- und Arbeitstechniken in der Schule*. Weinheim: Beltz.

Beide Bücher beinhalten hilfreiche Tipps, Übungen und Experimente zu verschiedenen Bereichen wie Zeiteinteilung, systematisches und kritisches Lesen, Prüfungsvorbereitung, Zusammenarbeit mit anderen, Erstellen von Facharbeiten, Sammeln und Ordnen von Informationen etc. Lehrer erhalten Anregungen, wie sie im Unterricht die selbständige Arbeit der Schüler fördern und den Schülern die Gelegenheit geben können, sinnvolle Lerntechniken aufzubauen und einzuüben. In dem Buch „Methoden-Training" von Klippert sind kreative Übungsbausteine für den Unterricht dargestellt, die z. B. in Form von Projekttagen umgesetzt werden können.

1.4 Lese-Rechtschreib-Schwierigkeiten (LRS)

Fallgeschichte „Lara"

Die Eltern halten ihre Tochter Lara für ein pfiffiges Mädchen. Schon früh hat sie sie mit klugen Fragen verblüfft und von technischen Dingen versteht sie mehr als alle anderen in der Familie. Sie konnte schon zählen und rechnen und einen Hubschrauber bis ins Detail zeichnen, da war sie noch keine fünf Jahre alt. Mit dem Schreiben- und auch dem Lesenlernen hatte und hat sie jedoch große Mühe. Ihre Diktate sind stets mangelhaft. Ende der 4. Klasse wurde ein Rechtschreibtest gemacht, in dem Lara miserabel abschnitt. Weitere Lese- und Rechtschreibproben wurden genommen, bei denen sie ebenfalls schlechte Ergebnisse erzielte.

Auch ansonsten zeigt Lara meistens wenig Lust am Schulunterricht und ist oft nicht bei der Sache. Im Fach Mathematik allerdings ist sie allen anderen weit voraus. Die Eltern wunderten sich darüber und konnten sich nicht erklären, weshalb Lara im Lesen und Schreiben solche Schwierigkeiten hat, wo sie doch sonst immer alle mit ihrem Wissen verblüfft. Tests beim Schulpsychologischen Dienst korrespondierten mit den elterlichen Beobachtungen. Bezüglich ihrer Intelligenz gehört Lara zu den 2 % Besten ihrer Altersgruppe, hinsichtlich ihrer Lese- und Rechtschreibfertigkeiten zu den 5 % Schwächsten.

Bis heute gibt es keine einheitliche Definition der Lese-Rechtschreibschwierigkeiten (LRS). In der deutschsprachigen LRS-Forschung wird LRS überwiegend als ein Scheitern des korrekten Lesen- und Rechtschreibenlernens bei mindestens durchschnittlicher Intelligenz definiert [1]. Die Einbeziehung des Kriteriums „Intelligenz" in die Definition von LRS wird jedoch unter Forschern kontrovers diskutiert. Manchmal wird der Begriff der LRS synonym mit dem der „Legasthenie" (aus dem Griechischen: „leg" ist der Wortstamm für „lesen" und „asthenia" bedeutet „Schwäche") verwendet.

Die LRS gehört zu den verbreitetsten Lernstörungen in der Schule. Die Zahl der Bundesbürger, die nicht oder nur unvollkommen lesen und schreiben können, wird auf 1–5 % der Gesamtbevölkerung geschätzt [2]. Fischer geht davon aus, dass hochbegabte Kinder mindestens genauso häufig wie normal begabte Kinder eine LRS aufweisen [3]. Trotz ihrer sehr hohen intellektuellen Begabung erbringen diese Kinder manchmal auf Grund ihrer LRS eher unterdurchschnittliche Leistungen in der Schule bzw. geringere Leistungen, als es ihnen ihr kognitives Potential ermöglichen würde. Die LRS kann die Entwicklung der Begabung hemmen und auch Grund dafür sein, dass die Begabung gar nicht entdeckt wird. In unserer Studie zeigte sich, dass LRS von 5 % der befragten Eltern als besonders schwerwiegendes bzw. belastendes Problem ihres Kindes wahrgenommen und insofern auch nur in 5–6 % der Beratungsgespräche zum Thema gemacht wurde. Direkt danach befragt, gaben allerdings 18 % der Eltern an, dass sie annähmen, ihr Kind habe eine LRS.

Lese-Rechtschreib-Schwierigkeiten

Wie sich eine solche Vermutung erhärten lässt, zeigt der nächste Abschnitt. Zur sicheren Abklärung sollte beim Schulpsychologischen Dienst eine test-diagnostische Untersuchung durchgeführt werden.

Erkennen

Zur Symptomatologie der LRS wird in der Literatur eine Vielzahl an Merkmalen genannt, die bei Lese- und Rechtschreibversagen, sprich Störungen im Lese- und Rechtschreibprozess (= Primärsymptomatik), anfangen und bis zu psychischen und Verhaltensstörungen (= Sekundärsymptomatik) reichen [2, 4]. Eine Vielzahl der LRS-Forscher geht von typischen Lese- und/oder Rechtschreibfehlern aus, anhand welcher man die LRS erkennen kann. Nach einer Darstellung von Alby zählen dazu folgende Fehler [4]:

Typische Fehler lese-rechtschreibschwacher Kinder

A. Im Bereich des Schreibens

– Veränderungen bzw. Umstellungen der gewöhnlichen **Buchstabenfolge** (*Vatre* statt *Vater*)

– fehlerhafte **Groß- und Kleinschreibung**

– fehlerhafte **Doppelung** (*Hannd* statt *Hand*) und **Dehnung** (*dahs* statt *das*)

– fehlerhaftes **Getrennt- bzw. Zusammenschreiben** von Wörtern (*Bes-en*)

– **Buchstabenersatz** entsprechend der Lautsprache (*Rolla* statt *Roller*)

– **Buchstabensalat** bzw. unlesbare Wortruinen (*tula* statt *Butter*)

– **Verwechslung von weichen und harten Konsonanten** d-t, b-p, g-k, s-z (*Wint* statt *Wind*)

– **Verwechslung von Umlauten und Zwielauten** wie au-eu, eu-ö, eu-ü, ei-eu, o-u, o-ü (*Reum* statt *Raum*)

B. Im Bereich des Lesens

– **Auslassungs- und Ersatzfehler** (weniger häufig verwendete Buchstaben oder Buchstabengruppen werden vergessen oder mit ähnlichen Symbolen verwechselt: *Simonie* statt *Symphonie*)

– **Hinzufügen** (*Tore* statt *Tor*)

– **Abfolge- bzw. Sukzessionsfehler** (*Bort* statt *Brot*)

– **inhaltliche Fehlkodierungen** (*beim Händler* statt *behände*)

– **Sinngliederungsmängel** (Punkte und Kommas werden nicht beachtet)

Diese Angaben werden von der Lese-Rechtschreib-Forschung allerdings nicht einheitlich bestätigt [2]. So wenden sich einige Forscher gegen das Vorhandensein typischer Fehler bei LRS-Schülern. Sie sind der Meinung, dass diese Fehler auch von guten Rechtschreibern gemacht werden. Der Unterschied sei jedoch, dass die guten Rechtschreiber diese Fehler seltener machten als die schlechten. Insofern gilt es, nicht nur zu schauen, ob einem Kind die oben aufgeführten Fehler unterlaufen, sondern auch, ob sie bei ihm häufiger auftreten als bei den meisten anderen seiner Altersgenossen.

Verstehen

Auch zur Entstehung der LRS gibt es viele verschiedene Theorien bzw. Befunde. Oft wird zwischen *endogenen* und *exogenen* Faktoren unterschieden [2]:

– Endogene Faktoren

Zu den endogenen Faktoren der Entstehung einer LRS zählen eine Vielzahl körperlicher Ursachen, z. B. hirnpathologische Befunde. Es wird vermutet, dass bei Kindern mit LRS eine eingeschränkte Funktionsfähigkeit der linken Hemisphäre (= Hirnhälfte) vorliegt, die eine Speicherschwäche und verspätetes Wiedererkennen von Wortbildern und Silben sowie Schwierigkeiten in der Reproduktion von Worten zur Folge hat [2]. Auch das Vorliegen einer Aufmerksamkeitsdefizit-/Hyperaktivitätsstörung (s. Kap. 3.1) kann den Erwerb der Lese- und Schreibfertigkeiten beeinträchtigen und so zur Entstehung einer LRS beitragen.

– Exogene Faktoren

Zu den exogenen Ursachen der Entstehung einer LRS gehören schädliche Umwelteinwirkungen wie ein anregungsloses Milieu, eine chronische Konfliktbelastung, Erziehungsfehler und ungünstige schulische Einflüsse. Bei Faktoren der Umwelt ist der Zusammenhang mit der Entstehung einer LRS noch nicht ganz geklärt. Man sieht in ihnen eher keine primären Ursachen, sondern Faktoren, die eine Verstärkung und Aufrechterhaltung der Lernstörung bewirken [4]. So sind z. B. die Folgen von Lernschwierigkeiten häufig Ermahnungen und Strafen von Seiten der Lehrer und Eltern. Das Kind muss länger an seinen Aufgaben sitzen bleiben und hat in der Folge weniger Freizeit. Durch diesen Umstand und die zusätzliche Häufung von Misserfolgserlebnissen kommt es zur Gegeneinstellung, Demotivation oder auch Misserfolgserwartung beim Kind – also kognitiven, motivationalen und emotionalen Blockaden. Diese wiederum ziehen ein zunehmendes Lerndefizit nach sich [2]. So entsteht eine Art Aufschaukelungsprozess.

Nach Fischer sind für die Entstehung einer LRS bei *hochbegabten* Kindern seltener die oben genannten Faktoren, sondern meistens folgende spezifische Ursachen verantwortlich [3]:

– Internale Asynchronien

Besonders begabte Kinder mit LRS zeigen oftmals asynchron verlaufende Entwicklungsprozesse und damit deutliche Diskrepanzen zwischen dem kognitiven, emotionalen und physischen Reifungsniveau. Dabei kann vor allem eine hohe intellektuelle Denkgeschwindigkeit bei gleichzeitig herabgesetzten motorischen Umsetzungsfähigkeiten Synchronisationsschwierigkeiten beim Kind bewirken. Dadurch, dass der Kopf schneller denkt, als die Hand es umsetzen kann, wird eine LRS begünstigt.

– Externale Asynchronien

Besonders begabte Kinder mit LRS weisen häufig ein soziales Umfeld auf, das in deutlicher Diskrepanz zu den Entwicklungsbedürfnissen des Kindes steht. Sie stoßen in ihrer Umwelt auf ein mangelndes Verständnis und unzureichende Förderung ihrer Schwierigkeiten. Ein typischer Kommentar anderer lautet: „Du bist ja so klug, warum kannst du das nicht?". Solche Bemerkungen sind natürlich in keiner Weise hilfreich, sondern beeinträchtigen das Selbstkonzept und die Leistungsmotivation der Kinder.

– Lern-Lehrstil-Asynchronien

Besonders begabte Kinder mit LRS zeigen vielfach einen eher visuell-räumlich orientierten Lernstil, d. h. Gesehenes wird besser behalten als Gehörtes. Dieser Eigenschaft wird jedoch in der Schule mit ihrem eher verbal-akustisch orientierten Lehrstil wenig entsprochen. Zudem kann die unzureichende Vermittlung von effektiven Lern- und Arbeitsstrategien beim Kind zu einem problematischen Lern- und Arbeitsverhalten führen (s. Kap. 1.3) und damit LRS begünstigen.

Bezüglich ihrer schulischen Verhaltensauffälligkeiten unterscheiden sich besonders begabte Kinder mit LRS kaum von normal begabten Kindern mit LRS. Beide Gruppen von Kindern mit LRS zeigen oft wenig Interesse am Schulunterricht (besonders am Deutsch- und Leseunterricht), sind (verbal) aggressiv oder spielen den Clown der Klasse. In der Art der Lese- und Rechtschreibfehler, die beide machen, zeigen sich jedoch teilweise Unterschiede. So bezeichnet Fischer die Fehler der besonders begabten Kinder mit LRS als „durchdachter" [3]. Eine häufig vermittelte Regel der deutschen Rechtschreibung lautet z. B.: „Dinge, die man anfassen kann, werden groß geschrieben." Diese Regel ist einfach, aber doch nicht hinreichend. Sie trifft auf Wörter wie „Stuhl", „Computer" oder „Pullover" zu. Was aber ist mit „Licht" oder „Ruhe"? Es sind diese Widersprüchlichkeiten, die besonders begabte Kinder mit LRS eher aufdecken. So schreiben diese Kinder die Wörter „Stuhl" oder „Computer" groß, aber die Wörter „Licht" und „Ruhe" klein (*licht, ruhe*), da man sie nicht anfassen kann. Ähnlich ist es mit dem Wort „Ofen". Einige hochbegabte Kinder mit LRS schreiben das Wort „Ofen" im Sommer groß und im Winter klein, da im Winter der Ofen zum Heizen an ist und man ihn nicht anfassen kann. Hochbegabte Kinder mit LRS scheinen also teilweise sensibler für Widersprüche in Rechtschreib- und Grammatikregeln zu sein als normal begabte Kinder mit LRS.

In der Durchdachtheit ihrer Fehler liegt auch der Ansatzpunkt, diesen Kindern zu helfen: Es müssen *effektive Lernstrategien* aufgebaut werden. Effektiv sind Lernstrategien, wenn sie zum einen einfach und widerspruchsfrei sind und zum anderen auf die Fehlerschwerpunkte des jeweiligen Kindes abzielen. Wie solche Strategien in einem Training speziell für hochbegabte Kinder vermittelt werden, stellt der nächste Abschnitt vor. Zunächst erfolgt jedoch eine kurze Übersicht der allgemeinen Methoden zur Förderung von Kindern mit LRS.

Helfen

Maßnahmen zur Förderung der Lese-Rechtschreibfähigkeiten setzen meistens auf der Verhaltens- oder der psychischen Ebene an:

– *Verhaltensebene*

Hier werden spezifische Lese- und Rechtschreibtrainings durchgeführt. Sie greifen unmittelbar am Symptom an, kümmern sich dabei jedoch nicht um die Ursachen. Diese Behandlungs- bzw. Fördermethode wird bei LRS am häufigsten gewählt.

– *Psychische Ebene*

Zu den Maßnahmen auf der psychischen Ebene zählen *psychotherapeutische Verfahren*, deren Ziel darin besteht, durch die Beseitigung emotionaler Störungen und die Stabilisierung der Gesamtpersönlichkeit eine Leistungssteigerung im Lesen und Rechtschreiben zu erreichen. Hier wird also versucht, den bereits im Abschnitt „Verstehen" genannten Blockaden entgegenzuwirken bzw. sie zu beseitigen, um so eine Leistungsverbesserung zu erreichen.

Als spezifisches Training für *hochbegabte* Kinder mit LRS, das der erstgenannten Kategorie zugeordnet werden kann, gibt es das Kurzförderprogramm LEGAOPTIMA®, welches im Rahmen des Forschungsprojektes „Hochbegabung und LRS" von Fischer entstanden ist [3]. Dieses Training ist für das betroffene Kind und seine Eltern bzw. eine Förderperson konzipiert und erstreckt sich über einen Gesamtzeitraum von vier bis fünf Monaten. Innerhalb dieses Zeitraums werden fünf Sitzungen mit einem Trainer abgehalten. Den theoretischen Hintergrund des Trainings liefern die drei Bedingungsfaktoren, die im Abschnitt „Verstehen" bereits erläutert wurden: internale und externale Asynchronien sowie Lehr- und Lernstil-Asynchronien. Wie bereits erwähnt, ist das Ziel, optimale Lernstrategien und Lerntrainingsmaßnahmen für das Kind zu entwickeln, die auf die individuellen Fehlerschwerpunkte des Kindes zugeschnitten sind.

Die Besonderheit dieses Programms besteht darin, dass die Lernstrategien in Zusammenarbeit mit dem Kind und den Eltern bzw. einem Elternteil erarbeitet und aufgestellt werden. Es handelt sich dabei um eine Art „entdeckendes Lernen". Der Trainer hinterfragt zusammen mit dem Kind, warum bestimmte Dinge sprachwissenschaftlich in bestimmter Weise geschrieben werden müssen und erarbeitet mit ihm Strategien, d. h. Erklärungen und Eselsbrücken, wodurch es sich die richtige Schreibweise merken, sie verstehen und akzeptieren kann.

Das Kurzförderprogramm LEGAOPTIMA® wurde mittlerweile an über 300 hochbegabten Kindern mit LRS aus dem gesamten Bundesgebiet überprüft und zeigt nach Aussagen von Fischer eine hohe Wirksamkeit [3]. Es funktioniert natürlich nur unter der Voraussetzung, dass die Eltern bzw. die Förderperson, aber vor allem auch das Kind selbst, eine hohe Bereitschaft zur Mitarbeit zeigen und kontinuierlich über den Zeitraum mehrerer Monate täglich trainieren.

Beratung und Information

Wo können Betroffene das vorgestellte Training absolvieren oder andere Fördermaßnahmen ausfindig machen?

Allgemeine Informationen und Hilfen zum Thema Lese-Rechtschreib-Schwierigkeiten bieten fast alle Schulspychologischen Dienste sowie der Bundesverband Legasthenie e.V. an, dessen Anschrift in Anhang 1.3 (S. 279) angegeben ist. Dort findet sich außerdem die Adresse, unter der sich Interessenten zu dem speziell für hochbegabte Kinder konzipierten Kurzförderprogramm LEGAOPTIMA® (s. o.) anmelden können.

Literaturempfehlungen für Rat Suchende

1. Breuninger, H. & Betz, D. (1996). *Jedes Kind kann schreiben lernen. Ein Ratgeber für Lese-Rechtschreib-Schwäche.* Weinheim: Beltz.

Dieser übersichtlich aufgebaute Ratgeber umfasst einen Informations- und einen praktischen Teil. Im Informationsteil werden die Entstehung sowie die Erscheinungsformen von LRS dargestellt. Der praktische Teil ist nochmals in einen Eltern- und einen Lehrer-Bereich untergliedert. In beiden Bereichen werden viele Anregungen und Ratschläge für Spiele und Übungen mit lese-rechtschreibschwachen Kindern gegeben.

2. Sommer-Stumpenhorst, N. (1991). *Lese- und Rechtschreibschwierigkeiten: vorbeugen und überwinden. Von der Legasthenie zur LRS, LRS-Diagnose, Förderkonzepte und Übungsmaterialien.* Frankfurt am Main: Cornelsen Verlag Scriptor.

Dieser Ratgeber vermittelt nicht nur praktische Maßnahmen zur Verhinderung und erfolgreichen Überwindung der LRS, sondern bietet auch einen Überblick über die LRS-Forschung und -Förderung. Er beinhaltet Erklärungen über Ursachen der Legasthenie und zeigt auf, wie Lernschwierigkeiten analysiert und eine Förderung der Lernvoraussetzungen realisiert werden können. Im letzten Teil finden sich praktische Beispiele für sowohl schädliche als auch förderliche Lese- und Rechtschreibübungen.

1.5 Perfektionismus

Fallgeschichte „Lukas"

Für Lukas gibt es keine „halben Sachen": Immer wenn er eine Aufgabe beginnt, beschäftigt er sich so lange damit, bis sie perfekt gelöst und er mit dem Ergebnis 100%ig zufrieden ist. Lukas ist außerordentlich selbstkritisch und kann sowohl seine eigenen Fehler als auch Schwächen anderer nur schlecht ertragen. Scheint ihm eine Aufgabe zu schwer, um sie perfekt lösen zu können, fängt er sie häufig erst gar nicht an. So kann er sich auch kaum für etwas Neues und Unbekanntes motivieren. Als Lukas Fahrradfahren lernen wollte und dies nicht sofort klappte, warf er sein Rad zunächst wutentbrannt auf den Boden, trat darauf ein und verbannte es dann für Monate in die Garage. Neulich zerstörte er ein mühevoll angefertigtes Bild, weil ihm in einer Ecke ein kleiner Fehler unterlaufen war.

Lukas geringe Startmotivation bei vielen Aktivitäten und seine heftigen Wutausbrüche, wenn ihm etwas nicht gelingt, führen oft zu Schwierigkeiten in seinem sozialen Umfeld: Nicht selten wird er aufgrund seines Perfektionismus von Mitschülern und Gleichaltrigen verspottet und gehänselt. Auch sein Bestreben, immer der Erste zu sein, drängte ihn schon früh in eine Außenseiterrolle. Doch der Wunsch, perfekt zu arbeiten, kostet Lukas auch viel Zeit und Mühe. Diese Langsamkeit ist häufig hinderlich und mit seinem Ehrgeiz nicht vereinbar. Die Eltern versuchen, Lukas deutliche Grenzen zu setzen, um ihn von seinen hohen Ansprüchen an sich selbst und an andere zu lösen.

In unserer Gesellschaft ist das Streben nach Vollkommenheit eine allgegenwärtige Erscheinung, die vom Wunsch getrieben wird, es im Leben so gut wie möglich zu machen. Dieser Perfektionismus ist nicht nur bei Erwachsenen, sondern auch bereits im Kindesalter zu beobachten. In unserer Studie mit Eltern hochbegabter Kinder berichtete über die Hälfte der Befragten, dass ihr Kind perfektionistisch sei. In gut einem Fünftel der Fälle waren dessen perfektionistische Züge so stark ausgeprägt, dass sie das Kind selbst sowie seine Eltern sehr belasteten. In Beratungsgesprächen berichten Eltern hochbegabter perfektionistischer Kinder häufig von Wutausbrüchen ihrer Kinder, wenn diesen eine Tätigkeit nicht beim ersten Versuch gelingt.

Viele perfektionistische Kinder resignieren allerdings bereits im Vorfeld und gehen erst gar nicht an bestimmte Aufgabenstellungen heran, von denen sie wissen, dass sie diese nie perfekt „erledigen" könnten. Ihnen ist bewusst, dass ihnen entweder das notwendige Werkzeug oder aber die körperlichen und motorischen Fähigkeiten fehlen. So würde zum Beispiel ein perfektionistisches Kind auf die Aufforderung, einen Baum zu malen, wahrscheinlich antworten: „Das kann ich nicht". Es würde den Gegenstand „Baum" visualisieren, d. h. ihn vor seinem inneren Auge sehen, und wissen, dass es mit einem Stift kein realitätsgetreues Abbild dieses Objekts schaffen kann.

Perfektionismus

Durch welche weiteren Eigenschaften und Verhaltensweisen sich Perfektionismus konkret bemerkbar macht, weshalb er sich entwickelt und auf welche
Weise hochbegabten Kindern, die unter ihrem Perfektionismus leiden, geholfen werden kann, wird in den nächsten Abschnitten dargestellt.

Erkennen

Im Folgenden sind typische Merkmale perfektionistischer Kinder aufgeführt
[1, 2, 3]. Die drei zuletzt genannten Merkmale sind Zeichen einer niedrigen
Frustrationsschwelle, die bei hochbegabten Kindern häufig in Kombination
mit den perfektionistischen Eigenschaften beobachtet wird.

Erkennungsmerkmale perfektionistischer Kinder

– **Hoher Selbstanspruch:** Perfektionistische Kinder richten an sich selbst und an ihre Mitmenschen hohe Anforderungen. Der Korrektheit selbst von Details wird dabei eine extrem große Bedeutsamkeit beigemessen. Perfektionistische Kinder definieren ihr Selbstwertgefühl oft ausschließlich über Leistung und Produktivität. Bei Misserfolgen, die teilweise durch zu hohe Standards bedingt sind, droht das Selbstwertgefühl zusammenzubrechen, da sie diese persönlichem Versagen zuschreiben. Depressionen und Angst können die Folge sein (s. nächster Punkt).

– **Angst vor Fehlern, Unsicherheit:** Der hohe Selbstanspruch von Perfektionisten geht oft einher mit einer übermäßig kritischen Bewertung des eigenen Verhaltens und mündet aufgrund dieser Selbstkritik häufig in Bedenken und Unsicherheit bezüglich des eigenen Handelns sowie der Angst, Fehler zu machen.

– **Fremdbeurteilung:** Für perfektionistische Kinder und Jugendliche sind die Bewertungen und Erwartungen anderer Menschen sehr wichtig. Besonders viel Wert legen sie auf die Beurteilung ihrer Eltern und nahen Bezugspersonen. Es besteht also nicht nur der hohe Selbstanspruch, sondern auch der Wunsch, den Ansprüchen anderer gerecht zu werden.

– **Ordnungsliebe:** Ordnung und Organisation spielen im Alltag von Perfektionisten eine übergeordnete Rolle. Einige haben für bestimmte Verhaltensweisen, wie Arbeits- und Lernabläufe, rigide Routinen entwickelt.

– **Langsamkeit:** Perfektes und sorgfältiges Arbeiten erfordert Zeit und Mühe. Ein perfektionistischer Arbeitsstil führt häufig zu einer Verlangsamung der Arbeitsweise.

– **Geringe Frustrationstoleranz:** Kann eine Tätigkeit oder Aufgabe nicht auf Anhieb gemäß den eigenen hohen Ansprüchen ausgeführt werden, reagieren hochbegabte perfektionistische Kinder häufig mit Verzweiflung, Aggressivität und Wut.

– **Geringe Übungsbereitschaft:** Die schnelle Frustration geht oft einher mit mangelnder Geduld und Ausdauer, falls kein sofortiges Erfolgserlebnis gewährleistet werden kann.

– **Geringe Startmotivation:** Neue, unbekannte Aufgaben, die dem hochbegabten perfektionistischen Kind nicht optimal lösbar erscheinen, werden häufig nur ungern in Angriff genommen.

Verstehen

Es gibt eine Reihe von Theorien, die den Ursprung von Perfektionismus zu erklären versuchen. Im folgenden Abschnitt wird auf zwei lerntheoretische Ansätze – das Verstärkungs- und das Modelllernen – näher eingegangen:

– Verstärkungslernen

Burns geht davon aus, dass Kinder perfektionistisches Verhalten im Umgang mit
Eltern und anderen Bezugspersonen, wie zum Beispiel Lehrern oder Erziehern,
die selbst perfektionistische Züge aufweisen, lernen [4]. Außergewöhnliche und
gute Leistungen werden von diesen Bezugspersonen mit Liebe und Anerkennung
belohnt, auf Fehler und Versagen reagieren sie mit Enttäuschung und Sorge. Ein
solches Verhalten wird vom Kind als Abweisung und Strafe interpretiert. Nach
Burns wird die Selbstachtung perfektionistischer Eltern vom Erfolg des Kindes
bestimmt. Sie fühlen sich durch Schwierigkeiten ihres Kindes bedroht und frustriert, da sie die Probleme personalisieren: „Da sieht man mal wieder, was für eine
schlechte Mutter/ein schlechter Vater ich bin". Um Misserfolge zu vermeiden,
wird Druck auf das Kind ausgeübt: Auf Unsicherheit des Kindes reagieren die Eltern nicht mit Unterstützung und Bestätigung, sondern gereizt. Somit lernt das
Kind, dass Fehler den Verlust von Liebe und Bestätigung zur Folge haben. Da ein
Kind sein Selbstwertgefühl jedoch auf der Anerkennung durch die Eltern aufbaut,
möchte es Fehler um jeden Preis vermeiden und entwickelt große Angst, etwas
falsch zu machen. Im Laufe der Zeit wird es aber immer schwerer, den verinner-
lichten hohen Standards, d. h. der Fehlerlosigkeit, gerecht zu werden. Die Kluft
zwischen Erwartungen und tatsächlichen Leistungen wird zunehmend größer.

– Modelllernen

Untersuchungen zeigen, dass Kinder elterliche Verhaltensweisen übernehmen,
ohne dass diese ihnen anerzogen oder gar „aufgestülpt" werden, also ohne dass
dieses Lernen von den Eltern intendiert sein muss [5]. Eltern und andere Bezugspersonen dienen Kindern als Modell und es liegt in ihrem Naturell, durch
Beobachten und Imitieren dieser Modelle sowohl Verhaltensweisen als auch
Emotionen zu lernen. Berater machen oft die Erfahrung, dass die Eltern perfektionistischer Kinder ebenfalls eine Vorliebe für Ordnung und Organisation
haben. Erlebt ein Kind beispielsweise seinen Vater des Öfteren, wie er so lange
an einer Aufgabe ausharrt, bis er sie vollständig gelöst hat, wird es diese Verhaltensweise eventuell übernehmen.

In einer Umfrage mit *hochbegabten* Kindern und Jugendlichen zeigte sich, dass
die große Mehrheit ein nicht-perfektes Ergebnis als Versagen bewertete [6].
Selbst wenn bei der Lösung einer Aufgabe nur kleine Fehler gemacht wurden,
betrachteten die befragten Kinder und Jugendlichen diese als misslungen. Da
Hochbegabte offensichtlich häufiger perfektionistisch sind als normal Begabte,
stellt sich die Frage, ob es bei ihnen dafür neben den dargestellten Ursachen spezifische Gründe gibt.

Nach Silverman ist perfektionistisches Verhalten eine direkte Folge der ausgeprägten Fähigkeit hochbegabter Kinder zum abstrakten Denken [7]. Perfektion
ist ihr zufolge nämlich ein abstraktes Ideal, das aus dem Bewusstsein darüber
entsteht, was möglich ist. Hochbegabte Kinder sind sich schon früh vieler
Möglichkeiten bewusst, die erstrebenswert scheinen, und setzen sich dementsprechend hohe Standards. Teile ihrer Entwicklung, z. B. die Feinmotorik, sind

jedoch noch nicht weit genug entwickelt, um diese Standards erfüllen zu können: Das Kind kann zum Beispiel ein Objekt noch nicht so detailgetreu zeichnen, wie es das innere Auge darstellt, weil die Finger eine derart feine Linienführung noch nicht erlauben. Aus ihrem Wissen darum, was möglich *wäre*, beurteilen sie ihre Leistung, auch wenn sie nur kleine Fehler aufweist, als misslungen.

Kerr betont, dass Perfektionismus bei hochbegabten Kindern nicht ein Resultat der Erziehung durch ehrgeizige Eltern darstellt, sondern quasi natürlich aus hoher Begabung entsteht [8]. Perfektionismus hat durchaus positive Eigenschaften, die selten gesehen werden: Er ist die Antriebsenergie, die zu großen Leistungen führt. Hochbegabte perfektionistische Menschen setzen hohe Standards und sind bereit, zu deren Erreichung ihr Bestes zu geben, um ihre eigene Entwicklung sowie die der Gesellschaft voranzubringen. Ohne Perfektionismus gäbe es keine Olympiasieger, kein künstlerisches Streben und keine wissenschaftlichen Durchbrüche [7].

Wie jedoch in den ersten beiden Abschnitten dieses Kapitels deutlich wurde, kann Perfektionismus auch Leistungen blockieren und das Kind unglücklich machen. So zeigen z. B. hochbegabte perfektionistische Kinder häufig eine sehr niedrige Frustrationstoleranz: Wenn sie eine Aufgabe nicht sofort zufriedenstellend lösen können, geben sie auf. Aufgrund ihres hohen Selbstanspruchs führen Erfahrungen von Misserfolgen leicht zur Enttäuschung oder gar zu einem Einbruch des Selbstwertgefühls (s. Abschnitt „Erkennen"). Wenn diese Gefahr besteht oder sich solche Probleme bereits eingestellt haben, braucht das Kind Hilfe, um zu lernen, mit seinen besonderen Fähigkeiten in einer Weise umzugehen, die sein Selbstvertrauen stärkt und seinem Wohlbefinden förderlich ist.

> **Anmerkung:** Sehr selten wird von hochbegabten Kindern berichtet, deren perfektionistisches Verhalten so stark ausgeprägt ist, dass es zwanghafte Züge annimmt. Tatsächlich kann Perfektionismus ein Hinweis auf Zwangserkrankungen sein [9]. Handelt es sich um einen Zwang, erlebt die betreffende Person ihr Verhalten als ich-fremd, d. h. sie empfindet es als nicht zu ihrer Persönlichkeit zugehörig. Wenn dies bei einem hochbegabten Kind der Fall ist, sollte weitergehende, evtl. auch psychiatrische Hilfe eingeschaltet werden. Im Folgenden wird jedoch auf die weit häufigeren Fälle des „normalen" Perfektionismus eingegangen.

Helfen

Wie deutlich wurde, ist Perfektionismus bei hochbegabten Kindern meist etwas Natürliches und kann nicht „geheilt" werden [8]. Wenn Eltern, Lehrer oder andere Bezugspersonen den Perfektionismus eines Kindes als unerwünschte, neurotische Tendenz zu bekämpfen versuchen, können sie damit seine Persönlichkeit empfindlich verletzen. Wirksame Hilfe setzt voraus, dass andere den Perfektionismus als eine persönliche Eigenschaft des Kindes respektieren und es darin unterstützen, diese Eigenschaft produktiv zu nutzen. Eine solche produktive Nutzung bedarf folgender Voraussetzungen:

– *Prioritäten setzen*

Das Kind lernt, Prioritäten zu setzen, d. h. seine Anstrengungen auf die für ihn wichtigsten Bereiche zu bündeln und sich in anderen Bereichen mit weniger guten Leistungen zufrieden zu geben. Hier ist es hilfreich, wenn das Kind mit einer Bezugsperson – den Eltern, dem Lehrer oder auch einem Therapeuten bzw. Berater – darüber sprechen kann, was für ihn die wirklich bedeutsamen Dinge sind, so dass es für sich eine Unterscheidung zwischen wichtig und unwichtig treffen kann.

– *sich Zufriedenheitserlebnisse gönnen*

Hilfreich ist, wenn das Kind erfährt und für sich entdeckt, dass es Aktivitäten ohne leistungsbezogene Ziele gibt, die Spaß machen und nur des Spaßes wegen durchgeführt werden. Solche Aktivitäten können z. B. eine Kissenschlacht oder sonstiges Toben, eine gegenseitige Massage etc. sein.

– *Vertrauen erfahren*

Das Kind erlebt, dass Eltern, Lehrer und Berater Vertrauen in seine Fähigkeiten haben. Gleichzeitig können ihm diese Bezugspersonen helfen, Zeitpunkt und Mittel für die Lösung einer Aufgabe so zu wählen, dass sie einen Erfolg wahrscheinlicher machen. Häufig ist es günstig, wenn Eltern die für ihr Kind „heiklen" Themen zurückstellen und erst dann wieder neu in Angriff nehmen, wenn die erste Wut des Kindes verpufft ist: Bei Lukas, dem Kind, von dem in der Fallgeschichte berichtet wurde, war es beispielsweise gut, das Fahrrad so lange in der Garage stehen zu lassen, bis er von sich aus wieder den Wunsch äußerte, das Fahrenlernen nochmals auszuprobieren. Außerdem ist es wichtig, das Mittel angemessen zu wählen: Wenn wir beim Beispiel des Radfahrenlernens bleiben, heißt das z. B., dass das Kind das Üben mit einem kleinen Fahrrad beginnen sollte, da hier der schnelle Erfolg eher gesichert ist und eine Frustration vermieden werden kann. Da Erfahrungen des Nicht-Gelingens natürlich nicht gänzlich vermieden werden können, ist außerdem der folgende Punkt von großer Bedeutung.

– *eigene Fehler akzeptieren*

Das Kind lernt, Fehler nicht als Versagen, sondern als „Lernerfahrung", d. h. als Schritte auf dem Weg zum Erfolg, zu begreifen. Wenn dies gelingt, müssen Enttäuschungen nicht länger das Selbstwertgefühl beeinträchtigen, sondern können als eine Erweiterung der Einsicht gesehen und akzeptiert werden. Eine kleine Anekdote soll diese Einstellung verdeutlichen [7]:

Thomas Edison probierte 1 500 verschiedene Glühfäden zur Entwicklung der Glühbirne aus, bevor er den richtigen fand. Nach dem letzten Experiment fragte ihn ein Assistent: „Wie kommen Sie mit den 1 500 Fehlschlägen zurecht, die auf Ihr Konto gehen?" Edison erwiderte: „Das waren doch keine Fehlschläge. Wir kennen nun 1 500 Glühfäden, die nicht funktionieren!"

Eine Veränderung der kindlichen Einstellungen zu Fehlern kann zum Beispiel durch eine *kognitive Verhaltenstherapie* unterstützt werden [4]. In einem ersten Schritt lernt das Kind hier, für Misserfolge nicht ausschließlich sich selbst verantwortlich zu machen und die negativen Erfahrungen nicht länger zu verallgemeinern, d. h. nicht auf andere Lebensbereiche zu übertragen („Ich kann gar nichts!"). In einem zweiten Schritt können dann die positiven Aspekte von Fehlern herausgearbeitet werden, d. h. sie können kognitiv als Erfahrungsgewinn umstrukturiert werden.

Auch eine *personenzentrierte Psychotherapie* ist geeignet, dem Kind oder Jugendlichen dabei zu helfen, sich mit seinen Fehlern wertzuschätzen und so nicht länger durch seinen Perfektionismus in seinem Handeln und Erleben zu blockieren. Im Gespräch mit einem personenzentrierten Therapeuten kann das Kind bzw. der Jugendliche zum einen das Vertrauen eines Erwachsenen in seine Fähigkeiten sowie die Akzeptanz seiner Person samt ihrer Fehler erleben. Zum anderen wird dem Kind durch die Spiegelungen des Therapeuten (s. Teil I, Gesprächsführung II.1, S. 45 ff.) sein perfektionistisches Verhalten überhaupt erst richtig offensichtlich. Dadurch lernt es seine eigenen Wertmaßstäbe verstehen und erkennt, dass sie sehr weit von dem entfernt sind, was andere Menschen erwarten und leisten. Dem Kind wird deutlich, dass seine Leistungen – an den Maßstäben anderer gemessen – auch dann noch sehr gut sind, wenn es kleinere Fehler gemacht hat. Es kann so auch verstehen, warum andere Kinder neidisch auf es sind und keineswegs den Eindruck haben, seine Leistungen seien schlecht. Durch das Erkennen und Verstehen des eigenen hohen Leistungsmotivs werden die eigenen Fehler in ihrer Bedeutung relativiert. Außerdem kann das Kind andere Erfahrungen jenseits der Erreichung von Höchstleistungen zulassen, z. B. das Erleben von Spaß bei den oben beschriebenen Zufriedenheitserlebnissen.

Falls den Eltern der Erfolg ihres Kindes sehr wichtig ist und sie bei der Einschätzung der Leistungen ihres Kindes ebenfalls den Bezug verloren haben – was jedoch, wie oben erwähnt, nicht typisch für Eltern hochbegabter Kinder ist –, sollten sie in die Therapie einbezogen werden. Auch sie brauchen dann eine Wahrnehmungsschulung, die ihnen hilft, die Leistungen ihres Kindes realistischer einzuschätzen, z. B. eine „2" in der Mathematikarbeit nicht als schlechte Note zu bewerten. Außerdem kann es sinnvoll sein, mit ihnen die Enttäuschung aufzuarbeiten, die schlechte bzw. nicht so herausragende Leistungen ihres Kindes für sie bedeuten.

Zusammenfassend kann festgehalten werden, dass es dem Kind hilft, wenn es lernt, gesellschaftliche Leistungsansprüche und eigene innere Wünsche wahrzunehmen, zu erkennen, wo sie sich überschneiden bzw. auseinander laufen und es sich bewusst dafür entscheidet, wofür es in welchem Ausmaß seine Energie einsetzen möchte.

Beratung und Information

Auf der Suche nach einem geeigneten Psychotherapeuten können sich Klienten beim Psychotherapie-Informations-Dienst (Adresse s. Anhang 1.4, S. 283) beraten lassen. Weitere Anlaufstellen sind Selbsthilfegruppen für Eltern hochbegabter Kinder, Schulpsychologische Dienste sowie Familien- oder Erziehungsberatungsstellen. Wichtig ist, in Erfahrung zu bringen, ob sich die jeweiligen Therapeuten bzw. Berater bereits mit dem Thema „Perfektionismus" bei hochbegabten Kindern beschäftigt haben und dieser Eigenschaft des Kindes mit Verständnis und Wertschätzung begegnen, was sich meist erst im persönlichen Kontakt feststellen lässt.

Literaturempfehlungen für Rat Suchende

Ramirez Basco, M. (2000). *Wenn Perfektionismus zur Qual wird*. Landsberg/Lech: verlag moderne industrie AG.

Perfektionismus beeinflusst Betroffene sowohl im Privatleben als auch im Beruf. Dieser Ratgeber bietet Anregungen, Vorschläge und konkrete Übungen für ein angemessenes Umgehen mit bestimmten Situationen. Darüber hinaus beschreibt er Ursachen von Perfektionismus, Mechanismen, die ihn aufrechterhalten, sowie grundlegende Denkmuster und Denkfehler perfektionistischer Menschen. Als Hilfestellung zum Umgang mit dem eigenen Perfektionismus werden Strategien wie z. B. Maßstäbe definieren oder Prioritäten setzen erläutert, mit denen man die eigenen Erwartungen an die betreffenden Situationen anpassen kann.

Dieser Ratgeber ist aufgrund seines Bezugs zum Perfektionismus im Berufsleben weniger auf perfektionistische Kinder zugeschnitten. Er bietet jedoch einen Überblick über grundlegende Aspekte von Perfektionismus, die auch für ein besseres Verständnis von Perfektionismus bei Kindern hilfreich sein können.

2 Zwischenmenschlicher Bereich

2.1 Isolation

Fallgeschichte „Sven"

Bereits im Kindergarten wird deutlich, dass sich Sven von den meisten Kindern seines Alters unterscheidet: Er bleibt oft lieber für sich, spielt alleine in der Spielecke oder schaut sich Kinderbücher an. An gemeinsamen Spielen mit anderen zeigt er wenig Interesse. Auch wenn ihn die Kinder seiner Gruppe zum Mitmachen motivieren wollen, blockt er diese Kontaktversuche häufig ab. Schon nach kurzer Zeit ist Sven in der Kindergartengruppe isoliert. Seine zentralen Interessen gelten dem Lesen und Rechnen lernen sowie physikalischen Zusammenhängen verschiedenster Art – Themen also, mit denen die anderen Kinder seines Alters noch nicht viel anfangen können. So souverän Sven bereits mit Buchstaben, Zahlen und anderen Dingen umgehen kann, im sozialen Kontakt dagegen ist er schüchtern und verunsichert, weil die übrigen Kinder so anders sind als er.

Svens soziale Isolation setzt sich nach seiner Einschulung fort: Er ist zwar ein guter Schüler, der Kontakt zu den Mitschülern bleibt aber weiterhin spärlich. Sven wird beispielsweise nicht zu Geburtstagen eingeladen, steht in den Pausen bei den Spielen der anderen Kinder meistens abseits, und in der Klasse möchte keiner neben ihm sitzen.

Auch im Gymnasium bessert sich seine Situation nicht wesentlich. Hier bekommt Sven deutlich die Eifersucht seiner Mitschüler zu spüren, da er Klassenbester ist und von der Lehrerin ständig für seine Leistungen gelobt und somit den anderen vorgeführt wird. Außerdem wird er von ihr als „Hilfskraft" eingesetzt, damit er den Klassenkameraden bei ihren Aufgaben hilft. Sven selbst leidet sehr darunter, dass er keine Freunde hat, weiß aber auch nicht, wie er auf andere Kinder zugehen soll, damit er von ihnen akzeptiert wird. Hinzu kommt, dass es ihm schwer fällt, seine Gefühle, z. B. seine Traurigkeit über die Einsamkeit in der Klasse, zu äußern, so dass er sich mit niemandem darüber austauschen kann.

Bei der Schilderung der sozialen Situation, in der sich Sven befindet, handelt es sich um die Darstellung eines Problems, dessentwegen Eltern hochbegabter Kinder häufig Beratung suchen. In unserer Studie berichtete über die Hälfte der Eltern, die sich bei der DGhK beraten ließen, dass es ihren Kindern ähnlich geht wie Sven: Sie haben nur wenige Freunde und sind zum großen Teil in ihrer Klasse isoliert. Auch fällt es einigen schwer, ihre Gefühle auszudrücken. Bisherige Forschungen [1, 2] weisen darauf hin, dass Hochbegabte insgesamt nicht häufiger isoliert sind als andere Kinder, so dass man nicht dem Fehlschluss unterliegen sollte, hochbegabte Kinder seien typischerweise isoliert. Natürlich gibt es jedoch wie bei allen Kindern auch unter den hochbegabten

Isolation

solche, die aufgrund unterschiedlicher Ursachen Schwierigkeiten im sozialen Kontakt haben. Da es sich hierbei um eine Situation handelt, unter der das Kind möglicherweise sehr leidet, die aber für Eltern auch bei weniger ausgeprägtem Leidensdruck des Kindes oft Anlass zur Sorge ist, wird in vielen Fällen eine Beratungsstelle kontaktiert.

Das Thema „Soziale Isolation im Kindes- und Jugendalter" taucht in der wissenschaftlichen Literatur vermehrt erst in den letzten 20 Jahren auf [3]. Analog dazu zeigt eine Betrachtung der geschichtlichen Entwicklung sozialer Beziehungen im Rahmen soziologischer Theorien [4, 5], dass die Freundschaften mit Gleichaltrigen – den sog. Peers – mittlerweile eine wesentlich größere Rolle einnehmen, als dies noch vor einigen Jahrzehnten der Fall war.

In der heutigen Zeit größerer Mobilität und Flexibilität können häufig in der Familie nicht mehr alle Fähigkeiten und Fertigkeiten erworben werden [6], die für den sozialen Kontakt, den Menschen in ihrer Lebens- und Arbeitswelt eingehen, benötigen. Zum einen leben mittlerweile sehr viele Menschen in Kleinfamilien mit durchschnittlich zwei Kindern, während es in der Vergangenheit häufiger Großfamilien gab, in denen für jedes Kind automatisch mehrere Spielkameraden da waren und somit Gelegenheiten zum Erlernen sozialer Fertigkeiten bestanden. Zum anderen war die Fülle benötigter sozialer Fertigkeiten aufgrund der Seltenheit von Ortswechseln geringer. Die Kinder mussten z. B. nicht lernen, wie man sich alleine durchsetzt oder einen neuen Freundeskreis aufbaut.

Doch nicht nur die in deutschen Familien anzutreffende zunehmende Individualisierung kann zu Problemen im sozialen Kontakt führen. In türkischen Familien besteht z. B. oftmals eine sehr enge Einbindung des Einzelnen in den Verwandtschaftskreis, die es dort aufwachsenden Jugendlichen ebenfalls sehr schwer macht, Kontakte außerhalb dieses Kreises aufzubauen. Um solche interkulturellen Unterschiede sollten Berater wissen. Kennen sie sich in der Kultur eines Klienten nicht aus, können sie ihn oft nicht wirklich verstehen und ihm so auch nicht helfen. Deshalb ist es meistens günstiger, Klienten, die einer ethnischen Minderheit angehören, an einen multikulturell geschulten bzw. mit der speziellen Kultur vertrauten Berater zu verweisen.

Erkennen

Isolierte Kinder weisen häufig folgende Eigenschaften und Verhaltensweisen auf [3, 6, 7, 8, 9, 10, 11]:

Merkmale sozial isolierter Kinder

– **Geringe soziale Kompetenzen:** Geringe soziale Kompetenzen können sich in zwei gegensätzlichen Verhaltensweisen manifestieren. Bei manchen Kindern drücken sie sich in *sozial unsicherem, ängstlichem und abhängigem Verhalten* aus. Diese Kinder sind wenig in der Lage, eigene Bedürfnisse durchzusetzen, ergreifen selten die Initiative zu Gemeinschaftsaktivitäten und können ihrem Ärger nur schlecht Ausdruck verleihen. Bei anderen Kindern zeigen sich geringe soziale Kompetenzen durch *aggressives Verhalten* (s. Kap. 2.3). Diese Kinder setzen eigene Bedürfnisse häufig ohne Rücksicht auf andere durch und erwarten z. B., dass sich andere beim gemeinsamen Spiel nach ihren Wünschen richten.

Ebenfalls Ausdruck geringer sozialer Kompetenzen sind die beiden nächst genannten Punkte.

– **Eingeschränkte emotionale Expressivität:** Bei manchen hochbegabten Kindern, die sozial isoliert sind, fällt auf, dass sie Schwierigkeiten haben, ihre Gefühle auszudrücken (s. o.). In der Psychologie wird die Wahrnehmung der eigenen Gefühle und Bedürfnisse sowie deren individueller Ausdruck als emotionale Expressivität bezeichnet. Der Ausdruck von Gefühlen spielt im sozialen Kontakt eine große Rolle. Er beeinflusst u.a. das Maß an Nähe, das zu einer anderen Person hergestellt wird. Schwierigkeiten im Ausdruck von Emotionen werden beispielsweise an folgenden Aspekten deutlich:

- *Erzählstil:* Den Erzählungen der Kinder mangelt es an emotional ge-
  färbten Inhalten. In ihren Geschichten über private und schulische
  Ereignisse geht es vordergründig um Fakten, die neutral und ohne
  Umschweife dargestellt werden. Aus dieser Tatsache kann man nicht
  schließen, dass diese Kinder keine Emotionen empfinden. Wahrscheinlich fällt es ihnen nur schwer, ihre Gefühle in Worte zu fassen
  oder sie im sozialen Kontakt zu zeigen.

- *Aufbau von Freundschaften:* Der Aufbau von Freundschaften gestaltet sich aufgrund der meist sachlichen und neutralen Art und Weise, in
  der die Kinder und Jugendlichen anderen begegnen, zum Teil langsamer. Im Vordergrund stehen auch hier oft sachliche Themen, der Umgang miteinander ist wenig emotionsgeprägt.

- **Mangel an Kontaktfähigkeit:** Mangelnde Kontaktfähigkeit eines Kindes bedeutet, dass es von sich aus selten die Initiative zu einer Kontaktaufnahme ergreift und/oder einen einmal eingegangenen Kontakt im
  Folgenden nicht aufrechterhalten kann.

- **Geringes soziales Interesse (geringes Kontaktinteresse):** Das Kind
  oder der Jugendliche misst dem Beisammensein mit anderen (Gleichaltrigen) nur wenig Wichtigkeit bei. Statt mit mehreren zusammen zu
  sein, bevorzugt es/er beispielsweise, sich alleine seinen persönlichen Interessen zu widmen. Geringes Kontaktinteresse und mangelnde Kontaktfähigkeit führen unmittelbar dazu, dass das Kind oder der Jugendliche in seiner Schulklasse und im außerschulischen Bereich keine oder
  wenige Freunde findet und nur selten einer Clique angehört. Bei der Einschätzung des sozialen Interesses ist jedoch Vorsicht geboten. Oft sieht
  es nämlich nur so aus, als habe das Kind kein Interesse an anderen, da es
  versucht, seine Ausgrenzung als selbstgewählt darzustellen. Dies ist jedoch in Wirklichkeit ein Schutz vor der Enttäuschung darüber, dass es
  keinen Kontakt findet oder die Gleichaltrigen nicht den Erwartungen
  entsprechen, die das Kind an Freundschaften stellt. Auch ist zu beachten,
  dass wenige Freundschaften nicht gleichbedeutend mit dem Fehlen von
  Freundschaften zu sehen sind. Vor allem bei hochbegabten Kindern kann
  man beobachten, dass sie häufig wenige, dafür aber intensive Freundschaften pflegen. Die Qualität ist hier also der Quantität übergeordnet.

- **„Depressives" Verhalten des Kindes:** Kinder, die soziale Kontakte vermeiden und nur wenige Freunde haben, zeigen u. a. Merkmale wie häufiges Weinen, starke Empfindlichkeit gegenüber Kritik sowie eine mangelnde Begeisterung. Hierbei ist nicht mehr klar zu trennen, was Ursache
  und was Wirkung der sozialen Isolation ist.

Verstehen

Zur Entstehung und Aufrechterhaltung sowie zum Nichtzustandekommen und Misslingen sozialer Beziehungen tragen grundsätzlich zwei Faktoren bei:

– *Exogene Faktoren: Bedingungen und Merkmale der Umwelt*

Ein Beispiel für die Wirkung exogener Faktoren ist eine einseitige Leistungs- orientierung der Umwelt, speziell der Schule. In der Grundschule zählen Hoch- begabte in der Regel zu den Beliebtesten, da sie hier von den anderen Kindern als „Helden" betrachtet werden. In der weiterführenden Schule ändert sich das jedoch häufig: Andere Eigenschaften als intellektuelle Begabung stoßen auf die Anerkennung Gleichaltriger. Für gute Schüler besteht nun leicht die Gefahr, als „Streber" oder „Angeber" gesehen und dadurch weniger anerkannt zu werden [6]. Durch eine Etikettierung hochbegabter Schüler wird diese Gefahr noch verstärkt. Indem z. B. ein Lehrer einen hochbegabten Schüler oder Eltern ein hochbegabtes Geschwisterkind als positives Beispiel anführen, kann bei den Kindern leicht der Eindruck entstehen, ihre Leistungen und Fähigkeiten seien nicht ausreichend. Die hervorstechenden Leistungen werden somit eine Bedro- hung für die anderen Kinder [11], so dass sie in der Konsequenz das hochbe- gabte Kind zu meiden suchen.

– *Endogene Faktoren: Eigenschaften und Fähigkeiten der Person*

Im Abschnitt „Erkennen" wurde bereits deutlich, dass es manchen isolierten Kindern an bestimmten sozialen Fähigkeiten fehlt. Dazu zählen beispielsweise Einfühlungsvermögen und Rücksichtnahme auf andere, die Identifizierung der eigenen Gefühle und deren Ausdruck sowie die Verstärkung anderer durch Komplimente, Zeichen der Achtung etc. [10, 12]. Kinder lernen solche Fähig- keiten, wenn sie diese bei ihren Eltern, Erziehern und anderen Bezugspersonen beobachten können und wenn ihre Imitation dieser Fähigkeiten verstärkt, also z. B. in Form von Lob, Zuwendung oder Freude beantwortet wird. Ein man- gelhafter Aufbau dieser sozialen Fertigkeiten „begünstigt" eine Isolation [3]. Wenn wenige soziale Kontakte bestehen, kann die Person wiederum weniger positive Verstärkung sozialer Verhaltensweisen erfahren, wodurch in einer Art Teufelskreislauf die Bedingungen für soziale Isolation weiter aufrechterhalten werden [9]. Hier zeigt sich bereits, wie stark sich endogene und exogene Fak- toren gegenseitig beeinflussen.

Wie deutlich wurde, werden manche endogenen Faktoren wie soziale Fähig- keiten erlernt. Daneben gibt es jedoch weitere endogene Faktoren, die ein Aus- druck persönlicher Interessen, von Begabung sowie von Temperament sind und die stärker auch von der Anlage des Kindes bestimmt werden. Diese Eigen- schaften und Fähigkeiten haben ebenfalls einen Einfluss darauf, ob das Kind von anderen bzw. von welchen anderen es gemocht und als zugehörig erkannt wird. Bei *hochbegabten* Kindern können in diesem Zusammenhang verschiedene Charakteristika festgestellt werden, die für sich alleine betrachtet vermutlich eher selten mit Problemen verbunden sind, durch die Interaktion mit bestimmten Umwelten – also bestimmten exogenen Faktoren – aber durchaus zu Schwierigkeiten im sozialen Bereich führen können [13, 14]. Dazu sind im Folgenden einige Beispiele aufgeführt:

– Schnelle Auffassungsgabe sowie hohe Ansprüche an sich selbst und andere

Aufgrund ihrer eigenen intellektuellen Befähigung ist es für hochbegabte Kinder oft schwer zu verstehen, dass andere Kinder Informationen nicht so schnell aufnehmen und behalten können wie sie selbst. Sie reagieren ihnen gegenüber deshalb eher verständnislos, ungeduldig oder intolerant [11, 15].

– Suche nach Systematisierung und Organisation von Gegenständen und Handlungen

Dieser Punkt ist v. a. beim Spiel hochbegabter Kinder bedeutsam. Sie organisieren sehr gerne Dinge, wodurch ihre jeweiligen Spielkameraden häufig das Gefühl haben, herumkommandiert zu werden.

– Unabhängigkeit und Präferenz der individuellen Bearbeitung

Nach Aussagen der von uns befragten Schulpsychologen weisen hochbegabte Kinder häufig Anregungen oder Hilfestellungen Gleichaltriger sowie ihrer Eltern zurück. In einer Untersuchung mit erwachsenen Hochbegabten, die dem Verein Mensa e. V. angehörten, konnte Thurm feststellen, dass sie aufgrund einer starken Betonung ihrer persönlichen Unabhängigkeit und einem Wunsch der Unterscheidung vom Gruppenstandard vermehrt soziale Anpassungsschwierigkeiten zeigen [16].

– Großer Wortschatz/enormes Vokabular

Hochbegabte Kinder und Jugendliche besitzen häufig einen größeren Wortschatz als Gleichaltrige. Aus diesem Grund besteht zum einen die Gefahr, dass hochbegabte Kinder keine Lust haben, mit anderen Kindern Gespräche zu führen, weil sie sich von ihnen nicht verstanden fühlen oder sie ihre Bedürfnisse nicht befriedigt sehen und dementsprechend gelangweilt sind. Zum anderen werden hochbegabte Kinder und Jugendliche schnell von Gleichaltrigen als Besserwisser abgestempelt, da sie diese buchstäblich „in Grund und Boden reden" können.

– Denken hauptsächlich in Ursache-Wirkungs-Zusammenhängen

Aufgrund ihrer stark an Logik orientierten Denkweise fällt es hochbegabten Kindern oft schwer, rational nicht zu erklärende Aspekte wie Gefühle oder Glaubenssachen zu akzeptieren. Emotionen sind bei jedem Menschen von Geburt an vorhanden. Beim Säugling äußern sie sich zunächst in der groben Unterscheidung von Lust/Unlust-Gefühlen. Dadurch, dass die Bezugspersonen des Kindes Gefühle bei ihm erkennen und benennen, lernt es im Laufe der Entwicklung, seine Gefühle immer feiner zu unterscheiden.

Die Annahme einer asynchronen Entwicklung Hochbegabter [17] kann erklären, warum manche hochbegabte Kinder diese Gefühlsdifferenzierung eventuell weniger gut lernen. Sie besagt, dass das Alter der intellektuellen und emotionalen Entwicklung bei hochbegabten Kindern unterschiedliche Ausprägungen aufweist. Wenn hochbegabte Kinder vor allem durch ihre besonderen intellektuellen Bedürfnisse und Fähigkeiten auffallen, besteht die Gefahr, dass sich die Umwelt ausschließlich darauf konzentriert und andere Bereiche, wie emotionale und soziale Bedürfnisse, vernachlässigt. Dabei wird dann übersehen, dass die Grundbedürfnisse nach Liebe und Geborgenheit bei jedem Kind vorhanden sind, bei hochbegabten genauso wie bei normal oder minderbegabten Kindern.

– Wunsch, von anderen akzeptiert zu werden, und hohe Sensibilität

Kinder, die sich sehr stark wünschen, von ihren Peers angenommen zu werden, und besonders sensibel für das Verhalten und die Gefühle anderer sind, reagieren auch mit entsprechender Intensität auf Zurückweisungen. Da hochbegabte Kinder häufig feststellen müssen, dass sich ihre Werte und Interessen von denen Gleichaltriger erheblich unterscheiden, kann außerdem das Gefühl aufkommen, anders und deshalb evtl. nicht richtig zu sein.

Exkurs: Anderssein

Hochbegabte Kinder unterscheiden sich in ihren Interessen und Fähigkeiten in mehrfacher Hinsicht von anderen Kindern ihres Alters. So wird z. B. die Vorliebe eines achtjährigen Mädchens für klassische Musik nur sehr selten von anderen Kindern seines Alters geteilt werden.

Die Elternbefragung unserer Studie ebenso wie andere Forschungsergebnisse zeigen, dass die besonderen Interessen hochbegabter Kinder häufig auch mit deren Gefühl korrespondieren, anders zu sein als andere Kinder. Manchmal leiden sie darunter, weil sie den Eindruck haben, mit ihnen sei etwas nicht in Ordnung [18]. Als Konsequenz bietet sich für ein solches hochbegabtes Kind häufig nur die Möglichkeit, sich den anderen Kindern anzupassen und somit in einem gewissen Sinne dem allgemeinen Verständnis von „normal" zu entsprechen. Das führt aber dazu, dass es unter einer dauerhaften Anspannung und Stress steht, weil es immer bemüht ist, sein wahres Selbst zu verbergen. Das Kind wägt die eigenen Gefühle, Wünsche oder Wertvorstellungen mit denen anderer und der entsprechenden Situation ab und verhält sich häufig gemäß den Wünschen anderer, um niemanden zu enttäuschen. Diese Disziplinierung der Gefühle und des eigenen Verhaltens kann krank machen und sich z. B. in psychosomatischen Beschwerden (s. Kap. 3.3) niederschlagen. Teilweise resultiert daraus auch eine große Einsamkeit. Selten ist das Kind mit dieser Anpassungsstrategie glücklich.

In diesem Zusammenhang sei erwähnt, dass einige hochbegabte Kinder, insbesondere Mädchen, dazu neigen, nicht nur ihre eigentlichen Interessen, sondern auch ihre Fähigkeiten zu verbergen, damit sie besser in der Klasse oder im außerschulischen Bereich integriert werden (s. Kap. 1.1 und 1.2). Dadurch scheint es möglicherweise so, als ginge es dem Kind gut, in Wirklichkeit aber belastet es seine Situation sehr.

Aus diesen Gründen ist es wichtig, dem Kind das Gefühl zu vermitteln, dass es sehr wohl auch seine eigenen Vorstellungen verwirklichen kann. Da das angepasste Verhalten häufig zur Gewohnheit geworden ist, muss das Kind zunächst wahrnehmen lernen, wo sein Verhalten mit dem deckungsgleich ist, was es sich selbst wünscht, und wo dies nicht der Fall ist. Wenn es sich traut, Dinge zu tun, bei denen es sich selbst als stimmig fühlt und wichtige Bezugspersonen dies akzeptieren, kann es begreifen, dass es nicht schlimm ist, in manchen Dingen anders zu sein als andere. Nur wenn das hochbegabte Kind lernt, zu seinem Anderssein zu stehen und es teilweise zu leben, kann es glücklich sein und sein Potential adäquat entfalten. Die eigenen Interessen teilweise zu leben bedeutet, sich einerseits auf die Interessen der anderen einzulassen und an ihren Aktivitäten – auch wenn sie nicht ganz so spannend erscheinen – teilzunehmen, andererseits aber auch Freiräume zu schaffen, um die ureigenen Interessen verfolgen zu können. Dieser Balanceakt ist natürlich nicht einfach. Eine gute Möglichkeit für hochbegabte Kinder, mit anderen gemeinsame Interessen zu finden und zu verwirklichen, ist die Teilnahme an einer Gruppe von Gleichbefähigten. Solche Gruppen oder auch Förderkurse werden von verschiedenen Institutionen, z. B. der DGhK, angeboten (Adressen s. Anhang 2.1, S. 288).

Helfen

Im letzten Abschnitt wurde deutlich, dass ein Kind zum einen in eine soziale Isolation geraten kann, weil es ihm an sozialen Kompetenzen mangelt. Zum anderen kann es jedoch auch sein, dass es sich in seinen Neigungen und Fähigkeiten so sehr von anderen unterscheidet, dass es in seiner Umgebung keine adäquaten Partner findet. Bevor Maßnahmen zur Veränderung der sozialen Situation in die Wege geleitet werden, sollte deshalb darauf geachtet werden, ob es dem Kind tatsächlich an geeigneten sozialen Fertigkeiten mangelt, um Freundschaften aufzubauen und aufrechtzuerhalten, oder ob es dazu nur keine Bereitschaft zeigt [3]. Letzteres kann z. B. der Fall sein, wenn sich hochbegabte Kinder lieber alleine mit ihren Spezialthemen beschäftigen als gemeinsam mit anderen Kindern etwas zu tun, das sie gar nicht interessiert. Wichtig ist in jedem Fall zunächst sicherzustellen, dass das Kind seine (relative) Isolation überhaupt als eine Belastung empfindet. Wie bereits erwähnt, suchen hochbegabte Kinder nämlich häufig nur wenige, dafür aber umso intensivere Freundschaften und sind damit zufrieden. Wenige Freundschaften sind in diesem Fall für die Entwicklung und das Wohlergehen des Kindes ausreichend und angemessen.

Zusammenfassend sind Maßnahmen zur Verringerung der sozialen Isolation also dann angezeigt, wenn das Kind zum einen seine Situation als belastend wahrnimmt und es ihm zum anderen an notwendigen Fähigkeiten zur Aufnahme und Aufrechterhaltung von Freundschaften mangelt, in denen sich Anpassung und Eigenständigkeit die Waage halten. Neben den bereits in dem Exkurs „Anderssein" aufgeführten Hinweisen können Bezugspersonen und professionelle Helfer in folgender Weise dazu beitragen, die soziale Situation eines Kindes zu verbessern:

A) Was Eltern und Lehrer tun können:

– Verbesserung der Kontaktgelegenheiten

Eine Möglichkeit seitens der *Lehrer* besteht darin, Projekte durchzuführen, bei denen die Kinder enger miteinander in Kontakt kommen und lernen, sich gegenseitig zu respektieren [11]. Auch im Rahmen der von der Universität Münster durchgeführten Studie gaben einige Lehrer an, in ihrem Unterricht Projektarbeit zum Zwecke der stärkeren Integration hochbegabter Schüler einzusetzen.

Weiter sollten Lehrer darauf achten, hochbegabte Kinder nicht immer als Vorbild darzustellen, da sich dies negativ auf die sozialen Kontakte der Kinder auswirken kann (s. o.). Auch das Einsetzen der Kinder als Helfer kann Nachteile mit sich bringen: Zum einen besteht die Gefahr, dass die hochbegabten Kinder von den anderen nicht als gleichberechtigte Partner gesehen werden, zum anderen fühlen sich die Kinder in ihrer Helferrolle häufig nicht in ihren eigenen Bedürfnissen gesehen und gefördert.

Nach Ross besteht ein wichtiger Ansatzpunkt zur Veränderung einer sozialen Isolation von Kindern darin, die Interaktion mit anderen Kindern zu erhöhen [9]. Die *Eltern* sollten daher versuchen, die mangelnden schulischen Kontakte durch außerschulisches Zusammenführen des Kindes mit Gleichbefähigten, z. B. in Förderkursen (s. o.), und/oder mit Gleichaltrigen, z. B. im Sportverein oder in der Musikschule, zu kompensieren. Hierbei sollte es jedoch nicht darum gehen, die gesamte Woche des Kindes völlig zu verplanen, sondern gemeinsam mit dem Kind zu überlegen, was ihm gut tut und woran es Spaß und Freude haben könnte.

– Gewahrwerdung der eigenen Gefühle und deren Ausdruck

Auch zur Verbesserung der *emotionalen Expressivität* können Eltern oder andere Bezugspersonen des Kindes wie Lehrer oder Erzieher beitragen: Indem sie durch *einfühlendes Verstehen* (s. Teil I, Gesprächsführung II) ihre Wahrnehmung der kindlichen Gefühle schildern bzw. die Gefühle des Kindes erfragen, wird seine Aufmerksamkeit auf seinen Gefühlszustand gelenkt. Da das Kind eher gewohnt ist, das, was es erlebt, zu intellektualisieren, bedeutet das Ansprechen seiner Gefühle ein Stück Konfrontation und ist ihm zu Anfang vielleicht unangenehm. Deshalb ist es besonders wichtig, dem Kind und seinen Empfindungen Wertschätzung zu erweisen. Auf diese Weise wird es ihm ermöglicht, sich seiner Gefühle bewusst zu werden, d. h. Kontakt zu ihnen aufzunehmen, und sie auch selbst zu äußern. Voraussetzung für diese Übung ist natürlich, dass die Bezugspersonen selbst dazu in der Lage sind, Kontakt zu ihren Gefühlen aufzunehmen und Gefühle anderer zu erkennen. Hilfreich ist z. B., wenn ein Lehrer wahrnehmen und äußern kann, dass ihn ein hochbegabter Schüler mit seinem enormen Wissen verunsichert, anstatt seine Schwierigkeiten im Kontakt mit ihm auf dessen undiszipliniertes Verhalten oder Ähnliches zurückzuführen. Durch eine solche Offenheit wirkt ein Erwachsener auch als Modell für das Kind oder den Jugendlichen.

Das Wahrnehmen, Fühlen und der Ausdruck von Emotionen kann in den Tagesablauf eingebaut werden. Wichtig ist jedoch, dass die Betreuungspersonen das Kind dabei nicht überschätzen und überfordern. Denn wie oben bereits erwähnt, sind hochbegabte Kinder Gleichaltrigen in ihrer intellektuellen Entwicklung voraus – auf die emotionale Entwicklung trifft das nicht unbedingt zu. Auch in Trainings zur sozialen Kompetenz wird der Ausdruck von Gefühlen geübt.

B) Wie Psychologen isolierten Kindern helfen können:

– Training sozialer Fähigkeiten

Neben dem Ausdruck von Gefühlen werden in *Trainings zur sozialen Kompetenz* gezielt weitere soziale Fähigkeiten und Fertigkeiten geschult. Hier lernen Kinder, wie man angemessen auf andere zugeht, d. h. einen Kontakt herstellt, und was man tun muss, um diesen in der Folge aufrechtzuerhalten. Die genannten Verhaltensweisen werden häufig in Form von Rollenspielen geübt.

Es wurde bereits eine Reihe von Trainings für Kinder entwickelt. Das bekannteste ist das „Training mit sozial unsicheren Kindern" von Petermann und Petermann [19]. Es wird von verschiedenen verhaltenstherapeutisch orientierten Kinderpsychologen, die in freier Praxis und in Beratungsstellen arbeiten, in ihren Gruppentherapien eingesetzt.

– Personenzentrierte Psychotherapie mit Kindern und Jugendlichen

Sozial isolierte Kinder und Jugendliche sind häufig im Kontakt mit anderen unsicher oder aggressiv (s. o.), d. h. ihnen fehlt die Verbindung zu ihren eigenen Gefühlen und Bedürfnissen oder zu denen ihrer Mitmenschen. Durch die neuen Beziehungserfahrungen, die sich im Gespräch oder im Spiel mit einem personenzentrierten Therapeuten bieten, wird diese Verbindung allmählich hergestellt und verfestigt. Ein wesentlicher Punkt dabei ist die Empathie des Therapeuten, d. h. dessen Bemühen, sich in die Welt seines Klienten einzufühlen. Da sich hochbegabte Kinder, die isoliert sind, häufig anders fühlen als andere (s. o.), kann die Erfahrung, mit den eigenen Gedanken und Gefühlen von jemand anderem wirklich gesehen und verstanden zu werden, bahnbrechend für eine Veränderung des Kontaktverhaltens sein. Außerdem stellen sie fest, dass ihnen der Therapeut aufmerksam zuhört und die Gedanken und Gefühle, die sie äußern, akzeptiert. Diese Akzeptanz kann zunächst Verunsicherung auslösen, da es die Kinder meistens nicht gewöhnt sind, von anderen in ihrer Art anerkannt zu werden. Allmählich jedoch weicht das Misstrauen einem wachsenden Vertrauen in den Therapeuten und schließlich auch in sich selbst. Die Kinder lernen, ihre eigenen Empfindungen und die anderer, die sie früher ignoriert haben, stärker zu beachten und ihren eigenen Empfindungen Ausdruck zu verleihen sowie auf die anderer zu reagieren. Mit dem neu gewonnenen (Selbst-)Vertrauen können sie dann auch in ihrem Alltag damit beginnen, mit anderen Menschen in einen persönlichen Austausch zu treten, und so ihre Isolation überwinden.

Beratung und Information

Wie lassen sich Psychologen, die Trainings zur sozialen Kompetenz oder personenzentrierte Psychotherapie mit Kindern und Jugendlichen anbieten, finden?

Da es hierzu kein allgemein zugängliches, bundesweit gültiges Verzeichnis gibt, ist es ratsam, sich beim Psychotherapie-Informations-Dienst (Adresse s. Anhang 1.4, S. 283) nach Kinder- und Jugendpsychotherapeuten vor Ort zu erkundigen und diese nach ihren Angeboten zu befragen.

Literaturempfehlungen für Rat Suchende

Eltern und Lehrer finden in folgenden Büchern Anregungen, wie sie ihren Kindern bzw. Schülern helfen können, leichter mit anderen in Kontakt zu kommen und intensivere Beziehungen einzugehen.

a) für Eltern:

Shapiro, L. E. (1997). EQ für Kinder. *Wie Eltern die emotionale Intelligenz ihrer Kinder fördern können*. München: Scherz.

Der Autor dieses Buchs geht davon aus, dass die Intelligenz eines Kindes nur dann zur vollen Entfaltung gebracht werden kann, wenn sie sich mit anderen Eigenschaften wie Mitgefühl, Disziplin, Freundschaftlichkeit und Optimismus paart. Das Buch zeigt, wie Eltern Einfühlungsvermögen, Kontaktfreudigkeit, Motivation und Selbstvertrauen bei ihren Kindern fördern können, indem es praktische Anleitungen anhand von Beispielen, Checklisten, Fragebögen und einer Vielzahl praktischer Übungen gibt. Die Kapitel 12–16 sind speziell dem Aufbau und der Verbesserung sozialer Fähigkeiten wie z. B. „Freunde gewinnen" oder „in der Gruppe zurechtkommen" gewidmet. In den Kapiteln 20–23 werden Hinweise zu Möglichkeiten der Verbesserung des emotionalen Ausdrucks gegeben.

b) für Lehrer:

Kliebisch, U. W. (1995). *Kommunikation und Selbstsicherheit. Interaktionsspiele und Infos für Jugendliche – Interaktionsspiele für Schule, Jugendarbeit, Erwachsenenbildung.* Mühlheim: Verlag an der Ruhr.

Dieses Buch enthält 26 Interaktionsspiele, mit deren Hilfe die Mitspielenden sowohl ihre Eigenwahrnehmung schulen als auch lernen können, das Zusammenleben mit anderen bewusster zu registrieren. Die Übungen sind drei Themenkomplexen zugeordnet: Selbsterfahrung, Kommunikation und Selbstsicherheit. Daneben werden Theorien zur sozialen Interaktion vorgestellt wie das Kommunikationsmodell nach Schulz von Thun und die fünf Kommunikationsaxiome nach Watzlawick. Anhand dieser Modelle werden Schwierigkeiten im sozialen Kontakt erklärt und es wird deutlich, auf welche Weise die Übungen helfen können, solche Schwierigkeiten zu überwinden.

c) für Eltern und Lehrer:

Webb, J. T., Meckstroth, E. A. & Tolan, St. S. (1998). *Hochbegabte Kinder, ihre Eltern, ihre Lehrer: Ein Ratgeber.* 2. Aufl. überarb. und erg. von N. Zimet und F. Preckel. Bern: Hans Huber.

Der Ratgeber wendet sich an Eltern, Pädagogen sowie hochbegabte Jugendliche und bietet viele praxisorientierte Hinweise. Besonderer Schwerpunkt des Ratgebers sind die emotionalen Bedürfnisse hochbegabter Kinder. Das sechste Kapitel (S. 156–167) ist speziell dem Thema „Beziehungen zu Gleichaltrigen" gewidmet. Hier wird auf Probleme eingegangen, die sich – z. B. aufgrund einer anderen Erwartungshaltung an Freundschaften – im Umgang von hochbegabten Kindern mit Gleichaltrigen ergeben können. Am Ende des Kapitels finden sich Fragen und Antworten zu Aspekten, über die sich Eltern möglicherweise Sorgen machen.

2.2 Mobbing in der Schule

Fallgeschichte „Katharina"

Katharina ist acht Jahre alt und besucht die zweite Grundschulklasse. Sie ist ein ausgesprochen kluges, eher stilles und empfindsames Mädchen. Bis vor kurzem glänzte sie im Unterricht durch hervorragende Beiträge. Seit einigen Monaten wird sie hin und wieder von einigen ihrer Klassenkameraden gehänselt. Zwei ihrer Mitschüler versuchen sie besonders auszugrenzen und verspotten sie als „Streberin". Während der letzten Tage waren ihre Angriffe heftiger geworden. Katharinas Schulhefte und Turnbeutel verschwanden, ein nasser Schwamm landete in ihrem Gesicht, sie wurde ausgelacht und nur noch mit ihrem Spitznamen „Schlaumeierin" gerufen. Sagte sie etwas in der Klasse, hörte keiner mehr zu.

Der Lehrer und mehrere Klassenkameraden haben zwar Mitleid mit ihr, machen aber keinen ernsthaften Versuch, ihr zu helfen oder sie zu verteidigen. Katharina leidet in der Schule, ihr ist oft übel und sie hat Bauchschmerzen. Sie meldet sich immer weniger zu Wort. Die Eltern bemerken, dass sich ihre Tochter nicht wohl fühlt, haben aber keine Vorstellung davon, was tatsächlich passiert. Katharina will nicht über ihre Lage sprechen. Sie fühlt sich als Versagerin und hat Angst, ihren Eltern Sorgen zu bereiten. Auch befürchtet sie, dass alles noch viel schlimmer würde, wenn ihre Eltern das Problem in der Schule ansprächen.

Ähnlich wie Katharina werden viele Schüler von Klassenkameraden gehänselt und ausgegrenzt. Eine Untersuchung des Münchner Max-Planck-Instituts für Psychologische Forschung kam zu dem Ergebnis, dass fünf Prozent aller Kinder und Jugendlichen gemobbt werden [1]. Dan Olweus, ein Vorreiter auf diesem Gebiet, definiert Gewalt bzw. Mobbing wie folgt [2]:

„Ein Schüler oder eine Schülerin ist Gewalt ausgesetzt oder wird gemobbt, wenn er oder sie wiederholt und über längere Zeit den negativen Handlungen eines oder mehrerer anderer Schüler oder Schülerinnen ausgesetzt ist."

Aus dieser Definition können drei Bestimmungsmerkmale von Mobbing abgeleitet werden:

Die Angriffe sind 1. beabsichtigt,

2. sie werden wiederholt und über eine längere Zeit ausgeführt und

3. das Opfer ist nicht in der Lage, sich zu wehren.

Die Absicht, jemanden zu schädigen, kann sich sehr unterschiedlich äußern – unter Einsatz des Körpers oder verbal. Verletzungen können anderen z. B. durch Beschimpfen, Drohen, Treten, Schubsen, Beinstellen oder Boxen zugefügt werden. Eine ebenfalls typische Form, Mitschüler zu ärgern, besteht darin, ihnen Sachen, wie z. B. Hefte mit Hausaufgaben, wegzunehmen. Häufig unterschätzt werden die indirekten Formen von Gewalt, die tatsächlich einen Groß-

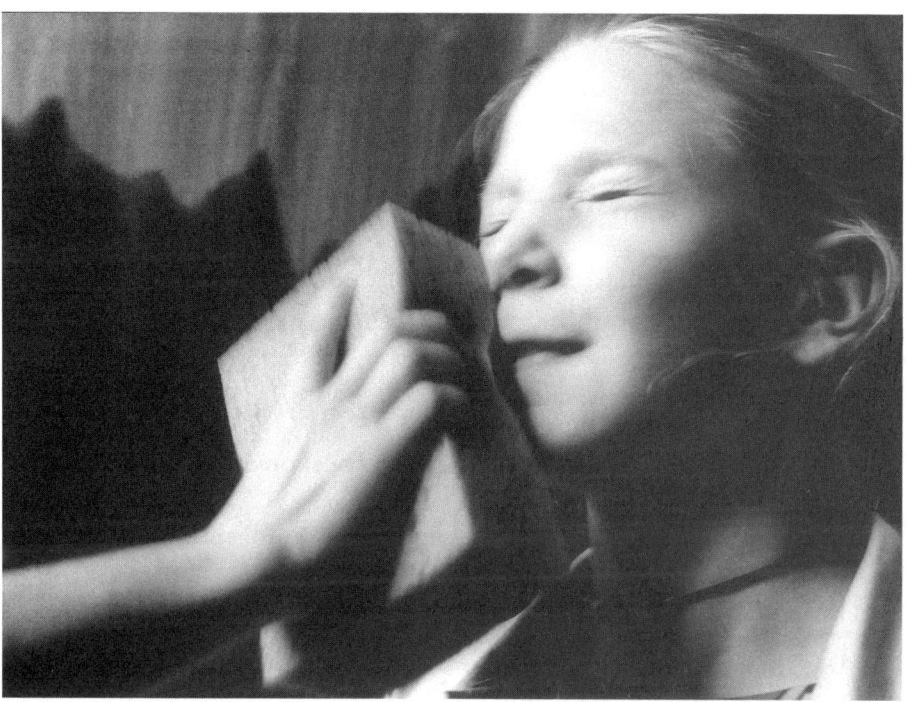

Mobbing

teil von Mobbing ausmachen. Hierzu gehört z. B. das Hänseln („Dreikäsehoch", „Feigling"), das Verbreiten von Gerüchten und die soziale Manipulation, der die Absicht zugrunde liegt, Beziehungen zu zerstören. Eine spezielle Form von Gewalt besteht in der Ausgrenzung von Einzelnen in ihrer sozialen Gruppe.

Mobbing wird zu 50 % von Einzelnen ausgeführt und zu 50 % von einer Gruppe. Jungen wenden häufiger direkte, Mädchen häufiger indirekte Gewaltformen an.

Die Schule, besonders an den unbeaufsichtigten Orten, ist der Hauptort, an dem Mobbing stattfindet. Die Problematik weitet sich aber auch auf das erweiterte Schulumfeld aus. Studien in Deutschland haben ergeben, dass das Opfer meist von zwei oder drei Tätern schikaniert wird. Aufgrund der Überzahl der Täter hat es kaum eine Chance, sich zu wehren.

In einer norwegischen Untersuchung berichteten fast 60 % der Schüler – sowohl die, die gemobbt wurden, als auch die, die mobbten –, dass Lehrer nur selten versucht hätten, Mobbing zu stoppen und mit ihnen über dieses Thema zu reden. Auch die Eltern der Schüler, die gemobbt werden, und besonders die Eltern derer, die andere mobben, schienen sich des Problems vergleichsweise wenig bewusst und sprachen sehr selten mit ihren Kindern darüber [2]. Wichtig ist also Aufklärungsarbeit, um bei Eltern und Lehrern eine Sensibilität dafür zu entwickeln, wer Mobbing ausübt und wer darunter zu leiden hat, sowie Wissen zu vermitteln, was getan werden kann.

Erkennen

Nachfolgend werden Anzeichen oder Symptome genannt, die Eltern, Lehrer oder andere Bezugspersonen darauf aufmerksam machen können, dass ein Kind möglicherweise gemobbt wird. Die genannten Anzeichen treffen dabei sowohl auf Jungen als auch auf Mädchen zu. In der Regel treten mehrere Merkmale gemeinsam auf [2].

Anzeichen dafür, dass ein Kind gemobbt wird

a) *Was Eltern, Lehrer und andere Bezugspersonen beobachten können:*

- Das Kind scheint **unglücklich, deprimiert** oder **unsicher** und hat **wenig Selbstvertrauen.**
- Es ist empfindsam, still, vorsichtig und **zurückgezogen.**

b) *Was v. a. Eltern beobachten können:*

- Das Kind hat evtl. **Verletzungen**, z. B. Prellungen oder blaue Flecken.
- Es **möchte nicht in die Schule** gehen.
- Das Kind zeigt typische **Stresssymptome** wie Magen- und Kopfschmerzen, Schlafstörungen, Angstattacken und Alpträume.

c) *Was v. a. Lehrer beobachten können:*

- Das Kind hat wenige oder **keine Freunde** in der Klasse und ist in der Pause **ausgeschlossen.**
- Es wird bei Mannschaftsspielen immer **als Letztes ausgewählt.**
- Es zeigt eine plötzliche oder langsame **Verschlechterung seiner Schulleistungen, Konzentrations- und Lernschwierigkeiten.**

Manchmal kann bei Opfern neben dem ängstlichen auch aggressives Verhalten beobachtet werden (s. Kap. 2.3). Es hat sich gezeigt, dass relativ viele Kinder, die aufmerksamkeitsgestört oder hyperaktiv (s. Kap. 3.1) sind, Opfer von Mobbing werden.

Auch darauf, dass Kinder und Jugendliche andere mobben, deuten bestimmte Anzeichen hin [3], für die Eltern und Lehrer sensibilisiert werden sollten. Hierbei gilt ebenfalls, dass meist mehrere Merkmale, selten jedoch alle zugleich zutreffen.

Während Mobbing-Täter meist ein aggressives Verhalten in Verbindung mit körperlicher Stärke zeigen, kann die Gruppe der Mitläufer sehr gemischt sein und auch unsichere Kinder enthalten. Manche Kinder sind gleichzeitig als Täter *und* Opfer von Mobbing betroffen. Gerade bei Jungen fällt auf, dass sie eher ihre Täterschaft zugeben, als dass sie sich trauen würden, einem anderen gegenüber einzugestehen, selbst Ausgrenzung und Gewalt erfahren zu haben.

Typische Merkmale eines Kindes, das mobbt

– Das Kind hat die Neigung, die Umwelt in Gewinner und Verlierer einzuteilen und **zählt sich** eher **zu den Gewinnern.**

– Es ist häufig gegenüber Gleichaltrigen und auch gegenüber Erwachsenen **aggressiv.**

– Das Kind hat allgemein eine **positivere Einstellung zur Gewalt.**

– Es ist impulsiv und hat das starke **Bedürfnis, Macht über andere auszuüben.**

– Als Junge ist das Kind meist **körperlich stärker** als die anderen Kinder seines Alters.

– Es ist **wenig ängstlich und unsicher.** (Im Gegensatz zur allgemeinen Auffassung zeigte sich in der norwegischen Studie von Olweus, dass Unsicherheit, Versagen oder schlechte Noten in der Schule aggressives Verhalten nicht begünstigen [2].)

– Das Kind ist **durchschnittlich** oder **etwas unterdurchschnittlich beliebt.**

– Es ist von einer kleinen Gruppe **von (2–3) Freunden umgeben.**

Verstehen

In fast jeder Klasse gibt es ein bis zwei Mobbingopfer. Dies legt die Vermutung nahe, dass dem Mobbing eine wichtige, bisher unbekannte Funktion in einer festen Gruppe zukommt. Es wird spekuliert, dass der Außenseiter in der Klasse die Rolle des Sündenbocks einnimmt. Im Allgemeinen weisen nur solche Gruppen ein Opfer auf, die kaum verlassen werden können und eine klare Hierarchie erkennen lassen. Schulklassen erfüllen diese Bedingung [4]. Grundsätzlich geht man davon aus, dass sich Mobbing über einen langen Zeitraum entwickelt. In einer Gruppe gibt es natürlicherweise immer wieder Auseinandersetzungen, die auch mit Spaß ausgetragen werden können. Das Ausbalancieren der Kräfteverhältnisse kann allerdings kippen, wenn sich in der Gruppe potentielle Mobbingtäter und -opfer befinden.

– Wie wird ein Kind zum Täter?

Kinder, die zum Mobbingtäter werden, suchen nach einem Opfer, über das sie möglichst gefahrlos ihre Macht ausüben können. Haben sie wiederholt Erfolg, weil sich das Opfer nicht wehrt oder sich nicht wehren kann, verfestigen sich die Verhaltensweisen und damit die Täter-Opfer-Rollen. Selbst kleine Missgeschicke des Opfers können die Schikanen auslösen. Obwohl die Gewalt nicht provoziert wurde, schieben die Täter bei einer Rüge häufig die Schuld auf ihre Opfer. Ohne Eingriff oder Sanktionen von außen wird sich der Täter aufgrund seiner Siege stark fühlen und andere dazu verleiten können, ebenfalls zu mobben. Aufgrund der allgemeinen Gewaltanwendung und ihrer stillschweigenden Duldung verlieren auch die Mitschüler die Hemmung, aggressiv zu handeln.

– Wie wird ein Kind zum Opfer?

> „Es gibt zwei Möglichkeiten, Menschen aggressiv zu machen. Die eine ist, wenn man sich zu sehr unterwirft, und die andere, wenn man sie beschimpft und seinerseits aggressiv ist. Ich habe versucht, beide Extreme zu vermeiden, und habe mich sehr höflich benommen."
>
> Jan Philipp Reemtsma 1996 über seine Strategie gegenüber seinen Entführern (Süddeutsche Zeitung, nach Schuster [3])

Mobbingopfer sind nicht als typische Charaktere anzusehen, sondern durch ihr Verhalten und das der anderen in bestimmten Situationen gekennzeichnet. Grundsätzlich kann jeder Schüler zum Mobbingopfer werden, manche geraten jedoch leichter in die Opferrolle als andere [5]. Äußerliche Abweichungen spielen dabei eine wesentlich geringere Ursache als allgemein angenommen wird. Die einzige körperliche Auffälligkeit ist bei Jungen eine geringe körperliche Stärke: Jungen, die Opfer werden, sind im Allgemeinen etwas schwächer als ihre Mitschüler.

Weitere Risikofaktoren, Mobbingopfer zu werden, weisen Kinder auf, die in der Klasse kaum Freunde haben, „anders" sind als die anderen, über geringere soziale Kompetenzen verfügen oder ängstlicher und unsicherer sind als ihre Mitschüler. Gerade bei ängstlichen und unsicheren Kindern fürchten die Täter keine Konsequenzen und die aggressive Strategie erweist sich für sie als besonders gewinnbringend. Nicht immer jedoch ist klar, ob das unterwürfige Verhalten Ursache oder Folge der Opferrolle ist. Eventuell war das Kind schon vorher eher ängstlich und zurückhaltend und wurde dadurch als Opfer gewählt. Durch die ständigen Angriffe und Demütigungen werden Unsicherheit und Hilflosigkeit hervorgerufen bzw. verstärkt. Die erfahrenen Grausamkeiten nehmen immer stärker zu, Unsicherheit und Angst werden für das Kind allgegenwärtig. Das Kind gerät in einen Teufelskreislauf, aus dem es sich meist nicht mehr alleine befreien kann, sondern unbedingt Hilfe braucht. Das Problem ist, dass es sich häufig selbst für die Situation verantwortlich fühlt, sich schämt und kaum mit den Eltern, Lehrern oder Mitschülern über die eigenen negativen Erfahrungen spricht.

Die Beratungspraxis zeigt, dass *hochbegabte* Kinder häufig Mobbingopfer werden [1]. Auch in unserer Studie berichtete ungefähr ein Fünftel der befragten Eltern, dass ihr Kind in der Schule gemobbt wird und dies als sehr belastend erlebt. Was könnten die Gründe dafür sein?

Manche Jungen und Mädchen, die Mobbing erleben, sind schon in früheren Lebensjahren von einer gewissen Vorsichtigkeit und Empfindlichkeit gekennzeichnet. Hochbegabte zeigen häufig eine besondere Sensibilität und lehnen gewalttätiges Verhalten im Allgemeinen ab. Aufgrund dieser besonderen Fähigkeiten und ihres „Andersseins" – ihrer anderen Interessen, ihrer ungewöhnlich reifen Ausdrucksweise, aber auch ihrer teilweisen Ungeschicklichkeit im sozialen Kontakt – haben sie eventuell Schwierigkeiten, sich in der Gruppe zu behaupten. Insbesondere jedoch löst ein hochbegabtes Kind aufgrund seiner intellektuellen Überlegenheit bei seinen Klassenkameraden oft Eifersucht aus, die womöglich durch das Verhalten der Lehrer noch geschürt wird, wenn sie den anderen Kindern vermitteln, dass sie sich den hochbegabten Schüler zum Vorbild nehmen sollten.

Da sich oft für Hochbegabte nur wenige Interessenüberschneidungen mit ihren Klassenkameraden ergeben, finden sie in vielen Fällen kaum oder keine Freunde unter den Mitschülern. In unserer Untersuchung zeigte sich ein deutlicher Zusammenhang zwischen Isolation und Mobbing, d. h. isolierte Kinder wurden häufiger gemobbt als integrierte Kinder. Dieser Zusammenhang könnte folgendermaßen gedeutet werden: Wenn Kinder keine Freunde haben, die sie beschützen können, und sie evtl. selbst körperliche Gewalt ablehnen, sind sie in einer Gruppe wie der Schulklasse angreifbarer.

So gelangen hochbegabte Kinder aufgrund ihrer intellektuellen Überlegenheit und ihres „Andersseins" eher in die Gefahr, Mobbing-Opfer zu werden. Sind sie in der Klasse isoliert, wird die Gefahr noch größer. Was (hochbegabte) Kinder in einer solchen Situation deshalb brauchen, ist zunächst das Gefühl, nicht mehr alleine zu sein, sondern Unterstützung zu bekommen. Wie eine solche Unterstützung von Eltern, Lehrern und evtl. auch professionellen Helfern aussehen kann, wird im nächsten Abschnitt beschrieben.

Helfen

Vermuten Eltern, Lehrer oder andere Bezugspersonen, dass ein Kind Mobbing ausgesetzt ist, sollten sie versuchen, einfühlsam mit ihm darüber zu sprechen. Wenn sich das Kind einem Helfer anvertraut hat und im Gespräch mit ihm einen Teil seiner Scham- und Schuldgefühle abbauen konnte, ist der erste Schritt zu einer Verbesserung der Situation getan. Nun können auf verschiedenen Ebenen weitere Maßnahmen folgen:

– Schulische Ebene

Am wichtigsten ist, dass Hilfe von Seiten der Schule und des Lehrers erfolgt [1, 2, 5, 6, 7]. Der Lehrer muss in den Mobbing-Prozess eingreifen. Je früher er das tut, um so größer sind die Chancen, der Gewalt ein Ende setzen zu können. Wenn Eltern die Ersten sind, die davon erfahren, dass ihr Kind gemobbt wird, sollten sie deshalb so schnell wie möglich den Klassenlehrer ihres Kindes informieren. Am sinnvollsten ist es natürlich, schon präventiv, d.h. noch bevor sich in der Klasse Täter- und Opferrollen ausgebildet haben, mit den Schülern über Mobbing zu sprechen. Gibt es bereits ein Opfer, sollte sich der Lehrer zuerst dessen Einverständnis sichern, bevor er das Thema in der Klasse anspricht. Ganz wichtig ist, dass der Lehrer grundsätzlich nur allgemein über Mobbing spricht, nicht jedoch den persönlichen Fall eines Kindes diskutiert. Gute Möglichkeiten, tiefer in die Problematik einzusteigen, bieten eine Bearbeitung der Thematik im Rollenspiel sowie das Lesen und Besprechen von Texten über Mobbing (s. u.). Hierzu kann es sinnvoll sein, in der Schule Seminare von externen und fachlich speziell dazu geschulten Anbietern durchführen zu lassen. Dabei bietet sich an, teilweise getrennte Jungen- und Mädchengruppen zu bilden, um die jeweils geschlechtsspezifischen Gewaltstrategien und -erfahrungen bearbeiten und Veränderungen in Gang setzen zu können.

Das Ziel solcher Maßnahmen gegen Gewalt und Mobbing an der Schule besteht zum einen darin, die Täter und Mitläufer selbst, aber auch die bislang nur „zuschauenden" Schüler, die häufig aus Angst, selber Opfer zu werden, unbeteiligt bleiben, für das Leiden des Opfers zu sensibilisieren. Gerade den Tätern sind die Folgen ihres Handelns oft gar nicht bewusst. Zum anderen verfolgen die genannten Strategien den Zweck, die bislang zuschauenden Kinder zu stärken und in ihnen Helfer für die Gewaltbekämpfung in der Schule zu gewinnen. Im Klassenverband sollte Einigkeit darüber erzielt werden, dass Mobben und Gewalt an der Schule absolut unerwünscht sind und ohne Ausnahmen unterbunden werden sollen. Durch diese selbst gesetzte Norm wird es Schülern möglich, Mobbing zu beobachten und aufzuzeigen, ohne dass sie dafür negative Konsequenzen seitens der Mitschüler erwarten müssen. Der allgemeine Konsens über die Gewaltfreiheit kann auch die Opfer ermutigen, über ihre Probleme zu sprechen, und den Teufelskreis durchbrechen. Die Täter erleben Grenzen, ihr Verhalten wird nicht länger stillschweigend geduldet.

Auf keinen Fall sollte ein Kind, das Mobbing erlebt, aus der Klasse genommen werden, ohne das Mobbingproblem vorher mit dem Kind, dem oder den Täter(n) und den Mitschülern gemeinsam zu lösen. Zum einen würde(n) sich der oder die Täter dann sofort ein neues Opfer suchen. Zum anderen bekäme das betroffene Kind den Eindruck, es sei seine Schuld, dass es zum Opfer geworden sei und würde wahrscheinlich die Angst entwickeln, in der anderen Klasse werde ihm dies wieder passieren.

– Familiäre Ebene

In seiner Familie sollte das Kind fortlaufende Unterstützung erfahren, indem die Eltern ihm das Gefühl vermitteln, dass sie es verstehen und vorbehaltlos zu ihm halten. Im Kontakt mit dem Kind hat es sich als günstig erwiesen, täglich eine bestimmte Zeit, z. B. eine Viertelstunde vor dem Zubettgehen, zu reservieren, um mit ihm über seine (schulischen) Erlebnisse zu sprechen. Diese regelmäßigen Gespräche bieten dem Kind die Möglichkeit, sich mitzuteilen und zu entlasten. Eltern können ihrem Kind bei diesen Gelegenheiten vielleicht auch von eigenen Mobbing-Erfahrungen in ihrer Schulzeit erzählen, in denen zum einen deutlich wird, dass sie die Qualen verstehen können, zum anderen aber auch die Hoffnung genährt wird, dass wieder bessere Zeiten kommen werden. Damit das Kind möglichst bald wieder bessere Zeiten erlebt, ist evtl. auch eine Stärkung seines Selbstwertgefühls durch Hilfen auf individueller Ebene notwendig (s. u.).

Gewarnt werden muss vor einer Lösungsstrategie, die fast immer dazu führt, dass sich die Situation für das Kind noch verschlimmert: Eltern sollten nicht versuchen, selbst mit dem Täter und/oder den Eltern des Täters zu sprechen. Die Erfahrung hat zum einen gezeigt, dass sich Täter dadurch erst recht angestachelt fühlen, ihr Opfer weiter zu quälen. Zum anderen nehmen Eltern von Tätern ihr Kind meistens in Schutz und leugnen deren Gewaltverhalten sogar dann, wenn es das Kind selbst bereits zugegeben hat.

Wenn die Eltern mit den Lehrern über die Mobbingerfahrungen ihres Kindes und mögliche Abhilfe sprechen – was sie unbedingt tun sollten! –, ist es ungünstig, das Kind selbst zu allen Gesprächen mitzunehmen. Eltern sollten ihr Kind informieren, dass sie mit seinem Lehrer sprechen, es ihm jedoch ersparen, immer wieder selbst davon erzählen und sich damit konfrontieren zu müssen.

– Individuelle Ebene

In erster Linie sind hierbei Selbstbehauptungstrainings für Mädchen oder Jungen zu nennen. In ihnen wird in Form von Rollenspielen geübt, wie man sich in verbaler und auch körperlicher Form verteidigen kann. Dabei werden z. B. eine laute Stimme, Stärke signalisierende Körperhaltungen und passende Erwiderungsmöglichkeiten eingeübt. Speziell für Mädchen und Frauen gibt es ein Verteidigungstraining, das sich Wendo (Weg der Frau) nennt. Auch für Jungen werden in letzter Zeit zunehmend mehr Selbstbehauptungstrainings angeboten.

Eine weitere Möglichkeit ist die Teilnahme des Kindes an speziell für den Einsatz durch Psychologen konzipierten *Trainingsverfahren zur Steigerung der sozialen Kompetenz* (s. Kap. 2.1, S. 159). In diesen Trainings lernt das

Kind z. B. das Wahrnehmen und Äußern eigener Gefühle, Möglichkeiten der verbalen Selbstbehauptung, Einfühlung in Gesprächspartner sowie Kooperation mit anderen. Die verschiedenen Fähigkeiten werden in Form von Rollenspielen geübt, im Alltag ausprobiert und auftretende Schwierigkeiten wiederum im Training besprochen.

Auch eine *personenzentrierte Psychotherapie mit Kindern und Jugendlichen* kommt in Frage (s. Kap. 2.1, S. 160), wenn die übrigen Maßnahmen nicht ausreichen, um das Wohlbefinden des Kindes wieder herzustellen. Durch die neuen Beziehungserfahrungen, die sich im Spiel oder im Gespräch mit einem personenzentrierten Therapeuten bieten, können Kinder das Vertrauen in sich selbst und in andere, das durch die Ausgrenzung stark gelitten hat, zurückgewinnen. Der Therapeut zeigt dem Kind, dass er sich in dessen Situation einfühlen kann und es so akzeptiert, wie es ist. Da sich hochbegabte Kinder, die gemobbt werden, häufig dafür schämen (s. o.), kann die Erfahrung, wirklich verstanden und vorbehaltlos angenommen zu werden, sehr aufbauend wirken. Das Kind lernt auf diese Weise, sich auch selbst wieder stärker zu schätzen und im Kontakt mit anderen selbstsicherer aufzutreten. Fehlen dem Kind dazu außerdem bestimmte soziale Kompetenzen, können diese im (Rollen-)Spiel erprobt und geübt werden [8].

Beratung und Information

Selbstbehauptungstrainings werden z. B. von Kinderschutzzentren (s. Anhang 1.3, S. 286) und Frauensportvereinen angeboten. Trainings sozialer Kompetenzen werden von Kinder- und Jugendpsychologen in freier Praxis sowie in Beratungsstellen durchgeführt. Nach Trainings und Psychotherapien können sich Betroffene beim Psychotherapie-Informations-Dienst (Adresse s. Anhang 1.4, S. 283) erkundigen. In Anhang 1 ist unter Punkt 3 die Adresse eines Mobbingtelefons sowie eines Beratungsservices im Internet für Kinder, Eltern und Lehrer aufgeführt. Speziell für Lehrer gibt es im Internet außerdem ein Diskussions- und Beratungsforum zum Thema „Umgang mit Mobbing". Die entsprechende Seite sowie weitere Erläuterungen sind ebenfalls in Anhang 1.3 (S. 280 f.) abgedruckt.

Literaturempfehlungen für Rat Suchende

a) Für Lehrer und Eltern:

1. Dambach, K. E. (1998). *Mobbing in der Schulklasse*. München: Reinhardt.

Dieser Ratgeber gibt konkrete Hinweise für den Umgang mit gemobbten Kindern und schlägt Möglichkeiten für die Verbesserung des sozialen Miteinanders in Schule und Familie vor. Er beschreibt typische Verhaltensmuster von Mobbingtätern und wie sich diese in der Schule entwickeln. Im ersten Teil, der sich mit Grundlagen beschäftigt, werden sowohl die Familie und der Freundeskreis des gemobbten Kindes thematisiert als auch die Rolle des Außenseiters und der Einfluss der Gruppe auf das Verhalten von Mobbingtätern. Im praktischen Teil werden Möglichkeiten des Lehrers aufgezeigt: das Gespräch mit dem Mobbingopfer, das Thematisieren und Ansprechen von Mobbing in der Schulklasse und die Integration des gemobbten Kindes. Es werden außerdem beispielhafte Situationen und Fallgeschichten geschildert. Insgesamt ist der Ratgeber sehr kurz gefasst und die Thematik auf das Wesentliche beschränkt.

2. Olweus, D. (1996). *Gewalt in der Schule: Was Lehrer und Eltern wissen sollten – und tun können*. Bern: Huber.

Hierbei handelt es sich um ein recht kurzes, 128 Seiten umfassendes, Buch, das sich vorwiegend an Eltern, Lehrer und andere Praktiker richtet. Es fasst die wesentlichen Ergebnisse der von Olweus durchgeführten Untersuchungen zu Gewalt und Mobbing an Schulen zusammen und stellt Interventionsmaßnahmen vor.

b) Für Lehrer:

1. Jost, M. (1999). *Extra-Klasse? Hochbegabte in der Schule erkennen und begleiten*. Wiesbaden: Universum Verlagsanstalt. Daraus das Kapitel „*Soziale Isolation*", S. 57–65.

An einem prototypischen Fall beschreibt die Autorin anschaulich, durch welche Verhaltensweisen sich Mobbing äußert und mit welchen Folgen dieses Verhalten für die Opfer verbunden ist. Außerdem geht sie kurz darauf ein, was Lehrer gegen Mobbing tun können.

2. Nilsson, J. (1998). *. . . und raus bist du!* München: Carl Hanser Verlag.

Die Autorin beschreibt in diesem autobiographisch geprägten Roman Ausgrenzung und Demütigung, die Hanna in ihrer Schulklasse erleben muss. Angefangen von kleinen Neckereien auf dem Schulweg wird die Gewalt, die sie von ihren Mitschülern erfährt, immer grausamer und Hannas Angst immer größer.

Die Lektüre kann geeignet sein, Schüler ab ca. 12 Jahre dafür zu sensibilisieren, was sie anrichten, wenn sie mobben bzw. sich in ihrer Klasse an Mobbing beteiligen.

2.3 Aggressivität

Fallgeschichte „Christian"

Christian fällt in der Schule durch seine äußerst guten Beiträge auf. Noch häufiger jedoch gerät er durch sein aggressives Verhalten in den Mittelpunkt der Aufmerksamkeit. Vor allem bei Gruppenarbeiten bekommt er regelmäßig Streit mit seinen Klassenkameraden, der sogar bis zu körperlichen Auseinandersetzungen führen kann. Grund hierfür ist Christians sehr dominantes Verhalten. Er akzeptiert ausschließlich seine Vorstellungen und drängt darauf, dass die anderen sie annehmen und umsetzen. Seine Ideen sind oftmals wirklich gut, doch die Art, in der er sie zu verwirklichen versucht, stößt bei seinen Mitschülern auf Ablehnung.

Auch gegenüber seiner kleinen Schwester ist Christian sehr dominant. Von seinen Eltern lässt er sich wenig sagen und beschimpft sie häufig. Er selbst reagiert auf Abweisung und Kritik extrem sensibel. Versucht Christian, eine Aufgabe zu lösen und ihm gelingt dies nicht sofort, bekommt er heftige Wutanfälle und scheint sich nicht mehr unter Kontrolle zu haben. Er zertrampelt, zerreißt oder zerschlägt dann alles, was ihm im Weg steht.

Die Fallgeschichte schildert eine Reihe aggressiver Äußerungsformen. Unter Aggression versteht man all jene Verhaltensweisen, die darauf ausgerichtet sind, eine andere Person, sich selbst oder einen Gegenstand zu schädigen oder zu verletzten [1]. Der Begriff „Aggression" hat somit eine eindeutig negative Konnotation. Die ursprüngliche Bedeutung des lateinischen Wortes *ad-gredi*, von dem der Begriff „Aggression" abstammt, beinhaltet eigentlich eine positive Fähigkeit und heißt übersetzt „Herangehen", „Annähern" und „Antriebskraft" [2]. Im heutigen Wortsinne meint Aggression jedoch eine fehlgeleitete Antriebskraft, zu der es recht häufig kommt: In einer bundesweiten Untersuchung zeigte sich, dass etwa 3 % aller Mädchen und 6 % aller Jungen zwischen vier und zehn Jahren von ihren Eltern als *ausgeprägt* aggressiv wahrgenommen werden [3]. In unserer Studie berichteten 45 % der befragten Eltern, dass ihr hochbegabtes Kind aggressive Verhaltensweisen zeige. Bei 21 % waren diese so heftig, dass sie von den Eltern als sehr belastend empfunden wurden. Wie in der allgemeinen Erziehungsberatung stellt Aggressivität also auch im Kontext der Hochbegabtenberatung ein häufiges Beratungsthema dar. Deshalb liefert dieses Kapitel Informationen darüber, wie sich Aggressivität äußern kann, welche Ursachen es für ihre Entstehung gibt und v. a., was Eltern, Lehrer, Erzieher und professionelle Helfer tun können, um betroffenen Kindern zu helfen.

Erkennen

Aggression ist die am eindeutigsten erkennbare Verhaltensstörung bei Kindern. Aggressive Kinder weisen häufig folgende Merkmale auf [4]:

Aggressivität

Kennzeichen aggressiver Kinder

– **Geringe Selbst- und starke Fremdkontrolle:** Aggressive Kinder neigen dazu, sich sehr mit ihren eigenen Bedürfnissen zu beschäftigen, weshalb auch nicht gelingende Kleinigkeiten als Frustration erlebt werden. Die Kinder reagieren darauf impulsiv, d. h. sie können den Ausdruck ihrer Wut nicht kontrollieren. Neben dieser geringen Selbstkontrolle haben sie häufig ein starkes Bedürfnis, über andere Macht auszuüben.

– **Mangelhafte Beobachtungsfähigkeit:** Aggressive Kinder können die Mimik und Gestik anderer wesentlich schlechter differenzieren und interpretieren als nicht-aggressive Kinder. Freundliche oder neutrale Verhaltensweisen wie schnelle Bewegungen oder langes Ansehen werden von ihnen oft als Angriff interpretiert.

– **Geringe Einfühlungsfähigkeit in andere:** Aggressive Kinder sind oft nur wenig dazu in der Lage, sich in andere einzudenken und einzufühlen. Damit verbunden ist das häufige Fehlen von Reue- und Schuldgefühlen, wenn die Kinder jemanden verletzt haben. Sie sind sich ihres aggressiven Verhaltens mitunter gar nicht bewusst.

– **Mangel an nicht-aggressiven Verhaltensalternativen:** Positives soziales Verhalten wie Unterstützung anderer, Kooperation und angemessene Selbstbehauptung sind bei aggressiven Kindern wenig ausgeprägt.

– **Fehlen ausgewogener sozialer Kontakte:** Aggressive Kinder haben meist keine stabilen Freundschaften zu Gleichaltrigen. Aufgrund ihres aggressiven Verhaltens werden sie von anderen abgelehnt.

– **Motorische Unruhe und Angespanntheit:** Aggressive Kinder sind oft motorisch unruhig. Die Fähigkeit, sich zu entspannen, ist bei ihnen nur unzureichend ausgebildet. Zudem können sie sich häufig nur schlecht konzentrieren.

Wie im letzten Punkt angedeutet, steht aggressives Verhalten bei einigen Kindern im Zusammenhang mit einer Aufmerksamkeitsdefizit-/Hyperaktivitätsstörung (s. Kap. 3.1). Deshalb sollten aggressive Kinder grundsätzlich daraufhin untersucht werden. Wird diese Störung diagnostiziert und adäquat behandelt, kann sich dadurch auch das aggressive Verhalten deutlich bessern.

Neben diesen Kennzeichen zeigen aggressive Kinder meist ein wiederholt auftretendes, stabiles Verhaltensmuster an aggressiven Handlungen, das ein breites Spektrum aufweisen kann [5, 6, 7]. Das aggressive Verhalten kann sich zum einen in *direkter Form* äußern. Dies geschieht gegenüber

a) *anderen Personen (oder Tieren)* durch **verbale Angriffe**, z. B. Beleidigen, Beschimpfen oder Verspotten, **körperliche Gewaltanwendung**, z. B. Schlagen, Treten, Beißen, Kratzen oder Würgen, **expressive Formen von Aggressivität**, z. B. Spucken oder Herausstrecken der Zunge, und **schwere Regelverstöße**, z. B. Betrug oder Diebstahl.

b) *Gegenständen* durch **Zerstörung**, z. B. Beschädigen, Beschmutzen oder Zerreißen.

c) *der eigenen Person (Autoaggression)* durch **Verletzen des eigenen Körpers** wie Aufritzen der Haut, Schlagen des Kopfs gegen die Wand oder Zufügen von Brandwunden.

Aggression kann aber auch *indirekter* und weniger beobachtbar ausgeübt werden. Eine spezielle Form schädigenden Handelns besteht in der sozialen Ausgrenzung anderer, in der Weigerung, den Wünschen anderer nachzukommen oder im

„Drahtziehen" bei Beziehungen. Autoaggression und diese zuletzt genannte raffinierte Form der Gewalt sind häufiger bei Mädchen als bei Jungen anzutreffen. Jungen bedienen sich dagegen eher der körperlichen Gewalt (s. Kap. 2.2, S. 163). Insgesamt überwiegt jedoch bei beiden das verbale aggressive Verhalten [1]. Unabhängig davon, welche aggressiven Verhaltensweisen konkret gezeigt werden, soll im nächsten Abschnitt untersucht werden, wie sich Aggressivität – also die allgemeine Bereitschaft zu schädigendem Verhalten – entwickelt.

Verstehen

Zur Erklärung der Entstehung von Aggressivität wurde eine Vielzahl an Theorien aufgestellt. Zwei seien hier erläutert: Die eine stellt die am besten belegte Erklärung für die Entstehung von Aggressivität dar, die andere zeigt spezifische Gründe für die Entstehung aggressiven Verhaltens bei hochbegabten Kindern auf.

Die von der Forschung am besten bestätigte Theorie geht davon aus, dass *aggressives Verhalten* ebenso wie hilfsbereites und jegliches soziales Verhalten *erlernt* wird [8]. Zwei Lernprinzipien, das Verstärkungslernen und das Modelllernen, spielen dabei eine besondere Rolle.

– *Verstärkungslernen*

Aggressives Verhalten wird verstärkt, wenn die Person dadurch ein Ziel erreicht. Kann ein Kind z. B. mehrmals durch Anschreien und Boxen der Mutter durchsetzen, dass es ein Eis oder einen anderen begehrten Gegenstand bekommt, ist es wahrscheinlich, dass es sich zukünftig bevorzugt mit aggressiven Mitteln durchzusetzen versucht.

Ebenso erfährt aggressives Verhalten eine Verstärkung, wenn es dem Kind oder Jugendlichen gelingt, ein bedrohliches Ereignis oder einen unangenehmen Zustand durch aggressives Verhalten erfolgreich zu verringern oder zu beseitigen. Ein Kind, das wiederholt die Erfahrung macht, dass es beispielsweise durch Treten den Angriff eines anderen Kindes abwehren oder dadurch einen unangenehmen Spannungszustand wie Schmerz, Furcht oder Ärger beseitigen kann, wird sich zukünftig häufiger aggressiv verhalten.

– *Modelllernen*

Verhaltensweisen können nicht nur durch eigene Erfahrung erworben, sondern auch durch die Beobachtung von Modellen erlernt werden [9]. Als Modell können Erwachsene oder auch Gleichaltrige dienen, und zwar sowohl im realen Leben als auch in Büchern, im Fernsehen und in Computerspielen. Das durch die Beobachtung erlernte Verhalten wird von dem Kind imitiert, wenn es sich positive Konsequenzen von dem Verhalten erhofft. Beobachtet ein Kind z. B. wiederholt, dass sich ein laut werdender Erwachsener besonders gut durchsetzen kann, ist es wahrscheinlich, dass es selbst in einer ähnlichen Situation auch laut wird.

Die Familie ist zunächst das Hauptumfeld, in dem ein Kind Verhaltensweisen erlernt. Welche Geschehnisse führen dort nun konkret dazu, dass die genannten Lernprinzipien greifen und das Kind aggressiv wird?

Es hat sich gezeigt, dass Eltern aggressiver Kinder in ihrem Verhalten gegenüber dem Kind meist unbeständig und widersprüchlich sind [10]. Sie sprechen z. B. Regeln und Strafen für deren Nicht-Beachtung aus, setzen diese Strafen jedoch nicht konsequent durch, wenn das Kind eine Regel missachtet. Sie drohen und schimpfen viel, machen ihre Drohungen jedoch oft nicht wahr. Daraus entwickeln sich Interaktionsprobleme in der Familie, die in einen Teufelskreis münden: Das Kind kommt Aufforderungen der Eltern auch nach mehrmaliger Wiederholung nicht nach. Die Eltern drohen dem Kind, was dieses jedoch nicht (mehr) ernst nimmt und deshalb nicht gehorcht. Schließlich geben die Eltern ihre Forderungen entweder auf oder sie werden ungezielt aggressiv. Im ersten Fall wird das Kind für sein sich widersetzendes Verhalten positiv verstärkt (s. o.). Im letzteren Fall erfährt es am eigenen Leib, dass sich aggressives Verhalten, zumindest gegenüber Schwächeren, lohnt. Es hat am Modell gelernt (s. o.). In der Folge nehmen sein aggressives Verhalten und sein Ungehorsam zu.

Neben der Verstärkung und dem Vorleben aggressiver Verhaltensweisen ist es häufig so, dass prosoziales Verhalten von Eltern und auch von Lehrern zu wenig anerkannt wird. Da die Kinder also für hilfsbereites, Regeln achtendes Verhalten keine Aufmerksamkeit erfahren, gewinnen sie den Eindruck, dass sich dieses Verhalten für sie nicht lohnt und unterlasssen es zukünftig. So lernen sie nicht, Freundschaften aufzubauen, aufrechtzuerhalten und sich kooperativ zu verhalten. Sie eignen sich keine andere Möglichkeit an, als ihre Interessen anderen gegenüber mit Gewalt und Druck durchzusetzen.

Die zweite Theorie, die in diesem Kontext dargestellt wird, geht davon aus, dass *Aggression die Folge von Frustration* ist und den Zweck hat, das ursprünglich angestrebte Ziel mit verstärktem Energieeinsatz zu erreichen [2]. Nach heutiger Auffassung führen Frustrationen jedoch nicht zwangsläufig zu Aggressionen, sondern aggressives Verhalten ist nur eine mögliche Reaktionsform auf Frustration. Das Modell der „Spirale der Enttäuschungen" (s. Kap. 3.4, S. 238) beschreibt, wie sich Frustrationen in der Schule auf das Verhalten und Erleben *hochbegabter* Kinder auswirken können [11]. Ihr ursprünglicher Elan, sich in der Schule dem Lernen neuer und spannender Sachverhalte zu widmen, wird schnell gebremst, wenn sie merken, dass sie den behandelten Stoff schon lange beherrschen, ihre speziellen Fragen keinen Raum bekommen und sie sich einem Lerntempo anpassen müssen, das für ihre Aufnahmegeschwindigkeit viel zu langsam ist. Dieses Ausgebremstwerden kann sich ungünstig auf den Antrieb der Kinder auswirken, was sich in drei typischen Reaktionsformen äußert, wobei – wie erwähnt – Aggressivität nur eine davon ist [2]:

– Das Kind unterdrückt seine eigenen Wünsche und seine Selbstbehauptung aus Angst vor Zurückweisung und Isolation. In der Folge können psychosomatische Beschwerden entstehen (s. Kap. 3.3)

– Das Kind zieht sich zurück. Es fühlt sich unverstanden und verlassen. In ihm wachsen Hoffnungs- und Ausweglosigkeit, mitunter fühlt es sich für seine eigenen Wünsche schuldig. Das Kind entwickelt eine Depression (s. Kap. 3.4).

– Das Kind rebelliert in Form von Aufdringlichkeit und motorischer sowie verbaler Unruhe, d. h. es zeigt aggressives Verhalten.

Warum ein individuelles Kind nun aggressiv und nicht depressiv reagiert, hängt sowohl von seinen bisherigen Lernerfahrungen (s. o.) als auch von seiner Anlage ab. Aus den Ausführungen wird bereits deutlich, dass es nicht einfach darum gehen kann, die Aggressionen des Kindes zu unterdrücken, denn dabei bestünde die Gefahr, dass sich der Frust des Kindes auf andere, ebenfalls nicht gesunde Art äußert. Das Kind muss erfahren, dass seine Wünsche berechtigt sind, seine Mittel zu ihrer Durchsetzung jedoch nicht akzeptiert werden. Wie dies geschehen kann, erläutert der folgende Abschnitt.

Helfen

Beeinträchtigt das aggressive Verhalten des Kindes das Zusammenleben mit ihm und/oder leidet es selbst darunter, ist es wichtig, Maßnahmen zu ergreifen, die dieses Verhalten reduzieren. In vielen Fällen ist es sinnvoll, dazu die Unterstützung einer Erziehungsberatungsstelle oder eines Psychologen zu suchen.

Im Folgenden werden zunächst Möglichkeiten dargestellt, die Eltern, Lehrer und andere Bezugspersonen ergreifen können, um aggressiven Kindern – und damit auch sich selbst – zu helfen. Im Anschluss erfolgt eine knappe Darstellung spezieller therapeutischer Maßnahmen, die von professionellen Helfern angeboten werden.

A) Was Eltern und Lehrer tun können:

Entsprechend der beiden Wege, die zur Entstehung von Aggressivität aufgezeigt wurden, werden auch zwei Vorgehensweisen zum Abbau aggressiven Verhaltens unterschieden. In der Praxis gehen sie meist Hand in Hand, da bei vielen Kindern gleichzeitig mehrere Bedingungen zur Entstehung und Aufrechterhaltung des aggressiven Verhaltens beitragen. In ihren Versuchen, das aggressive Verhalten eines Kindes zu reduzieren, sollten Eltern und Lehrer möglichst Hand in Hand arbeiten, d. h. sich gegenseitig über ihre Schwierigkeiten informieren und sich über ihre Maßnahmen austauschen.

1. Möglichkeiten, aggressives Verhalten zu reduzieren, das sich aufgrund einer inkonsequenten Erziehung ausgebildet hat:

Sind Kinder aggressiv, weil dieses Verhalten von ihren Eltern oder sonstigen Erziehungspersonen geduldet wird oder es durch aggressives Verhalten seinen Willen durchsetzen kann, muss das Erziehungsverhalten geändert werden. Dabei sind v. a. folgende Aspekte wichtig [2]:

– Abbau der Verstärkungen für aggressives Verhalten

Das Kind muss die Erfahrung machen, dass sein aggressives Verhalten nicht länger zum angestrebten Ziel führt. Dies können Eltern zu erreichen versuchen, indem sie das aggressive Verhalten, z. B. lautes Schreien und Schimpfen, nicht beachten. Eine andere Möglichkeit ist, das Kind für eine Zeit zu isolieren, es z. B. von einem Spiel, bei dem es andere angreift oder sich nicht an die Regeln hält, auszuschließen und für eine bestimmte Zeit in sein Zimmer zu schicken.

Auch in der Schule ist es wichtig, dass aggressivem Verhalten ein klarer Riegel vorgeschoben wird. Lehrer sind in einer schwierigen Situation, da sie nicht selten gleich mehrere aggressive Kinder in ihrer Klasse haben. Sie fühlen sich mitunter ohnmächtig gegenüber der verbalen oder auch körperlichen Gewalt, die einzelne Kinder ihren Klassenkameraden antun, oder sind zu erschöpft, um einzuschreiten. Es ist jedoch sehr wichtig, dass sie aggressives Verhalten nicht dulden, da sich dieses ansonsten in seiner Häufigkeit und Intensität steigert (s. Kap. 2.2, S. 166).

– Aushandeln und Festsetzen klarer Regeln

Außerdem müssen eindeutige Grenzen, Vereinbarungen und Regeln festgelegt werden, die sowohl für das Kind als auch die Eltern bzw. sonstige Erziehungspersonen verbindlich sind. Dass sich letztere ebenfalls an die vereinbarten Regeln halten, ist von großer Bedeutung, denn erstens wird nur dies vom Kind als gerecht empfunden und zweitens besitzen sie eine Modellfunktion (s. o.).

Regelverletzungen müssen zu definierten Konsequenzen führen, die keine beschämenden Bestrafungen, sondern Wiedergutmachungsleistungen darstellen sollen. Erscheint ein Familienmitglied z. B. ohne Absprache nicht zum Abendessen, muss es bei der nächsten gemeinsamen Mahlzeit das Tischdecken, Abräumen und Spülen übernehmen. Um die Verbindlichkeit zu erhöhen, können die getroffenen Vereinbarungen in Form von „Verträgen" festgeschrieben werden. Dies kann auch bei aggressivem Verhalten in der Schule eine hilfreiche Maßnahme sein (s. Kap. 2.5, S. 202).

– Aufzeigen nicht-aggressiver Verhaltensalternativen

Es ist wichtig, dem Kind Möglichkeiten zu zeigen, auf nicht-aggressive Art Beachtung und Zuwendung zu erreichen. Dies kann auf verschiedene Weisen geschehen, z. B. dadurch, dass die Eltern solche Verhaltensweisen als Modell vorleben. Wenn sie im Kontakt miteinander, mit dem Kind und mit Fremden sozial kompetent auftreten, d. h. die Wünsche anderer achten und gleichzeitig ihre eigenen Wünsche bestimmt, aber freundlich zum Ausdruck bringen, wird das Kind versuchen, dieses Verhalten zu imitieren. Außerdem sollten Eltern dem prosozialen Verhalten, das das Kind in bestimmen Momenten zeigt, mehr Beachtung schenken und ihre Freude darüber zum Ausdruck bringen. Durch die beschriebenen Modifikationen des Erziehungsverhaltens verändert das Kind seine Erwartungshaltung: Nicht mehr aggressives Verhalten ist der „Schlüssel zum Erfolg", sondern sozial kompetentes Verhalten, d. h. ein Verhalten, das die eigenen Bedürfnisse deutlich zum Ausdruck bringt, ihre Befriedigung jedoch nicht ohne Rücksicht auf die Gefühle und Wünsche anderer durchsetzt.

In der Schule sollte ebenfalls versucht werden, einen solchen Umlernprozess in Gang zu setzen. Lehrer sollten in ihren Klassen Gespräche über aggressives Verhalten und günstigere Verhaltensalternativen initiieren sowie moderieren (s. Kap. 2.2, S. 168). Durch einen solchen Austausch können aggressive Kinder nicht nur von ihrem Lehrer, sondern auch von ihren nicht-aggressiven Klassenkameraden lernen, was oft einen größeren Effekt hat. Schildert beispielsweise ein Mitschüler, wie er auf sozial kompetente Weise anderen gegenüber Wünsche oder Forderungen zum Ausdruck bringt, ist es für ein aggressives Kind häufig leichter, diese Verhaltensweisen ebenfalls zu erproben, als wenn der Lehrer Ähnliches „anordnen" würde.

2. Möglichkeiten, Kindern zu helfen, die in Reaktion auf inadäquate (Lern-) Bedingungen aggressiv reagieren:

Verhalten sich Kinder beispielsweise in der Schule aggressiv, weil sie vom Unterricht gelangweilt sind und ihre Fragen keinen Raum finden, ist es wichtig, ihnen in einem Gespräch zu vermitteln, dass ihr Bedürfnis nach mehr intellektuellem „Futter" durchaus Berechtigung hat, die Methoden, die sie einsetzen, um zu dessen Befriedigung zu gelangen, jedoch nicht in Ordnung sind (s. o.). Auf dieses Gespräch aufbauend müssen Veränderungen in die Wege geleitet werden, die sowohl auf Seiten des Kindes als auch der Umwelt ansetzen. Folgende Ziele sollten angestrebt werden [2]:

– Verbesserung der Außenbedingungen

Das Kind sollte bessere Lernbedingungen erhalten, also z. B. durch eine innere Differenzierung des Unterrichts sowie außerschulische Förderkurse verstärkt gefördert werden (s. Adressen im Anhang 2.1, S. 288 f.). Damit Lehrer dieser Aufgabe besser gerecht werden können, empfiehlt sich der Besuch einer Fortbildung zum Thema „Hochbegabung" (s. Anhang 3.1, S. 299 f.).

– Erkennen der Wirkungen des aggressiven Verhaltens

Wenn man aggressive Kinder mit der Lage des Opfers ihrer Aggression konfrontiert, reagieren sie häufig erschrocken. Rollenspiele, in denen die aggressiven Kinder selbst Opfer sind, oder sehr deutliche Schilderungen, wie sich das Opfersein „anfühlt", können dazu geeignet sein, dem Kind den Perspektivenwechsel, also die Sicht und das Erleben der anderen Person, verständlich zu machen.

– Aushalten von Unannehmlichkeiten für eine begrenzte Zeit

Aggressive Kinder, die in einer für sie unbefriedigenden Situation schnell impulsiv reagieren, müssen lernen, solche Situationen für begrenzte Zeiträume auszuhalten. Es wird sich z. B. nicht vermeiden lassen, dass sich das Kind in der Schule ab und zu langweilt oder eine Frage von ihm nicht beantwortet wird. Diese Enttäuschungen muss es ertragen lernen. Dazu ist es hilfreich, wenn die Umwelt, d. h. in erster Linie Lehrer und Eltern, auf das Kind so reagiert, wie es unter 1. dargestellt wurde.

B) Wie Psychologen aggressiven Kindern helfen können:

Zum Abbau aggressiven Verhaltens hat sich v. a. die Verhaltenstherapie als geeignet erwiesen. Innerhalb des verhaltenstherapeutischen Ansatzes wurden dazu verschiedene Vorgehensweisen entwickelt. Welche Maßnahme in einem konkreten Fall am besten geeignet ist, muss aufgrund der Ergebnisse einer differentialdiagnostischen Untersuchung entschieden werden, die der aufgesuchte Psychologe bzw. Psychotherapeut zunächst durchführen sollte.

Häufig werden Trainingsverfahren eingesetzt, die zugleich einen Abbau aggressiven und einen Aufbau sozial kompetenten Verhaltens zum Ziel haben. Sie wenden die unter 1. und 2. vorgestellten Maßnahmen kombiniert an. In Rollenspielen werden nicht-aggressive Verhaltensalternativen erprobt und schließlich in den Alltag übertragen. Das bekannteste Beispiel solcher Trainingsverfahren ist das „Training mit aggressiven Kindern" von Petermann und Petermann [12], bei dem parallel eine ausführliche Eltern- und manchmal auch eine Lehrerberatung erfolgt. In dieser Beratung werden den Bezugspersonen die Bedingungen verdeutlicht, die den Erwerb sowie die Aufrechterhaltung von aggressivem Verhalten begünstigen und sie werden angeleitet, die oben aufgezeigten Veränderungen in ihrem Erziehungsstil vorzunehmen.

Beratung und Information

Für Eltern kann die erste Anlaufstelle eine Erziehungsberatungsstelle sein (zu den Adressen s. Anhang 1.2, S. 275). Die Mitarbeiter dort können evtl. Auskünfte über Trainings für aggressive Kinder vor Ort geben. Ansonsten informiert der Psychotherapie-Informations-Dienst über entsprechende Therapeuten (Adresse s. Anhang 1.4, S. 283). Da eine Veränderung des Erziehungsverhaltens, die in diesem Fall v. a. das zukünftige Ignorieren und Durchkreuzen des kindlichen aggressiven Verhaltens bedeutet, viel Kraft kostet, ist es günstig, wenn die Eltern ebenfalls die Möglichkeit zu einer mehrmaligen Beratung haben oder Unterstützung in einer Selbsthilfegruppe finden (Adressen s. Anhang S. 270 und 283 f.).

Auch Lehrer sollten sich bei Schwierigkeiten im Umgang mit aggressiven Kindern Unterstützung sichern. Ansprechpartner können Kollegen, der Schulpsychologische Dienst oder eine Fachberatung sein. In diesem Zusammenhang ist auch der für Lehrer konzipierte Internetarbeitskreis zum Thema Mobbing zu nennen, dessen Adresse sich in Anhang 1.3 (S. 281) unter dem Stichwort Mobbingzirkel befindet.

Literaturempfehlungen für Rat Suchende

a) Insbesondere für Lehrer:

Gratzer, W. (1993). *Mit Aggressionen umgehen.* Braunschweig: Westermann.

Gratzer informiert in seinem Buch über die Themen „Gewaltbereitschaft" und „Aggression". Er erläutert die Ursachen zunehmender Gewaltbereitschaft und differenziert unterschiedliche Formen von Gewalt. Zur Anschauung werden Fallgeschichten geschildert und analysiert. Im Mittelpunkt des Ratgebers stehen Anregungen für präventives und korrigierendes Eingreifen. Dazu werden konkrete Hilfen für Lehrer, Schüler und Eltern aufgezeigt.

b) Für Eltern:

Kaiser, T. (1998). *Bleib bei mir, wenn ich wütend bin! Wut und Aggressionen: So helfe ich meinem Kind.* Freiburg: Christophorus-Verlag.

In diesem Buch geht der Autor zunächst anhand von Beispielen der Frage nach, wie Wut entsteht und was aggressive Kinder brauchen, um besser mit diesem Gefühl umzugehen. Mit Hilfe von Spielen werden Wege aufgezeigt, wie Eltern und Kinder lernen können, Wut auf ungefährliche Weise Ausdruck zu verleihen. Es werden Anregungen gegeben, welche Maßnahmen – beispielsweise die Einführung von Abmachungen oder Aufgaben für Eltern und Kind und deren Einhaltung durch beide Seiten – das Familienklima verbessern können.

Ein Kapitel widmet sich dem Umgang des Kindes mit Konflikten. Es werden Übungen gezeigt, die dem Kind verdeutlichen können, wie man einen Streit konstruktiv austrägt. Außerdem stellt der Autor Entspannungsübungen vor, die dem Kind die Möglichkeit bieten, mit seiner Wut gelassener umzugehen, d. h. sie weniger impulsiv auszuleben.

Insgesamt ist dieses Buch sehr praxisorientiert und anschaulich gestaltet. In vom Text abgehobenen Kästchen werden zusätzliche Tipps und Anregungen oder Zusammenfassungen gegeben.

2.4 Konflikte in der Familie

Fallgeschichte „Lisa"

Lisa ist neun Jahre alt. Ihre Eltern beschreiben sie als ein Mädchen, das unglaublich viel weiß und dauernd etwas Neues wissen möchte. Sie fühlen sich durch die unstillbare Forderung ihrer Tochter nach Aufmerksamkeit und aufgrund der Tatsache, dass sie die Antworten auf Lisas sehr spezielle und detaillierte Fragen häufig selbst nicht kennen, überfordert. Oft reagieren sie verärgert und weisen die Tochter mit ihren Fragen zurück.

Lisa macht sich viele Gedanken über moralische Fragen. Sie ist sehr selbstkritisch, geht jedoch genauso heftig mit anderen ins Gericht. Sie wirft den Eltern z. B. unökologisches Verhalten vor, wenn sie mit dem Auto statt mit dem Fahrrad zur Arbeit fahren. Auch mit einigen anderen religiösen, ethischen und politischen Einstellungen ihrer Eltern zeigt sich Lisa nicht einverstanden und möchte dann mit ihnen diskutieren. Da sie nicht wissen, wie sie reagieren sollen, versuchen die Eltern oft, solche Gespräche abzubrechen, was bei Lisa jedoch Frustration und Wut hervorruft.

Lisas ausgeprägte Eigenwilligkeit führt häufig zu Streit. Hat sie sich z. B. vorgenommen, eine Versuchsreihe chemischer Experimente im Badezimmer durchzuführen, akzeptiert sie kein elterliches Verbot. Sie streitet dann mit absoluter Überzeugung ab, dass ihre Experimente gefährlich sein könnten. Neulich jedoch explodierte ein chemisches Gemisch, wobei sich Lisa beinahe verletzt hätte. Die Eltern machten sich später große Vorwürfe, ihr Verbot nicht konsequent durchgesetzt zu haben.

Ein weiteres Problem in der Familie stellt das Verhältnis zwischen Lisa und ihrem älteren (nicht hochbegabten) Bruder dar. Lisa fordert aufgrund ihres Verhaltens viel Aufmerksamkeit, so dass ihr Bruder manchmal eifersüchtig ist. Die Eltern versuchen dann durch verstärkte Aktivitäten mit ihm einen Ausgleich herzustellen, worauf aber wiederum Lisa eifersüchtig ist.

Oft sehen sich Lisas Eltern am Rande ihrer Belastbarkeitsgrenze. Sie fühlen sich unsicher und hilflos und reagieren deshalb manchmal aggressiv gegenüber ihren Kindern. Damit sind sie selbst sehr unzufrieden und haben Schuldgefühle. Sie befürchten, Lisas Fähigkeiten, aber auch ihrer Persönlichkeit nicht gerecht werden zu können.

Von familiären Konflikten spricht man immer dann, wenn es zu Unterbrechungen der harmonischen Interaktion zwischen den einzelnen Familienmitgliedern kommt und diese die Unterbrechungen auch als solche wahrnehmen [1]. Konflikte können zwischen Einzelpersonen oder zwischen verschiedenen Parteien innerhalb der Familie auftreten. So spricht man z. B. von Geschwister-Konflikten oder Eltern-Kind-Konflikten. Die Gründe für die Entstehung solcher Konflikte liegen häufig im Aufeinandertreffen unterschiedlicher Bedürfnisse und Interessen. Im Rahmen unserer anonymen Befragung von Eltern hochbegabter

Konflikte in der Familie

Kinder berichteten 70 % der Untersuchungsteilnehmer, dass zwischen ihnen und ihrem hochbegabten Kind häufig Konflikte auftreten. Die Hälfte dieser Personen bezeichnete diese Konflikte als ein sehr belastendes Problem. Dieses Ergebnis macht deutlich, dass es sich bei familiären Konflikten um ein wichtiges Beratungsthema handelt.

Erkennen

Neben den vielen potentiellen Streitthemen, die sich in allen Familien zwischen Kindern und ihren Eltern sowie Geschwistern ergeben, lassen sich in Familien mit hochbegabten Kindern typische Verhaltens- und Reaktionsweisen der einzelnen Mitglieder ausmachen, die Konflikte entfachen können. In unserer Studie zeigten sich v. a. folgende Charakteristika in der Interaktion:

Mögliche Auslöser für Konflikte

– **Ständiges Fragen:** Durch eine unermüdliche Neugier getrieben richten hochbegabte Kinder oft zahllose Fragen an ihre Eltern. Diese fühlen sich damit manchmal sowohl zeitlich als auch inhaltlich überfordert. Mitunter reagieren sie gereizt und ärgerlich, wenn die Fragen und Forderungen kein Ende nehmen.

– **Kritisieren der Eltern:** Hochbegabte Kinder stellen ihre Eltern nicht selten in ihren Entscheidungen und Verhaltensweisen in Frage, finden diese z. B. moralisch nicht korrekt. Dadurch sehen manche Eltern ihre Autorität untergraben und verbieten weitere Kommentare ihrer Kinder. Diese wiederum fühlen sich dadurch abgelehnt und reagieren in der Folge evtl. aggressiv. So entsteht ein Teufelskreis der gegenseitigen Verletzung.

– **Individualismus und Selbständigkeit:** Hochbegabte wissen oft sehr genau, was sie wollen. Wie alle Kinder testen sie Grenzen aus. Wenn Eltern sich nicht darüber klar sind, wo sie auch ihren schon *so* selbständigen und klugen Kindern Einhalt in ihrem Tun gebieten müssen, steigen die Forderungen des Kindes beständig und die Eltern fühlen sich immer hilfloser. Sie drohen und schimpfen dann vielleicht den ganzen Tag, sind aber in ihrem Handeln nicht konsequent, so dass die Kinder immer weiter ausprobieren, was sie sich erlauben können. Als Folge davon sind die Eltern völlig erschöpft und die Kinder suchen vergeblich nach dem Halt, den sie sich eigentlich wünschen.

– **Eifersucht zwischen den Geschwistern:** Wenn sich die Eltern zu sehr auf das hochbegabte Kind konzentrieren, fühlen sich nicht hochbegabte Geschwister manchmal ins Abseits gedrängt. Sie versuchen dann vielleicht, sich durch Sticheleien gegen ihren schlauen Bruder oder ihre schlaue Schwester ebenfalls in den Mittelpunkt zu rücken.

Verstehen

Ein Familiensystem ist nicht statisch und unbeweglich, sondern hat zu bestimmten Zeiten „Aufgaben" zu bewältigen, die für seine Entwicklung wichtig sind [2]. Eine Darstellung solcher Entwicklungsaufgaben bietet die *Theorie der psychosozialen Entwicklung von Erikson* [3]. Nach dieser Theorie wird jedes Kind im Laufe seiner Entwicklung mit bestimmten Entwicklungsaufgaben konfrontiert, zu deren Lösung es selbst sowie seine Umwelt beiträgt. Ein Beispiel dafür ist der Konflikt zwischen Autonomie und Selbstzweifel, in den ein Kind im Alter zwischen ca. eineinhalb und drei Jahren gerät: Wenn das Kind zu laufen und sprechen beginnt, gewinnt es zunehmend die Möglichkeit, Gegenstände und Menschen zu erforschen und zu manipulieren. Aufgabe der Umwelt, insbesondere der Eltern, in dieser Phase ist es, die Entfaltung der kindlichen Fähigkeiten in richtigem Maß zu ermutigen. Gelingt dies, erlebt das Kind ein Gefühl der Autonomie und des Anerkanntseins als fähige und wertvolle Person. Übertriebene Kontrolle, Kritik oder Überforderung durch Eltern oder andere Bezugspersonen können dagegen zu Selbstzweifeln des Kindes führen. Wichtig für die Bewältigung dieser Entwicklungsaufgabe ist ein gelungenes Gleichgewicht zwischen der Handlungsfreiheit des Kindes und klaren, durch die Eltern gesetzten Grenzen.

Die Entwicklungsaufgaben selbst und die mit ihnen verbundenen Krisen werden von Erikson als für jeden Menschen und jede Familie vorprogrammiert betrachtet. Wie diese universellen Aufgaben gelöst werden und welche Konflikte dabei zwischen dem Kind und seinen Eltern entstehen können, ist jedoch individuell unterschiedlich und wird von den spezifischen Verhaltensmustern innerhalb der Familie beeinflusst. So kann z. B. ein abweisendes oder zu stark strafendes Verhalten der Eltern gegenüber den Versuchen des Kindes, Autonomie zu gewinnen, dazu führen, dass sich das Kind unverstanden fühlt, weshalb es in der Folge mit aggressivem Verhalten reagiert. Umgekehrt bewirkt einfühlsames Verhalten der Eltern, dass sich das Kind verstanden und anerkannt fühlt (s. o.). Einfühlsames Verstehen der Eltern bedeutet, dass sie das Selbständigkeitsstreben ihres Kindes wohlwollend anerkennen, nicht jedoch, dass sie ihr Kind schalten und walten lassen, wie es möchte. Oft müssen Eltern ihren Kindern deutlich machen, dass es Situationen gibt, in denen diese die Konsequenzen ihres Handelns noch nicht überschauen können und elterliche Verbote zu akzeptieren haben. Die Mutter von Lisa, von der in der Fallgeschichte berichtet wurde, könnte ein solches Verbot beispielsweise wie folgt aussprechen: „Ich kann verstehen, dass du das blöd findest, aber chemische Experimente darfst du nur machen, wenn Papa oder ich dabei sind, weil das sonst zu gefährlich ist.".

Hochbegabte durchlaufen manche Entwicklungsphasen schneller als ihre Altersgenossen. Wie Eltern hochbegabter Kinder immer wieder berichten, ist bei ihnen z. B. das Streben nach Autonomie schon sehr früh und besonders ausgeprägt anzutreffen. Diese Eltern erleben also mitunter nicht nur die übliche Verunsicherung, wenn das eigene Kind einen neuen Entwicklungsschritt vollzieht, sondern können zusätzlich dadurch irritiert werden, dass diese Entwicklung schon viel früher einsetzt, als sie dies bei anderen Kindern beobachten oder in Büchern lesen.

Auch bewegen sich Eltern hochbegabter Kinder auf einer besonders schwierigen Gratwanderung zwischen Unter- und Überforderung ihres Kindes. Bezüglich der kognitiven Entwicklungsschritte besteht die Gefahr der Unterforderung, wenn Eltern nicht erkennen, dass das Kind seinen Altersgenossen schon weit voraus ist. Emotional hingegen besteht das Risiko einer Überforderung, wenn die fortgeschrittene intellektuelle Entwicklung so hervorstechend ist, dass davon fälschlicherweise auch auf eine akzelerierte emotionale Entwicklung geschlossen wird [4]. Wenn dadurch die Grundbedürfnisse nach Liebe, Fürsorge und Geleitetwerden, die ein hochbegabtes Kind genauso hat wie ein normal oder minderbegabtes Kind, übersehen bzw. zu wenig beachtet und beantwortet werden, kann dies zu einer Störung der Eltern-Kind-Beziehung führen.

Worin äußert sich eine solche Störung – oder allgemein formuliert: Was passiert bei familiären Konflikten auf der Ebene des Verhaltens und Erlebens der Konfliktbeteiligten?

Nach Zuschlag & Thielke kann das Konfliktgeschehen wie folgt beschrieben werden [5]:

- **Subjektive Wahrnehmung:** Die Ursachen eines Konflikts sowie auch seine Austragung und deren Zielsetzungen werden von allen am Konflikt Beteiligten unterschiedlich wahrgenommen. Die in der Fallgeschichte beschriebenen Eltern könnten die zentralen Ursachen von Konflikten mit ihrer Tochter Lisa z. B. darin sehen, dass ihre Tochter durch ihre ständigen Fragen und ihr vieles Kritisieren *anstrengend* ist. Außerdem könnten sie anführen, dass der ausgeprägte *Individualismus* und die große *Selbständigkeit*, die Lisa bei der Verfolgung ihrer Interessen an den Tag legt, den Umgang mit ihr sehr schwierig machen. Lisa selbst würde dies sicherlich anders wahrnehmen: Sie mag die zentrale Ursache ihrer Streitereien mit den Eltern z. B. darin sehen, dass ihre Eltern zu ungeduldig sind und ihr zu wenig zutrauen.

- **Affektive Betroffenheit:** Konflikte sind für die Beteiligten mit bestimmten Gefühlen verbunden, deren Intensität von der emotionalen Ansprechbarkeit abhängig ist. Lisa z. B. reagiert u. a. mit Wut, wenn ihre Eltern nicht mit ihr diskutieren wollen oder ihre Fragen nicht beantworten. Ihre Eltern quälen sich mit Schuld- und Unzulänglichkeitsgefühlen, weil sie nicht wissen, wie sie sich richtig verhalten sollen und entwickeln in der Folge auch Ärger. Lisas Bruder empfindet Eifersucht auf die kluge, meist im Mittelpunkt stehende Schwester.

- **Abwehr:** Auf einen Angriff reagieren Menschen mit Verteidigung oder einem Gegenangriff in Form von innerer (z. B. Widerwillen) oder äußerer Abwehr (z. B. Schimpfen). So bringen etwa Lisa und ihre Eltern ihren Frust und ihre Wut einander heftig zum Ausdruck, was dazu führt, dass sich die Verletzungen gegenseitig aufschaukeln.

- **Konfliktnachwirkung:** Konflikte bergen die Gefahr, Beziehungen dauerhaft zu belasten, aber auch die Chance, sie zu verbessern. Die Nachwirkungen eines Konflikts beeinflussen sowohl das Problem, um das es aktuell geht, als auch das künftige Vorgehen bei der Bewältigung neuer Konflikte.

Helfen

Wie die Chance einer Verbesserung der familiären Beziehungen genutzt werden kann, wird im Folgenden anhand konkret beschriebener Situationen erörtert. Dazu werden die im Abschnitt „Erkennen" bereits skizzierten typischen Konfliktsituationen zwischen hochbegabten Kindern und ihren Eltern sowie Geschwistern noch einmal ausführlicher dargestellt und Ansätze zu ihrer Lösung aufgezeigt:

– *„Unser Kind ist so anstrengend" – das ständige Fragen*

Eltern hochbegabter Kinder berichten immer wieder über die zahllosen Fragen, die ihre Kinder an sie richten [6, 7]. Die unstillbare Neugier bedeutet für die Eltern eine sehr zeitintensive Beschäftigung mit ihrem Kind; mitunter reagieren sie genervt und ärgerlich, wenn die Fragen und Forderungen kein Ende finden. Gleichzeitig stellen sie für die Eltern mitunter eine Quelle der Unsicherheit und des Gefühls der Überforderung dar, wissen sie die Antworten auf die teilweise sehr speziellen Fragen doch oft selbst nicht. Manchmal haben Eltern deshalb den Eindruck, ihren Kindern nicht gerecht werden zu können. Verstärkt wird diese Unsicherheit der Eltern, wenn Außenstehende den Eltern Angeberei oder übersteigerten Ehrgeiz unterstellen.

Was können Eltern in diesem Fall tun?

Eltern sollten sich klar machen bzw. ihnen sollte in einer Beratung verdeutlicht werden, dass das viele Fragen ihres Kindes seine Berechtigung hat, dass sie als Eltern aber keineswegs unzulänglich sind, weil ihr Wissen und ihre Kraft selbstverständlich Grenzen haben. Sie brauchen eine Versicherung, dass sie es „richtig" machen, wenn sie den Fragen ihres Kindes Raum geben, und eine Hilfestellung dabei, wie sie diesen Raum bereitstellen können, ohne sich selbst zu überfordern. Eine gute Möglichkeit für Eltern besteht darin, ihrem Kind zu sagen, dass sie nicht alles wissen können, und mit ihm gemeinsam (z. B. im Lexikon, im Internet etc.) nach einer Anwort zu suchen. Diese Suche muss jedoch nicht sofort gestartet werden, sondern kann z. B. auf den Abend oder den nächsten Tag verlegt werden. Von einer solchen Vorgehensweise profitiert das Kind, da es ernst genommen wird und eine Antwort auf seine Frage bekommt. Gleichzeitig lernt es, auf welche Weisen es zukünftig selbständig nach Antworten suchen kann. Auch die Eltern profitieren, da sie glaubwürdig bleiben und sich selbst darüber hinaus Freiräume schaffen.

– *„Da haben wir Eltern mal wieder eine Moralpredigt bekommen" – Kritisieren der Eltern*

Hochbegabte Kinder stellen ihren Eltern nicht nur häufig Fragen, sondern hinterfragen sie auch und erkennen sie manchmal nicht als Autoritäten an [7, 8]. Was in der Pubertät eine ganz normale Verhaltensweise ist, kann bei einem sechsjährigen Kind zu Unsicherheit der Eltern führen. Besonders bei Diskussionen über politische, religiöse oder ethische Fragen wird bei einem hochbegabten Kind die große Kluft deutlich, die zwischen seiner geistigen Entwicklung und seinem Lebensalter besteht. Oft fühlen sich Eltern durch das ständige Hinterfragtwerden angegriffen und in ihrer Souveränität verletzt. Ihre Vorbildfunktion und Autorität werden in Frage gestellt. So kann es leicht passieren, dass sie ihrem Kind gegenüber gereizt reagieren, wenn es wieder eine neue Forderung stellt. Weisen Eltern ihr Kind jedoch unwirsch zurück, fühlt es sich seinerseits un- oder missverstanden, und reagiert aggressiv oder trotzig. Ein solches Verhalten zerrt noch stärker an den Nerven der Eltern, wodurch ihr Verständnis für das Kind wiederum abnimmt [9]. Auf diese Weise entsteht zwischen Eltern und Kind ein Teufelskreis der gegenseitigen Verletzung und des Nicht-Verstehens.

Wie kann dieser Teufelskreis durchbrochen werden?
Gegenseitige Verletzung und ein destruktiver Umgang miteinander können meist dadurch am wirkungsvollsten gestoppt werden, dass sich die Beteiligten um ein gegenseitiges Verstehen bemühen. Hierzu sollte von den Eltern in einer ruhigen Minute ein Gespräch initiiert werden. Ziel des gegenseitigen Verstehens ist es, Konsens im Dissens herzustellen, d. h. es wird Einigkeit darüber erzielt, dass jeder seine unterschiedliche Meinung haben und auch behalten darf. So kann die Tochter z. B. der Meinung sein, dass Menschen keine Tiere töten sollten und sich deshalb vegetarisch ernähren, während die Eltern weiterhin Fleisch essen. Die Erfahrung des Kindes, von den Eltern Wertschätzung für die eigene Person zu erfahren, auch wenn seine Ansichten von ihnen nicht geteilt werden oder sich zumindest ihr Handeln nicht danach richtet, macht es leichter, auch die elterlichen Ansichten gelten lassen zu können.

– *„Unser Kind lässt sich gar nichts sagen" – Individualismus und Selbständigkeit*

Hochbegabte Kinder sind sich oft schon in frühem Alter sehr klar darüber, was sie wollen. Das führt nicht selten dazu, dass sie Beeinflussungsversuchen anderer skeptisch oder sogar ablehnend gegenüberstehen [10]. Diese starke Autonomie bringt Eltern in die schwierige Lage, einerseits bestimmte Dinge für das Kind entscheiden zu müssen, aber andererseits zu akzeptieren, dass es bereits selbst sehr genaue Vorstellungen hat. Eltern mögen diese schwierige erzieherische Aufgabe manchmal als eine Gratwanderung empfinden zwischen inadäquater Gängelung des Kindes auf der einen Seite und Überforderung in Form von zu umfangreicher Verantwortungsübergabe an das Kind auf der anderen Seite. Es fällt ihnen schwer, ihrem Kind gegenüber angemessene Grenzen zu setzen.

Wie behalten Eltern die Balance?
Günstig hat sich erwiesen, wenn Eltern ihren Kindern die Gelegenheit zur Mitsprache in einem kontrollierten Rahmen geben [11], was z. B. in Form eines Familienrates realisiert werden kann (s. u.). Ein kontrollierter Rahmen bedeutet, dass die Eltern Vorschläge ihres Kindes annehmen und ihm Freiräume für die selbständige Gestaltung seiner Aktivitäten zugestehen, gleichzeitig jedoch die notwendige Lenkung beibehalten. Wo Kinder keine klaren Grenzen erleben, beginnen sie, Grenzen auszutesten, um zu erfahren, wie weit sie gehen dürfen. Grenzen und Regeln sollen nicht beherrschen, sondern leiten, führen, unterstützen und anregen [12]. Auch bei hochbegabten Kindern müssen die Eltern z. B. entscheiden, wann das Kind ins Bett geht. Grenzen setzen bedeutet, dass Eltern und Kinder sich gegenseitig respektieren und ernst nehmen. Deshalb ist es für Eltern wichtig, gegenüber

ihren Kindern Grenzen zu definieren und mit aller Festigkeit auf deren Einhaltung zu bestehen. Festigkeit meint auch, dass das Kind genau weiß, welche Konsequenzen ein Regelverstoß nach sich zieht.

– *„Und jeder denkt, er kommt zu kurz" – Eifersucht zwischen den Geschwistern*

Das Verhältnis von hochbegabten Kindern und ihren evtl. nicht hochbegabten Geschwistern ist manchmal nicht einfach. Einerseits stellen die Geschwister oft die einzigen Spielkameraden für ein hochbegabtes Kind dar
[11], andererseits ist das Verhältnis nicht selten geprägt von Rivalität und
Neid [7]. Das nicht hochbegabte Geschwisterkind fühlt sich manchmal ins
Abseits gedrängt, wenn sich Aufmerksamkeit und Fürsorge der Eltern stark
auf das hochbegabte Kind konzentrieren. Versuchen sie dies durch ver-
mehrte Aktivitäten mit dem anderen Kind auszugleichen, kann sich wiederum das hochbegabte Kind zurückgesetzt fühlen.

Wie können Eltern Eifersucht und Rivalität zwischen ihren Kindern abbauen?
Eltern sollten versuchen, dem Bedürfnis nach Aufmerksamkeit beider bzw.
aller Kinder gerecht zu werden, indem sie sich ihren Kindern auch separat
zuwenden und auf das eingehen, was das jeweilige Kind interessiert. Entscheidend für die Kinder ist zu erfahren, dass die Wertschätzung der Eltern
nicht an Begabung und Leistung gebunden ist.

Was Leistungen anbelangt, ist es wichtig, dass Eltern die jeweiligen Stärken
beider bzw. aller Kinder würdigen und ihnen die gleiche Anerkennung zollen. So sollten z. B. die sportlichen, sozialen etc. Fähigkeiten des Geschwis-
terkindes genauso anerkannt werden wie die intellektuellen Leistungen des
hochbegabten Kindes. Kinder brauchen viel Bestätigung, dabei gilt jedoch
immer, dass ein Lob für eine Leistung nur dann erfolgen sollte, wenn sie für
das Kind mit einer Anstrengung verbunden war. Sonst wird das Lob bedeu-
tungslos. Gleichzeitig sollten Eltern ihre Kinder motivieren, an Schwach-
stellen zu arbeiten, indem sie ihnen z. B. zurückmelden: „. . . kannst du schon
gut, und . . . musst du noch üben."

An dieser Stelle soll die Darstellung konkreter Konfliktthemen in Familien mit
hochbegabten Kindern abgeschlossen werden. Natürlich können auch ganz andere Konflikte auftreten, doch ist es unmöglich, hier alle im Einzelnen zu besprechen. Daher werden im Folgenden einige allgemeine Möglichkeiten aufgezeigt, die sich zur Lösung verschiedener familiärer Schwierigkeiten eignen.

*a) Was Familien und Eltern alleine für sich tun können: Einrichten eines Fa-
    milienrates*

Einen Familienrat einzurichten bedeutet, sich in regelmäßigen Abständen
mit der gesamten Familie zusammenzusetzen, um Problematisches oder Erfreuliches miteinander zu besprechen und zu diskutieren [7]. Wenn bereits

dicke Luft herrscht – sich z. B., wie oben beschrieben, Ärger aufgestaut und gegenseitig aufgeschaukelt hat –, bietet der Familienrat die Chance, sich auszusprechen und gegenseitiges Verständnis zu erreichen. Jeder darf hier seine Meinung äußern und wird damit auch ernst genommen. Gleiches Mitspracherecht bedeutet jedoch nicht gleiches Mitentscheidungsrecht. Im Familienrat kann es deshalb durchaus notwendig sein, Grenzen der Entscheidungsfreiheit des Kindes aufzuzeigen, über die sich das Kind auch ärgern darf.

b) Was der Kontakt mit anderen bewirken kann: Gruppen für Eltern und Kinder

In einer Elternselbsthilfegruppe erfahren Eltern durch den gegenseitigen Austausch, dass sie mit ihren Themen und Schwierigkeiten nicht alleine sind. Außerdem besteht die Möglichkeit, hilfreiche Anregungen und Informationen, z. B. über Fördermöglichkeiten, zu erhalten.

Hochbegabte Kinder profitieren häufig davon, sich regelmäßig mit Gleichbefähigten zu treffen. Dies kann z. B. im Rahmen einer Nachmittagsgruppe institutionalisiert werden. Die Kinder erleben hier, dass es noch andere Kinder mit ähnlichen Interessen gibt. Dadurch tritt der Druck des Andersseins für eine Weile in den Hintergrund [11]. Darüber hinaus bietet sich ihnen hier oft die einzige Möglichkeit, ihren Interessen zusammen mit Gleichaltrigen nachzugehen, wodurch die soziale Entwicklung gefördert wird [7].

c) Was professionelle Helfer leisten können: Familientherapie

Dieser therapeutische Ansatz betrachtet die Familie als ein System, in dem viele Wechselwirkungen stattfinden. So beeinflusst z. B. ein hochbegabtes Kind mit seinem Verhalten – seiner Neugier, seinen kritischen Äußerungen, seinen Ideen sowie seiner gesamten Persönlichkeit – die Menschen, die mit ihm zusammenleben. Genauso beeinflussen die übrigen Familienmitglieder das Kind, indem sie es auf bestimmte Weise behandeln. In einer Familientherapie werden die im Abschnitt „Verstehen" erwähnten Interaktionsmuster innerhalb der Familie analysiert. Die Familie lernt, destruktive Formen der Interaktion zu identifizieren und durch konstruktivere zu ersetzen. Gewinnt der Therapeut den Eindruck, dass sich das Kind im Familienkreis nicht traut, seine Meinung zu äußern, kann es sinnvoll sein, den gemeinsamen Gesprächen Einzelgespräche mit dem Kind und den Eltern vorzuschalten.

Beratung und Information

Selbsthilfegruppen für Eltern hochbegabter Kinder sowie Förderkurse für Kinder werden z. B. von der Deutschen Gesellschaft für das hochbegabte Kind e.V. (DGhK) angeboten. Deren Adresse sowie die weiterer Organisationen, die sich um die Förderung hochbegabter Kinder kümmern, sind in Anhang 2.1 (S. 288 f.) abgedruckt. Familientherapien werden von Erziehungs- und Familienberatungsstellen (s. Anhang 1.2, S. 275), Kinder- und jugendpsychiatrischen Ambulanzen sowie Psychologen und Psychiatern in freien Praxen angeboten. Auf der Suche nach Therapeuten vor Ort kann z. B. der Psychotherapie-Informations-Dienst weiterhelfen (Adresse s. Anhang 1.4, S. 283).

Literaturempfehlungen für Rat Suchende

– Bundesministerium für Bildung und Forschung (1999). *Begabte Kinder finden und fördern. Ein Ratgeber für Eltern und Lehrer.* Bonn: Bundesministerium für Bildung und Forschung.

Diese umfangreiche Broschüre beinhaltet Informationen u. a. über das Erkennen einer Hochbegabung, die von unterschiedlichen Institutionen angebotene Beratung zu Hochbegabungsfragen und über Fördermöglichkeiten. Sie möchte Eltern und auch Lehrern dabei helfen, ihre hochbegabten Kinder besser zu verstehen und ihren Bedürfnissen gerecht zu werden. Die Broschüre kann kostenlos beim Bundesministerium für Bildung und Forschung (BMBF), Referat Öffentlichkeitsarbeit, 53170 Bonn, E-Mail: information@bmbf.bund400.de bezogen werden.

– Gordon, Th. (1999). *Familienkonferenz – Die Lösung von Konflikten zwischen Eltern und Kind.* München: Heyne.

Gordons Buch ist ein Klassiker, der mittlerweile in der 29. Auflage erschienen ist. Es handelt sich dabei um ein Nachschlagewerk, das konkret auf wesentliche Erziehungsprobleme eingeht. Anhand von Fallbeispielen werden Empfehlungen zum Umgang zwischen Eltern und Kind vermittelt. Es gibt einen Überblick über Themen wie elterliche Macht, Autorität und ihre Grenzen sowie die Auswirkungen elterlichen Verhaltens auf die Kinder. Konkret wird z. B. darauf eingegangen, welche positiven Effekte aktives Zuhören hat und in welcher Weise Eltern mit ihren Kindern sprechen sollten, um von diesen gehört zu werden.

– Mähler, B. & Hofmann, G. (1998). *Ist mein Kind hochbegabt?* Reinbek: Rowohlt.

Das Buch schildert die besonderen Fähigkeiten hochbegabter Kinder und damit möglicherweise einhergehende Probleme. Seine Intention ist es, Eltern, aber auch Lehrern und Erzieherinnen zu zeigen, wie sie hochbegabte Kinder erkennen können und welche Möglichkeiten es gibt, die Kinder zu fördern, ohne sich selbst zu überfordern.

2.5 Schwierigkeiten in der Lehrer-Schüler- und der Lehrer-Eltern-Beziehung

Fallgeschichte „David"

David ist im Lehrerkreis als „auffälliges", „den Unterricht störendes" Kind bekannt. Gegenüber seinen Lehrern verhält er sich oftmals ungehalten und frech. Er „löchert" sie mit Fragen und gibt nicht auf, bevor er mit der Antwort 100 %ig zufrieden ist. Einige seiner Lehrer fühlen sich dadurch überfordert und hilflos. Im Rahmen des normalen Stundenablaufs und aufgrund des zu behandelnden Lehrstoffs fehlt es ihnen an Zeit und Kapazität, auf Davids besondere Fragen einzugehen. Außerdem empfinden sie seine Fragerei als lästig oder kompromittierend. Andere dagegen bedauern den Zeitmangel, da sie sich im Grunde über sein großes Interesse und seine Wissbegierde freuen.

In Diskussionen möchte David oft das letzte Wort haben, was sowohl auf seine Mitschüler als auch auf die Lehrer teilweise rechthaberisch und besserwisserisch wirkt, teilweise als Klassenclown-Verhalten wahrgenommen wird. Doch an manchen Tagen verhält sich David auch ruhig und beteiligt sich nicht am Unterricht. Er blättert dann heimlich unter der Bank in Büchern, die ihn mehr zu interessieren scheinen als der Stoff, den der Lehrer gerade behandelt. Teilweise scheint es dann, als „tauche" er ab in eine andere Welt.

Zuhause berichtet David von seiner Langeweile in der Schule und beschwert sich, dass er mit seinen Fragen nicht ernst genommen werde. Er fühlt sich oft ungerecht behandelt und behauptet, die Lehrer ignorierten ihn absichtlich, wenn er aufzeigt. Als die Eltern sich daraufhin mit den Lehrern, mit denen ihr Sohn die meisten Schwierigkeiten hat, in Verbindung setzen, um mit ihnen über Davids Eindrücke sowie eine stärkere Förderung seiner Interessen und seines intellektuellen Potentials zu sprechen, stoßen sie auf Unverständnis und „taube Ohren": Die angesprochenen Lehrer sehen keinen Bedarf zu einer intensiveren Förderung, da David ihrer Meinung nach über keine außergewöhnlichen kognitiven Fähigkeiten verfügt. Schließlich falle er überwiegend durch störendes Verhalten oder geistige Abwesenheit auf und habe zudem keine besonders guten Noten. Außerdem hätten sie gar keine Zeit, da ja schließlich noch andere Kinder in der Klasse seien, um die sie sich kümmern müssten. Davids Eltern sind aufgrund dieser Reaktionen erbost und wissen nicht, was sie jetzt tun sollen, um ihrem Sohn eine adäquate Förderung zu ermöglichen.

Die Geschichte von David ist nur ein Beispiel dafür, dass sich in den Beziehungen zwischen Schülern und Lehrern sowie zwischen Eltern und Lehrern verschiedene Schwierigkeiten ergeben können. In manchen Fällen werden diese gemeinsam zu lösen versucht, in anderen bleiben sie ungeklärt und „überschatten" den Schultag sowohl des betreffenden Lehrers als auch des Schülers und nicht zuletzt das Geschehen zu Hause.

Wenn Eltern hochbegabter Kinder Beratung suchen, sind Konflikte zwischen ihrem Kind bzw. ihnen selbst und den Lehrern des Kindes ein besonders häu-

Schwierigkeiten in der Lehrer-Schüler- und Lehrer-Eltern-Beziehung

figes Thema. In unserer schriftlichen Elternbefragung beispielsweise berichtete ca. die Hälfte der Befragten von diesem Problem, das folgendermaßen skizziert werden kann:

Hochbegabte Kinder stellen andere Ansprüche an ihre Lehrer als ihre normal begabten Mitschüler. Ein vorgegebener Lehrplan bietet den Lehrern jedoch kaum Spielraum, um sich den besonderen Bedürfnissen dieser Schüler zufriedenstellend widmen zu können. So liegen Freude über das rege Interesse des Schülers und Gefühle der Überforderung durch seine spezifischen Ansprüche sowie die seiner Eltern bei Lehrern häufig dicht beieinander. Diese Problematik stellt auch für das hochbegabte Kind keine einfache Situation dar: Es fühlt sich in seinen individuellen Bedürfnissen vernachlässigt und in seinen Anliegen nicht ernst genommen. Es muss erfahren, dass die Lehrer auf seine Interessen häufig nicht eingehen können und viele seiner Fragen unbeantwortet bleiben. Die Eltern wiederum erleben, wie unglücklich ihre Tochter oder ihr Sohn ist, und treten den Lehrern gegenüber für ihr Kind ein, fühlen sich in ihren Anliegen jedoch oft ebenfalls nicht verstanden. Aufgrund der Unzufriedenheit aller Beteiligten passiert es leicht, dass Schüler und Lehrer sowie Eltern und Lehrer immer mehr in eine Art Kampf gegeneinander geraten, der jedoch für keinen zu einer Verbesserung seiner Situation führt.

Das vorliegende Kapitel möchte deutlich machen, durch welche Verhaltensweisen Lehrer, Schüler und Eltern diesen – sicherlich meistens ungewollten – Kampf anstacheln, weshalb es so leicht zu Missverständnissen in der Interaktion kommt und welche Möglichkeiten es gibt, die Situation für alle befriedigender zu gestalten. Im nächsten Abschnitt wird zunächst darauf eingegangen, welche Verhaltensweisen der unterschiedlichen Konfliktparteien die jeweiligen Konflikte auslösen bzw. konfliktverstärkend wirken.

Erkennen

– *Problematische Verhaltensweisen von hochbegabten Schülern und ihren Lehrern:*

Berater im Bereich Hochbegabung berichten von typischen Reibungspunkten zwischen hochbegabten Schülern und deren Lehrern. Dabei handelt es sich um bestimmte Verhaltensweisen beider Seiten, die besonders dazu beitragen können, Probleme in der Interaktion miteinander hervorzurufen oder zu verstärken. Sie werden in den beiden folgenden Kästen näher beschrieben.

Verhaltensweisen hochbegabter Schüler, die das Konfliktpotential erhöhen

– **Unermüdliches Nachfragen:** Ein ständiges Nachhaken des Schülers im Unterricht kann dessen Ablauf stören und erfordert viel Geduld des Lehrers.

– **Das-letzte-Wort-haben-müssen:** In Diskussionen und Auseinandersetzungen geben hochbegabte Schüler ungern als Erste auf.

– **Kritik und Widerspruch:** Da Hochbegabte sich häufig sehr intensiv mit bestimmten Themen und Fragestellungen auseinandersetzen, verfügen sie in diesen Bereichen oft über ein besseres Detailwissen als ihre Lehrer. Gibt ein hochbegabter Schüler sein Wissen im Unterricht kund, fühlt sich der Lehrer unter Umständen in seiner Kompetenz angezweifelt.

– **Stören des Unterrichts durch Clownverhalten:** Aus Langeweile und aufgrund der Unterforderung spielen hochbegabte Schüler in manchen Fällen den Klassenclown, um so die Aufmerksamkeit der Lehrer zu erlangen.

– **Nachgehen einer „Nebenbeschäftigung":** Viele hochbegabte Schüler suchen sich aufgrund ihrer Langeweile eine zusätzliche Beschäftigung im Unterricht. Sie liefern Beiträge zum Thema, lesen aber z. B. zwischendurch unter der Bank ein Buch über andere Dinge.

– **Keine Beteiligung am Unterricht:** Manche hochbegabten Schüler zeigen kein Interesse am Unterricht und geben sich unbeteiligt oder zurückhaltend. Ihre Gedanken schweifen ab, sie zeigen nicht auf und ziehen sich aus dem Unterrichtsablauf zurück.

Verhaltensweisen von Lehrern, die das Konfliktpotential erhöhen

– **Ignorieren des Schülers:** Fragen und Anmerkungen des Schülers werden vom Lehrer nicht erwidert, er reagiert nicht auf das große Interesse des Schülers. Ein Grund dafür besteht in der Befürchtung des Lehrers, der hochbegabte Schüler erbringe zu schnell die Lösung des Problems, die er eigentlich erst im Laufe des Unterrichts entwickeln möchte.

– **Kein (An)Erkennen der Hochbegabung:** Häufig wird die Hochbegabung eines Schülers durch den Lehrer nicht wahrgenommen oder nicht akzeptiert. Viele Lehrer glauben, dass Hochbegabung grundsätzlich mit guten Schulleistungen einhergeht, so dass die hochbegabten Kinder, deren *schulische* Leistungen nur dem Durchschnitt entsprechen oder sogar darunter liegen, nur selten entdeckt werden.

– **Sanktionieren abweichender Problemlösestrategien:** Wenn hochbegabte Schüler bestimmte Aufgaben ohne Zwischenschritte lösen, wird das Ergebnis von Lehrern manchmal nicht akzeptiert. Für die Schüler ist diese Reaktion unverständlich und frustrierend.

– **Etikettierung des Schülers:** Lehrer scheinen sich hochbegabten Schülern gegenüber häufig anders zu verhalten als gegenüber deren Mitschülern. Ein negatives Beispiel ist eine ständige Betonung der Hochbegabung, die dem Schüler unangenehm ist und für ihn bedeutet, dass er nicht mehr als „David", sondern als „der Hochbegabte" gesehen wird. Der Schüler fühlt sich dadurch in eine Position gedrückt, die er nicht einnehmen will (s. Kap. 2.1, S. 167).

– *Problematische Verhaltensweisen von Eltern hochbegabter Kinder und deren Lehrern:*

Untersucht man die Konflikte zwischen Eltern und Lehrern hochbegabter Kinder genauer, lassen sich auch hier verschiedene Verhaltensweisen beider Seiten feststellen, die zu Spannungen führen oder diese verschärfen können.

Verhaltensweisen von Eltern hochbegabter Kinder, die das Konfliktpotential erhöhen

– **Forderndes Verhalten und Bestimmtheit des Auftretens:** Da Eltern verständlicherweise sehr an dem Wohlergehen ihres Kindes interessiert sind, haben sie genaue, häufig auch sehr absolute Vorstellungen darüber, wie z. B. eine zusätzliche Förderung im Unterricht aussehen sollte. Diesen Standpunkt vertreten sie dann mitunter sehr vehement und ohne Wenn und Aber gegenüber den Lehrern.

– **Einseitige Betrachtungsweise:** Eltern berücksichtigen nur selten die Seiten oder Standpunkte der Lehrer in ihren Überlegungen und Forderungen, wie z. B. mögliche Zeit- und/oder Organisationsschwierigkeiten bei der Umsetzung zusätzlicher Fördermaßnahmen.

– **Schuldzuweisungen:** Wenn ihre Kinder bestimmte Probleme zeigen, wie z. B. Verhaltensstörungen oder Depressionen, geben Eltern in manchen Fällen den Lehrern die alleinige Schuld an der Situation. Eigenes Fehlverhalten in der Erziehung wird dagegen geleugnet.

Verhaltensweisen von Lehrern, die das Konfliktpotential erhöhen

– **Falsche Vorstellungen von Hochbegabung:** Viele Lehrer wissen nur wenig über Hochbegabung, da dieses Thema im Studium nicht behandelt wurde. So haben sie nicht selten unzutreffende Vorstellungen über die Eigenschaften hochbegabter Kinder. Sie nehmen z. B. an, hochbegabte Kinder könnten grundsätzlich „alles" und hätten immer sehr gute Noten (s. o.). Auch ist unter Lehrern immer noch der Glaube verbreitet, Hochbegabung würde sich von alleine, d. h. ohne Förderung, entfalten.

– **Ideologisch geprägte Vorurteile:** Manche Lehrer vertreten die Ansicht, alle Menschen seien gleich begabt und müssten daher auch gleich gefördert werden. Begabungsdifferenzen bestehen nach ihrer Auffassung lediglich aufgrund von Milieunterschieden. Deshalb wird Eltern mitunter der Vorwurf gemacht, sie hätten ihren Kindern die besonderen Leistungen nur „antrainiert" und ihr Wunsch nach einer stärkeren Förderung des Kindes entspringe ausschließlich ihrem eigenen Ehrgeiz.

– **Abblocken gegenüber Mehrbelastungen:** Einige Lehrer blocken möglicherweise direkt jegliche Anfragen von Eltern nach einer zusätzlichen Förderung im Unterricht ab, da sie den eigenen Angaben zufolge keine Zeit haben oder aus oben dargestellten Gründen den Bedarf nicht sehen.

Wenn sich Kinder streiten, fragen Eltern oder Lehrer häufig: „Wer hat angefangen?". Diese Frage könnte man auf den hier diskutierten Kontext übertragen: Welche der dargestellten Verhaltensweisen stehen am Anfang eines Konfliktes zwischen Lehrern und hochbegabten Schülern bzw. ihren Eltern, d. h. wer hat sich zuerst so provozierend verhalten? Diese Frage führt jedoch zu keiner eindeutigen oder einfachen Antwort. Der nächste Abschnitt wird zeigen, dass das Konfliktgeschehen, an dem hochbegabte Schüler, ihre Eltern und Lehrer beteiligt sind, häufig sehr komplex beeinflusst ist.

Verstehen

Diese Komplexität entsteht u. a. dadurch, dass nicht nur zwei, sondern drei „Parteien" an der Entstehung der in diesem Kapitel betrachteten Konflikte beteiligt sind, auch wenn sie zeitweise nur zwischen zwei Parteien ausgetragen werden. Es handelt sich demnach um ein triadisches Geschehen, das folgendermaßen verdeutlicht werden kann [7]:

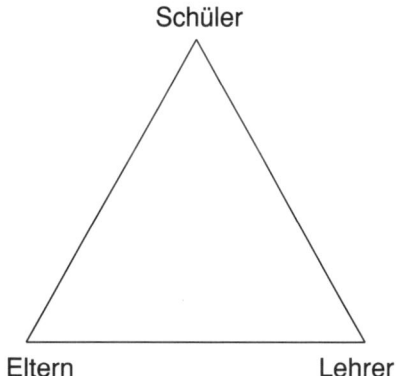

Abbildung 5: Lehrer-Schüler-Eltern-Triade

Abbildung 5 lässt erkennen, dass alle Beteiligten in einem direkten Austausch miteinander stehen, und somit Verhaltensweisen einer Partei gegenüber einer anderen immer auch Auswirkungen auf die dritte Partei haben. So beklagt sich z. B. der Schüler bei seinen Eltern über die geringe Beachtung durch seinen Lehrer, der Lehrer spricht die Eltern auf das Störverhalten des Schülers an, die Eltern lassen gegenüber ihrem Kind durchblicken, dass sie von den Unterrichtsmethoden des Lehrers nicht viel halten etc. Auf diese Weise wird die jeweils dritte Partei in die Spannungen zwischen den beiden anderen Parteien hineingezogen. Wie solche Spannungen zwischen der Schüler-Lehrer-Seite sowie der Eltern-Lehrer-Seite der dargestellten Triade entstehen, wird im Folgenden näher beleuchtet. Auf Konflikte zwischen Eltern und ihren Kindern wurde bereits in einem gesonderten Kapitel eingegangen (s. Kap. 2.4).

– *Gründe für Beziehungsstörungen zwischen hochbegabten Schülern und Lehrern:*

Das Auftreten von Lehrer-Schüler-Konflikten im Schulalltag ist ein natürlicher Vorgang, unabhängig davon, ob der Schüler hochbegabt ist oder nicht. Wie sich Lehrer und Schüler in ihrem Verhalten dabei gegenseitig beeinflussen, veranschaulicht das folgende Modell:

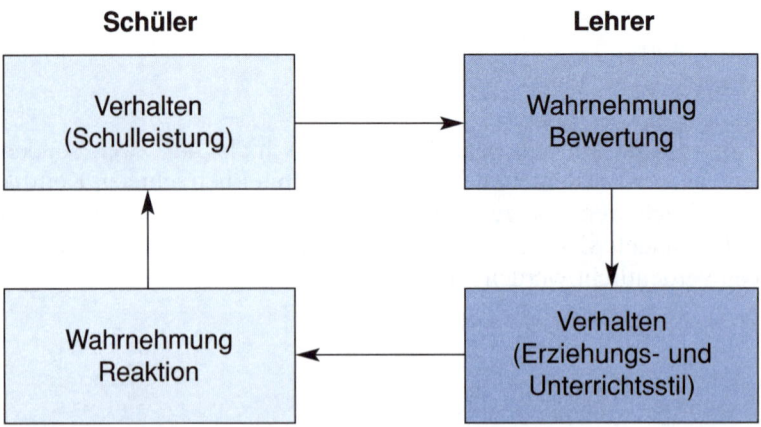

Abbildung 6: Modell der Lehrer-Schüler-Beziehung (modifiziert und vereinfacht nach Petillon [1])

– Zeigt ein *hochbegabter* Schüler z. B. ein vom Lehrer unerwünschtes Verhalten wie ständiges Nach- und Dazwischenfragen, nimmt der Lehrer ihn als jemanden wahr, der seinen Unterrichtsablauf stört und hält dieses Verhalten vielleicht für eine bewusste Provokation. Seine Wahrnehmung und Bewertung wiederum beeinflussen das Verhalten des Lehrers: Beispielsweise ignoriert er den Schüler. Diese Nicht-Beachtung fasst der Schüler vielleicht als Beleidigung auf, was zu einem konfliktverstärkenden Verhalten seinerseits führen kann, d. h. er zeigt typischerweise die Verhaltensweisen, die im letzten Abschnitt aufgeführt wurden.

– Zeigt ein Schüler dagegen erwünschtes Verhalten, z. B. Melden im Unterricht, sehen Wahrnehmung und Bewertung des Lehrers wesentlich positiver aus. In der Folge bekommt der Schüler vom Lehrer auch ein positives Feedback, das wiederum seine Bereitschaft erhöht, zu lernen und sich diszipliniert zu verhalten [1].

Die beschriebenen Verhaltensweisen bilden einen Regelkreis, der keinen konkreten Anfangs- oder Endpunkt hat. Wichtig ist zu erkennen, dass es sich um einen Prozess handelt, der durch beide Parteien aufrechterhalten wird und bei dem auch beide Parteien die Möglichkeit haben, ihn zu unterbrechen. Das Modell kann ebenfalls auf die Interaktion zwischen Eltern und Lehrern übertragen werden.

– Ursachen für Konflikte zwischen Eltern und Lehrern:

Der folgende Abschnitt zeigt, welche typischen gegenseitigen Wahrnehmungen und Bewertungen sowie Reaktionen aufeinander zwischen Eltern und Lehrern (hochbegabter Kinder) zu Konflikten führen können.

– Kompetenzstreitigkeiten

Die wichtigsten Erziehungs- und Sozialisationsinstanzen des Kindes und Jugendlichen bilden die Familie und die Schule, wobei sich der Einfluss der Eltern durch den Schuleintritt ihrer Kinder verändert. Sie müssen dann einen nicht geringen Teil ihrer Erziehungsrechte und -kompetenzen an die Lehrer abtreten. Dabei nimmt die Schule v. a. einen großen Einfluss auf Entscheidungen über Bildungsfragen: Von nun an bestimmen sie, welche Inhalte auf welche Weise, in welchem Umfang und in welcher Zeit vermittelt werden. Dies führt dazu, dass die Eltern in ein gewisses Abhängigkeitsverhältnis von Lehrern geraten. Erschwerend kommt hinzu, dass Lehrer den Auftrag einer öffentlichen Institution, der Schule, ausführen und somit ihre Entscheidungen ein hohes Gewicht haben. Nicht selten erfahren die Eltern den großen Einfluss der Lehrer als eine partielle Abwertung ihrer Erziehungsaufgaben und als Beschneidung ihrer Zuständigkeitsbereiche, was zu Kompetenzkonflikten führen kann [2]. Wenn etwa die Eltern eines *hochbegabten* Kindes der Meinung sind, ihr Kind müsse stärker gefördert werden, und für eine solche Förderung eintreten, begeben sie sich in den Kompetenzbereich des Lehrers, der seinerseits dann z. B. eine Abwehrhaltung einnimmt und nicht auf die Forderungen eingeht. Die Eltern des hochbegabten Kindes spüren ihre Ohnmacht, den Unterricht des Lehrers zu beeinflussen, und versuchen, ihren Wünschen evtl. umso deutlicher Ausdruck zu verleihen. Beide Seiten zeigen dann Verhaltensweisen, wie sie im Abschnitt „Erkennen" dargestellt wurden.

– Abweichende Wertorientierungen

Konflikte zwischen Eltern und Lehrern sind ebenfalls dann wahrscheinlich, wenn Vorstellungen zu wichtigen Wertmaßstäben divergieren. Unterschiedliche Ansichten können z. B. darüber bestehen, was Gerechtigkeit bedeutet oder welche Leistungen erstrebenswert sind. Viele Lehrer verstehen unter Gerechtigkeit, dass sie alle Schüler gleich behandeln, d. h. ihnen ein gleiches Maß an Aufmerksamkeit schenken und die gleichen Anforderungen an sie stellen. Das Maß an Aufmerksamkeit und die Höhe der Anforderungen orientieren sich dabei an der Norm, d. h. der breiten Masse der Schüler. Diese Auffassung von Gerechtigkeit steht häufig im Widerspruch zu derjenigen von Eltern *hochbegabter* (und auch minderbegabter) Kinder, die erkannt haben, dass ihr Kind über größere (bzw. geringere) intellektuelle Fähigkeiten verfügt als viele andere in seinem Alter. Sie betrachten es im Gegensatz zu den beschriebenen Lehrern als moralische Erziehungspflicht und als gerecht, Kinder individuell unterschiedlich zu behandeln und zu fördern. Auch hier sowie bei den folgenden Punkten können die Reaktionen von Eltern und Lehrern wiederum in solchen Verhaltensweisen bestehen, wie sie im Abschnitt „Erkennen" als typisches konflikthaftes Verhalten dargestellt wurden.

– Unterlegenheitsgefühle

Eine weitere mögliche Ursache für die Entstehung von Konflikten zwischen Eltern und Lehrern kann in der Unsicherheit beider Parteien im Kontakt miteinander bestehen [3, 4]. Eltern befinden sich Lehrern gegenüber, wie beschrieben, in einem Abhängigkeitsverhältnis. Ängste der Lehrer dagegen können darin bestehen, in ihrem Handeln und Tun kritisiert zu werden. Ihr Bildungsvorsprung hat in den letzten Jahren abgenommen. Zunehmend mehr Eltern haben von den Unterrichtsinhalten ebenfalls Ahnung oder sogar Spezialkenntnisse und hinterfragen deshalb kritisch, was ihren Kindern in der Schule vermittelt wird [4].

– Zeitmangel

Oft haben Lehrer im Rahmen des normalen Unterrichts tatsächlich nicht die Zeit, sich den individuellen Bedürfnissen *hochbegabter* Kinder zu widmen. Die Forderungen der Eltern bewirken dann z. B., dass der Lehrer sich überfordert oder kritisiert fühlt, was wiederum sein Verhalten beeinflusst, ihn z. B. eine Abwehrhaltung einnehmen lässt (s. o.).

– Geringes Beziehungsangebot

Mit letzterem Punkt hängt eng zusammen, dass es den Lehrern oft auch an der Zeit oder an der Bereitschaft fehlt, sich auf intensivere Kontakte, Gespräche oder Beratungen von und mit Eltern einzulassen [2]. Konflikte entstehen dann, wenn die Eltern an einer intensiveren Zusammenarbeit interessiert sind und von den Lehrern z. B. mehr zeitliches Engagement erwarten.

– Zwei „Wahrheiten" zu einem Kind

Eltern und Lehrer haben möglicherweise unterschiedliche Erfahrungen mit ein und demselben *hochbegabten* Kind gemacht: Der Lehrer z. B. hat v. a. das störende Verhalten des Kindes durch dessen ständige Zwischenfragen erlebt, die Eltern dagegen haben erfreut den starken Wissensdrang des Kindes bemerkt. Dadurch ist die Gefahr sehr groß, dass sich beide Parteien als „Gegner" wahrnehmen, ihre Meinung oder Erfahrung bei weiteren Maßnahmen durchsetzen möchten und deshalb in einen regelrechten Kampf geraten. Häufig sind sie so mit der Gegenseite beschäftigt, dass das Wohl des Kindes eher in den Hintergrund rückt.

Helfen

Im letzten Abschnitt wurde deutlich, dass die Schwierigkeiten, die zwischen Schülern und Lehrern sowie zwischen Eltern und Lehrern auftreten können, sehr vielfältig und vielseitig verursacht sind. Sie sind eingebunden in das komplexe Spannungsfeld zwischen politischen Zielsetzungen, gesellschaftlichen Strukturen, den Organisationsformen des Bildungswesens und dem individuellen Engagement sowie der sozialen Kompetenz von Eltern, Lehrern und Schülern [4]. Aufgrund ihrer Komplexität ist es zur Bewältigung der betrachteten Konflikte sinnvoll, gleichzeitig an verschiedenen Ebenen anzusetzen. Im Folgenden werden einige Anregungen gegeben, wie dies funktionieren kann.

– Änderungen der Bedingungen im Unterricht

Wie aus den bisherigen Ausführungen deutlich wird, müssten im Schulalltag einige Bedingungen verändert werden, um ihn für hochbegabte Kinder anforderungsgerechter zu gestalten. Was bislang am häufigsten praktiziert wird, ist die Vergabe von „Extra-Aufgaben" an das Kind. 47 % der von uns befragten Lehrer berichteten, dass sie diese Maßnahme zur Förderung hochbegabter Kinder ergreifen. Wichtig ist dabei, dem Schüler auch Zeit zu widmen, um die Aufgaben gemeinsam zu besprechen und es nicht einfach mit den zusätzlichen Aufgaben „ruhig stellen" zu wollen.

Ebenfalls relativ häufig setzen Lehrer hochbegabte Kinder als Helfer für schwächere Schüler ein. 18 % der von uns befragten Lehrer beschäftigten hochbegabte Kinder auf diese Weise. Die gut gemeinte Intention dahinter kann jedoch schnell ins Gegenteil umschlagen: Die hochbegabten Kinder fühlen sich in einer solchen Rolle häufig emotional überfordert und verzweifelt. Sie können oft nur schwer Geduld aufbringen, um anderen den Stoff zu erklären, der für sie selbst extrem einfach und somit uninteressant ist. Sie haben vielmehr den Wunsch, etwas Neues zu lernen und selbst herausgefordert zu werden.

Aufgrund des Bildungssystems, das den Bedürfnissen hochbegabter Kinder bislang zu wenig entspricht, ist es für Lehrer nicht leicht, innerhalb des Klassenverbands allen Kindern gleichermaßen gerecht zu werden. Es wird gefordert, dass sich der Unterricht an die Fähigkeiten des einzelnen Schülers anpasst, so also auch an die Bedürfnisse der Hochbegabten. Gleichzeitig besteht die Annahme, dass ein Anforderungsniveau, das leicht über dem Leistungsniveau der Kinder liegt, zu effektivstem Lernen führt [5]. Da das Leistungsniveau hochbegabter Schüler und die daraus abgeleiteten Anforderungen für andere Mitschüler oftmals zu hoch sind, wäre ein gesonderter Unterricht hilfreich, um allen Schülern gleichermaßen gerecht werden zu können. Ein zum normalen Unterricht der Klasse parallelgeschalteter Förderunterricht für Hochbegabte würde auch zur Entlastung der Lehrer beitragen.

Es bestehen bereits Schulen, in denen hochbegabte Kinder in einigen Fächern gesondert unterrichtet werden. Außerdem werden zunehmend Schulen speziell für hochbegabte Kinder eingerichtet. (Weitere Informationen dazu finden Sie in Anhang 2.2, S. 291 ff.). Der Kritik, es würde auf diese Weise eine Elite „herangezüchtet", kann das Argument entgegengebracht werden, dass schließlich auch für den anderen Bereich des Spektrums, nämlich für Kinder mit Lernschwierigkeiten, Förderunterricht sowie spezielle

Klassen angeboten werden. Ein phasenweiser Kontakt zu anderen Hochbegabten und die Möglichkeit, sich „auf gleichem Level" austauschen zu können, kann hilfreich für alle Beteiligten sein. Die Möglichkeit, hochbegabte Kinder mit Gleichbefähigten zusammenzubringen, sollte deshalb auch bei der Freizeitplanung beachtet werden.

– Konfliktlösende Verhaltensweisen des Lehrers

Wenn Lehrer Konflikte mit Schülern wahrnehmen, ist es zum einen wichtig, dass sie auch eine Hochbegabung als Ursache für die konflikthaften Verhaltensweisen des Schülers (s. Abschnitt „Erkennen") in Erwägung ziehen. Dazu ist es natürlich notwendig, sich bereits mit dem Thema „Hochbegabung" beschäftigt zu haben. Zum anderen braucht der Lehrer den Mut, Konflikte gegenüber dem Schüler adäquat anzusprechen. Adäquat bedeutet, dass der Lehrer im Gespräch mit dem Schüler die gleichen Hinweise beachtet, wie sie für Berater in Teil I, Gesprächsführung III.2 (vgl. S. 65 f.) dargestellt wurden, also „Ich-Botschaften" sendet, auch positives Verhalten des Schülers beachtet und bekräftigt etc.

Zur Lösung von Konflikten gehört immer eine Konkretisierung der Streitpunkte. Werden diese in Zusammenarbeit von Lehrer und Schüler identifiziert und besprochen, bekommt der Lehrer die Gelegenheit, den Schüler mit seiner Hochbegabung besser kennen zu lernen, und bietet ihm gleichzeitig die Möglichkeit, seine Bedürfnisse und Erwartungen zu artikulieren. Solche Konfliktgespräche können zu einer langfristigen Abmachung führen und somit sicherstellen, dass der Schulalltag beiden Parteien gerecht wird. Lehrer und Schüler können quasi einen Vertrag miteinander schließen, der bestimmte Verhaltensregeln für beide Seiten vorsieht [6]. Die Regeln müssen einzeln besprochen und ihr Sinn diskutiert werden. Beispiele für solche Regeln wären:

- „Der Schüler bekommt einmal pro Woche zusätzliche Mathematikaufgaben. Bei dieser Gelegenheit werden die bearbeiteten Aufgaben der Vorwoche besprochen und evtl. Fragen geklärt."

- „Der Schüler unterlässt es, während des Unterrichts unter der Bank zu lesen."

Es ist wichtig, dem Schüler zu vermitteln, dass er ernst genommen wird und am Konfliktlöseprozess gleichberechtigt beteiligt ist. Gerade hochbegabte Schüler sind besonders einfallsreich im Erarbeiten praktikabler Lösungen sowie im Aushandeln und Erstellen eines gegenseitigen Abkommens.

– Gespräche zwischen Eltern und Lehrern

Günstig ist es, wenn Eltern und Lehrer in der Schule miteinander ins Gespräch kommen und zunächst einfach nur versuchen, ihre unterschiedlichen Sichtweisen zu verstehen. Je stärker sich der Konflikt bereits zugespitzt hat, desto schwieriger kann es werden, der jeweils anderen Partei unvoreingenommen zuzuhören. Wenn Lehrer oder Eltern merken, dass dies nicht gelingt, sollten sie einen externen Klärungshelfer zu dem Gespräch hinzuziehen, der eine neutrale Position innehat und sich von keiner der beiden Parteien instrumentalisieren lässt. Solche Klärungshelfer sind z. B. die Berater der Schulpsychologischen Dienste. Da sowohl Lehrer als auch Eltern wahrscheinlich verschiedene Beobachtungen zu ein und demselben Kind gemacht haben (s. o.), ist es zunächst wichtig, die bestehenden Wahrnehmungen zu erfassen, um in einem zweiten Schritt den Schwerpunkt auf ein gemeinsames Handeln legen zu können. Hierbei ist es dann v. a. relevant, beiden Parteien zu verdeutlichen, dass es trotz des bestehenden Dissens viele Überschneidungspunkte ihrer Ansichten gibt. Die Aufgabe des Konfliktmoderators besteht in einer Objektivierung der Auseinandersetzungen mit dem Ziel, einen gegenseitigen Respekt bezüglich der unterschiedlichen Auffassungen zu erzielen. Dadurch kann erreicht werden, dass sich beide Seiten letztendlich als Verbündete sehen, die sehr wohl ihre verschiedenen Standpunkte beibehalten können, denen aber gleichzeitig deutlich geworden ist, dass es vordergründig um das Wohl des Kindes und eine Verbesserung seiner Situation geht. So wird die Voraussetzung für den dann folgenden Schritt der weiteren Maßnahmenplanung geschaffen, in dem z. B. überlegt wird, was der Lehrer, was die Eltern und was außerschulische Angebote an Förderung für das Kind bieten können [7].

– Gemeinsame Gespräche aller beteiligter Parteien

Manchmal ist es, je nach Alter des Kindes, günstig, nicht nur Einzelgespräche zwischen Lehrern und Schülern oder Lehrern und Eltern anzusetzen, sondern alle Parteien zu beteiligen. Auch ein solches gemeinsames Treffen kann entweder in Eigeninitiative oder unter Leitung eines Klärungshelfers durchgeführt werden. In der Auseinandersetzung ist es sehr wichtig, dass alle Beteiligten nur für sich sprechen und keine Bündnisse, z. B. zwischen Eltern und Kind gegen den Lehrer oder zwischen Lehrer und Eltern gegen das Kind, entstehen.

Beratung und Information

In den letzten beiden Abschnitten war bereits angesprochen worden, dass für alle Beteiligten die Möglichkeit besteht, einen Berater des Schulpsychologischen Dienstes zu kontaktieren und zu einem gemeinsamen Gespräch mit der/n anderen Konfliktpartei/en hinzuzuziehen. Hochbegabte Schüler können sich im Falle eines Konflikts mit einem Lehrer zunächst auch an den Vertrauenslehrer der Schule wenden. Viele Schulpsychologische Dienste und einige andere Institutionen (Adressen s. Anhang 3.1, S. 299 f.) bieten für Lehrer Fortbildungen zum Thema „Hochbegabung" an, in denen die Teilnehmer potentielle Konflikte mit hochbegabten Schülern und deren Eltern besprechen sowie Lösungsmöglichkeiten dafür erarbeiten können. Einige hilfreiche Tipps zur Bewältigung von Konflikten können Lehrer auch in den nachfolgend genannten Literaturempfehlungen finden.

Literaturempfehlungen für Rat Suchende

1. Gordon, Th. (1999). *Lehrer-Schüler-Konferenz. Wie man Konflikte in der Schule löst.* München: Heyne.

Dieser Ratgeber, der mittlerweile in der 13. Auflage erschienen ist, schildert konkrete Alltagsprobleme in Schule und Elternhaus und bietet praktikable Lösungsvorschläge. Er beinhaltet Analysen, Beispiele, Vorschläge und Hilfen zu den Themen „Lehrer-Schüler-Beziehung" und „Konfliktbewältigung". Dadurch schafft er Voraussetzungen für ein angstfreies Lehren und Lernen miteinander. Der Autor geht davon aus, dass eine Verbesserung des Schulklimas nur in Kooperation zwischen Elternhaus, Lehrern und Schülern gelingen kann.

2. Singer, K. (1996). *Lehrer-Schüler-Konflikte gewaltfrei regeln.* Weinheim: Beltz.

Der Autor dieses Buches ist Professor für Pädagogische Psychologie an der Universität München. Er rät davon ab, Disziplinprobleme und Erziehungsschwierigkeiten mit Machtmitteln und „psychologischen" Strategien zu lösen. Viel hilfreicher und effektiver ist seiner Meinung nach der Aufbau einer Beziehung, an den ein Prozess anschließen kann, der vom Verständigungsprinzip zwischen Schüler und Lehrer getragen wird. Ein angesprochenes Thema ist z. B. die Konfliktbearbeitung im Gespräch mit Schülern. Das Buch rät Lehrern, sich auf die Gefühlsebene der Schüler einzulassen, und ihnen im Gespräch die Chance zu geben, selbst zu Wort zu kommen.

3 Innerpsychischer Bereich

3.1 Aufmerksamkeitsdefizit-/Hyperaktivitätsstörung

Fallgeschichte „Fabian"

Fabian ist acht Jahre alt und besucht die zweite Grundschulklasse. Bereits im Kindergarten fiel er durch motorische Unruhe auf. Im Spielverhalten sowie im Kontakt mit anderen Kindern war und ist Fabian impulsiv und laut. Seine Schulleistungen sind weit unterdurchschnittlich, obwohl er von seiner Lehrerin als durchaus begabt eingeschätzt wird. Fabians Problem ist, dass er dem Unterricht nicht lange folgen kann und sich durch jede Kleinigkeit ablenken lässt. Da er nur die Aufgaben erfüllt, zu denen er Lust hat, gerät er häufig in Konflikte mit seiner Lehrerin. Statt mitzuarbeiten, spielt Fabian lieber den Klassenclown, was ihm bei seinen Mitschülern aber nur kurzzeitige Lacherfolge einbringt. Insgesamt ist er durch sein zügelloses Verhalten in der Klasse eher isoliert. Falls sich seine Schulleistungen nicht bessern, wird er die Klasse wiederholen müssen.

Die Eltern fühlen sich mit der Erziehung von Fabian überfordert. Sie haben es „im Guten wie im Bösen" versucht, ohne dass sie den Jungen „in den Griff" bekommen konnten. Von den Eltern auferlegte Grenzen werden von Fabian nicht anerkannt, Strafen haben keinen Einfluss auf sein Verhalten. Immer wieder gibt es zu Hause Machtkämpfe, wenn es beispielsweise um die Erledigung der Hausaufgaben, um die Beachtung von Fernsehzeiten oder um die Erfüllung häuslicher Pflichten geht. Bei allem, was Fabian tut, ist er sehr laut und häufig auch sehr wild. In der Freizeit hat Fabian lediglich kurzzeitige, lockere Freundschaften, zumeist auch nur mit Kindern, die ebenfalls häufig stören und laut sind. Fabian leidet sehr unter seiner Situation und hat große Selbstwertprobleme.

Das unkonzentrierte, unruhige und zappelige Verhalten ihrer Kinder ist ein Thema, das eine Reihe von Eltern beschäftigt. Häufig taucht die Frage auf, ob dieses Verhalten noch im Rahmen „normalen" kindlichen Verhaltens liegt oder ob es sich um eine Aufmerksamkeitsdefizit-/Hyperaktivitätsstörung (AD/HS) handelt.

Früher wurde für dieses Störungsbild eine Reihe anderer Begriffe verwendet, wie z.B. „Hyperkinetisches Syndrom", „minimale cerebrale Dysfunktion" oder „Wahrnehmungsstörung". Diese Bezeichnungen sind jedoch nicht ganz zutreffend. Während beispielsweise die Bezeichnung „Hyperkinetisches Syndrom" nur einen Aspekt der Störung, nämlich die Überaktivität, in den Vordergrund rückt, unterstellen „minimale cerebrale Dysfunktion" und „Wahrnehmungsstörung" Ursachen, die man in der Forschung nicht bestätigen konnte [1].

Insgesamt sind ca. 3–5 % aller Grundschulkinder von einer Aufmerksamkeitsdefizit-/Hyperaktivitätsstörung betroffen. Bei Jungen tritt die Störung etwa sechsmal häufiger auf als bei Mädchen [1, 2]. In unserer Studie berichteten

Aufmerksamkeitsdefizit-/Hyperaktivitätsstörung

24 % der Eltern, die sich an die DGhK gewandt hatten, von der Vermutung, ihr Kind könnte aufmerksamkeitsgestört/hyperaktiv sein. Wie passen diese Zahlen zusammen? Auf den ersten Blick könnte man annehmen, dass es sich dabei um ein Problem handelt, das bei hochbegabten Kindern wesentlich häufiger auftritt als bei anderen Kindern. Die Vermutung eines Zusammenhangs zwischen Hochbegabung und AD/HS wurde auch bereits geäußert, lässt sich jedoch wissenschaftlich nicht bestätigen (s. Abschnitt „Verstehen"). AD/HS und Hochbegabung *können* zusammen auftreten, tun dies aber wesentlich seltener als häufig angenommen wird.

Vermutlich hat die relativ hohe Quote der Eltern, die sich (u.a.) wegen des Problems „Hyperaktivität" an eine Hochbegabungsberatung wenden, zwei Ursachen: Zum einen zeigen viele hochbegabte Kinder, z.B. aufgrund ihrer Langeweile im Unterricht, zuweilen ein sehr unruhiges Verhalten, das die Eltern befürchten lässt, ihr Kind leide an AD/HS. Bei einem großen Teil dieser Kinder bewegt sich die Unruhe jedoch im „normalen" Bereich und es besteht keine Störung. Zum anderen machen Berater in letzter Zeit zunehmend häufig die Erfahrung, dass sich Eltern bei ihnen melden, die das unruhige und unkonzentrierte Verhalten ihres Kindes nicht (ausschließlich) als Zeichen einer Hyperaktivität deuten, sondern annehmen, dieses Verhalten hänge (auch) mit dessen hoher Begabung zusammen. Tatsächlich jedoch sind viele dieser Kinder gar nicht hochbegabt, sondern weisen eine durchschnittliche Begabung auf und leiden an einer Aufmerksamkeitsdefizit-/Hyperaktivitätsstörung. Darauf, wie Sie als Berater mit dieser Situation umgehen können, wurde bereits in Teil I, *Selbsthilfe für den Helfer III* (vgl. S. 72 f.), eingegangen.

Aufgrund der beschriebenen Schwierigkeiten, die in einer Beratung bestehen können, möchte Ihnen dieses Kapitel Hintergrundinformationen zum Thema „Aufmerksamkeitsdefizit-/Hyperaktivitätsstörung" vermitteln. Der folgende Abschnitt stellt Erkennungsmerkmale hyperaktiver Kinder dar. Damit verbindet sich das Ziel, Sie als Berater einerseits für das mögliche Vorliegen von AD/HS zu sensibilisieren, andererseits jedoch auch vorsichtig zu stimmen, eine solche Vermutung vorschnell anzustellen oder unhinterfragt zu übernehmen.

Erkennen

Das Verhalten von Kindern mit AD/HS kann vorwiegend unaufmerksam oder auch vorwiegend hyperaktiv-impulsiv sein, entsprechend unterscheidet man zwei Arten der Aufmerksamkeitsdefizit-/Hyperaktivitätsstörung, deren Besonderheiten in den unten stehenden Kästen getrennt aufgeführt sind [3, 4, 5]. Viele Kinder weisen sowohl unaufmerksames als auch hyperaktiv-impulsives Verhalten auf. Sind bei einem Kind mehrere der genannten Punkte in einem im Vergleich zu anderen Kindern sehr auffälligen Ausmaß von Eltern und/oder Lehrern bzw. Erziehern zu beobachten, deutet dies auf das Vorliegen einer Aufmerksamkeitsdefizit-/Hyperaktivitätsstörung hin. In diesem Fall sollte dringend ein Psychologe oder ein Facharzt für Kinder- und Jugendpsychiatrie konsultiert werden, der diesen Verdacht überprüfen kann.

Erkennungsmerkmale einer Aufmerksamkeitsdefizit-/Hyperaktivitätsstörung des vorwiegend *unaufmerksamen* Typus

- Das Kind hat oft Schwierigkeiten damit, seine Aufmerksamkeit bei Spielen oder Aufgaben über längere Zeit aufrechtzuerhalten.

- Wenn andere es ansprechen, scheint es häufig nicht zuzuhören.

- Das Kind kann Aufträge, Schularbeiten oder Pflichten häufig nicht zu Ende bringen und hat Schwierigkeiten, Aufgaben und Aktivitäten zu organisieren.

- Es vermeidet häufig Aufgaben, die länger andauernde geistige Anstrengungen erfordern oder beschäftigt sich nur widerwillig damit.
- Häufig vergisst oder verliert es Gegenstände, die für bestimmte Aufgaben notwendig sind.
- Es lässt sich leicht durch äußere Reize ablenken und ist bei Alltagstätigkeiten oft vergesslich.

Erkennungsmerkmale einer Aufmerksamkeitsdefizit-/Hyperaktivitätsstörung des vorwiegend *hyperaktiv-impulsiven*

- Das Kind zappelt häufig mit Händen oder Füßen oder rutscht auf dem Stuhl herum.
- Es steht im Unterricht oder in anderen Situationen, in denen Sitzenbleiben erwartet wird, oft auf. Es läuft herum oder klettert exzessiv in Situationen, in denen dies unpassend ist.
- Häufig hat es Schwierigkeiten damit, ruhig zu spielen oder sich mit Freizeitaktivitäten ruhig zu beschäftigen.
- Es ist häufig „auf Achse" oder handelt oftmals wie „getrieben".
- Oft redet es übermäßig viel.
- Es kann häufig nur schwer warten, bis es an der Reihe ist und platzt mit der Antwort heraus, bevor die Frage zu Ende gestellt ist.
- In der Schule unterbricht es andere oder stört oft.
- Das Kind hat Schwierigkeiten, sich an Regeln oder eigene gute Vorsätze zu halten.

Um von einer Aufmerksamkeitsdefizit-/Hyperaktivitätsstörung ausgehen zu können, müssen die genannten Symptome bereits vor dem siebten Lebensjahr aufgetreten sein, seit mindestens einem halben Jahr bestehen und zu ernsthaften Beeinträchtigungen in der Familie, in der Schule oder im Kontakt mit anderen Kindern führen [1]. Mit diesen Hauptsymptomen sind manchmal noch andere Schwierigkeiten verbunden: Es können Lern- und Leistungsstörungen auftreten; auch kann das Kind sehr traurig und bedrückt sein. Manche hyperaktiven/aufmerksamkeitsgestörten Kinder reagieren schon auf sehr geringe Enttäuschungen mit Aggressivität. Im sozialen Bereich kommt es häufig zu Schwierigkeiten, da das unaufmerksame und unruhige Verhalten des Kindes von seinen Mitschülern und von den Lehrern als störend erlebt wird, so dass das Kind leicht in die Rolle eines Außenseiters geraten kann. Doch wie kommt es überhaupt zu einer Aufmerksamkeitsdefizit-/Hyperaktivitätsstörung?

Verstehen

Nach heutigem Kenntnisstand entwickelt sich AD/HS auf dem Boden einer vererbten neurobiologischen Konstitution. Durch Einflüsse aus der Umgebung (Familie, Schule, Peers) wird sie aufrechterhalten und oft auch verschärft [1]. Wissenschaftlichen Untersuchungen zufolge tragen insbesondere folgende Faktoren zum Erscheinungsbild einer Aufmerksamkeitsdefizit-/Hyperaktivitätsstörung bei, wobei zu berücksichtigen ist, dass die jeweils später genannten Aspekte Effekte der vorher genannten darstellen und teilweise wieder auf diese zurückwirken [1, 6]:

– Aktivierungsstörung

Durch bildgebende Verfahren konnte man bei aufmerksamkeitsgestörten und unauffälligen Kindern Unterschiede in der Durchblutung einer bestimmten Hirnregion – dem Frontallappen – nachweisen. Dieser Hirnbereich besitzt die Aufgabe, die einzelnen Leistungen des Gehirns, die zu komplexen Leistungen wie Planen, Problemlösen und Lernen notwendig sind, zu koordinieren. Bei aufmerksamkeitsgestörten Kindern scheint diese Koordination nicht so gut zu gelingen, was sich in einer mangelnden Steuerung und Planung des Verhaltens niederschlägt (s. u.). Damit verbunden ist ein zweites Problem aufmerksamkeitsgestörter Kinder: Sie können ihre Wachheit (= Vigilanz) nur schlecht regulieren. Das Gehirn aufmerksamkeitsgestörter Kinder ist häufig über- oder untererregt. Deshalb gelingt es den Kindern nicht so gut, sich auf neue Anforderungen einzustellen, d. h. je nach Erfordernissen der Situation neue Kräfte zu mobilisieren oder ihre Energien ein wenig zu drosseln.

Die geschilderten Probleme werden mit einer Störung des Neurotransmitterstoffwechsels in Verbindung gebracht. Neurotransmitter sind chemische Substanzen, die im Körper als Botenstoffe für die Signalübertragung zwischen den Nervenzellen zuständig sind. Es gibt im Körper viele unterschiedliche Botenstoffe. Man vermutet, dass AD/HS ein Mangel an den Neurotransmittern Noradrenalin, Dopamin und wahrscheinlich auch Serotonin zugrunde liegt. Hierdurch ist nicht nur die Signalverarbeitung beeinträchtigt, sondern das gesamte „Betriebssystem" des Gehirns ist unzureichend aktiviert. Dadurch können die aus der Umwelt einströmenden Reize nur mangelhaft gefiltert werden, d. h. es gelingt den betroffenen Personen zu wenig, die Aufmerksamkeit nur auf die wesentlichen Dinge zu richten und andere Aspekte auszublenden. Außerdem sind die Hemmung und die Steuerung der spontanen Bewegungsimpulse zu schwach, woraus sich das typische Bild des hyperaktiven Kindes mit den störungsspezifischen Folgeproblemen ergibt:

– Mangelnde Kontrolle des Verhaltens

Die Aktivierungsstörung führt zu einer beeinträchtigten Verhaltenskontrolle, d. h. dazu, dass das betroffene Kind Schwierigkeiten hat, seine Aufmerksamkeit über einen längeren Zeitraum hinweg aufrechtzuerhalten und impulsive

Reaktionen zurückzuhalten. Vor der Beendigung einer Handlung wendet es sich häufig schon wieder einer neuen Beschäftigung zu.

– Beeinträchtigtes Planungsverhalten

Aufgrund der mangelnden Kontrolle ihres Verhaltens bereitet es hyperaktiven Kindern Schwierigkeiten, Verhaltensweisen, die ein planvolles Vorgehen erfordern, wie z. B. den Lösungsweg einer Aufgabe zu finden, auszuführen. An solche Aufgaben gehen sie eher unsystematisch und unorganisiert heran, d. h. sie legen aufgrund eines ersten Impulses sofort los. Aufmerksamkeitsgestörte Kinder denken kaum über ihr eigenes Verhalten nach und lernen deshalb wenig aus ihren bisherigen Erfahrungen. So machen sie die gleichen Fehler immer wieder. Was aufmerksamkeitsgestörte Kinder aus diesem Grund verstärkt brauchen, ist die Lenkung durch Eltern, Lehrer und andere Bezugspersonen (s. Abschnitt „Helfen"). Was sie selbst kaum beherrschen – sich im lauten oder leisen Selbstgespräch anzuleiten – muss bei ihnen verstärkt von außen übernommen werden.

– Ablehnende Reaktionen der Umwelt

Durch sein andersartiges Verhalten ist das betroffene Kind negativen Umweltreaktionen ausgesetzt. Es wird häufiger als andere Kinder ausgeschimpft, bestraft, von Aktivitäten ausgeschlossen oder von Gleichaltrigen gemieden. Dies hat zweierlei Folgen: Zum einen wirken sich solche negativen Reaktionen ungünstig auf das Wohlbefinden des Kindes und sein Selbstwertgefühl aus. Zum anderen reagiert das Kind wiederum mit Verhaltensweisen wie Aggressivität, Rückzug, Herumkaspern, Trotzverhalten etc., die das ungünstige Arbeitsverhalten, aber auch die negativen Reaktionen der Umwelt noch verstärken.

Das Verhalten hyperaktiver/aufmerksamkeitsgestörter Kinder wird von anderen oft als anstrengend empfunden. Die Gründe für dieses Verhalten haben jedoch nichts mit bösem Willen oder fehlender Begabung zu tun, sondern mit der Schwäche dieser Kinder, Gedanken und Impulse zurückzuhalten und zunächst zu überprüfen, d. h. sie zu steuern. Die verbreitete Annahme, dass die Aufmerksamkeitsdefizit-/Hyperaktivitätsstörung durch die Ernährung bedingt wird, also z. B. aufgrund einer Nahrungsmittelallergie auf Phosphate entsteht, konnte wissenschaftlich nicht belegt werden. Ebenso scheint es keinen Zusammenhang zwischen dem Bestehen einer *Hochbegabung* und dem Auftreten einer Aufmerksamkeitsdefizit-/Hyperaktivitätsstörung zu geben. Da letztere mit jedem Grad von Intelligenz kombiniert vorkommen kann, sind natürlich auch unter Hochbegabten Kinder mit AD/HS zu finden [8]. Die Störung tritt jedoch bei ihnen nicht häufiger auf als bei normal begabten Kindern (s. o.).

Wichtig ist zu wissen, dass nicht jedes ungestüme und „überaktive" Kind an einer Aufmerksamkeitsdefizit-/Hyperaktivitätsstörung leidet. Insbesondere in den ersten Schuljahren liegt noch eine große Bandbreite von Steuerungsverhalten im Normalbereich. Gerade bei hochbegabten Kindern fällt es auch erfahrenen Diagnostikern nicht immer leicht, eine Aufmerksamkeitsdefizit-/Hyperaktivitätsstörung zu erkennen bzw. kann es eher passieren, sie fälschlicherweise für aufmerksamkeitsgestört/hyperaktiv zu halten, da viele hochbegabte Kinder lebhafter und aktiver erscheinen können als andere Kinder. Silverman stellt fest, dass hochbegabte Kinder durch ihre Wissbegierde, ihre hohe motorische Energie und das oft geringere Schlafbedürfnis gelegentlich als hyperaktiv diagnostiziert werden, obwohl sie es in Wirklichkeit nicht sind [9]. Während tatsächlich hyperaktive Kinder die oben genannten Merkmale von Unruhe und Aufmerksamkeitsstörung situationsübergreifend und verstärkt bei erhöhter Anforderung zeigen, werden hochbegabte, nicht hyperaktive Kinder konzentrierter und ruhiger, wenn sie ihrem Leistungsvermögen entsprechend gefordert werden [8].

Ist ein hochbegabtes Kind tatsächlich hyperaktiv/aufmerksamkeitsgestört, hilft ihm häufig seine hohe Intelligenz, mit seiner Aufmerksamkeitsschwäche besser fertig zu werden und sie längere Zeit zu kompensieren. Bei diesen Kindern werden mit der Konzentrationsschwäche verbundene Leistungsschwierigkeiten oft erst in späteren Schulklassen auffällig [7]. Spätestens dann, wenn Kinder ihre Aufmerksamkeitsschwäche nicht mehr durch andere intellektuelle Fähigkeiten ausgleichen können, benötigen sie Hilfe. Wie diese sinnvollerweise aussehen kann, zeigt der nächste Abschnitt.

Helfen

Es gibt eine Reihe von Behandlungsmethoden, mit denen man das Verhalten aufmerksamkeitsgestörter/hyperaktiver Kinder günstig beeinflussen kann. Dazu zählen folgende Maßnahmen:

– Medikamentöse Behandlung

Je massiver eine Aufmerksamkeitsdefizit-/Hyperaktivitätsstörung ausgeprägt ist, desto eher werden dem Kind Medikamente verschrieben, meist die Substanz Methylphenidat (Handelsnamen Ritalin®, Medikinet®). Bei diesen Medikamenten handelt es sich nicht um Beruhigungsmittel, wie man zunächst denken könnte, sondern vielmehr um anregende, stimulierende Mittel. Ihre Wirkung besteht insbesondere darin, den oben genannten Dopaminmangel im Neurotransmitterstoffwechsel auszugleichen.

Die Effektivität der Ritalin-Therapie ist gut belegt. So sprechen zwischen 70 % und 90 % der Kinder positiv auf die Behandlung an. Die Nebenwirkungen sind in der überwiegenden Zahl gering, am häufigsten treten leichtere Ein- und Durchschlafstörungen sowie eine Verminderung des Appetits auf. Einige Kinder reagieren anfangs mit Bauch- und Kopfschmerzen, die jedoch im Verlauf der Therapie in der Regel verschwinden. Der Erfolg dieser Behandlung bleibt nur so lange erhalten, wie das Medikament eingenommen wird [10]. Deshalb ist unbedingt eine Kombination von Medikamenten mit einer Psychotherapie zu empfehlen. Die Einnahme der Medikamente kann dann in vielen Fällen mit der Zeit „ausgeschlichen" werden.

– *Psychotherapeutische Hilfe*

Von den psychotherapeutischen Behandlungsmöglichkeiten ist eine Verhaltenstherapie, in die sowohl das Kind als auch seine Eltern einbezogen werden, das Verfahren der ersten Wahl. Im Folgenden wird kurz dargestellt, was eine solche – bei AD/HS wirkungsvolle – Therapie leistet. Eltern sollten darüber informiert sein, damit sie auf der Suche nach professioneller Hilfe kompetente von weniger kompetenten Therapeuten unterscheiden können.

a) *Kindzentrierte Verfahren:* Hier lernen die Kinder, sich beim Handeln, Problemlösen und in kritischen Situationen selbst besser unter Kontrolle zu halten. Sie trainieren Fertigkeiten wie „genau hinschauen", „genau zuhören" und „Wahrgenommenes genau wiedergeben", die zum Lösen von Aufgaben sehr wichtig sind. Den Kindern werden Möglichkeiten zur Kontrolle von vorzeitigen Reaktionen („erst nachdenken, dann handeln") vermittelt, und es wird ihnen geholfen, ihr Aufmerksamkeitsverhalten durch verbale Selbstanweisungen („Stopp-Aufpassen!") zu regulieren. Die Verhaltensorganisation des Kindes wird dadurch verbessert, dass die Kinder lernen, ihre Handlungen im Voraus zu planen und ihr Verhalten sowie den Umgang mit Ablenkungen, Fehlern und Frustrationen durch Selbstanweisungen und andere Strategien zu regulieren.

b) *Familienzentrierte Verfahren:* Bei Elterntrainings, die zum Ziel haben, die Eltern über AD/HS zu informieren und sie in einem angemessenen Umgang mit ihren hyperaktiven Kindern zu unterstützen, werden die Bezugspersonen des Kindes in die Maßnahmen einbezogen. Den Eltern wird erklärt, wie sie das Verhalten ihres Kindes positiv beeinflussen können. Dazu gehören folgende Maßnahmen, die Eltern versuchen sollten, im Alltag umzusetzen [1]:

– Verbesserung der Beziehung zwischen Eltern und Kind, indem z. B. täglich eine 20- bis 30-minütige Spielzeit eingerichtet wird, in der sich der Vater oder die Mutter nur um das Kind kümmern

– klare Strukturierung des Tagesablaufs mit festen Routinen für Tätigkeiten wie Aufstehen, Anziehen, Frühstücken, ins Bett gehen, eine Gute-Nacht-Geschichte vorlesen etc.

– Aufstellen von Regeln für die wesentlichen Punkte im familiären Zusammenleben, z. B. zu einer bestimmten Zeit ins Bett gehen, zur verabredeten Zeit nach Hause kommen etc.; Vereinbarung und Durchsetzung von Konsequenzen, wenn diese Regeln nicht eingehalten werden

– gezielte und häufige Anerkennung erwünschten Verhaltens, damit das Kind zum einen lernt, sich angemessen zu verhalten, und es zum anderen die Aufmerksamkeit und Bestätigung erhält, die es so dringend braucht

– Vereinbarung von Auszeiten für die Eltern, damit sie auch für sich selbst etwas Gutes tun können.

– *Psychosoziale Interventionen*

Zusätzlich zu den bisher vorgestellten Maßnahmen sind psychosoziale Interventionen im Kindergarten und in der Schule wichtig. Diese Interventionen beinhalten die Aufklärung und Beratung von Erziehern und Lehrern mit dem Ziel, sie zu einem Umgang mit dem Kind anzuleiten, der das Problemverhalten vermindert. Dazu zählen folgende Regeln bzw. Empfehlungen:

– Das hyperaktive/aufmerksamkeitsgestörte Kind sollte mit einem ruhigen Mitschüler an einen Tisch gesetzt werden.

– Es ist wichtig, erwünschtes Verhalten des Kindes deutlich zu loben.

– Soweit wie möglich sollte Störverhalten ignoriert werden, da Tadel mitunter nur eine Verstärkung des Störverhaltens bewirkt.

– Meist bringt in einer Störsituation körperliche Bewegung eine Entlastung, so dass es sinnvoll ist, bei beginnender Unruhe eine (die Hirntätigkeit) aktivierende Bewegungsaufgabe zu stellen.

Beratung und Information

Diagnosen werden von kinder- und jugendpsychiatrischen Facharztpraxen, kinderneurologischen/-psychiatrischen Abteilungen der Universitätskliniken, kinderneurologischen sozialpädiatrischen Zentren und von speziell dafür qualifizierten Kinderärzten gestellt. Psychologische Trainingsverfahren führen Kinderpsychologen und -psychiater durch. Adressen können beim Psychotherapie-Informations-Dienst (s. Anhang 1.4, S. 283) erfragt werden. In Anhang 1.3 (S. 277) finden sich die Adressen zweier bundesweit tätiger Selbsthilfevereinigungen für Eltern hyperaktiver Kinder.

Literaturempfehlungen für Rat Suchende

Eine erste Möglichkeit, sich näher mit dem Thema „Aufmerksamkeitsdefizit-/ Hyperaktivitätsstörung" zu beschäftigen, bietet mittlerweile auch eine große Auswahl an Literatur. Beispielhaft werden im Folgenden zwei Bücher und eine Broschüre zum Thema vorgestellt.

1. Hammer, P.-M. & Aust-Claus, E. (1999). *Das ADS- (Aufmerksamkeits-Defizit-Syndrom) Buch: Neue Konzentrationshilfen für Zappelphilippe und Träumer.* Ratingen-Lintdorf: ObersteBrink.

Die Autorinnen Hammer, Dipl.-Psychologin und Therapeutin, und Aust-Claus, Fachärztin für Kinder- und Jugendmedizin, haben sich auf das Thema ADS spezialisiert und viele ADS-Kinder selbst diagnostiziert, betreut und erfolgreich behandelt. Sie vertreten die Annahme, dass man ein ADS-Kind nicht isoliert behandeln kann, sondern auch die Bezugspersonen, mit denen das Kind täglich Kontakt hat, einbeziehen sollte. Aus diesem Grund wendet sich ihr Buch sowohl an betroffene Kinder als auch an Eltern, Lehrer, Erzieher, Kinderärzte und -therapeuten.

Im ersten Teil des Buches werden wichtige Informationen über ADS, wie z. B. Definition, Symptome und Auswirkungen auf das Selbstwertgefühl, dargestellt. Die Autorinnen unterscheiden dabei zwischen zwei ADS-Formen: ADS mit Hyperaktivität („Zappelphilippe") und ADS ohne Hyperaktivität („Träumer"). Im zweiten Teil des Buches werden die verschiedenen Bezugspersonen der Kinder angesprochen und mögliche Wege aufgezeigt, auf welche Weise sie den Kindern helfen können. Das letzte Kapitel enthält praktisches Umsetzungsmaterial wie Checklisten zur Erkennung von ADS und einen Schritt-für-Schritt-Plan zur Erledigung von Hausaufgaben. Am Ende jedes Kapitels wird das Wichtigste kurz und übersichtlich in einigen Stichworten zusammengefasst. Zusätzlich enthält das Buch zahlreiche Fallbeispiele zur Veranschaulichung.

2. *Informationsheft zum Hyperkinetischen Syndrom (HKS)*. Für Eltern, Lehrer und Kinder. Klinik und Poliklinik für Kinder- und Jugendpsychiatrie der Julius-Maximilians-Universität Würzburg.

In dieser kleinen Broschüre werden Symptomatik und Behandlung des hyperkinetischen Syndroms allgemeinverständlich beschrieben. Besonders nützlich sind die Tipps für Eltern, wie sie zu Hause Konzentration und Lernen bei ihrem hyperaktiven Kind fördern können.

Die Broschüre kann gegen eine geringe Schutzgebühr direkt bei der Universitätsklinik für Kinder- und Jugendpsychiatrie, Füchsleinstr. 15, 97080 Würzburg, Fax: 09 31 - 201 78 04 angefordert werden. Die Gebühr kommt dem gemeinnützigen Verein „Menschenskinder" zugute, der psychisch kranke Kinder unterstützt.

3. Lauth, G. W., Schlottke, P. F. & Naumann, K. (2000). *Rastlose Kinder, ratlose Eltern. Hilfen bei Überaktivität und Aufmerksamkeitsstörungen.* München: dtv.

Dieser Ratgeber richtet sich an Eltern, Lehrer und Erzieher und informiert umfassend über die Ursachen, das Erscheinungsbild und die Behandlung von Aufmerksamkeitsdefizit-/Hyperaktivitätsstörungen. Eltern bekommen wertvolle Tipps, wie sie ihr Kind stärker lenken und die Beziehung zu ihm verbessern können. Ein Kapitel widmet sich den Möglichkeiten einer konstruktiven Zusammenarbeit zwischen Eltern und Lehrern. Außerdem werden verschiedene professionelle Behandlungsmethoden dargestellt und nach ihrer Wirksamkeit bewertet.

3.2 Ängstlichkeit

> **Fallgeschichte „Lucy"**
>
> Der Übergang von der Grundschule zum Gymnasium war für die zehnjährige Lucy mit einigen Schwierigkeiten verbunden. In den ersten Monaten hielt sie sich im Unterricht völlig zurück. Selbst wenn die Lehrerin sie direkt ansprach, blickte sie auf den Tisch und verweigerte jede Antwort. In den ersten Klassenarbeiten hat sie jedoch gezeigt, dass sie den Stoff gut beherrscht. Sie hält sich ausschließlich an die Klassenkameraden, die sie bereits aus der Grundschule kennt, während die anderen Kinder untereinander schon rege neue Kontakte knüpfen.
>
> Wenn der Vater sie bei der Erledigung ihrer Hausaufgaben unterstützen will, reagiert Lucy unsicher und verängstigt. Sie fürchtet harte Kritik, falls sie einen Fehler begeht und lehnt die Hilfe des Vaters deshalb lieber ab. Ihre Hausarbeiten macht sie jedoch meist fehlerfrei.
>
> In Gesprächen mit den Eltern äußert sie oft, dass sie Angst vor einem Atomkrieg hat. Die Eltern vermuten, dass Lucy ein Buch darüber gelesen hat und wissen nicht, wie sie ihrer Tochter die Angst nehmen sollen. Oft fällt ihnen lediglich ein zu sagen: „Vor so was braucht man keine Angst zu haben."
>
> Wenn Lucy eine Verabredung mit einer Freundin hat, die ein paar Straßen weiter entfernt wohnt, bettelt sie darum, dass ihre Mutter sie begleitet. Die Mutter versucht sie dann zu ermutigen: „Du bist doch schon groß." Sie ist mit Lucy bereits einige Male die Strecke abgegangen und hat sich von Lucy führen lassen, die den Weg sehr gut kennt. Bisher haben diese Maßnahmen jedoch noch keinen Erfolg gezeigt.
>
> In vielen Situationen beginnt Lucy zu weinen, weil sie z. B. plötzlich Angst vor einem über die Straße laufenden Hund hat. Mittlerweile fällt es den Eltern schwer, Verständnis zu zeigen, Lucy zu beruhigen und zu ermutigen. Manchmal ist ihnen auch unklar, wovor ihre Tochter sich fürchtet.

Bevor in diesem Kapitel genauer darauf eingegangen wird, woran man kindliche Ängste, wie sie Lucy vielfältig erlebt, erkennt, wie sie entstehen und was man dagegen tun kann, soll eine Begriffsdifferenzierung vorgenommen werden:

In der Psychologie unterscheidet man *Furcht*, *Angst* und *Ängstlichkeit* [5]. *Furcht* ist die notwendige Motivation zur Mobilisierung von Energie und zu vorsichtigem, klugem Handeln. Sie ist eine sinnvolle Reaktion auf eine wirkliche oder vermeintliche konkrete Gefahr wie etwa bösartige Hunde oder Autos: Die typischen und extrem schnell eintretenden körperlichen Veränderungen, die mit Furcht einhergehen, wie die Erhöhung der Herztätigkeit und Anspannung der Muskeln, dienen dazu, den Körper auf schnelles Handeln vorzubereiten. Läuft eine Person z. B. über die Straße und ein Auto hupt, so ermöglicht ihr die dadurch ausgelöste Furcht, rasch zur Seite zu springen. *Angst* ist ebenfalls eine Reaktion auf eine (vermeintlich) bedrohliche – mitunter jedoch recht un-

Ängstlichkeit

konkrete – Situation. Im Gegensatz zu Furcht geht Angst mit dem Empfinden eigener Schwäche und Hilflosigkeit einher.

Während Angst und Furcht jeweils einen momentanen Zustand bezeichnen, ist *Ängstlichkeit* eine überdauernde Persönlichkeitseigenschaft des Menschen. Ein ängstliches Kind hat vor vielen Situationen und Objekten Angst. Wie äußert sich diese Angst?

Erkennen

Angst besteht grundsätzlich aus drei Komponenten [1]:

1. dem körperlichen Anteil, z. B. Herzklopfen und Schwitzen,
2. dem gedanklichen und gefühlsmäßigen Anteil, z. B. dem Glauben, sterben zu müssen, und
3. dem Verhaltensanteil, z. B. dem Ergreifen der Flucht.

Dass ein Kind Angst hat, erkennt man am ehesten an Letzterem, d. h. an seinem Verhalten. Seine inneren Reaktionen erschließen sich meist erst durch einfühlsame Gespräche. Nach du Bois deuten v. a. folgende konkrete Verhaltensweisen und körperlichen Zeichen auf Ängste bzw. Ängstlichkeit eines Kindes hin [2]:

Merkmale ängstlicher Kinder

– **Anklammerndes Verhalten und Protest bei Trennung:** Viele ängstliche Kinder erleben Trennungen als unüberschaubar und bedrohlich. Deshalb sind sie sehr anhänglich an ihre Bezugspersonen und versuchen jegliche Trennung zu vermeiden. Geht ein Elternteil zeitweilig weg, reagieren ängstliche Kinder häufig mit Tränen.

– **Zwanghaftes/tyrannisches/forderndes Verhalten:** Manchmal reagieren ängstliche Kinder auch aggressiv. Sie möchten mit allen ihnen zur Verfügung stehenden Mitteln Angst auslösende Situationen vermeiden oder ihnen zumindest nur in Gegenwart von vertrauten Personen begegnen. Ein Kind, das befürchtet, seine Mutter könne es alleine einer angstbesetzten Situation aussetzen, wird z. B. mit Schreien, Treten oder Boxen reagieren und dies solange tun, bis es die Gewissheit bekommt, dass die Mutter bleibt. Dabei kann sich das Kind in regelrechte Wutanfälle hineinsteigern.

– **Ausweichendes, vermeidendes Verhalten gegenüber bestimmten Situationen:** Um bestimmte Situationen nicht aufsuchen zu müssen, nimmt ein ängstliches Kind auch Unannehmlichkeiten in Kauf. So weigert sich Lucy, von der in der Fallgeschichte berichtet wurde, beispielsweise, ihre Freundin zu besuchen, weil sie Angst hat, den Weg dorthin alleine zu gehen. Sie verzichtet dafür jedoch den ganzen Nachmittag auf Gesellschaft und beschäftigt sich in ihrem Zimmer. Ängstliche Kinder sind in der Schule häufig sehr zurückhaltend. Sie trauen sich selten, Fragen zu beantworten, Vorschläge zu machen oder ein Amt, wie z. B. das des Klassensprechers, zu übernehmen.

– **Gezielte Ablehnung von Objekten:** Ängstliche Kinder fürchten sich z. B. häufig vor Spinnen, Schlangen, Hunden oder Aufzügen. Aber auch bestimmtes Spielzeug oder Haushaltsgegenstände können Angst hervorrufen. Dabei kann es sein, dass das Kind den Kontakt mit diesen Objekten vollständig vermeidet oder aber die Konfrontation unter großer Angst durchsteht. So wird z. B. ein Kind, das sich vor den lauten Geräuschen eines Staubsaugers fürchtet, versuchen, diesen möglichst auszuweichen, indem es das Zimmer verlässt, die Türen schließt oder die Mutter bittet, ein anderes Mal Staub zu saugen. Viele Kinder haben auch Angst vor der Nacht, vor Dunkelheit, Gewitter, Feuer oder Wasser, vor Monstern, wilden Tieren oder Phantasiefiguren. Häufig lässt sich dabei ein Einfluss der Medien feststellen.

– **Einschlafstörungen:** In einigen Fällen führen Ängste zu Einschlaf- und Durchschlafproblemen. Kinder erleben das Einschlafen oft als beängstigenden Kontrollverlust. Aber auch die Angst vor Alpträumen oder Phantasiegestalten, wie z. B. Monstern oder Gespenstern (s. o.), kann zu Schlafstörungen führen.

– **Physische Merkmale:** Typische physische Merkmale von Angst sind z. B. ein Kloßgefühl im Hals, Unwohlsein oder Bauchschmerzen, ein Druck in der Brust, Herzklopfen oder Herzstiche und Appetitlosigkeit. Ängste können sich bei Kindern auch durch Bettnässen äußern.

Verstehen

An der Entstehung von Ängstlichkeit können verschiedene, auch von Kind zu Kind unterschiedliche Faktoren beteiligt sein. Sie werden im Folgenden erläutert:

– Genetische Faktoren

Allgemein zeigt die Forschung, dass Persönlichkeitseigenschaften u. a. erblich beeinflusst sind. Auch Ängstlichkeit ist eine Persönlichkeitseigenschaft, die nicht ausschließlich von Umweltfaktoren bestimmt wird, sondern daneben eine genetische Komponente aufweist.

– Lernerfahrungen

In welchen Situationen ein Mensch Angst empfindet, hängt v. a. von seinen Lernerfahrungen und seiner Einschätzung ab, ob er diese Situationen erfolgreich bewältigen kann. So wird beispielsweise ein Kind, das bereits im Kindergarten erlebt hat, dass es kleinere Bastelarbeiten ohne Anleitung ausführen kann, in der Schule seine Hausarbeiten mit größerer Zuversicht angehen, als eines, dem diese Erfahrung fehlt. Weiterhin trägt die gelernte Erwartung, in belastenden Situationen in seinen Eltern oder anderen nahen Bezugspersonen einen zuverlässigen Partner zu haben, zu größerer Sicherheit des Kindes bei. Erlebt das Kind dagegen, dass es in einer ihm gefährlich erscheinenden Situation keine Unterstützung erhält, so wird es dieser Situation auch in Zukunft mit Sorge begegnen.

Von entscheidender Bedeutung ist auch die Modellfunktion der Eltern: Sieht ein Kind, wie ein Elternteil ruhig und besonnen in einer gefahrvollen Situation reagiert, ist es wahrscheinlich, dass es versuchen wird, dies nach Kräften gleichzutun und sich in schwierigen Situationen eher in der Lage fühlt, diese zu meistern.

– Psychosoziale Einflüsse

Wichtig ist auch der Umgang der Eltern mit dem Kind und seinen Fähigkeiten. In Untersuchungen hat sich gezeigt, dass die Erfolgszuversicht eines Kindes bei seinen Hausaufgaben in der zweiten Klasse in engem Zusammenhang mit der Einstellung der Mutter und ihrem Wertesystem steht [3]. Misst eine Mutter die Leistung ihres Kindes z. B. an der Leistung seines Bruders, der besser ist, oder an ihren eigenen überhöhten Ansprüchen, kann das Kind die Angst entwickeln, nicht mithalten zu können. Bewertet die Mutter die Leistung des Kindes hingegen nach dessen persönlichen Fähigkeiten, so hilft sie dem Kind damit Vertrauen in seine eigene Leistungsfähigkeit aufzubauen.

Häufig fällt es ängstlichen Kindern schwer, Freunde zu gewinnen; sie machen den Eindruck, schwach und feindselig zu sein, und ihr häufig ungeschicktes, da nur mangelhaft erprobtes soziales Verhalten fordert Spott und Ächtung heraus, wodurch es noch verschreckter und scheuer wird [2].

– Anhaltende Belastungen

Wenn einem Kind „alles zu viel wird", z. B. weil sich die Eltern scheiden lassen, die Großmutter gestorben ist, der beste Freund wegzieht etc., kann daraus eine verstärkte Ängstlichkeit resultieren. Dieser Zusammenhang lässt sich mit der körperlichen Komponente des Angstgeschehens erklären: Angst wird dann erlebt, wenn das Erregungsniveau der Person eine bestimmte Stärke, die sog. Angstschwelle, überschreitet. Abhängig vom allgemeinen Anspannungsniveau wird diese Schwelle durch bestimmte Ereignisse leichter oder weniger leicht überschritten. Sind der Organismus und seine Erregungslage insgesamt ausgeglichen, können nur starke Reize, z. B. das Angesprungenwerden von einem großen fremden Hund, die Angstschwelle übertreten. Befindet sich der Organismus dagegen aufgrund anhaltender Belastungen sowieso bereits auf einem erhöhten Anspannungsniveau, können auch geringere Reize, wie das laute Zuschlagen einer Tür, Angst auslösen.

Gibt es darüber hinaus spezifische Ursachen für Ängstlichkeit bei *hochbegabten* Kindern?

Wissenschaftliche Untersuchungen zum Thema „Ängstlichkeit bei hochbegabten Kindern" liegen noch kaum vor. Die wenigen Ergebnisse von Studien, die dieses Thema bislang streiften, deuten darauf hin, dass hochbegabte Kinder nicht ängstlicher sind als andere Kinder [4, 5]. Danach scheint es sogar eher so zu sein, dass hochbegabte Kinder im Leistungsbereich weniger Ängste zeigen und auch sonstige Ängste aufgrund der besseren Möglichkeit, rationale Erklärungen für zunächst bedrohlich erscheinende Situationen zu finden, besser bewältigen können.

Im Gegensatz zu diesen Erkenntnissen schätzten 52 % der von uns befragten Eltern ihr hochbegabtes Kind als ängstlich ein. Woran mag das liegen? Weshalb zeigen zumindest einige hochbegabte Kinder eine besondere Ängstlichkeit? Im Folgenden sollen einige Überlegungen angestellt werden, welche spezifischen Ursachen es dafür geben *könnte*:

– *Erfahrung, nicht anerkannt zu werden:* Eine Reihe hochbegabter Kinder macht die Erfahrung, aufgrund ihres Andersseins nicht anerkannt oder sogar abgelehnt zu werden. In der Schule beschreiten sie z. B. ungewöhnliche Lösungswege zur Bewältigung von Aufgaben, die der Lehrer nicht gelten lässt, auch wenn die Ergebnisse richtig sind. Von Klassenkameraden werden hochbegabte Kinder manchmal als eigenartig wahrgenommen. Nicht selten werden sie ausgegrenzt und gemobbt (s. Kap. 2.2). Durch solche Erlebnisse reduziert sich die Zuversicht des Kindes, Leistungs- oder soziale Situationen bewältigen zu können.

– *Perfektionismus:* Viele hochbegabte Kinder zeigen ausgeprägte perfektionistische Tendenzen. Der eigene Anspruch an Lösungen kann so hoch geschraubt sein, dass das Kind selten mit sich zufrieden ist und Angst vor Fehlern oder dem völligen Versagen entwickelt (s. Kap. 1.5).

– *Anhaltende Belastungen:* Spüren Kinder, dass ihre Bedürfnisse nicht erkannt und ihnen kaum entsprochen wird, erleben sie eine große Enttäuschung. Hochbegabte Kinder müssen diese Erfahrungen manchmal gehäuft machen: Wenn ihre Bezugspersonen die Asynchronie, d. h. den ungleichen Entwicklungsstand ihrer intellektuellen und anderen Fähigkeiten nicht bemerken und nicht differenziert darauf eingehen, wird entweder ihr intellektueller Hunger nur unzureichend gestillt oder ihre emotionalen und sonstigen Fähigkeiten werden überstrapaziert.

– *Besondere Wahrnehmungsfähigkeiten und Sensibilität:* Hochbegabte Kinder erkennen bestimmte Gefahren früher und ängstigen sich deshalb vor bestimmten Dingen wie Atomkriegen bereits in einem Alter, in dem diese Gefahren von durchschnittlich begabten Kindern noch gar nicht wahrgenommen werden [6]. Viele hochbegabte Kinder sind sehr sensibel, was mit einer besonders kritischen Betrachtung der Welt und der eigenen Person einhergeht. Für manche von ihnen wiegt Kritik durch andere sehr schwer und löst Angst aus.

Helfen

Um Ängste, die ein sehr großes und die Lebensqualität beeinträchtigendes Problem darstellen können, zu vermindern, gibt es effektive Methoden. Bei kindlichen Ängsten können Eltern eine Menge zu ihrer Bewältigung beitragen, teilweise können dies auch Lehrer tun. Bei sehr stark ausgeprägter Ängstlichkeit ist es sinnvoll, therapeutische Hilfe in Anspruch zu nehmen. Die einzelnen Möglichkeiten werden im Folgenden dargestellt.

A) Was Eltern tun können:

Eltern können ihren Kindern in erster Linie auf zwei Arten bei der Bewältigung ihrer Ängste helfen.

– *Angstsituationen durchstehen*

Charakteristisch für Ängste ist es, dass sie um so schlimmer werden, je mehr man sie vermeidet. Hat ein Kind z. B. Angst davor, alleine zu Hause zu sein, ist es keine Lösung, dass die Eltern immer da bleiben, ebenso wenig jedoch, dass sie ihr Kind einfach alleine lassen, ohne es ausreichend darauf vorzubereiten. Im Falle kindlicher Ängste ist es am besten, sich Angst auslösenden Situationen Schritt für Schritt zu nähern, d. h. mit dem Üben weniger beängstigender Situationen anzufangen und zu schwierigeren voranzuschreiten.

Wie kann ein solches Üben aussehen? Günstig ist, wenn sich Eltern zunächst von ihrem Kind so genau wie möglich beschreiben lassen, was seine Angst auslöst. Sie können so erkennen, was das Kind meint, wo es gedanklich steht und mit welchen Phantasien und Bildern es sich herumschlägt. Diese Vorstellungen sollen dann mit dem verglichen werden, was die Realität ausmacht. Das Kind sollte angeleitet werden, exakt zu beobachten und zu beschreiben, was *wirklich* geschieht. Äußert das Kind z. B. Angst vor Einbrechern, ist es sinnvoll, gemeinsam mit dem Kind zu überprüfen, dass alle Türen und Fenster verschlossen sind und sich niemand Fremdes im Haus aufhält, damit es sieht, dass real keine Gefahr besteht. Des Weiteren ist es günstig, dem Kind das Gefühl zu geben, Gefahrensituationen nicht hilflos ausgeliefert zu sein. So kann man ihm z. B. Instruktionen geben, wie es im Notfall die Polizei erreichen oder die Eltern benachrichtigen kann. Dann kann – evtl. nachdem diese Vorbereitungen an mehreren Tagen durchlaufen wurden – damit begonnen werden, dass das Kind tagsüber z. B. für eine halbe Stunde alleine bleibt. Später sollte die Zeit ausgedehnt und auch auf den Abend verlegt werden.

Ähnliche Vorgehensweisen können auch für die Bewältigung anderer Ängste gewählt werden. Um das Kind allgemein zuversichtlicher zu stimmen, ist es wichtig, sein Vertrauen zu sich selbst und zu seinen Fähigkeiten zu stärken, indem die Eltern diese würdigen. Dabei sollten sie darauf achten, dass sie ihre Anerkennung an der individuellen Leistungsfähigkeit ihres Kindes ausrichten. Sowohl Tadel für misslungene Leistungen, die in Überforderung begründet liegen, als auch Lob für Leistungen, die dem Kind keinerlei Mühe verursachen, sind wenig hilfreich. Anerkennung für die Bewältigung Angst auslösender Situationen ist in jedem Fall angebracht. Für die weitere Angstbewältigung ist es nämlich sehr förderlich, wenn sich das Kind über seine bisherigen Erfolge freut und Stolz empfindet.

– Erfahren von körperlicher Stärke

Unterstützend kann Kampfsport wie Karate oder Jiu-Jitsu wirken: Er hilft dem Kind zum einen, Selbstvertrauen zu gewinnen, zum anderen wirkt das körperliche Austoben als Ventil, um das allgemeine Anspannungsniveau zu vermindern.

– Entspannung

Der Verminderung des Anspannungsniveaus dient auch das Einüben von Entspannungsverfahren wie autogenes Training, das von Psychologen in freier Praxis, in Beratungsstellen oder an Volkshochschulen angeboten wird. Eltern sollten ein solches Training, das ihr Kind in einer Gruppe mit anderen Kindern erlernt, zu Hause unterstützen, indem sie gemeinsam mit dem Kind üben. Hilfreich dazu können Bücher mit Phantasie- und Entspannungsgeschichten sein (s. Literaturempfehlung am Ende des Kapitels).

B) Wie Lehrer helfen können:

Für Lehrer ist es zunächst wichtig festzustellen, ob ein Kind, das im Unterricht die Antwort verweigert, sich nicht selbständig meldet und evtl. wenig Kontakt zu Mitschülern hat, möglicherweise aus Angst so handelt. Ein erster Hinweis hierfür wäre z. B., dass das Kind seine Hausarbeiten ordentlich und ohne fremde Hilfe anfertigt und dass es in Anwesenheit seiner Eltern wesentlich gelöster wirkt. In diesem Fall ist es hilfreich, das Kind zum Vortragen der Hausarbeiten aufzufordern und es im Anschluss angemessen zu loben. Dagegen wird die Angst des Kindes eher verstärkt, wenn es ohne Vorbereitung, z. B. zum Berechnen einer Aufgabe, an die Tafel gerufen wird. Scheitert das Kind dann an der Aufgabe, ist es in der Zukunft noch weniger bereit, den Mut zu fassen, sich selbst zu melden. Auch hier gilt wieder: Das Kind darf nicht in seinem Vermeidungsverhalten verharren; es jedoch ins kalte Wasser zu werfen, kann seine Angst noch verstärken. Unterstützend zum vorsichtigen Einbezug des Kindes in den Unterricht kann ein persönliches Gespräch zwischen Schüler und Lehrer sein. So wird dem Kind ein Kennenlernen ermöglicht, was ihm Unsicherheit nehmen kann.

C) Psychotherapeutische Hilfen:

Ein Kind und seine Eltern brauchen dann professionelle Hilfe, wenn es objektiv ungefährliche Situationen oder Gegenstände gibt, vor denen sich das Kind so extrem fürchtet, dass es sie nur unter größter Angst erträgt oder sogar völlig vermeidet. Diese Ängste werden so intensiv erlebt, dass sie mit den Mitteln, die Eltern und Lehrern im Allgemeinen zur Verfügung stehen, nicht zu bewältigen sind. Sie sind jedoch von Ängsten, wie sie fast jedes Kind erlebt, manchmal nicht genau abzugrenzen, da sie evtl. nur in ihrer Intensität und Dauer differieren.

Eine Psychotherapieform, die sich zur Bewältigung von konkreter Furcht, z. B. der Furcht vor Hunden oder der Furcht, auf einen Turm zu steigen, gut bewährt hat, ist die *Verhaltenstherapie*. Sie geht von der Annahme aus, dass Angstreaktionen gelernt werden (s. o.). Eine objektiv ungefährliche Situation wird von einem Kind als gefahrvoll erlebt, weil es negative Konsequenzen erwartet. Ein Kind, das z. B. einmal von einem Hund gebissen wurde, kann danach eine allgemeine Angst vor Hunden entwickeln. Der Verhaltenstherapeut versucht, mit dem Kind diese Annahmen, z. B. „Alle Hunde sind gefährlich und beißen.", aufzudecken und zu verändern. Dabei nutzt er neben Gesprächen mit dem Kind („Was befürchtest du, geschieht, wenn du einen Hund siehst?") die Möglichkeit, mit ihm Schritt für Schritt die Angst behafteten Situationen aufzusuchen. Das Kind erfährt dabei, dass nichts Schlimmes passiert und verliert dadurch allmählich seine Angst. Häufig werden die Eltern zu Hause als Co-Therapeuten eingesetzt. Parallel zu den Therapiestunden suchen sie mit ihrem Kind ebenfalls bestimmte Angst auslösende Situationen auf, stehen sie mit dem Kind durch und sprechen mit ihm darüber (s. o.).

Zur Behandlung von übergreifenden Ängsten, also allgemeiner Ängstlichkeit, ist auch die *personenzentrierte Psychotherapie mit Kindern und Jugendlichen* geeignet. Diese Therapieform arbeitet weniger störungsspezifisch als die Verhaltenstherapie. Sie versucht allgemein, Personen stärker in Kontakt mit ihrem Empfinden und Erleben zu bringen. Dabei werden insbesondere auch die Stärken einer Person betrachtet. Bei ängstlichen Kindern bedeutet dies z. B., dass die Aufmerksamkeit auch auf die Bereiche gelenkt wird, in denen das Kind keine Angst empfindet. Der Therapeut besitzt die Grundüberzeugung, dass das Kind den Weg aus seiner Angst mit adäquater Begleitung selbst finden wird und vermittelt ihm dies auch. Durch das Vertrauen des Therapeuten und das Aufmerksamwerden auf eigene Stärken wächst das Selbstwertgefühl des Kindes, was ihm letztendlich hilft, seine Ängste zu bewältigen.

Beratung und Information

Die erste Anlaufstelle kann ein Kinderpsychologe oder ein Kinderarzt sein. Auch eine Erziehungsberatungsstelle kommt in Frage. Kinderpsychologen haben Erfahrungen mit allen Altersgruppen, Kinderärzte haben vor allem Erfahrungen mit Ängsten im Säuglings- und Kleinkindalter. Der erste Besuch dient der Beratung und Klärung, welche Hilfe notwendig ist und wo diese erhalten werden kann. Welche Kinderpsychologen in Frage kommen, kann beim Psychotherapie-Informations-Dienst (Adresse s. Anhang 1.4, S. 283) in Erfahrung gebracht werden. Des Weiteren gibt es in mehreren Städten Deutschlands auf die Behandlung von Angststörungen spezialisierte Therapieeinrichtungen. Zwei zentrale Adressen sind in Anhang 1.3 (S. 276) angegeben.

Literaturempfehlungen für Rat Suchende

1. du Bois, R. (1995). *Kinderängste. Erkennen – verstehen – helfen*. München: Beck.

Dieser Ratgeber gibt eine Einführung in den Begriff der Angst, einen Überblick über die häufigsten Ängste bei Kindern und Hilfen für Eltern sowie Therapiemöglichkeiten für Kinder. Am Ende eines Kapitels sind die wichtigsten Fragen und Antworten kurz und leicht verständlich zusammengefasst.

2. Friedrich, S. & Friebel, V. (1999). *Entspannung für Kinder. Übungen zur Konzentration und gegen Ängste*. Reinbek bei Hamburg: rororo.

In diesem Buch finden sich neben der Erläuterung der einzelnen Übungen des autogenen Trainings eine Reihe von Entspannungs- und Einschlafgeschichten zum Vorlesen, Nacherzählen und als Anregung für Eltern, sich selbst Erzählungen auszudenken. In die Geschichten sind jeweils Entspannungsformeln und Sprüche zur Ermutigung eingebaut. Zu letzteren gehören z. B. „*Nicht verzagen, auch was wagen!*" oder „*Mit Mut geht's gut.*" Sie können vom Kind aus der Geschichte in den Alltag übernommen werden und bei der Bewältigung Angst auslösender Situationen helfen.

3. Rogge, J.-U. (1997). *Kinder haben Ängste. Von starken Gefühlen und schwachen Momenten.* Hamburg: Rohwolt.

Anhand der verschiedenen kindlichen Entwicklungsphasen werden typische Kinderängste und deren Entstehung erläutert. Besonders hervorzuheben ist die im Anhang aufgeführte Literaturliste von Büchern und Medien, die Kinder bei der Bewältigung ihrer Angst unterstützen können.

3.3 Psychosomatische Beschwerden

Fallgeschichte „Thomas"

Der achtjährige Thomas besucht die dritte Grundschulklasse. Abgesehen vom Sportunterricht ist er in allen Fächern chronisch unterfordert und langweilt sich. Er träumt im Unterricht und verweigert die Mitarbeit. Von seinen Mitschülern wird Thomas geschnitten und ausgelacht. Seit einigen Wochen leidet Thomas unter krampfartigen Bauchschmerzen und Durchfall. Der aufgesuchte Arzt konnte keine organische Ursache feststellen. Bei der näheren Befragung berichtet die Mutter, dass die Schmerzen in der Regel morgens vor der Schule auftreten. Mittags, wenn Thomas nach Hause kommt, wirke er völlig irritiert und schimpfe über seine Lehrerin und die Mitschüler.

Beschwerden, wie sie Thomas erlebt, werden als psychosomatisch bezeichnet. Dieser Begriff bedeutet, dass es sich um eine körperliche Erkrankung handelt, die nicht (allein) organisch erklärt werden kann. Synonym wird häufig der Begriff „psychophysiologische Störung" verwendet. Beide Bezeichnungen tragen der Tatsache Rechnung, dass das Erleben einer körperlichen Empfindung vom inneren Erleben des Menschen beeinflusst wird. So sind Schmerzen nicht allein von der Schwere einer Verletzung abhängig, sondern können durch Gedanken und Gefühle gemildert, aber auch verstärkt werden. Jede Verletzung oder Krankheit nimmt Einfluss auf das psychische Befinden. Umgekehrt wirken Gedanken und Gefühle auf körperliche Vorgänge ein. Häufige psychosomatische Störungen bei Kindern sind Kopfschmerzen, Bauchschmerzen, Durchfall, Kreislaufstörungen und Bettnässen.

Psychosomatische Schmerzen kommen bei Kindern allgemein recht häufig vor. Über Spannungskopfschmerzen klagen ca. die Hälfte aller Schüler, 11 % aller Kinder leiden bereits unter Migräne [1]. Bauchschmerzen ohne organische Ursache treten bei 6–15 % aller Kinder ab dem 3. Lebensjahr auf [2]. Von Bettnässen sind 10 % aller Kinder phasenweise betroffen [3]. Bei diesen hohen Auftretenshäufigkeiten verwundert es nicht, dass auch in unserer Studie ca. ein Drittel der befragten Eltern berichtete, dass ihr Kind unter psychosomatischen Beschwerden, insbesondere Kopf- und Bauchschmerzen, leidet. Im nächsten Abschnitt werden die Charakteristika dieser Beschwerden beschrieben.

Erkennen

Psychosomatische Beschwerden können ganz verschiedene Körperbereiche betreffen und sich durch eine Vielzahl von Symptomen äußern. Man unterscheidet

a) *Störungen mit morphologischen Veränderungen:* Manche psychosomatischen Erkrankungen rufen im Körper Veränderungen hervor und setzen im

Psychosomatische Beschwerden

weiteren Verlauf nachweisbare Krankheitsvorgänge in Gang, die zu Gewe-
beveränderungen und letztlich auch zu Organschäden führen können. Zu dieser Kategorie psychosomatischer Störungen gehören u. a. Magengeschwüre,
chronisch entzündliche Erkrankungen des Dickdarms sowie Zwölffinger-
darmgeschwüre [4]. Beim Zwölffingerdarmgeschwür konnte z. B. festgestellt
werden, dass es besonders häufig bei Menschen auftritt, die sozial isoliert
sind [5]. Neben den aufgeführten Beispielen gibt es die Essstörungen (Ma-
gersucht und Bulimie), die ebenfalls psychosomatische Symptome aufweisen
und zu morphologischen Veränderungen führen können. Bei der Bulimie
kommt es z. B. im Verlauf der Krankheit neben einer Reihe weiterer Veränderungen zu einem Verlust an Kalium, der Herzrhythmusstörungen sowie
eine Herzmuskelschwäche hervorrufen kann [6].

b) *Funktionelle Störungen:* Bei diesen psychosomatischen Erkrankungen ist die
Funktion eines Organs oder das Zusammenspiel mehrerer Organe gestört, ohne
dass eine morphologische Veränderung vorliegt. Beispiele sind Verdauungs-

störungen mit Durchfall, Verstopfung, Übelkeit oder allgemeinen Gewichts-veränderungen, Kreislaufschwäche, Herzstechen, -jagen oder -klopfen, Kopf-schmerzen, Bettnässen und bei Mädchen eine schmerzhafte Menstruation.

In unserer Studie wurde vorwiegend von psychosomatischen Beschwerden be-richtet, die der Kategorie b), also den funktionellen Störungen, zuzurechnen sind. Die Symptome der dabei am häufigsten genannten Beschwerden werden im Folgenden aufgeführt [1, 2, 7, 8]:

Merkmale spezifischer psychosomatischer Beschwerden

Spannungskopfschmerz: Hierbei handelt es sich um einen wiederkehren-den oder chronischen Kopfschmerz, der folgendermaßen charakterisiert werden kann:
– Er ist typischerweise drückend oder ziehend.
– Er weist eine leichte bis mäßige Intensität auf.
– Er verstärkt sich bei Aktivität.
– Der Schmerzort variiert. Beide Kopfhälften sind (wechselseitig) betroffen.
Symptome wie Übelkeit, Erbrechen oder Lichtempfindlichkeit fehlen in der Regel.

Migräne: Bei einer Migräne treten die Kopfschmerzen anfallsweise auf. Weiterhin müssen mehrere der folgenden Merkmale zutreffen:
– Übelkeit, Erbrechen oder Bauchschmerzen während des Anfalls
– Lichtempfindlichkeit
– Empfindlichkeit gegenüber Geräuschen
– halbseitiger oder in der vorderen Kopfhälfte lokalisierter Schmerz
– pulsierender Schmerz
– Sehstörungen
Manchmal geht der Migräne eine sogenannte Aura voraus, die mit bestimm-ten kurzfristig bestehenden Ausfallerscheinungen verbunden ist. Am häu-figs-ten sind Sehstörungen, doch können auch leichte Lähmungen bzw. Mus-kelschwächen, Empfindungsstörungen oder Sprachstörungen auftreten.

Bauchschmerzen: Die Merkmale von Bauschmerzen sind schwer zu erfas-sen. Sie werden von den Kindern oft als sehr diffuse Schmerzen wahrgenom-men und können schlecht lokalisiert werden. Manchmal sind sie mit Übelkeit, mit Bauchkrämpfen und Durchfall oder auch mit Verstopfung verbunden.

Bettnässen: Um beim Bettnässen von einer psychosomatischen Störung ausgehen zu können, müssen folgende Merkmale zutreffen:
– Das Kind ist älter als 5 Jahre.
– Es nässt sich wiederholt unbemerkt ein.
– Es liegt keine Blasenerkrankung vor.

Wichtig ist anzumerken, dass sich an den Symptomen selbst zunächst nicht erkennen lässt, ob sie Ausdruck einer psychosomatischen Störung oder einer organischen, unter Umständen ernsthaften, Erkrankung sind. Eine ärztliche Untersuchung ist notwendig, um sicher zu gehen, dass bei dem Kind organisch alles in Ordnung ist. Der Befund „organisch gesund" bedeutet jedoch nicht, dass sich das Kind seine Beschwerden nur einbildet. Wie oben bereits erwähnt, ist die Regulation bestimmter Körperfunktionen gestört. Wie es dazu kommt, erklärt der nächste Abschnitt.

Verstehen

Psychosomatische Störungen entstehen dadurch, dass das vegetative Nervensystem aus dem Gleichgewicht gerät [9]. Dieses Nervensystem ist für die Funktion der inneren Organe, der Gefäße, der Muskeln und der Haut zuständig. Es besteht aus den Nervenbahnen des Sympathikus und des Parasympathikus, die weitgehend als Gegenspieler wirken. So führt beispielsweise die Erregung sympathischer Nerven zu einer höheren Herzfrequenz und die Erregung parasympathischer Nerven zu deren Verminderung. Durch das Zusammenspiel von Sympathikus und Parasympathikus werden die Körperfunktionen wie „Wachen – Schlafen", „Anspannung – Entspannung" den situativen Anforderungen angepasst. So ist es z. B. möglich, an manchen Tagen länger wach zu bleiben, weil abends noch eine Arbeit fertig gestellt oder gefeiert wird. Grundsätzlich folgt jedoch nach einer Phase des Wachens eine Phase des Schlafs, auf Anspannung folgt Entspannung usw. Das vegetative Nervensystem hat sich auf diese sich gegenseitig ausgleichenden Regulationen spezialisiert. Da es selbsttätig für die interne Balance sorgt, wurde es früher auch als autonomes Nervensystem bezeichnet.

Wie kommt es nun dazu, dass diese Balance gestört wird? Eine kurze Antwort darauf, die man auch im Volksmund immer wieder hört, lautet: „Zu viel Stress." Doch was bedeutet das konkret? Was passiert bei „zu viel Stress"?

Auf Stressauslöser, d. h. Anforderungen, die die Bewältigungskompetenzen eines Individuums sehr stark fordern, z. B. eine gefährliche Verkehrssituation, reagiert der Körper mit einer Alarmreaktion. Dabei wird die normale Schwankungsbreite der vegetativen Funktionen kurzzeitig stark überschritten: Um schnell Energien zu mobilisieren und volle Aufmerksamkeit zu gewährleisten, wird durch sehr hohe Erregung des Sympathikus der Herzschlag beschleunigt, der Blutdruck erhöht und die Atmung verstärkt, d. h. der Körper wird auf höchste Leistungsfähigkeit eingestellt. Ist die Stresssituation bewältigt, reagiert das vegetative Nervensystem gegenläufig: Der Herzschlag verlangsamt sich, der Blutdruck fällt und die Atmung wird langsamer. Für kurze Zeit sinken diese Funktionen sogar unter das normale Niveau ab. Solange das Verhältnis von Leistung oder Stressereignissen zu den Erholungsmöglichkeiten ausgeglichen ist, stellt die Bewältigung von Belastungen für den Körper lediglich eine Heraus-, jedoch keine Überforderung dar. Werden die Belastungen aber zu stark oder dauern sie zu lange an, kann das vegetative Nervensystem seine ausgleichende Tätigkeit nicht mehr vollziehen und gerät aus dem Gleis.

Eine solche Entgleisung macht sich durch ein psychosomatisches Symptom bemerkbar. Wird das Symptom nicht bemerkt und entsprechend darauf reagiert, kann daraus eine funktionelle Befindlichkeitsstörung, d. h. ein Gefühl des Krankseins, entstehen, obwohl keine organische Störung vorliegt.

Am Beispiel der Spannungskopfschmerzen lässt sich dieser Zusammenhang folgendermaßen erklären: Wie oben dargestellt, unterliegen alle vegetativen Funktionen einer Rhythmik, bewegen sich quasi wie ein Pendel zwischen zwei Punkten hin und her. Bei Kindern mit Spannungskopfschmerzen ist die Rhythmik verloren gegangen, d. h. das Pendel ist auf der einen Seite hängengeblieben. Dies zeigt sich darin, dass das Kind seine Muskulatur über die individuell angemessene Zeit hinaus anspannt, indem es z. B. eine ganze Schulstunde lang fast regungslos in seiner Schulbank sitzt. Was fehlt, ist das zwischenzeitliche Wechseln der Stellung, das die beanspruchten Muskelgruppen wieder entspannen würde. In der Folge verkrampfen die *über*beanspruchten Muskeln im Nackenbereich und bauen nach und nach den Spannungskopfschmerz auf [9].

Aus den bisherigen Erläuterungen wird eine ganz allgemeine Ursache psychosomatischer Störungen deutlich: Dem Organismus fehlt etwas, und zwar der Ausgleich zu dem, was ihm zu viel wird. Mögliche Auslöser für das Fehlen von Ausgleichsreaktionen und damit die Entstehung eines Ungleichgewichts in den Regelungsvorgängen können folgende Faktoren sein:

– *Zu hohe Anforderungen*

Zu hohe Anforderungen können kognitiver oder emotionaler Natur sein. Eine Überforderung auf kognitivem Gebiet entsteht, wenn die eigenen Erwartungen oder die Wünsche anderer an die Leistungen der Person zu hoch gesteckt sind. Viele *hochbegabte* Kinder sind perfektionistisch und stellen sehr hohe Erwartungen an sich selbst (s. Kap. 1.5). Körper und Psyche beginnen zu streiken, wenn ein Missverhältnis zwischen eigenen Fähigkeiten und den gesteckten Zielen besteht. Apathie, Müdigkeit, Unlust und Konzentrationsschwäche sind typische Anzeichen für eine Überforderung. Beispiele für emotionale Überforderungen sind ungelöste Konflikte mit Mitschülern oder Lehrern sowie Ärger in der Familie. Bei *hochbegabten* Kindern kann es zu emotionaler Überforderung als Folge ihrer asynchronen Entwicklung kommen [10]: Die intellektuelle Entwicklung der Kinder eilt der emotionalen Entwicklung weit voraus. Es besteht die Gefahr, die intellektuell überdurchschnittliche Leistung der Kinder auf alle Persönlichkeitsbereiche zu verallgemeinern. Zu hohe Erwartungen an die emotionalen und sozialen Fähigkeiten der Kinder sind die Folge. Emotionale und Erholungsbedürfnisse können dabei übersehen werden. Auch können die Erfahrung des Andersseins als Gleichaltrige und die frühe Beschäftigung mit Themen, die emotional noch nicht zu bewältigen sind, besondere Belastungen für Hochbegabte darstellen. Allgemein führen zu hohe Anforderungen – seien sie intellektueller oder emotionaler Art – dazu, dass der Organismus auf zu hohen Touren fahren muss und sich zu wenig erholen und entspannen kann.

– Zu geringe Anforderungen

Wie jedoch aus den bisherigen Ausführungen deutlich wurde, geht es stets um das ausgewogene Verhältnis von An- und Entspannung. Deshalb kann nicht nur fehlende Erholung Beschwerden verursachen, sondern auch fehlende Anspannung. Das Modell der „Spirale der Enttäuschung" von Wieczerkowski & Prado erklärt, wie die von *hochbegabten* Kindern erlebten Diskrepanzen zwischen den eigenen hohen Fähigkeiten und niedrigen Anforderungen zu großer Enttäuschung und in der Folge zu verschiedenen Problemen, speziell auch zu psychosomatischen Beschwerden, führen können [11]. (Eine ausführlichere Darstellung des Modells findet sich in Kap. 3.4 auf S. 238). Unterforderung kann in der Schule, in der Familie und in der Freizeit auftreten.

Zu welchen Beschwerden zu hohe oder auch zu geringe Anforderungen bei einem Individuum konkret führen, hängt wahrscheinlich damit zusammen, wo und wie stark es anfällig ist. Man bezeichnet dies als die Disposition eines Menschen, die angeboren oder durch lebensgeschichtliche Faktoren, wie Infektionen, Ernährungsbedingungen oder Kontakt mit Umweltschadstoffen, erworben wird [12]. Vermutlich sind aufgrund einer unterschiedlich stark ausgeprägten Sensibilität manche Menschen generell in ihrer funktionellen Rhythmik leichter störbar als andere.

Psychosomatische Schmerzen können durch Lernprozesse verstärkt und aufrechterhalten werden [13]. Ein Kind wird, wenn es Schmerzen hat, getröstet. Unbewusst erhält der Schmerz damit eine positive Komponente. Bei benötigter Zuwendung oder Konflikten können die Schmerzen erneut auftreten. Auch Vermeidungsreaktionen, die kurzfristig schmerzlindernd wirken (z. B. nicht zur Schule gehen, Medikamenteneinnahme), können langfristig Symptome stabilisieren. Wichtig ist deshalb, dass die Symptome frühzeitig als Zeichen dafür erkannt werden, dass dem Kind etwas fehlt und es Hilfe braucht. Wie wirkungsvolle Hilfe aussehen kann, erläutert der nächste Abschnitt.

Helfen

Nachdem von einem Arzt abgeklärt wurde, dass bei dem Kind keine organische Störung vorliegt, kann gemeinsam überlegt werden, *wer* dem Kind am besten helfen kann. Bei bereits lang andauernden psychosomatischen Schmerzen sollte Hilfe bei einem Psychologen gesucht werden. Auch zur Behandlung von Essstörungen und Bettnässen ist professionelle Hilfe dringend angeraten.

In weniger dramatischen Fällen können auch die Eltern eine Menge dazu beitragen, dass es ihren Kindern wieder besser geht. Die im Folgenden aufgezeigten Möglichkeiten können teilweise von den Eltern alleine, teilweise in Kooperation mit einem Psychologen (s. u.: Entspannungs- und Schmerzbewältigungstrainings) oder einem Arzt (s. u.: medikamentöse Therapie) realisiert werden.

– Auffinden möglicher Ursachen

Zunächst geht es darum herauszufinden, was dem Kind fehlt, d. h., was sein Körper braucht, damit er aufhören kann, mit Symptomen zu reagieren und so auf sich aufmerksam zu machen [9]. Zu diesem Zweck ist es zum einen hilfreich zu beobachten, in welchen Situationen es ihm gut geht und wann die Beschwerden auftauchen. Gerade wenn die Beschwerden regelmäßig für eine kurze Dauer, d. h. mehrere Stunden oder ein bis zwei Tage, in Erscheinung treten, hat sich das Führen eines Tagebuchs als sehr sinnvoll erwiesen. In ihm sollte schriftlich festgehalten werden, wann Angst, Reizbarkeit oder beispielsweise Kopfschmerzen auftreten. Mit Hilfe der Aufzeichnungen kann gemeinsam mit dem Kind überlegt werden, mit welchen Ereignissen die Beschwerden einhergehen und wie man ihnen sinnvoll begegnen kann.

Außerdem kann das Kind, wenn es alt genug ist, dazu angeleitet werden, eine „Suchübung" [9] durchzuführen. Dazu nimmt es ein Blatt Papier und knickt es in der Mitte. Die linke Seite überschreibt es mit der Überschrift „Was mir gut täte". Hier kann es alle Aktivitäten aufschreiben, die ihm Spaß machen, z. B. „Inline-Skaten", „Fußball spielen", „Sterne beobachten". Die rechte Seite sollte das Kind mit der Überschrift „Was ich mir wünschen würde" überschreiben. Hier kann es Sehnsüchte aufschreiben, die es hegt, deren Erfüllung es aber nicht willentlich steuern kann, z. B. „von den anderen aus meiner Klasse gemocht werden", „mit Mama alleine in den Urlaub fahren", „nicht so lange Hausaufgaben machen müssen" etc. Den Zettel kann das Kind eine Zeit lang mit sich herumtragen und immer, wenn ihm etwas einfällt, diese neue Idee ergänzen.

Bei der Behandlung psychosomatischer Beschwerden ist es wesentlich, mehr wohltuende und zu den bestehenden Belastungen ausgleichende Aktivitäten in den Tagesablauf des Kindes zu integrieren, die ihm helfen können, seinen Rhythmus wieder zu finden. Mit dem Abbau der Belastungen alleine ist es nicht getan. Häufig ist dies auch nicht möglich, denn manche Dinge, wie in die Schule gehen, muss das Kind nun einmal tun, auch wenn es sich dort z. B. langweilt, von anderen geärgert wird oder isoliert ist.

Neben den individuellen Zufriedenheitserlebnissen, die ein Kind für sich findet, eignen sich v. a. folgende Maßnahmen dazu, das vegetative Nervensystem wieder ins Gleichgewicht zu bringen:

– Ausdauersport

Die positiven Effekte von Bewegung wurden bereits in Kap. 3.2 (S. 221) dargestellt.

– Einplanen fester Ruhe- und Aktivitätsphasen in den Tagesablauf

Wie bereits in Kapitel 1.3 (S. 132) erläutert, ist die Erstellung eines ausgewogenen Wochenplans empfehlenswert.

– Entspannungstraining

Entspannungsübungen sind ein Grundbaustein für die Behandlung von wiederkehrenden und chronischen Schmerzen. Sie reduzieren die schmerzverstärkende Verspannung, verbessern die Selbstwahrnehmung und haben zudem einen weiteren wichtigen Vorteil: Die Patienten machen die Erfahrung, dass sie die Schmerzen kontrollieren können. Eltern können mit ihrem Kind Entspannungsübungen durchführen, indem sie ihnen Phantasiereisen vorlesen oder erzählen (s. Literaturempfehlungen am Ende dieses Kapitels).

Darüber hinaus kann es günstig sein, wenn das Kind an einem Entspannungstraining teilnimmt. Ein Entspannungsverfahren, das sich besonders zur Behandlung psychosomatischer Beschwerden eignet, ist die progressive Muskelentspannung, bei der im Wechsel verschiedene Muskelgruppen angespannt und wieder entspannt werden.

– Schmerzbewältigungstrainings

In Schmerzbewältigungstrainings werden das Führen eines Schmerztagebuchs zur Analyse von Schmerz auslösenden Ereignissen und das Erlernen von Entspannungsverfahren von professionellen Trainern vermittelt. Häufig sind in das Training auch Übungen zur Steigerung der Selbstsicherheit und der Verbesserung der eigenen Kommunikationsmöglichkeiten integriert.

– Psychotherapie

In einer Psychotherapie werden die bisher vorgestellten Maßnahmen meist kombiniert angewendet. Im Gespräch und durch Übungen findet das Kind heraus, was es selbst zu seinem Wohlbefinden beitragen kann. Ziel der Therapie ist es, dass der junge Klient lernt, besser mit seinem Körper zu kommunizieren. Dies bedeutet zum einen, dass er sensibel dafür wird, was sein Körper braucht, und zum anderen, dass er erkennt, wie er für die Befriedigung dieser Bedürfnisse sorgen kann. Letzteres schließt z. B. ein, dass das Kind lernt, seine Bedürfnisse anderen gegenüber adäquat zum Ausdruck zu bringen.

Eher nicht dazu geeignet, das vegetative Nervensystem wieder ins Gleichgewicht zu bringen, bei akuten schweren Schmerzen aber doch mitunter unerlässlich, ist eine *medikamentöse Behandlung*. Sie unterdrückt zwar zunächst die Schmerzen, die Ursachen bleiben aber weiterhin bestehen. Gewöhnt sich der Organismus an die externen Regulationshilfen, können unter Umständen die selbstregulierenden Fähigkeiten verloren gehen. Die Gabe von Schmerzmitteln sollte deshalb sehr sorgfältig abgewogen werden.

Beratung und Information

Die erste Anlaufstelle sollte ein Kinderarzt sein, der mögliche organische Störungen ausschließen kann. Evtl. bekommen Eltern von ihm auch Adressen von Psychologen, die Entspannungs- oder Schmerzbewältigungstrainings durchführen, oder von Psychotherapeuten. Ansonsten können sich die Eltern bei der VHS nach Entspannungstrainings für Kinder erkundigen und beim Psychotherapie-Informations-Dienst (Adresse s. Anhang 1.4, S. 283) nach Therapeuten fragen, die sich mit psychosomatischen Beschwerden bei Kindern auskennen.

Literaturempfehlungen für Rat Suchende

1. Friedrich, S. & Friebel, V. (1999). *Entspannung für Kinder. Übungen zur Konzentration und gegen Ängste.* Reinbek bei Hamburg: rororo.

In diesem Buch finden sich neben der Erläuterung der einzelnen Übungen des autogenen Trainings eine Reihe von Entspannungs- und Einschlafgeschichten zum Vorlesen, Nacherzählen und als Anregung für Eltern, sich selbst Erzählungen auszudenken.

2. Kindernetzwerk e.V. (2000). *Infomappe zum Thema „Migräne bei Kindern".* Aschaffenburg.

Diese Infomappe kann beim Kindernetzwerk e.V., Hanauer Str. 15, 63739 Aschaffenburg, Tel.: 06021/12030 oder 01805/213739, Internet: *www.kindernetzwerk.de* käuflich erworben werden. Sie besteht aus einer Sammlung von Artikeln über die jüngsten Erkenntnisse zu Ursachen von sowie Diagnose- und Behandlungsmöglichkeiten bei kindlicher Migräne. Die Materialien werden ständig aktualisiert.

3. Lohaus, A. & Klein-Heßling, J. (1999). *Kinder im Stress und was Erwachsene dagegen tun können.* München: Beck.

Die Autoren stellen dar, dass Kinder bereits im Grundschulalter Stresssymptome wie Appetitlosigkeit, Bauch- und Kopfschmerzen sowie Schlafschwierigkeiten, die nicht auf organische Ursachen zurückzuführen sind, zeigen. Sie erläutern, wie es dazu kommen kann, d.h. wie Stress bei Kindern entsteht. Anschließend wird auf mögliche Formen der Stressbewältigung im Kindesalter eingegangen und es werden verschiedene Strategien zur Stressbewältigung vorgestellt. Der letzte Teil des Buches zeigt Möglichkeiten von Lehrern, Eltern und Erziehern auf, die Stresssymptomatik von Kindern zu lindern. Zu diesem Zweck werden verschiedene Materialien wie Fragebogen, Checklisten und konkrete Übungen beschrieben. Zum Beispiel kann mit Hilfe von Checklisten zu Stresssymptomen sowie -situationen die Wahrnehmung von Stressreaktionen und das Erkennen von potentiellen Stresssituationen geübt werden. Ein Fragebogen („Verhalten bei Stress oder Ärger") dient der Charakterisierung des aktuellen Stressbewältigungsverhaltens. Zur Entspannung und als Einschlafhilfe werden Phantasiegeschichten vorgestellt.

3.4 Depressionen

Fallgeschichte „Charlotte"

Charlotte war früher ein aufgewecktes, munteres Mädchen, das reges Interesse an seiner Umgebung zeigte und seine Eltern mit neugierigen Fragen überhäufte. Der Einschulung fieberte sie lange Zeit mit Freude entgegen. Im Alter von sechs Jahren kam sie in die Schule und fühlte sich dort anfangs auch recht wohl. Sie erhielt zusätzlich Klavierunterricht und Ballettstunden. Bald schon wurde Charlottes anfängliche Freude jedoch gedrückt. Die schulischen Aufgaben fielen ihr sehr leicht und so war sie im Unterricht oft gelangweilt. Flüchtigkeitsfehler schlichen sich gehäuft ein und der Kontakt zu Lehrern und Mitschülern erwies sich als schwierig. Charlottes unzureichende intellektuelle Auslastung und Förderung sowie der mangelnde Kontakt in der Klassengemeinschaft konnten von den Lehrern nicht nachvollzogen werden. Ab dem zweiten Schulhalbjahr der ersten Klasse ließen ihre schulischen Leistungen allmählich nach. Charlottes Lehrer beschrieben sie oft als geistesabwesend, unkonzentriert und desinteressiert. Wurde sie aufgefordert, eine Aufgabe zu erledigen, reagierte sie gereizt und aggressiv. Sie verweigerte die Teilnahme an Gruppenarbeiten. Zu Hause war sie müde und energielos und zog sich immer häufiger in ihr Zimmer zurück. Ihre Eltern beschrieben sie als bedrückt und traurig. Morgens weigerte sich Charlotte, zur Schule zu gehen. An ihren außerschulischen Aktivitäten zeigte sie ebenfalls kein Interesse mehr. Auch am Essen hatte sie anscheinend die Lust verloren und aß nur noch wenig. Abends hatte Charlotte Schwierigkeiten beim Einschlafen und wurde oft von Alpträumen geplagt.

Eltern kennen ihre Kinder häufig sehr gut und sind sensibel für Auffälligkeiten oder Veränderungen ihres Erlebens und Verhaltens. So berichteten Eltern hochbegabter Kinder, die im Rahmen unserer Studie befragt worden waren, in einer Reihe von Fällen über Verhaltensweisen und Gemütszustände, die sie als Anzeichen einer Depression interpretierten. Depression ist eine psychische Störung, unter der verhältnismäßig viele Kinder und Jugendliche leiden. Im Schulalter liegt der Anteil Depressiver bei 2,5–5 % [1]. Bis zur Pubertät sind Jungen und Mädchen etwa gleich häufig von Depressionen betroffen. Danach weisen Mädchen jedoch doppelt oder sogar dreimal so oft eine Depression auf wie gleichaltrige Jungen [2]. Woran kann man nun feststellen, ob eine Depression vorliegt?

Erkennen

Im Folgenden sind typische Merkmale depressiver Kinder und Jugendlicher aufgeführt [3]. Treffen *mehrere* dieser Punkte auf die Situation eines Kindes zu, so kann dies auf eine Depression hinweisen. In diesem Fall sollten Sie den Eltern dringend raten, professionelle Hilfe aufzusuchen. Eine sichere Diagnose kann nur ein Psychologe oder ein Arzt stellen.

Depressionen

Erkennungsmerkmale depressiver Kinder

- **Starke Niedergeschlagenheit:** Depressive Kinder wirken oft bedrückt und niedergeschlagen, fühlen sich einsam und verloren. Manche sprechen von einem Gefühl, nichts zu fühlen. Eine Aufmunterung gelingt kaum.

- **Selbstzweifel und Schuldgefühle:** Häufig interpretieren Depressive negative Ereignisse als Beweis für die eigene Inkompetenz und Wertlosigkeit. Das Selbstvertrauen ist zu gering, um Enttäuschungen nach einer gewissen Zeit abzuschütteln.

- **Angst:** Depressionen treten häufig in Verbindung mit Angststörungen auf (s. Kap. 3.2). Oft lässt sich nur schwer bestimmen, ob die Depression oder die Angst das primäre Problem ist. Depressive Kinder äußern besonders häufig Zukunftsängste.

- **Hoffnungslosigkeit:** Viele depressive Kinder – jedoch nicht alle – hegen Gefühle der Hoffnungslosigkeit. Sind diese stark ausgeprägt, kann ein erhöhtes Suizidrisiko vorliegen (vgl. Kap. 3.5).

- **Todesgedanken:** Immer wiederkehrende Gedanken an Tod oder daran, sich selbst das Leben zu nehmen, sowie Äußerungen über Todesgedanken oder Todessehnsüchte können auftreten. Sie sollten als ernstes Warnsignal registriert werden (s. Kap. 3.5).

- **Wut:** Im Gegensatz zu depressiven Erwachsenen können depressive Kinder besonders reizbar und streitsüchtig wirken. Viele depressive Kinder neigen zu Wutausbrüchen.

- **Sozialer Rückzug:** Die Beziehung zu Gleichaltrigen ist bei depressiven Kindern oft gestört. Es fällt ihnen schwer, Kontakte zu knüpfen und Beziehungen zu pflegen. Stattdessen ziehen sie sich zurück.

- **Interesselosigkeit:** Depressive Kinder verlieren oft das Interesse an Aktivitäten, die ihnen früher Freude bereitet haben.

- **Antriebslosigkeit:** Eine allgemeine Verlangsamung des Denkens, Sprechens und Bewegens kann ebenfalls ein Hinweis auf eine Depression sein.

- **Mangelnde Konzentration:** Mangelnde Konzentration geht oft mit sinkenden Schulleistungen einher, wenn auch eine besonders hohe Begabung den Konzentrationsmangel teilweise kompensieren kann. Schlechte Schulleistungen können zu Enttäuschung und Scham führen. Dies liefert eine Erklärung dafür, dass 45 % aller Fälle von Schulverweigerung mit Depressionen verbunden sind.

- **Schlafstörungen:** Depressive leiden häufig unter Schlaflosigkeit oder zeigen ein Bedürfnis nach vermehrtem Schlaf. Traum- und Tiefschlafphasen verlaufen häufig nicht normal, wodurch die regenerative Wirkung des Schlafes nicht mehr gewährleistet werden kann.

- **Körperliche Symptome:** Körperliche Beschwerden und Schmerzen, z. B. häufige Bauch- oder Kopfschmerzen, die nicht medizinisch oder körperlich erklärt werden können, sollten als Warnzeichen gesehen werden (s. Kap. 3.3). Depression könnte eine mögliche Ursache dafür sein.

Verstehen

Warum ist unser Kind depressiv? Dies ist wohl eine der zentralsten Fragen, mit der sich Eltern depressiver Kinder befassen. In der Psychologie wird die Entstehung einer Depression durch das Zusammenspiel biologischer, psychosozialer und psychologischer Faktoren erklärt.

– Biologische Faktoren

In wissenschaftlichen Studien konnte festgestellt werden, dass Depressionen häufig gemeinsam bei eineiigen Zwillingen auftreten, selbst wenn sie aufgrund von Adoption in unterschiedlichen Familien aufwachsen. Daraus kann geschlossen werden, dass die Neigung zu Depressionen auch erblich bedingt ist. Aufgrund der höheren Anfälligkeit ihrer biologischen Systeme erkranken deshalb bestimmte Kinder leichter an einer Depression als andere. Eine solche Anfälligkeit kann auch durch Umweltfaktoren erworben werden. Sie alleine reicht jedoch nicht aus, damit eine Depression entsteht. Erst die hinzukommenden psychosozialen Belastungen lösen letztendlich die für die Störung typischen Symptome aus.

– Psychosoziale Faktoren

Belastende, kritische Lebenssituationen, wie z. B. Trennungs- und Verlustereignisse, tragen zur Entstehung von depressiven Störungen bei. Auch konflikthafte Beziehungen innerhalb der Familie und ein Mangel an positiven Rückmeldungen und Reaktionen aus der Umwelt können bei Kindern zu Depressionen führen [4, 5]. Dagegen bieten vertrauensvolle Beziehungen in diesen Situationen Schutz und Halt und können somit der Entwicklung einer Depression entgegenwirken.

Aber nicht nur konflikthafte Beziehungen in der Familie oder kritische Lebensereignisse können das Auftreten einer Depression bei Kindern begünstigen. Ebenfalls von Bedeutung sind psychische Erkrankungen innerhalb der Familie, z. B. eines Elternteils, die durch eine nicht-genetische Transmission an die Kinder weitergegeben werden können. Das kann beispielsweise dadurch geschehen, dass den Kindern ungünstige Bewältigungsformen für den Umgang mit Problemen durch ihre Eltern vorgelebt werden, die dann erlernt und übernommen werden.

– Psychologische Faktoren

Hierunter sind vor allem kognitive und emotionale Aspekte zu verstehen, d. h. die Art, wie depressive Personen denken und in Abhängigkeit davon fühlen. Ein bezeichnendes Merkmal depressiver Personen ist ihre negative Einstellung gegenüber sich selbst, ihrer Umgebung und ihrer Zukunft. Es wird angenommen, dass diese negativen Denkmuster ihren Ursprung in früheren ungünstigen Erfahrungen – z. B. Trennungs- und Verlusterlebnissen – haben und in aktuellen Situationen immer wieder neu aktiviert werden [6].

Depressive Reaktionsmuster können auch als Ausdruck einer generalisierten Erwartung von Unkontrollierbarkeit interpretiert werden [7]: Wenn ein Mensch häufig erlebt, dass er wichtige Aspekte seiner Umgebung nicht beeinflussen kann, z. B. die Trennung der Eltern nicht abwenden kann, erwartet er irgendwann auch in neuen Situationen, nichts beeinflussen zu können und verhält sich passiv. Dieses Phänomen wird „erlernte Hilflosigkeit" genannt. Wenn die betroffene Person darüber hinaus zu einem pessimistischen Erklärungsstil neigt, besteht ein erhöhtes Risiko für die Entstehung einer Depression. Ein pessimistischer Erklärungsstil bedeutet u. a., dass die Person die Ursachen negativer Ereignisse ausschließlich bei sich selbst sieht. So mag ein Kind z. B. davon überzeugt sein, dass es an der Trennung der Eltern die Schuld trägt. Eine weitere Eigenschaft pessimistischer Erklärungen ist die Generalisierung von Erfahrungen. Wird ein depressives Kind z. B. von einem Klassenkameraden geärgert, glaubt es, *niemand* würde es mögen.

Viele Depressive haben Schwierigkeiten, soziale Beziehungen zu gestalten, weil sie Verhaltensweisen zeigen, die von anderen nicht akzeptiert werden. So lösen z. B. Rückzugsverhalten und Wutausbrüche depressiver Kinder bei Eltern, Lehrern und anderen Kindern negative Reaktionen wie Schimpfen oder Ausgrenzen aus. Diese Reaktionen der Umwelt verstärken jedoch die depressiven Denk- und Verhaltensweisen der Kinder zusätzlich, denn statt Schutz und Halt erfahren sie Ablehnung.

Das Auftreten depressiver Störungen kann also unterschiedliche Ursachen haben. In den seltensten Fällen ist ein Faktor alleine für die Entstehung einer Depression verantwortlich, vielmehr handelt es sich um ein Zusammenspiel von mehreren Bedingungen. In unserem Kontext ist die Frage interessant, ob es außer den genannten Ursachen spezifische Gründe für die Entstehung einer Depression bei *hochbegabten* Kindern und Jugendlichen gibt. Leider wurden die Auslöser für Depressionen bei hochbegabten Kindern bislang wissenschaftlich kaum untersucht. Eine theoretische Erklärung solcher spezifischer Ursachen liefert jedoch das Modell der „Spirale der Enttäuschungen" von Wieczerkowski und Prado [8]. Danach sind hochbegabte Kinder in ihrem Alltag verschiedenen Diskrepanzen ausgesetzt:

– Diskrepanz zwischen Erwartung und Erfüllung

Hochbegabte Kinder freuen sich häufig schon früh auf die Schule, von der sie sich die Vermittlung spannender Informationen erwarten. Kommen sie endlich in die Schule, erleben sie oft eine herbe Enttäuschung, da keines der erhofften Themen (z. B. Astronomie, Physik etc.) zum Unterrichtsstoff gehört.

– Diskrepanz zwischen Lernfähigkeit und erzwungener Lerngeschwindigkeit

Hochbegabte Kinder müssen sich einem Lerntempo anpassen, das ihrem kognitiven Stil nicht entspricht. Sie können oft schon vor Eintritt in die Schule lesen und rechnen. In der Schule sollen sie dann Dinge üben, die sie schon lange beherrschen.

– Diskrepanz zwischen Anstrengungsbereitschaft und Anforderung

Hochbegabte Kinder haben den Wunsch nach herausfordernden kognitiven Aufgaben. Die schulischen Anforderungen sind für sie oft viel zu gering.

Wie ein Kind mit solchen Enttäuschungen umgeht, ist sehr unterschiedlich. Sicherlich wünscht und versucht es, die negativen Bedingungen seiner Umgebung zu verändern. Wenn sich jedoch nichts ändert – egal, welche Versuche es auch unternimmt –, erlebt es einen Verlust an Kontrolle und ein Gefühl der Hilflosigkeit. Dieses Gefühl ist, wie oben bereits erläutert, häufig an der Entstehung einer Depression beteiligt. Aus der dargestellten Perspektive werden die depressiven Reaktionen – sozialer Rückzug, Wut, Niedergeschlagenheit etc. – nachvollziehbar: Sie sind Ausdruck der Hilflosigkeit des Kindes, mit seinen (scheinbar) unabänderlichen enttäuschenden Umgebungsbedingungen zurechtzukommen.

Nach Webb, Meckstroth und Tolan können Depressionen, die bei *hochbegabten* Kindern auftreten, in drei Kategorien eingeteilt werden [9]:

a) Depressionen der ersten Kategorie gründen auf dem inneren Drang der Betroffenen, ihren selbstgesetzten, aber unerreichbar hohen Standards gerecht zu werden. Die in unserer Studie befragten Eltern hochbegabter Kinder berichteten häufig von hohen eigenen Leistungsansprüchen ihrer Kinder und einem Hang zum Perfektionismus (s. Kap. 1.5).

b) Depressionen, die die Autoren der zweiten Kategorie zurechnen, sind durch ein Gefühl der Entfremdung und Isolation von anderen Menschen gekennzeichnet. Beziehungen zu anderen Menschen beschränken sich auf oberflächliche Kontakte. Viele hochbegabte Kinder erleben das Gefühl, „anders" zu sein, und fühlen sich mit ihren Interessen von gleichaltrigen Kindern nicht verstanden. Einige hochbegabte Kinder haben deshalb nur wenige oder gar keine engen Freunde (s. Kap. 2.1).

c) Depressionen der dritten Kategorie bezeichnen sie als „existenzielle Depression", bei der Überlegungen und Grübeleien über den Sinn des Lebens zu einer intensiven Beschäftigung mit den Grundproblemen menschlicher Existenz führen. Viele hochbegabte Kinder sind in ihrer emotionalen Entwicklung noch nicht so weit fortgeschritten, um auch gefühlsmäßig mit den existenziellen Themen zurechtzukommen, mit denen sie sich aufgrund ihrer überdurchschnittlich hohen kognitiven Entwicklung bereits sehr früh beschäftigen [10].

Helfen

Depressionen sind behandelbar. Wie oben bereits erwähnt sollten Sie, wenn die Vermutung auf eine Depression besteht, den Eltern dringend raten, professionelle Hilfe in Anspruch zu nehmen. Es gibt verschiedene psychotherapeutische und medizinische Behandlungsansätze. Welcher Ansatz in einem spezifischen Fall der richtige ist, sollte mit einem Psychologen oder Arzt besprochen werden. Im Folgenden werden einige dieser Ansätze erläutert.

– Individualtherapie des Kindes

Ein Beispiel für eine individuelle Therapie des Kindes ist der *kognitiv-verhaltenstherapeutische Ansatz*. Auf der *kognitiven* Ebene wird hier zunächst versucht, ungünstige Denk- und Einstellungsmuster, wie z. B. Selbstvorwürfe, ein hoffnungsloser Blick auf die Zukunft oder ungünstige Erklärungsstile für Erfolg und Misserfolg zu identifizieren, um sie im Anschluss modifizieren zu können [11]. Auf der *Verhaltens*ebene steht die Vermittlung sozialer Verhaltensmuster, die für den Kontakt mit anderen wichtig sind, im Vordergrund. So wird beispielsweise mit dem Kind geübt, wie es auf andere zugehen und eine Unterhaltung beginnen kann. Auch der Umgang mit sozialen Problemen spielt eine Rolle, es wird z. B. überlegt, wie man am besten einen Konflikt löst, ohne andere zurückzuweisen oder zu verärgern. Neben diesen interaktionalen Fertigkeiten ist es für das Selbstwertgefühl des Kindes besonders wichtig, dass es sich Ziele steckt, die es auch erreichen kann. Diese Kompetenz wird dem Kind ebenfalls zu vermitteln versucht [11].

Zusätzlich zu den dargestellten Maßnahmen werden häufig auch Entspannungsübungen mit dem Kind durchgeführt. Die hohe Anspannung depressiver Kinder führt nämlich häufig dazu, dass sie an bestimmten Aktivitäten keinen Spaß haben. Auch sucht der Therapeut gemeinsam mit dem Kind nach geeigneten Tätigkeiten, die dessen Stimmung verbessern und somit für eine positive Verstärkung sorgen können.

Bei allen Trainingselementen können der Therapeut oder andere Kinder als Modelle eingesetzt werden. In Rollenspielen kann das depressive Kind versuchen, die Verhaltensmuster dieser Modelle zu imitieren. Hausaufgaben dienen dazu, die Umsetzung der neu gelernten Verhaltensweisen und Denkmuster in den Alltag zu üben.

Die einzelnen Trainings, die bisher im Rahmen dieses Ansatzes entwickelt wurden, unterscheiden sich an einigen Punkten, insgesamt versuchen sie aber alle, die Verhaltensweisen des Kindes und ungünstige Umweltgegebenheiten so zu modifizieren, dass sich die Chance für das Kind erhöht, eine positive Verstärkung zu erfahren [11].

– Familientherapie

Im familientherapeutischen Ansatz wird an den Beziehungen der Familienmitglieder untereinander angesetzt. Dabei wird davon ausgegangen, dass Änderungen des familiären Beziehungssystems zu Veränderungen im Verhalten und Erleben der einzelnen Familienmitglieder führen [12]. Deshalb wird nicht nur das depressive Kind betrachtet, sondern der Therapeut arbeitet mit der ganzen Familie. Ihn interessiert die Art, wie die anderen Familienmitglieder mit dem Kind und untereinander kommunizieren. Die Familie wird als ein System betrachtet, in dem viele Wechselwirkungen stattfinden: Ein depressives Kind beeinflusst mit seinem Verhalten in hohem Maße die Menschen, die mit ihm zusammenleben. Umgekehrt beeinflusst aber auch die Familie das Kind, indem sie es auf bestimmte Weisen behandelt. Wie oben bereits erwähnt, können innerfamiliäre Konflikte mitauslösend für eine Depression sein oder eine vorhandene Depression verstärken. Andererseits können positive Familienbeziehungen eine Depression lindern und eine Heilung unterstützen.

Bei diesem Ansatz geht es nicht darum, einen Schuldigen für die Problematik zu finden, sondern vielmehr darum, allen Familienmitgliedern in der Therapie die Möglichkeit zum Einüben neuer Verhaltensweisen zu bieten. Diese können das Zusammenleben und die Kommunikation in der Familie für alle verbessern und dem depressiven Kind den Halt und den Schutz vermitteln, die es braucht [13].

– Psychopharmaka

Psychopharmaka werden ausschließlich in äußerst schweren Fällen von Depression und nur in Verbindung mit stützenden psychologischen Maßnahmen angewandt [1]. Die bei Depressionen am häufigsten eingesetzten Medikamente bezeichnet man als trizyklische Antidepressiva. Die Wirkung einer solchen Therapie ist bei Kindern geringer als bei Erwachsenen. Eine Medikation sollte sehr gut abgewogen werden, kann jedoch in Einzelfällen unumgänglich sein.

Beratung und Information

Anlaufstellen für die Vermittlung von Therapien für depressive Kinder und ihre Eltern sind die Ambulanzen psychiatrischer Kliniken, Schulpsychologische Dienste, Familien- oder Erziehungsberatungsstellen, psychologische Kinderpsychotherapeuten und Kinderpsychiater.

Psychiater sind Ärzte und dürfen somit auch Medikamente verordnen. Psychologen haben meist ein oder zwei Ausbildungen in speziellen Therapieformen (z. B. Verhaltens- oder Familientherapie) absolviert. Beim Psychotherapie-Informations-Dienst können sich Eltern nach Psychologen in ihrer Umgebung erkundigen, die sich speziell mit Depressionen bei Kindern auskennen (Adresse s. Anhang 1.4, S. 283). Des Weiteren gibt es in mehreren deutschen Städten Therapieeinrichtungen der Christoph-Dornier-Stiftung, die spezifische Depressionstherapien durchführen (Adressen s. Anhang 1.3, S. 278 f.).

Literaturempfehlungen für Rat Suchende

1. Kerns, L. L. (1997). *Hilfen für depressive Kinder. Ein Ratgeber.* Bern: Huber.

In diesem Ratgeber wird das Erscheinungsbild depressiver Kinder und Jugendlicher beschrieben. Der Autor erläutert Warnsignale sowie versteckte Hilferufe und zeigt Eltern und Erziehern Wege zum Verständnis und Umgang.

2. Schäfer, U. (1999). *Depression im Kindes- und Jugendalter. Ein kurzer Ratgeber.* Bern: Huber.

Dieser Ratgeber ist an Eltern und Lehrer gerichtet und erklärt verschiedene Symptome, mögliche Entstehungsbedingungen und den Verlauf von Depres-

sionen. Er beinhaltet eine Erklärung von Fachbegriffen und stellt knapp und anschaulich diagnostische Untersuchungsmethoden und mögliche Therapieformen zur Erfassung und Behandlung von Depressionen bei Kindern und Jugendlichen vor. Es wird außerdem eine Abgrenzung zu anderen Erkrankungen
beschrieben. Dieser Ratgeber ist sehr übersichtlich gestaltet und allgemeinverständlich geschrieben.

3. Webb, J., Meckstroth, E. A. & Tolan, St. S. (1998). *Hochbegabte Kinder, ihre
   Eltern, ihre Lehrer: ein Ratgeber.* 2. Aufl. überarb. und erg. von N. Zimet
   und F. Preckel. Bern: Huber.

Der Ratgeber wendet sich an Eltern, Pädagogen sowie hochbegabte Jugendliche und bietet viele praxisorientierte Hinweise. Besonderer Schwerpunkt des
Ratgebers sind die emotionalen Bedürfnisse hochbegabter Kinder. Das neunte
Kapitel (S. 194–207) ist ausschließlich dem Thema Depressionen bei hochbegabten Kindern und Jugendlichen gewidmet. Dort werden neben Hintergrundinformationen auch wertvolle praktische Hinweise gegeben, wie Eltern
mit einer Depression ihres hochbegabten Kindes umgehen können.

3.5 Suizidalität bei Kindern und Jugendlichen

Gedicht von Elke (zitiert nach Hollenbach, 1998[1])

„Von einem Leben, das auszog, die Prämie zu bekommen und von einer Prämie, die einzog, das Leben zu nehmen. Leider kein Märchen, sondern eine wahre Erfindung.

Sie war die Beste, sie hatte die Prämie bekommen.
Sie war die Prämie. Was sie auch tat, tat die Prämie.
(...)
Wenn sie dachte, dachte sie nicht. Wenn sie dachte, dachte ja bloß die Prämie.
(...)
Wenn sie über den Schulhof ging. Bist du die eins komma null? Bist du die Prämie?
(...)
Wer war sie denn eigentlich sonst? – Ach nichts. Nichts! Nichts!
Die nächste Bahn kam um die Ecke. Durchschnitt eins komma null.
Irgendein Impuls ließ sie Richtung Schienen fallen. (...) Dann war sie für immer nichts.
Die Prämie war zerstört. Die Prämie war Nichts.
Sie war tot. Sie war Nichts.
Ihr Leben war so gut, als wäre es ein einziges Nichts gewesen. Vertan ....“

Das Lesen dieses Gedichts wie überhaupt die Konfrontation mit dem Thema „Suizidalität“ führt wahrscheinlich bei vielen Menschen zu einem Erschrecken. Unter Suizidalität versteht man die aus psychischer Not entstandene Gefahr, dass sich ein Mensch absichtlich, direkt und bewusst das Leben nimmt [1]. Einen suizidalen Klienten zu betreuen oder Eltern eines suizidalen Kindes zu beraten, löst oftmals ein Gefühl von Ohnmacht aus. Sich damit auseinanderzusetzen und sich eingehender mit dem Thema „Suizidalität“ zu beschäftigen, ist jedoch eine Voraussetzung dafür, in kritischen Fällen handlungsfähig zu bleiben und Betroffenen helfen zu können.

Suizid gehört zu den häufigsten unnatürlichen Todesursachen bei Kindern und Jugendlichen. In Deutschland nahmen sich 1998 insgesamt 344 Kinder und Jugendliche zwischen zehn und 19 Jahren das Leben (Quelle: Statistisches Bundesamt, 2000). Nach Schätzungen von Fachleuten kommen auf einen vollendeten Suizid 20 bis 30 Suizidversuche. Die häufigsten Methoden bei Suizidversuchen junger Menschen sind Selbstvergiftung mit Überdosen von Beruhigungsmitteln, Psychopharmaka und Drogen, Erhängen und Springen aus großer Höhe. Einige versuchen auch, sich zu erstechen, sich zu verbrennen oder sich die Pulsadern

---

1 © Fischer Taschenbuchverlag GmbH, Frankfurt am Main, 1998

Suizidalität

aufzuschneiden. Obwohl die meisten suizidalen Kinder und Jugendlichen nicht wirklich den Wunsch haben zu sterben, nehmen sie den Tod bewusst in Kauf, da sie keine andere Möglichkeit sehen (s. u.). Die weit verbreitete Annahme, die Betroffenen wüssten nicht, was sie tun, d. h. sie begriffen die Endgültigkeit des Todes nicht, lässt sich insbesondere bei Hochbegabten nicht halten.

Während im Alter unter 15 Jahren Suizide noch sehr selten vorkommen (1998 nahmen sich 50 Kinder, die unter 15 Jahre alt waren, das Leben), sind Suizidgedanken wesentlich häufiger anzutreffen. Sie werden jedoch oft nicht bemerkt.

Das Jugend- und das junge Erwachsenenalter sind die Lebensabschnitte, in denen Suizidversuche besonders häufig sind. Die Zahl der vollendeten Suizide ist jedoch bei älteren Menschen höher. Vermutlich sind Kinder vor Suizidversuchen noch besser geschützt als Jugendliche. Zum einen sind sie seltener depressiv und erhalten meistens mehr familiäre Zuwendung. Zum anderen setzt Suizid voraus, dass die Person über ihr eigenes Handeln und Erleben bewusst nachdenken kann – eine Fähigkeit, die sich zumindest bei normal begabten Kindern erst im Laufe des Jugendalters vollständig entwickelt.

Erkennen

Die Suizidgefahr bei Jugendlichen zu erkennen und richtig einzuschätzen, ist nicht leicht. Die Jugendlichen selbst haben das Gefühl, in einer unerträglichen, ausweglosen Situation zu sein: Sie sehnen sich nach Hilfe, Liebe und Verständnis, sind aber gleichzeitig davon überzeugt, dass sie sowieso niemand versteht, und fühlen sich einsam. Deshalb senden sie häufig recht widersprüchliche Zeichen nach außen und reagieren auf Kontaktaufnahmen schnell abweisend. Um so wichtiger ist es, dass Erwachsene versuchen, das Vertrauen des Jugendlichen zu gewinnen und genauer zu verstehen, was mit ihm los ist. Die nachfolgend genannten Verhaltensweisen und Äußerungen, von denen viele zu den Symptomen einer Depression gehören (s. Kap. 3.4, S. 235 f.), können Alarmzeichen sein [1, 2, 3]. Sie sind jedoch nur Beispiele und müssen nicht unbedingt zu einem Suizid führen. In jedem Fall deuten sie jedoch darauf hin, dass sich das Kind oder der Jugendliche in einer Notlage befindet und Hilfe benötigt.

Alarmzeichen für eine erhöhte Suizidgefahr bei Jugendlichen

- **Verhaltensveränderungen:** Eine Reihe von Verhaltensveränderungen können darauf hinweisen, dass ein junger Mensch sein Leben nicht mehr wertschätzt, d. h. sich nicht mehr adäquat um sich selbst kümmert, von der Welt nichts mehr wissen möchte und unnötige Risiken eingeht. Genannt seien in diesem Zusammenhang
  - Weglaufen, Herumstreunen, Schule schwänzen, jede Flucht von einem Ort
  - Rückzug von Freunden oder Eltern, Verlust des Interesses an Hobbies
  - veränderte Essgewohnheiten
  - Einnahme von Medikamenten, Alkohol- und Drogenkonsum
  - Verwahrlosungstendenzen, die sich an Kleidung und Körperhygiene zeigen
  - bei Kindern (nicht jedoch bei Jugendlichen) eine erhöhte Unfallneigung.

- **Verbale Äußerungen:** Manche Kinder oder Jugendliche äußern ihre Not direkt, indem sie z. B. sagen „Mir geht es nicht gut.", „Am liebsten möchte ich tot sein." oder „Wenn ich nicht mehr lebe, habt ihr mich dann auch noch lieb?". Andere deuten ihre psychische Verfassung eher indirekt an und sagen z. B. „Heute wäre ich fast überfahren worden." oder „Ich besuche Oma" – wenn diese bereits gestorben ist.

- **Schriftliche Äußerungen:** Zerknüllte Abschiedsbriefe im Papierkorb oder Bilder und Texte, die offen liegen gelassen worden sind und entsprechende Inhalte – z. B. Abschied von Bezugspersonen, Sterben, Einsamkeit und Zurückweisung – haben, können Zeichen für suizidale Absichten sein.

- **Psychische Veränderungen:** Viele unterschiedliche psychische Auffälligkeiten können auf Suizidalität hindeuten, z. B. Konzentrationsschwierigkeiten, eine zunehmende Gleichgültigkeit, Stimmungsschwankungen, Wutanfälle, extreme Kritikempfindlichkeit, eine geringe Frustrationstoleranz, Selbstabwertungen, die das eigene Recht zu leben in Frage stellen, und strenge Bestrafung eigenen Versagens. Außerdem sind andauerndes und übermäßiges Interesse am Tod, Einsamkeit und Hoffnungslosigkeit Zeichen möglicher Suizidalität. Mit letzteren eng verbunden ist eine Einengung der Perspektive: Der Tod wird als einzig möglicher Ausweg aus der eigenen Notlage betrachtet, andere Möglichkeiten werden nicht mehr gesehen oder sofort verworfen.

- **Körperliche Beschwerden, die organisch nicht geklärt werden können:** Das können z. B. Kopf- und Bauchschmerzen, Durchfall, Verstopfung, Übelkeit, Fieberschübe, Ruhelosigkeit, Schlafstörungen, Müdigkeit, Hyperventilation und Atembeklemmungen sein.

Das Suizidrisiko steigt, je konkreter ein Mensch die Beendigung seines Lebens bereits plant. Todessehnsüchte („Ich wollte, ich wäre tot") sind noch vage und führen nicht unmittelbar zu einem Suizid. Sie treten bei einer Reihe von Jugendlichen auf. Experten schätzen, dass zwei Drittel aller Jugendlichen schon einmal den (flüchtigen) Gedanken an Suizid hatten.

Gezielte Überlegungen, wie, wo und wann suizidale Handlungen durchgeführt werden, befinden sich bereits auf einer konkreteren Ebene. Der Jugendliche sammelt z. B. Tabletten oder versteckt Rasierklingen. Im Gegensatz zu den Todessehnsüchten erfordern konkrete Suizidgedanken bzw. -äußerungen unbedingt eine therapeutische Intervention. Wenn Sie sich über die Ernsthaftigkeit der suizidalen Absichten eines Jugendlichen unsicher sind, sollten Sie auf alle Fälle versuchen, ihn zur Annahme professioneller Hilfe zu bewegen.

Bei einem Suizidversuch, auch Parasuizid genannt, kann die Absicht, sich tatsächlich umzubringen, mehr oder weniger stark ausgeprägt sein. Häufig übt ein solcher Versuch eine Appellfunktion an die Umwelt aus. Der Wunsch eines

Jugendlichen, nicht mehr zu leben, bedeutet zugleich, dass er so, wie es im Moment ist, nicht mehr leben kann und dass er sich wünscht, etwas in seinem Leben würde sich ändern bzw. bessern. Hat ein Jugendlicher bereits einmal versucht, sich umzubringen, ist die Gefahr sehr groß, dass er es wieder tun wird, wenn er keine Hilfe bekommt [4]. Doch wie gerät ein junger Mensch in eine so große Notlage, dass er nicht mehr weiterleben möchte?

Verstehen

Kinder und Jugendliche, die häufig ans Sterben denken, haben einen Grund dafür. In der Regel besteht schon länger eine Krisensituation, der gegenüber sie sich hilflos ausgesetzt fühlen. Dabei handelt es sich häufig um Schwierigkeiten mit den Eltern oder auch um Konflikte mit Freunden. Lebensveränderungen wie Pubertät und Schulwechsel können dann Auslöser für einen Suizidversuch sein. Kinder und Jugendliche haben allgemein ein großes Sicherheitsbedürfnis und möchten auf ihre Umwelt Einfluss nehmen können. Das Gemeinsame an den genannten kritischen Situationen ist der Verlust an Einflussmöglichkeiten, der als Ohnmacht erlebt wird. Falls keine Lösung für das Problem gefunden wird, kann die zunehmende Hilflosigkeit suizidales Verhalten auslösen [3].

Suizidale Gedanken und Handlungen werden häufig in einem Klima der Impulsivität und Panik akut. In diesen Situationen reicht manchmal ein kleiner Anlass, der einen Suizidversuch auslöst. Dieser Anlass mag für die Umwelt trivial und unverständlich erscheinen. Er vergrößert aber die Ansammlung von Belastungen, die den eigentlichen Grund für den Suizid darstellen, und lässt die Krise über ein erträgliches Maß ansteigen. Vermutlich tragen folgende Faktoren dazu bei, dass – bereits länger oder erst akut gehegte – suizidale Gedanken in eine Suizidhandlung umgesetzt werden [1, 3, 5]:

– *Zunahme des Drucks*

Der psychische Druck, unter dem ein Kind oder Jugendlicher steht, kann durch Zurückweisung, Isolation oder scheinbar unlösbare Probleme verursacht sein oder verstärkt werden. Die Reaktionen der Eltern, Lehrer und Freunde auf die Veränderungen und Bewältigungsversuche – z. B. Sorge, Schock, Schuldgefühle, Strafe, Ignorieren – können das pessimistische Lebensgefühl des Kindes oder Jugendlichen und seine Einschätzung, Suizid sei die einzige Lösung, verstärken.

– *Abklingen einer schweren depressiven Phase*

Bei depressiven Personen hat man beobachtet, dass sie am stärksten suizidgefährdet sind, wenn sie den tiefsten Punkt ihrer Depression gerade überwunden haben. An diesem tiefsten Punkt sind schwer depressive Menschen nämlich so antriebslos, dass sie handlungsunfähig sind, ihnen also auch zu einer Suizidhandlung die Kraft fehlt. Ist das Tal durchschritten, richtet sich das erste Streben, das von der Person wieder empfunden wird, nicht selten darauf, das eigene – als unerträglich empfundene – Leben zu beenden.

– Ansteckungseffekte

Insbesondere der Suizid von Berühmtheiten und Aufsehen erregende Fälle, denen die Medien eine große Aufmerksamkeit entgegenbringen, können Handlungen auslösen, die dem gleichen Muster folgen.

– Verfügbarkeit von „weichen" Mitteln

Zu den sogenannten weichen Mitteln zählen Beruhigungs- und Schlaftabletten. Ihre Verfügbarkeit begünstigt suizidale Handlungen bei akut auftretenden suizidalen Impulsen.

– Suchtmittelmissbrauch

Alkohol oder andere Drogen können die Hemmschwelle, sich selbst zu töten, senken und das Urteilsvermögen und Problemlösefähigkeiten herabsetzen.

Wie sieht das Suizidrisiko *hochbegabter* Kinder und Jugendlicher aus? Darauf kann leider keine genaue Antwort gegeben werden, denn wie viele hochbegabte Kinder und Jugendliche Suizid oder Suizidversuche begehen, ist allein aufgrund der unterschiedlichen Definitionen von Hochbegabung nicht bekannt. Eines ist jedoch sicher: Eine hohe Intelligenz schützt nicht vor Suizid. Im Folgenden werden Belastungsfaktoren genannt, die besonders bei Hochbegabten zutreffen und evtl. zum individuellen Suizidrisiko beitragen könnten [6, 7].

– Perfektionismus

Hochbegabte scheinen sich in der Wahrnehmung von Erfolg und Misserfolg von anderen Kindern und Jugendlichen zu unterscheiden. In einer Befragung von hochbegabten Kindern und Jugendlichen gaben 97 % an, dass sie ein nicht perfektes Ergebnis als Versagen bewerten [7]. Auch wenn sie nur kleine Fehler machten, betrachteten sie eine Aufgabe oder Klassenarbeit als misslungen. Die Folge einer solchen Bewertung der eigenen Leistungen ist eine Minderung des Selbstwertgefühls und eine Zunahme des inneren Drucks (s. hierzu auch Kap. 1.5).

– Erwartungen der sozialen Umwelt

Erwartungen von Eltern, Lehrern und Freunden können auf Hochbegabte ebenfalls Druck ausüben. Hochbegabte werden häufig als die zukünftige Elite gesehen, die für die nächste Generation verantwortlich ist und „das Beste aus ihrer Begabung machen soll". Kinder und Jugendliche, die einem sehr starken äußeren Druck ausgesetzt sind, erleben oft zunehmend innere Anspannung, die in manchen Fällen als einzigen Ausweg nur noch einen Suizidversuch zulässt.

– Isolation und Enttäuschungen

In der Grundschule zählen Hochbegabte nicht selten zu den Beliebtesten, denn hier werden die Klugen und Guten oft als die „Helden" betrachtet. In der weiterführenden Schule ändert sich die soziale Bewertung häufig. Andere Eigenschaften als intellektuelle Begabung erwirken die Anerkennung Gleichaltriger. Hochbegabte finden oft, je älter sie werden, immer schwerer Freunde, die in ihren Interessen mit ihnen übereinstimmen. Das Gefühl, anders und evtl. „nicht richtig" zu sein, sowie die zunehmende Isolation verunsichern manche hochbegabte junge Menschen sehr und verstärken wiederum den psychischen Druck (s. Kap. 2.1, S. 156 f.).

– Problembewusstsein

Hochbegabte Kinder besitzen sehr früh die Fähigkeit, Probleme zu erkennen und ihre Konsequenzen abschätzen zu können. Sie nehmen die Probleme als langfristig und miteinander verbunden wahr. Ihr Bedürfnis, Schwierigkeiten möglichst vollständig, zeitgleich und perfekt zu lösen, lässt die Probleme in der Welt als katastrophal erscheinen.

Helfen

Eine konsequente, liebevolle und auf das Kind eingehende Erziehung schützt ein Kind am besten vor Suizid. Für Kinder und Jugendliche ist das Wahrgenommen-Werden ein sehr wichtiger Maßstab für ihren Wert. Im Vordergrund der Erziehung sollte die Stärkung der inneren Autonomie stehen. Günstig dazu ist es, Erziehungsziele positiv zu formulieren. („Mein Kind soll selbstbewusst sein." statt „Mein Kind darf nicht schüchtern sein."). Die Möglichkeit, in einer Gruppe Gleichgesinnter Verbundenheit zu erleben und mit vertrauten Personen über eigene Gefühle und Probleme sprechen zu können, schützt davor, überhaupt in eine so große Notlage zu geraten. Befindet sich ein Kind oder ein Jugendlicher in Not, hängt es von seiner Fähigkeit, sich mitzuteilen, sowie von der Sensibilität der Erwachsenen ab, ob Suizidgedanken bemerkt werden. Im Folgenden wird darauf eingegangen, wie Sie als Berater helfen können, wenn die Suizidalität eines Kindes oder Jugendlichen erkannt wurde. Dabei werden zwei Situationen unterschieden:

A) Sie sprechen selbst mit dem suizidalen Jugendlichen:

Hierbei ist entscheidend, wie konkret der Suizid bereits geplant wird bzw. ob die suizidale Handlung, wie das Schlucken von Tabletten oder das Aufschneiden der Pulsadern, sogar schon durchgeführt wurde.

– Wenn Sie den Eindruck gewinnen, dass ein jugendlicher Klient suizidgefährdet ist, seine Planungen jedoch noch nicht ganz konkret sind, sollten Sie – wie oben bereits erwähnt – unbedingt versuchen, ihn zum Aufsuchen professioneller Hilfe zu bewegen. Informieren Sie in solchen Fällen in Absprache mit dem Kind oder Jugendlichen auch die Eltern und legen Sie ihnen nahe, tätig zu werden, d. h. mit ihrem Kind zu sprechen und evtl. gemeinsam mit ihm eine Suizidberatungsstelle oder einen Psychotherapeuten zu kontaktieren.

– Sind die Suizidabsichten eines jungen Klienten schon ganz konkret, d. h. er teilt Ihnen z. B. mit, dass er noch am selben Abend seine gesammelten Tabletten schlucken wird, sollten Sie zunächst versuchen, ihn zum umgehenden Aufsuchen professioneller Hilfe zu bewegen. Drücken Sie Ihre eigene Angst um ihn aus! Wenn möglich, bieten Sie ihm Ihre Begleitung zu einer Klinik oder einer Krisenberatungsstelle an oder organisieren Sie eine andere Begleitung, z. B. die Eltern. Falls es nicht gelingt, den Jugendlichen auf diese Weise zu professionellen Helfern zu bringen, das Risiko, dass er sich umbringt, jedoch wirklich sehr groß ist, können Sie dafür sorgen, dass er in eine psychiatrische Klinik eingewiesen wird, um ihn vor einem Suizid zu schützen. Rufen Sie dazu tagsüber den zum Wohnort des Klienten nächstgelegenen Sozialpsychiatrischen bzw. Kinder- und Jugendpsychiatrischen Dienst an. Die Telefonnummern erfahren Sie über das Gesundheitsamt der Stadt oder des Kreises. In Großstädten können Sie auch den Krisendienst informieren. Abends und nachts bleibt nur die Möglichkeit, die Polizei zu verständigen. Alle drei genannten Anlaufstellen haben die Möglichkeit, eine psychiatrische Einweisung vorzunehmen. Dieser Schritt ist nach dem sogenannten PsychKG – einem Krankengesetz, das dem Schutz psychisch kranker Personen dient, die für andere oder sich selbst gefährlich werden könnten, – gesetzlich geregelt und sollte natürlich nur bei wirklich großer Gefahr vollzogen werden.

– Sprechen Sie mit einem Klienten am Telefon und er teilt Ihnen mit, dass er sich soeben die Pulsadern aufgeschnitten oder Tabletten geschluckt hat, so müssen Sie natürlich einen Krankenwagen rufen. Über eine Einweisung in die Psychiatrie nach der Akutversorgung in einem allgemeinen Krankenhaus entscheiden dann die Ärzte dort.

B) Sie sprechen mit den Eltern oder einer anderen Bezugsperson des suizidgefährdeten Kindes oder Jugendlichen:

Empfehlen Sie Ihrer Kontaktperson, das Kind oder den Jugendlichen direkt auf seine Suizidabsichten anzusprechen und mit den eigenen Befürchtungen in einer ruhigen Atmosphäre zu konfrontieren. Das Suizidrisiko sinkt, wenn der Gefährdete mit jemanden über seine Gedanken sprechen kann, ohne dass er eine Bewertung befürchten muss. In dem Gespräch sollte die Bezugsperson versuchen, den Jugendlichen zum Aufsuchen einer Suizidberatungsstelle zu bewegen und ihm dazu ihre Begleitung anbieten. Außerdem sollte sie die Verbindung mit ihm unbedingt aufrechterhalten und direkt ein weiteres Treffen absprechen. Im Kontakt mit einem suizidalen Menschen ist es unbedingte Voraussetzung, dass die Bezugsperson absolut zuverlässig ist, also z. B. das vereinbarte nächste Treffen in jedem Falle einhält, um die pessimistische Sicht des Suizidgefährdeten und sein Gefühl der Haltlosigkeit nicht zu bestätigen. Bei der Absprache des nächsten Termins sollte die Bezugsperson vorsichtig prüfen, ob es möglich ist, mit dem Jugendlichen die Vereinbarung zu treffen, dass er sich bis zu diesem Zeitpunkt nicht umbringen wird. Wenn er dieses Versprechen nicht geben kann, ist die Gefahr des Suizids besonders groß. Die Bezugsperson sollte sich selbst professionelle Hilfe sichern, indem sie Kontakt zu einer Krisenberatungsstelle aufnimmt.

Hat ein Kind oder ein Jugendlicher bereits einen Suizidversuch vollzogen, muss unbedingt sofort eine Therapie bzw. Krisenintervention durch einen professionellen Helfer einsetzen. Dabei sollte der Therapeut oder Berater Schuldvorwürfe vermeiden und das suizidale Verhalten als Notsignal akzeptieren. Die Suizidproblematik muss direkt angesprochen werden und darf nicht zum Tabu erklärt werden. Ziel der Intervention ist es, dass das betreffende Kind oder der Jugendliche ein Ventil findet, um sich von seinem emotionalen Druck zu befreien.

Die höchste Suizidgefahr besteht in der ersten Zeit nach einem Suizidversuch. Eltern suizidaler Kinder und Jugendlicher durchleben in der Regel eine unsagbare Angst um ihre Kinder. Sie erleben sich als macht- und hilflos und stellen oft ihr Elternsein in Frage [3]. Neben dem Austausch mit guten Freunden können sie ebenfalls professionelle Unterstützung benötigen, die auch von Krisen- und Suizidberatungsstellen angeboten wird.

Beratung und Information

In den meisten größeren Städten befindet sich eine Krisenberatungsstelle, bei der sich Betroffene und ihre Angehörigen telefonisch und persönlich – auf Wunsch anonym – beraten lassen können. In Anhang 1.3 (S. 282) ist die Adresse der Beratungsstelle NEUhland in Berlin angegeben, an die sich Jugendliche aus ganz Deutschland telefonisch wenden können. Zudem sind in Anhang 1.3 zwei Internetadressen abgedruckt, über die sich die jeweils regional am nächsten liegende Krisen- und Suizidberatungsstelle ausfindig machen lässt. Jederzeit kann aber auch der ärztliche Notdienst angerufen werden, der in der Regel über die örtlichen Beratungsstellen informiert ist und die Adressen vorliegen hat. Ist die betreffende Krisenberatungsstelle nicht rund um die Uhr besetzt, kann außerhalb der Sprechzeiten die Telefonseelsorge oder das Kinder- und Jugendtelefon angerufen werden (Telefonnummern s. Anhang 1.2, S. 275).

Die im nächsten Abschnitt folgenden Literaturtipps können Ihnen weitere Informationen über Suizidalität vermitteln und praktische Hilfen bieten. Wenn Sie die Arbeit mit einem suizidalen Jugendlichen bzw. den Eltern eines suizidalen Kindes oder Jugendlichen sehr belastet, sollten Sie sich nicht scheuen, außerdem die Unterstützung von Kollegen zu suchen. Achten Sie bei Ihrer Tätigkeit bitte auch auf Ihre eigenen Kräfte! Im Anschluss an dieses Kapitel befindet sich ein Adressverzeichnis, in dem verschiedene Anlaufstellen aufgeführt sind und das Sie selbst ergänzen können. In vielen Fällen brauchen Sie nicht der einzige Helfer zu bleiben!

Literaturempfehlungen für Rat Suchende

1. Dickhaut, H. H. (1995). *Selbstmord bei Kindern und Jugendlichen. Ein Handbuch für helfende Berufe und Eltern.* Weinheim: Beltz.

Das Handbuch bietet Hinweise auf Vorbeugung, Hilfsmöglichkeiten und Therapieangebote zum Thema Suizid bei Kindern und Jugendlichen. Angesprochen werden sowohl Problembereiche in der Schule als auch in der Familie. Anhand von Fallbeispielen werden mögliche Szenarien dargestellt, die es erleichtern können, mit betroffenen Kindern und Jugendlichen ins Gespräch zu kommen. Der Ratgeber geht zudem auf Aggressivität als Notsignal und Depression als möglichem Suizidvorläufer ein. Im Anhang befinden sich Adressen und Literaturhinweise. Selbsthilfegruppen und Hilfseinrichtungen in Deutschland werden genannt und ihre Möglichkeiten und Grenzen aufgezeigt.

2. Hömmen, C. (1996). *Mal sehen, ob ihr mich vermisst. Menschen in Lebensgefahr.* Reinbek: Rowohlt.

Dieses Buch ist sowohl für Jugendliche ab 13 Jahren geschrieben, die alleine nicht mehr weiter wissen, als auch für deren Bezugspersonen. Es versucht, den Wunsch von Jugendlichen, ihrem Leben ein Ende zu setzen, verständlich zu machen und gleichzeitig bei den Betroffenen Hoffnung zu wecken, dass es die Chance zu einer Verbesserung ihres Lebens gibt und sie jemanden finden werden, der ihnen hilft, diese Chance zu ergreifen. Außerdem deckt die Autorin einige Vorurteile auf, die über Suizid bestehen, wie z. B. „Wer über den Suizid spricht, tut es nicht". Zur Veranschaulichung erzählt sie Fallgeschichten von Jugendlichen, die Suizidversuche unternommen haben. Am Ende des Buches werden Regeln für den Umgang mit suizidgefährdeten Kindern und Jugendlichen besprochen und Adressenlisten mit Krisenberatungsstellen in Deutschland aufgeführt.

3. Käsler, H. & Nikodem, B. (1996). *Bitte hört, was ich nicht sage. Signale von Kindern und Jugendlichen verstehen, die nicht mehr leben wollen.* München: Kösel.

Dieses Buch, das für Eltern und Pädagogen geschrieben ist, geht insbesondere auf gesellschaftliche Hintergründe von Suizid ein, schildert aber auch Handlungsmöglichkeiten. Es bietet sowohl Hilfe bei der Früherkennung und Prävention suizidalen Verhaltens als auch bei der Nachsorge von Kindern und Jugendlichen, die versucht haben, sich selbst das Leben zu nehmen. Anhand von Fallbeispielen werden „typische" Situationen suizidaler Kinder und Jugendlicher geschildert. Außerdem wird auf die Komplexität der Ursachen und auf wissenschaftliche Erklärungsansätze eingegangen.

Literaturverzeichnis

Teil I:

[1] Weinberger, S. (1998). *Klientenzentrierte Gesprächsführung. Eine Lern- und Praxisanleitung für helfende Berufe.* Weinheim: Beltz.

[2] Zuschlag, B. & Thielke, W. (1989). *Konfliktsituationen im Alltag.* Stuttgart: Verlag für Angewandte Psychologie.

[3] Redlich, A. (Hrsg.) (1999). *Kooperative Gesprächsführung in der Beratung von Lehrern, Eltern und Erziehern.* Fachbereich Psychologie der Universität Hamburg.

[4] Murgatroyd, S. (1994). *Beratung als Hilfe. Eine Einführung für helfende Berufe.* Weinheim: Beltz.

[5] Egan, G. (1996). *Helfen durch Gespräch. Ein Trainingsbuch für helfende Berufe.* Weinheim: Beltz.

[6] Amelang, M. & Zielinsky, W. (1997). *Psychologische Diagnostik und Intervention.* Berlin: Springer.

[7] Schulz von Thun, F. (1981). *Miteinander reden 1 – Störungen und Klärungen.* Reinbek bei Hamburg: rororo.

[8] Schulz von Thun, F. (1989). *Miteinander reden 2 – Stile, Werte und Persönlichkeitsentwicklung.* Reinbek bei Hamburg: rororo.

[9] Gudjons, H. (1995). *Spielbuch Interaktionserziehung.* Bad Heilbrunn/Obb.: Klinkhardt.

[10] Grindler, J. & Bandler, R. (1984). *Kommunikation und Veränderung.* Paderborn: Junfermann.

[11] Fliegel, S., Groeger, W., Künzel, R., Schulte, D. & Sorgatz, H. (1994). *Verhaltenstherapeutische Standardmethoden. Ein Übungsbuch.* Weinheim: Psychologie Verlags Union.

[12] Silverman, L. K. (1993). *Counseling The Gifted and Talented.* Denver, Colorado: Love Publishing Company.

[13] Günther, U. & Sperber, W. (1995). *Handbuch für Kommunikations- und Verhaltenstrainer. Psychologische und organisatorische Durchführung von Trainingsseminaren.* München: Ernst Reinhardt Verlag.

[14] Weber, W. (1996). *Wege zum helfenden Gespräch. Gesprächspsychotherapie in der Praxis.* München: Ernst Reinhardt Verlag.

[15] Thomann, C. & Schulz von Thun, F. (1992). *Klärungshilfe. Handbuch für Therapeuten, Gesprächshelfer und Moderatoren in schwierigen Gesprächen.* Reinbek bei Hamburg: rororo.

[16] Kernen, H. R. (1997). *Burnout-Prophylaxe im Management. Erfolgreiches individuelles und institutionelles Ressourcenmanagement.* Stuttgart: Haupt.

[17] Pines, A. M., Aronson, E. & Kafry, D. (1983). *Ausgebrannt. Vom Überdruß zur Selbstentfaltung.* Stuttgart: Klett-Cotta.

[18] Buchka, M. & Hackenberg, J. (1987). *Das Burn-out-Syndrom bei Mitarbeitern in der Behindertenhilfe. Ursachen, Formen, Hilfen. Studienarbeiten aus der Katholischen Fachhochschule NW – Beiträge zur Sozialarbeit, Sozialpädagogik, Heilpädagogik und praktischen Theologie.* Dortmund: Verlag Modernes Lernen.

[19] Bachmair, S., Faber, J., Hennig, C., Kolb, R. & Willig, W. (1999). *Beraten will gelernt sein. Ein praktisches Lehrbuch für Anfänger und Fortgeschrittene.* Weinheim: Beltz.

Teil II:

1.1 Unterforderung

[1] Fels, C. (1999). *Identifizierung und Förderung Hochbegabter in den Schulen der Bundesrepublik Deutschland.* Stuttgart: Haupt.

[2] Eichholz, B. (1987). Ein Modell zur Förderung von Hochbegabten in Sonderklassen: Die Jugenddorf-Christophorus-Schule Braunschweig. In F. E. Weinert & H. Wagner (Hrsg.), *Die Förderung Hochbegabter in der Bundesrepublik Deutschland: Probleme, Positionen, Perspektiven* (S. 40–51). Bad Honnef: Bock.

[3] Terrassier, J. (1982). Das Asynchronie-Syndrom und der negative Pygmalion-Effekt. In K. K. Urban (Hrsg.), *Hochbegabte Kinder: Psychologische, pädagogische, psychiatrische und soziale Aspekte* (S. 92–96). Heidelberg: Schindele.

[4] Bundesministerium für Bildung und Forschung (Hrsg.) (1999): *Begabte Kinder finden und fördern. Ein Ratgeber für Eltern und Lehrer.* Bonn: Bundesministerium für Bildung und Forschung.

[5] Holling, H. & Kanning, U. P. (1999). *Hochbegabung. Forschungsergebnisse und Fördermöglichkeiten.* Göttingen: Hogrefe.

[6] Heinbokel, A. (1996). *Überspringen von Klassen.* Münster: Lit.

1.2 Underachievement

[1] Hanses, P. & Rost, D. (1998). Das „Drama" der hochbegabten Underachiever – „Gewöhnliche" oder „außergewöhnliche" Underachiever? *Zeitschrift für Pädagogische Psychologie, 12 (1),* 53–71.

[2] Ulbricht, H. (o. J.). *Wissenschaftliche Informationen.* (www document). URL http://www.schulberatung.bayern.de/llhob.htm.

[3] Urban, K. K. (1996). *Förderung besonderer Begabungen: Demokratischer Anspruch – Pädagogische Herausforderung. Leicht erweiterte Fassung eines Vor-*

trags anlässlich der Fachtagung „Förderung besonderer Begabungen" im Rahmen der „Ständigen Pädagogischen Konferenz" veranstaltet vom Niedersächsischen Kultusministerium am 21.11.1996. Rodenberg: Klausur-Verlag.

[4] Mönks, F. J. & Ypenburg, I. H. (1998). *Unser Kind ist hochbegabt: Ein Leitfaden für Eltern und Lehrer.* München: Ernst Reinhardt Verlag.

[5] Heinbokel, A. (1996). *Hochbegabte: Erkennen, Probleme, Lösungswege.* Münster: Lit.

[6] Fels, C. (1999). *Identifizierung und Förderung Hochbegabter in den Schulen der Bundesrepublik Deutschland.* Stuttgart: Haupt.

[7] Führer, C. (o. J.). *Hochbegabung – ein Thema für die Schulberatung.* (www document). URL http://www.hochbegabung.tsu.at/wi-betr.htm.

[8] Bundesministerium für Bildung und Forschung (Hrsg.) (1999). *Beratung für Hochbegabte. Eine Literaturübersicht.* Bonn: Bundesministerium für Bildung und Forschung.

[9] Wienand, M. (Hrsg.) (1998). *Kinder- und Jugendhilfegesetz, Sozialgesetzbuch, Achtes Buch: Textausgabe. Kleinere Schriften des Deutschen Vereins für öffentliche und private Fürsorge,* Bd. 38. Stuttgart: Kohlhammer.

1.3 Mangelnde Lern- und Arbeitstechniken

[1] Feger, B. (1998). *Hochbegabung: die normalste Sache der Welt.* Darmstadt: Primus Verlag.

[2] Klauer, K. J. (1992). Problemlösestrategien im experimentellen Vergleich: Effekte einer allgemeinen und einer bereichsspezifischen Strategie. In H. Mandl & H. F. Friedrich (Hrsg.), *Lern- und Denkstrategien. Analyse und Intervention* (S. 57–78). Göttingen: Hogrefe.

[3] Krapp, A. (1994). Lernstrategien: Konzepte, Methoden und Befunde. *Unterrichtswissenschaft, 21 (4),* 291–311.

[4] Baumert, J. (1993). Lernstrategien, motivationale Orientierung und Selbstwirksamkeitsüberzeugungen im Kontext schulischen Lernens. *Unterrichtswissenschaft, 21 (4),* 357–354.

[5] Aretz, M. & Gieleßen, R. (1977). *Erfolgreich lernen. Ein Lehr- und Übungsbuch für wissenschaftsorientiertes Arbeiten.* Essen: Girardet.

1.4 Lese-Rechtschreib-Schwierigkeiten

[1] Niemeyer, W. (1978). *Lese- und Rechtschreibschwäche. Theorie, Diagnose, Therapie und Prophylaxe.* Stuttgart: Kohlhammer.

[2] Schenk-Danzinger, L. (1984). *Legasthenie: zerebral-funktionelle Interpretation, Diagnose und Therapie.* München: Ernst Reinhardt Verlag.

[3] Fischer, C. (2000). *Hochbegabung und Lese-Rechtschreibschwierigkeiten (LRS). Eine Untersuchung zum Zusammenhang von Hochbegabung und Lese-Rechtschreibschwierigkeiten sowie zur Förderung besonders begabter Kinder mit LRS.* Unveröffentlichte Dissertation, Westfälische Wilhelms-Universität Münster.

[4] Alby, B. (1997). *Förderdiagnostik und Prophylaxe LRS-relevanter Risikofaktoren bei Kindern im Vorschulalter.* Unveröffentlichte Dissertation, Westfälische Wilhelms-Universität Münster.

1.5 Perfektionismus

[1] Pacht, A. R. (1984). Reflections on perfectionism. *American Psychologist, 39,* 386–390.

[2] Frost, R. O., Marten, P. A., Lahart, C. M. & Rosenblate, R. (1990). The dimensions of perfectionism. *Cognitive Therapy and Research, 14,* 449–468.

[3] Hewitt, P. & Flett, G. (1991). Perfectionism in the self and social contexts: Conceptualisation, assessment, and association with psychopathology. *Journal of Personality and Social Psychology, 60 (3),* 456–470.

[4] Burns, D. D. (1984). Perfektionismus: „Niemand ist vollkommen". *Psychologie Heute, 11 (1),* 21–27.

[5] Bandura, A. (1979). *Sozial-kognitive Lerntheorie.* Stuttgart: Klett-Cotta.

[6] Silverman, L. K. (1993). *Counseling The Gifted and Talented.* Denver, Colorado: Love Publishing Company.

[7] Kerr, B. A. (1991). *A handbook for counseling the gifted and talented.* Alexandria, Va: American Counseling Association.

[8] Saß, H., Wittchen, H.-U. und Zaudig, M. (1996). *Diagnostisches und Statistisches Manual Psychischer Störungen, DSM-IV.* Göttingen: Hogrefe.

2.1 Isolation

[1] Rost, D. H. (1993). Persönlichkeitsmerkmale hochbegabter Kinder. In D. H. Rost (Hrsg.), *Lebensumweltanalyse hochbegabter Kinder* (S. 105–137). Göttingen: Hogrefe.

[2] Rost, D. H. & Czeschlik, T. (1988). Hochbegabte und ihre Peers. *Zeitschrift für Pädagogische Psychologie, 2,* 1–23.

[3] Hieß, B., Putzi, S. & Ventouratou, D. (1990). Isolation. In P. Innerhofer, G. Weber, C. Klicpera & S. Rotering-Steinberg (Hrsg.), *Psychische Auffälligkeiten und Probleme im Schulalter* (S. 362–373). Wien: WUV-Universitätsverlag.

[4] Eisenstadt, S. N. (1968). *Von Generation zu Generation. Altersgruppen und Sozialstruktur.* München: Juventa.

[5] Tenbruck, F. H. (1962). *Jugend und Gesellschaft. Soziologische Perspektiven.* Freiburg: Rombach.

[6] Fend, H. (1998). *Eltern und Freunde. Soziale Entwicklung im Jugendalter. Entwicklungspsychologie der Adoleszenz in der Moderne,* Bd. 5. Göttingen: Huber.

[7] Heller, K. A. (Hrsg.) (1992). *Hochbegabung im Kindes- und Jugendalter.* Göttingen: Hogrefe.

[8] Ross, A. O. (1964). Learning theory and therapy with children. *Psychotherapy: Theory research and practice, 1,* 102–108.

[9] Ross, A. O. (1982). *Psychische Störungen bei Kindern. Ihre Erforschung, Diagnostizierung und Behandlung.* Stuttgart: Hippokrates-Verlag.

[10] Rubin, Z. (1980). *Children's Friendships.* Cambridge, Mass.: Harvard Univ. Press.

[11] Webb, J. T., Meckstroth, E. A. & Tolan, St. S. (1998). *Hochbegabte Kinder, ihre Eltern, ihre Lehrer: Ein Ratgeber.* 2. Aufl. überarb. und erg. von N. Zimet und F. Preckel. Bern: Huber.

[12] Puttallaz, M. & Gottmann, J. (1981). Social Skills and Group Acceptance. In S. R. Asher (Ed.), *The development of children's friendships* (pp. 116–149). New York: Cambridge Univ. Press.

[13] Clark, B. (1992). *Growing up gifted.* New York: Merrill.

[14] Seagoe, M. (1974). Some learning characteristics of gifted children. In R. Martinson (Ed.), *The identification of the gifted and talented.* Ventura, CA: Office of the Ventura County Superintendent of Schools.

[15] Betts, G. T. (1986). Development of the Emotional and Social Needs of Gifted Individuals. *Journal of Counseling and Development, 64,* 587–589.

[16] Thurm, J.-M. (1994). *Characteristic Traits of Mensan Personality.* Referat auf der 4. ECHA-Konferenz vom 8.–10. 10. 94 in Nijmwegen.

[17] Terrassier, J. G. (1985). Dyssynchrony – uneven development. In J. Freeman (Ed.), *The psychology of gifted children* (pp. 256–274). New York: John Wiley.

[18] Silverman, L. K. (1993). *Counseling The Gifted and Talented.* Denver, Colorado: Love Publishing Company.

[19] Petermann, F. & Petermann, U. (1996). *Training mit sozial unsicheren Kindern. Einzeltraining, Kindergruppen, Elternberatung.* Weinheim: PVU.

2.2 Mobbing

[1] Jost, M. (1999). Hochbegabte – als Mobbingopfer. *Labyrinth, 61,* 25–28.

[2] Olweus, D. (1996). *Gewalt in der Schule: Was Lehrer und Eltern wissen sollten – und tun können.* Bern: Huber.

[3] Schuster, B. (1999). Zu brav oder zu böse? Mobbing-Opfer und Abgelehnte im Prisoner's Dilemma-Paradigma. *Zeitschrift für Sozialpsychologie, 30 (2/3),* 179–193.

[4] Schäfer, M. (1996). Aggression unter Schülern: Eine Bestandsaufnahme über das Schikanieren in der Schule am Beispiel der 6. und 8. Klassenstufe. *Report Psychologie, 21,* 700–711.

[5] Dambach, K. E. (1998). *Mobbing in der Schulklasse*. München: Ernst Reinhardt Verlag.

[6] Kasper, H. (1998). *Mobbing in der Schule: Probleme annehmen – Konflikte lösen*. Weinheim: Beltz.

[7] Schuster, B. (1996). Maßnahmen gegen Ausgrenzung und Schikane durch Mitschüler und Mitschülerinnen. *Zeitschrift für Sozialpsychologie, 27*, 311–313.

[8] Schmidtchen, F. (1996). *Klientenzentrierte Spiel- und Familientherapie*. Weinheim: PVU.

2.3 Aggressivität

[1] Franzoi, S. L. (1996). *Social Psychology*. Chicago: Brown & Benchmark Publishers.

[2] Merkens, L. (1993). *Aggressivität im Kindes- und Jugendalter: Entstehung, Ausdrucksformen, Interventionen*. München: Ernst Reinhardt Verlag.

[3] Lehmkuhl, G., Döpfner, M., Plück, J., Berner, W., Feger, J. M., Huss, M., Lenz, K., Schmeck, K., Lehmkuhl, U. & Poustka, F. (1998). Häufigkeit psychischer Auffälligkeiten und somatischer Beschwerden bei vier- bis zehnjährigen Kindern in Deutschland im Urteil der Eltern – ein Vergleich normorientierter und kriterienorientierter Modelle. *Zeitschrift für Kinder- und Jugendpsychiatrie und Psychotherapie, 2*, 83–97.

[4] Bauman, U. & Perrez, M. (Hrsg.) (1998). *Lehrbuch Klinische Psychologie – Psychotherapie*. Göttingen: Huber.

[5] Ortner, R. (1989). *Kinder in psychischen Nöten. Wie können Eltern, Lehrer und Erzieher helfen?* Nettetal: Styler.

[6] Petermann, F. & Petermann, U. (1993). *Training mit aggressiven Kindern. Einzeltraining, Kindergruppen, Elternberatung*. Weinheim: Beltz.

[7] Petermann, F. & Wiedebusch, S. (1993). Aggression und Delinquenz. In: H.-C. Steinhausen & M. von Aster (Hrsg.), *Handbuch Verhaltenstherapie und Verhaltensmedizin bei Kindern und Jugendlichen* (S. 319–349). Weinheim: PVU.

[8] Mummendey, A. (1990). Aggressives Verhalten. In W. Stroebe, M. Hewstone, J.-P. Codol & G. M. Stephenson (Hrsg.), *Sozialpsychologie. Eine Einführung* (S. 275–304). Berlin: Springer.

[9] Bandura, A. (1979). *Aggression. Eine sozial-lerntheoretische Analyse*. Stuttgart: Klett-Cotta.

[10] Informationsdienst Wissenschaft (1997). *Aggressive Symptome frühzeitig ernst nehmen*. (www document). URL http://idw.tu-clausthal.de/public/pmid–3695/zeige_pm.html

[11] Wieczerkowski, W. & Prado, T. M. (1993). Spiral of Dissappointment: Decline in achievement among gifted adolescents. *European Journal for High Ability, 4*, 126–141.

[12] Petermann, F. & Petermann, U. (1993). *Training mit aggressiven Kindern. Einzeltraining, Kindergruppen, Elternberatung.* Weinheim: Beltz.

[13] Schmidtchen, S. (1996). *Klientenzentrierte Spiel- und Familientherapie.* Weinheim: PVU.

2.4 Konflikte in der Familie

[1] Kluge, K.-J. & Hemmert-Halswick, S. (1982). *Familie als Erziehungsinstanz Teil I, Berichte zur Erziehungstherapie und Eingliederungshilfe* (Bd. 18). München: Minerva-Publikation.

[2] Schneewind, K. A. (1987). Familienentwicklung. In R. Oerter & L. Montada (Hrsg.), *Entwicklungspsychologie* (S. 971–1014). Weinheim: Beltz

[3] Trautner, H. M. (1991). *Lehrbuch der Entwicklungspsychologie. Band 2: Theorien und Befunde.* Göttingen: Hogrefe.

[4] Terrassier, J. G. (1985). Dyssynchrony – uneven development. In J. Freeman (Ed.), *The psychology of gifted children* (pp. 256–274). New York: John Wiley.

[5] Zuschlag, B. & Thielke, W. (1989). *Konfliktsituationen im Alltag.* Stuttgart: Verlag für Angewandte Psychologie.

[6] Mönks, F. & Ypenburg, I. H. (1998). *Unser Kind ist hochbegabt: Ein Leitfaden für Eltern und Lehrer.* München: Ernst Reinhardt Verlag.

[7] Silverman, K. L. (1993). *Counseling The Gifted and Talented.* Denver, Colorado: Love Publishing Company.

[8] Rost, D. H. (Hrsg.) (1993). *Lebensumweltanalyse hochbegabter Kinder.* Göttingen: Hogrefe.

[9] Elbing, E. & Heller, K. A. (1996). Beratungsanlässe in der Hochbegabtenberatung. *Psychologie in Erziehung und Unterricht, 43*, 57–69.

[10] Wieczerkowski, W. (1996). Ungewißheiten und Schwierigkeiten im Umgang mit einem hochbegabten Kind. *Psychologie in Erziehung und Unterricht, 43*, 205–216.

[11] Mähler, B. & Hofmann, G. (1998). *Ist mein Kind hochbegabt?* Reinbek: Rowohlt.

[12] Rogge, J.-U. (1993). *Kinder brauchen Grenzen.* Reinbek bei Hamburg: rororo.

2.5 Schwierigkeiten in der Lehrer-Schüler- und der Lehrer-Eltern-Beziehung

[1] Petillon, H. (1980). *Soziale Beziehungen in Schulklassen.* Weinheim: Beltz.

[2] Ulich, K. (1989). *Schule als Familienproblem? Konfliktfelder zwischen Schülern, Eltern und Lehrern.* Frankfurt a. M.: Athenäum.

[3] Dittrich, K. (1984). Lehrerangst und Elternscheu. *betrifft: erziehung, H.2*, 22–27.

[4] Schleicher, K. (1972). *Elternhaus und Schule. Kooperation ohne Erfolg?* Düsseldorf: Pädagogischer Verlag Schwann.

[5] Jost, M. (1999). *Extra-Klasse. Hochbegabte in der Schule erkennen und fördern.* Wiesbaden: Universum-Verlag.

[6] Stangl, W. (1997). *Werner Stangls Arbeitsblätter.* (www.document). URL http://paedpsych.jk.uni-linz.ac.at / INTERNET / ARBEITSBLAETTERORD / Arbeitsblaetter.html.

[7] Quitmann, H. (1999). Kooperation zwischen Elternhaus und Schule ist die halbe Miete. *Labyrinth, 59*, 8–10.

3.1 Aufmerksamkeitsdefizit-/Hyperaktivitätsstörung

[1] Lauth, G. W., Schlottke, P. F. & Naumann, K. (2000). *Rastlose Kinder, ratlose Eltern. Hilfen bei Überaktivität und Aufmerksamkeitsstörungen.* München: dtv.

[2] Lauth, G. W. & Fellner, C. (1998). Evaluation eines multimodalen Therapieprogramms bei Aufmerksamkeitsdefizit-/Hyperaktivitätsstörungen über eine differenzierte Einzelfallforschung. In M. Greisbach, U. Kullik, & E. Souvignier (Hrsg.), *Von der Lernbehindertenförderung zur Praxis schulischer Lernförderung* (S. 109–124). Lengerich: Papst.

[3] Saß, H., Wittchen, H.-U. und Zaudig, M. (1996). *Diagnostisches und Statistisches Manual Psychischer Störungen, DSM-IV.* Göttingen: Hogrefe.

[4] Breuer, U. & Kaukal, M. (1990). Hyperaktivität. In P. Innerhofer, G. Weber, C. Klicpera & S. Rotering-Steinberg (Hrsg.), *Psychische Auffälligkeiten und Probleme im Schulalter* (S. 188–201). Wien: WUV-Universitätsverlag Wien.

[5] Lauth, G. W. & Linderkamp, F. (1998). Mehrebenen-Diagnostik bei Aufmerksamkeitsdefizit-/Hyperaktivitätsstörung im Kindesalter. Störungsanalyse und Interventionsplanung. In W. Mutzeck (Hrsg.), *Förderdiagnostik bei Lern- und Verhaltensstörungen. Konzepte und Methoden* (S. 210–226). Weinheim: Deutscher Studien Verlag.

[6] Roth, N., Schlottke, P. F. & Klepel, H. (1992). Hyperaktive und aufmerksamkeitsgestörte Kinder: Erklärungsansätze, psychophysiologische Korrelate und Behandlungskonzepte. *Zeitschrift für Medizinische Psychologie, 1*, 77–84.

[7] Eichlseder, W. (1996). *Unkonzentriert?* Weinheim: Beltz.

[8] Mähler, B. & Hofmann, G. (1998). *Ist mein Kind hochbegabt?* Reinbek bei Hamburg: rororo.

[9] Silverman, L. K. (1993). *Counseling The Gifted and Talented.* Denver, Colorado: Love Publishing Company.

[10] Döpfner, M., Schürmann, S. & Frölich, J. (1998). *Therapieprogramm für Kinder mit hyperkinetischem und oppositionellem Problemverhalten. THOP.* Weinheim: PVU.

3.2 Ängstlichkeit

[1] Wittchen, H.-U., Bullinger-Naber, M., Hand, I., Kasper, S., Katschnig, H., Linden, M., Margraf, J., Möller, H.-J., Weber, D., Pöldinger, W. & van de Reemer, A. (1993). *Ratgeber Angst. Was Sie schon immer über Angst wissen wollten! Angst, Angsterkrankungen, Behandlungsmöglichkeiten.* Freiburg: Karger.

[2] du Bois, R. (1995). *Kinderängste. Erkennen – verstehen – helfen.* München: Beck.

[3] Krohne, H. W. & Hock, M. (1994). *Elterliche Erziehung und Angstentwicklung des Kindes. Untersuchung über die Entwicklungsbedingungen von Ängstlichkeit und Angstbewältigung.* Bern: Huber.

[4] Rost, D. (Hrsg.) (1993). *Lebensumweltanalyse hochbegabter Kinder.* Göttingen: Hogrefe.

[5] Wolman, B. B. (1979). *Die Ängste des Kindes.* Frankfurt a. M.: Goverts.

[6] Deverensky, J. & Coleman, E. B. (1989). Gifted children's fears. *Gifted Child Quarterly, 33,* 65–68.

[7] Schmidtchen, F. (1996). *Klientenzentrierte Spiel- und Familientherapie.* Weinheim: PVU.

3.3 Psychosomatische Beschwerden

[1] Pothmann, R. (1999). *Kopfschmerzen im Kindesalter: Untersuchungen zur Epidemiologie, Diagnostik und Therapie.* Stuttgart: Hippokrates-Verlag.

[2] Flöter, T. (Hrsg.) (1998). *Grundlagen der Schmerztherapie.* München: Urban und Vogel.

[3] Tölle, R. (1994). *Psychiatrie.* Berlin: Springer.

[4] von Uexküll, Th. & Adler, R. (Hrsg.) (1998). *Psychosomatische Medizin.* München: Urban & Schwarzenberg.

[5] Pflanz, M. (1962). *Sozialer Wandel und Krankheit. Ergebnisse und Probleme der medizinischen Soziologie.* Stuttgart: Enke.

[6] Waadt, S., Laessle, R. G. & Pirke, K. M. (1992). *Bulimie. Ursachen und Therapie.* Berlin: Springer.

[7] Corazza, V., Daimler, R., Ernst, A., Federspiel, K., Herbst, V., Langbein, K., Martin, H.-P. & Weiss, H. (1990). *Kursbuch Gesundheit: Beschwerden und Symptome, Krankheiten, Untersuchung und Behandlung, Selbsthilfe.* Köln: Kiepenheuer & Witsch.

[8] Strian, F. (1996). *Schmerz: Ursachen, Symptome, Therapien.* München: C. H. Beck'sche Verlagsbuchhandlung.

[9] Seemann, H. (1999). *Freundschaft mit dem eigenen Körper schließen. Über den Umgang mit psychosomatischen Schmerzen.* Stuttgart: Pfeiffer bei Klett-Cotta.

[10] Terrassier, J. G. (1985). Dyssynchrony – uneven development. In J. Freeman (Ed.), *The psychology of gifted children* (pp. 256–274). New York: John Wiley.

[11] Wieczerkowski, W. & Prado, T. M. (1993). Spiral of Disappointment: Decline in achievement among gifted adolescents. *European Journal for High Ability, 4,* 126–141.

[12] Leplow, B. & Ferstl, R. (1994). Psychophysiologische Störungen. In H. Reinecker (Hrsg.), *Lehrbuch der Klinischen Psychologie: Modelle psychischer Störungen* (S. 539–562). Göttingen: Hogrefe.

[13] Flor, H. (1991). *Psychobiologie des Schmerzes.* Bern: Huber.

3.4 Depressionen

[1] Reicher, H. (1998). *Depressionen bei Kindern und Jugendlichen.* Berlin: Waxmann.

[2] Wittchen, H.-U. (1994). Wie häufig sind depressive Erkrankungen? Diagnostik und Hinweise auf eine Zunahme depressiver Störungen. In M. Hautzinger (Hrsg.), *Verhaltenstherapie bei Depressionen* (S. 10–24). Baltmannsweiler: Röttger-Schneider.

[3] Kerns, L. L. (1997). *Hilfen für depressive Kinder. Ein Ratgeber.* Bern: Huber.

[4] Feldman, L. A. & Gotlib, I. H. (1993). Social dysfunction. In C. G. Costello (Ed.), *Symptoms of depression* (pp. 85–112). New York: Wiley.

[5] Blöschl, L. (1994). Zur Rolle hostiler Tendenzen in der Depression: Verhaltensdiagnostische Aspekte. In D. Bartussek & M. Amelang (Hrsg.), *Fortschritte der differentiellen Psychologie und Psychologischen Diagnostik* (S. 259–267). Göttingen: Hogrefe.

[6] Beck, A. T. (1970). *Depression. Causes and treatment.* Philadelphia: University of Pennsylvania Press.

[7] Buchanan, G. M. & Seligman, M. E. P. (Eds.) (1995). *Explanatory style.* Hillsdale, New Jersey: Lawrence Erlbaum.

[8] Wieczerkowski, W. & Prado, T. M. (1993). Spiral of Dissappointment: Decline in achievement among gifted adolescents. *European Journal for High Ability, 4,* 126–141.

[9] Webb, J., Meckstroth, E. A. & Tolan, St. S. (1998). *Hochbegabte Kinder, ihre Eltern, ihre Lehrer: ein Ratgeber.* 2. Aufl. überarb. und erg. von N. Zimet und F. Preckel. Bern: Huber.

[10] Terrassier, J. Ch. (1982). Das Asynchronie-Syndrom und der negative Pygmalion-Effekt. In K. K. Urban (Hrsg.), *Hochbegabte Kinder* (S. 92–97). Heidelberg: Schindele.

[11] Kazdin, A. E. & Weisz, J. R. (1998). Identifying and Developing Empirically Supported Child and Adolescent Treatments. *Journal of Consulting and Clinical Psychology, 66,* 19–36.

[12] Dorsch, F. (Hrsg.) (1994). *Psychologisches Wörterbuch.* Bern: Huber.

[13] Kraiker, Ch. & Peter, B. (1994). *Psychotherapieführer.* München: Beck.

3.5 Suizidalität

[1] Comer, R. J. (1995). *Klinische Psychologie.* Heidelberg: Spektrum Akademischer Verlag.

[2] Dorrmann, E. (1991). *Suizid. Therapeutische Interventionen bei Selbsttötungsabsichten.* München: Pfeiffer.

[3] Käsler, H. & Nikodem, B. (1996). *Bitte hört, was ich nicht sage. Signale von Kindern und Jugendlichen verstehen, die nicht mehr leben wollen.* München: Kösel.

[4] NEUHland (2000). *Selbstmordgefährdung.* (www document). URL http://www. neuhland.de.

[5] Sonneck, G. (Hrsg.) (1995). *Krisenintervention und Suizidgefährdung. Ein Leitfaden für den Umgang mit Menschen in Krisen.* Wien: Facultas Universitätsverlag.

[6] Delisle, J. R. (1986). Death with Honors: Suicide Among Gifted Adolescents. *Journal of Counseling and Development, 64,* 558–560.

[7] Weisse, D. E. (1990). Gifted Adolescents and Suicide. *The School Counselor, 37(5),* 351–358.

Anhang

Adressverzeichnis

In diesem Verzeichnis finden Sie unter Punkt 1 die Anschriften, Telefonnummern und Homepages solcher Institutionen, die Beratung, Psychotherapie oder Austausch auf Selbsthilfeebene anbieten bzw. bei der Suche nach solchen Einrichtungen behilflich sind. Unter Punkt 2 sind Organisationen aufgeführt, die Förderangebote für hochbegabte Kinder anbieten, Schulen für Hochbegabte mit bundesweitem Einzugsgebiet, Förderangebote im Internet und Informationen über Lernsoftware. Punkt 3 nennt Fortbildungsinstitutionen für Lehrer und Erzieher sowie (Internet-)Adressen, bei denen Unterrichtsmaterialien bezogen werden können bzw. Spielmaterialien vorgestellt werden.

Im gesamten Adressverzeichnis sind nur solche Institutionen aufgeführt, die bundesweit tätig sind. Damit Sie die Möglichkeit haben, die Listen durch regionale Anlaufstellen, die Klienten mit bestimmten Problem- und Fragestellungen, Förderinteressen oder Fortbildungswünschen helfen können, zu ergänzen, finden Sie jeweils am Ende von Punkt 1 bis 3 freie Seiten, die in Form eines Adressbuches gestaltet sind.

Es sei betont, dass alle angegebenen (Internet-)Adressen nur beispielhaft herausgegriffen sind, d. h. keinen Anspruch auf Vollständigkeit erheben. Für die Richtigkeit der Anschriften, Telefonnummern und Sprechzeiten kann keine Gewähr übernommen werden, da sie naturgemäß Änderungen unterliegen. Obwohl alle genannten Bücher, Internetseiten und Institutionen bezüglich ihrer Seriosität überprüft wurden, liegt die Verantwortung für die Medien- und Angebotsinhalte ausschließlich bei den Vertreibern.

1 Beratung, Psychotherapie und Selbsthilfe

1.1 Überregionale Anlaufstellen speziell zum Thema Hochbegabung

Begabungspsychologische Beratungsstelle
an der Ludwig-Maximilians-Universität München
Leopoldstr. 13
80802 München
Tel: 089 / 21 80 63 33
Sprechzeiten: Mittwoch 16^{30}–18^{30} Uhr;
               Donnerstag 17^{30}–19^{30} Uhr
Fax: 089 / 21 80 51 53
E-Mail: beratung@mip.paed.uni-muenchen.de
Internet-Adresse: http://www.paed.unimuenchen.de/~ppb/index.html

Die Begabungspsychologische Beratungsstelle in München berät Eltern und ihre Kinder bei Fragen zu vermuteter Hochbegabung, Unsicherheiten im Erziehungsverhalten und Überlegungen zum Einschulungszeitpunkt sowie zum Überspringen einer Klasse. Der erste Kontakt mit der Beratungsstelle kann telefonisch, schriftlich oder per E-Mail erfolgen. Den Rat Suchenden wird daraufhin ein Fragebogen zu Hintergrundinformationen über die Situation und die Probleme des Kindes zugeschickt. Nach Rücksendung des ausgefüllten Fragebogens wird ein ca. zweistündiger Beratungstermin vereinbart. Bei diesem Treffen wird das Kind testdiagnostisch untersucht. Zeitgleich erfolgt ein Beratungsgespräch mit den Eltern. In der gemeinsamen Schlussbesprechung werden die Konsequenzen aus der Untersuchung des Kindes sowie dem Elterngespräch zusammengefasst. Die Beratungsstelle bittet für ihre Dienste um eine Spende von ca. 200 €.

BRAIN
Begabungsdiagnostische Beratungsstelle
Fachbereich Psychologie, Philipps-Universität Marburg
AG „Pädagogische Psychologie und Entwicklungspsychologie"
Gutenbergstr. 18
35032 Marburg
Tel.: 0 64 21 / 28 23 88 9
Beratung ausschließlich nach vorheriger telefonischer Anmeldung
Anmeldungszeiten: Dienstag 14^{00}–15^{00} Uhr; Mittwoch 9^{00}–10^{00} Uhr;
                  Donnerstag 13^{30}–14^{30} Uhr und 17^{00}–18^{00} Uhr
Fax: 0 64 21 / 28 23 93 1
E-Mail: brain@Mailer.Uni-Marburg.de
Internet: http://staff-www.uni-marburg.de/~brain/

BRAIN (BeRAtung und INformation über besondere Begabungen) ist eine Anlaufstelle für Eltern, Lehrer, Schulleitungen, Erzieher und Psychologen, die spezielle Fragen im Zusammenhang mit einer intellektuellen Hochbegabung haben. Neben Informationen zu Fragen, die beispielsweise das Erkennen einer Hochbegabung betreffen
oder ob es sinnvoll ist, dass ein bestimmter Schüler eine Klasse überspringt, bietet
BRAIN im Konfliktfall zwischen Elternhaus und Schule eine Vermittlung an. Bei gra-
vierenden Problemen kann BRAIN selbst zwar keine psychologische Therapie oder
eine Langzeiterziehungsberatung durchführen, hilft aber bei der Suche nach einer adäquaten Betreuung.

Rat Suchende werden zunächst kostenlos telefonisch beraten. Auf Wunsch kann sich
eine persönliche Beratung mit umfassender individueller Begabungsdiagnostik anschließen, für die je nach Umfang ein Unkostenbeitrag von ca. 160 € in Form einer
Spende zu Gunsten der Beratungsstelle erbeten wird.

Deutsche Gesellschaft für das hochbegabte Kind e. V. (DGhK)
Geschäftsstelle
Dorothea Karcher
Schillerstr. 4–5
10625 Berlin
Tel: 07 00 / 23 42 28 64
Sprechzeiten: Montag bis Freitag 8^{00}–11^{00} Uhr
                                und 16^{00}–19^{00} Uhr
E-Mail: Vorstand@dghk.de
Internet-Adresse: http://www.dghk.de

Unter dem Dachverband der DGhK haben sich mittlerweile in sehr vielen Städten
Deutschlands Selbsthilfegruppen zum Thema „Hochbegabung" gebildet. Neben den
Gruppentreffen für Eltern, die teilweise auch für Lehrer und Psychologen zugänglich
sind, bieten die ehrenamtlichen Berater der DGhK kostenlos – zumeist telefonische,
teilweise jedoch auch persönliche – Beratung für Eltern, Lehrer und andere Bezugspersonen hochbegabter Kinder an. Informationen über regionale Anlaufstellen können
unter der angegebenen Internet-Adresse oder über die Geschäftsstelle eingeholt werden.

Gaesdoncker Beratungsstelle für Begabtenförderung
Gaesdoncker Str. 220
47574 Goch
Tel.: 0 28 23 / 96 13 90
Sprechzeiten: Montag, Mittwoch und Donnerstag 8^{00}–10^{30} Uhr;
                                  Dienstag 8^{00}– 9^{00} Uhr
Fax: 0 28 23 / 96 13 95
E-Mail: stephanie.derksen@t-online.de

Die Gaesdoncker Beratungsstelle führt Diagnostik durch und bietet in Kombination damit oder unabhängig davon Beratung für Eltern und hochbegabte Kinder an. Das Procedere ist Folgendes: Nach dem ersten Anruf wird den Klienten ein Anmeldeformular mit Fragen zur bisherigen Entwicklung des Kindes, seiner heutigen (Schul-)Situation und dem Anliegen der Eltern zugeschickt. Nach Erhalt des ausgefüllten Formulars setzt sich die Beratungsstelle telefonisch oder schriftlich mit den Eltern in Kontakt und vereinbart einen Termin für ein Beratungsgespräch bzw. eine Untersuchung. Wird eine testdiagnostische Untersuchung durchgeführt, schließt sich ca. 14 Tage später die Besprechung der Ergebnisse und Befunde an. Dabei wird gemeinsam überlegt, welche schulischen und/oder außerschulischen Maßnahmen realisiert werden sollen. Die Kosten für eine testdiagnostische Untersuchung, die mit Pause ca. sechs Stunden dauert, und für die Besprechung der Ergebnisse richten sich nach dem Einkommen der Eltern und betragen zzt. zwischen 400 und 900 €. Beratungsgespräche kosten ca. 125 €.

Hochbegabtenförderung e. V.
Vorsitzende Jutta Billhardt
Am Pappelbusch 45
44803 Bochum
Tel.: 02 34 / 93 56 70
Sprechzeiten: Montag bis Freitag 9^{00}–12^{00} Uhr
und 14^{00}–17^{00} Uhr
Fax: 02 34 / 9 35 67 25
E-Mail: hbf@hbf-ev.de
Internet: http://www.hbf-ev.de

Die Hochbegabtenförderung e. V. bietet kostenlos telefonische Beratung für Eltern und andere Bezugspersonen hochbegabter Kinder an. Neben der Zentrale in Bochum gibt es zwei weitere Beratungsstellen in München und in Würzburg.

Institut für Angewandte Lern- und Begabungsforschung
Ballindamm 7
20095 Hamburg
Tel.: 040 / 30 38 07 37
Sprechzeiten: Montag, Dienstag 14^{30}–16^{00} Uhr;
Mittwoch, Donnerstag 10^{30}–12^{00} Uhr
Fax: 040 / 30 38 07 38
E-Mail: IaLB.Hamburg@t-online.de

Das Institut für Angewandte Lern- und Begabungsforschung in Hamburg berät Eltern und ihre Kinder bundesweit bei Fragen zu einer vermuteten Hochbegabung und damit einhergehenden Problemstellungen. Bevor die Eltern einen ersten Beratungstermin erhalten, werden sie gebeten, einen Entwicklungsbericht des betreffenden Kindes sowie eine kurze Beschreibung der Fragestellung an das Institut zu senden. Nach Eingang dieser Unterlagen erfolgt eine Terminvereinbarung für eine testdiagnostische Untersuchung des Kindes. Diese findet an zwei Terminen im Abstand von einer Woche statt, jeder Testungstermin dauert ca. zweieinhalb bis drei Stunden. Zusätzlich zu den Intelligenztests werden bei Bedarf weitere Testverfahren, z. B. zur Erfassung visueller Störungen, eingesetzt. Außerdem werden die Eltern gebeten, Arbeitsproben ihres Kindes, z. B. selbstverfasste Gedichte, Geschichten, Bilder o. Ä., mitzubringen.

Nach dem zweiten Testungstermin findet ein Abschlussgespräch mit den Eltern statt, an denen das Kind, wenn die Eltern dies möchten, teilnehmen kann. Entsprechend der Testergebnisse werden hier weitere Maßnahmen besprochen wie z. B. eine individuelle Betreuung, Förderung oder Gespräche mit der Schule.

Jugenddorf Hannover
im Christlichen Jugenddorf Deutschlands e. V.
Gundelachweg 7
30519 Hannover
Tel.: 05 11 / 87 83 90
Sprechzeiten: Montag bis Freitag 7^{30}–16^{00} Uhr
Fax: 05 11 / 86 28 88
E-Mail: CJD-Jugenddorf.Hannover@gmx.de
Internet: http://www.nananet.de/institut/doehren-wuelfel/seiten/
          adressen/kind_jug/jug_dorf.htm

Im Jugenddorf Hannover können sich Eltern zu speziellen Problemen und Konflikten, die im Zusammenhang mit einer Hochbegabung ihres Kindes stehen, wie z. B. Fragen der Schullaufbahngestaltung, beraten lassen. Diese Beratung ist kostenlos bzw. erfolgt auf Spendenbasis und beginnt montags bis freitags ab 15 Uhr. Bei Bedarf werden diagnostische Verfahren zur Überprüfung der Begabung durchgeführt, die jeweils vormittags stattfinden. Dazu kommen das Kind und seine Eltern um 9 Uhr in die Beratungsstelle und führen zunächst ein gemeinsames Gespräch über die Gründe der Vorstellung. Den Rest des Vormittags wird die Intelligenztestung durchgeführt. Die Tests werden sofort ausgewertet, so dass mittags die Besprechung ihrer Ergebnisse erfolgen kann. Die Intelligenztestung kostet 250 €, eine Fachberatung 50 €.

Zum Jugenddorf Hannover gehören neben der Beratungsstelle ein integrativer Kindergarten sowie eine integrative Grundschule. Hochbegabte und normal begabte Kinder werden in einer Gruppe bzw. Klasse gemeinsam gefördert.

Jugenddorf Nürnberg
im Christlichen Jugenddorf Deutschlands e. V.
Hans-Georg-Karg-Kindertagesstätte
90439 Nürnberg

a) der Psychologe ist zu erreichen:
Montag 8^{00}–11^{00} Uhr
unter der Nummer: 09 11 / 9 64 63 35
Dienstag bis Freitag 8^{00}–9^{00} Uhr
unter der Nummer: 09 11 / 9 93 32 24

b) der Kindergarten ist zu erreichen:
Montag bis Freitag 8^{00}–14^{00} Uhr
unter der Nummer: 09 11 / 9 65 77 53

Die Kindertagesstätte des Jugenddorfs Nürnberg fördert hochbegabte Kinder in integrativen Gruppen mit normal begabten Kindern. Der in der Kindertagesstätte arbeitende Psychologe bietet Testdiagnostik und Beratung an. Ein Termin dafür kann zu den oben angegebenen Sprechzeiten vereinbart werden.

Münsteraner Zentrum für Begabungsförderung (MZB)
Frau Dipl.-Psych. Nadine Zimet
Coerdestr. 53
48147 Münster
Tel.: 02 51 / 29 51 63
Sprechzeiten: Montag bis Freitag 10^{00}–14^{00} Uhr
Fax: 02 51 / 2 56 58
E-Mail: zimet@mzb.de
Internet: http://www.mzb.de

Das MZB führt Intelligenz- sowie Lese-Rechtschreib-Diagnostik bei vermutlich hochbegabten Kindern durch. Außerdem beraten die im MZB tätigen Psychologen zu Fragen der Schullaufbahnberatung, z. B. dem Überspringen einer Klasse, sowie zu Erziehungsfragen. Für Ortsansässige besteht des Weiteren die Möglichkeit, im MZB eine Familientherapie bzw. eine Einzeltherapie zu machen. Kinderpsychotherapien werden je nach Problemlage mit einem Lerntechniktraining kombiniert, das aber auch unabhängig von einer Therapie absolviert werden kann. Lehrer, Erzieher und Psychologen finden hier die Möglichkeit zur Supervision.

Schulpsychologische Beratungsstellen
Internet: http://www.schulpsychologie.de

Im Internet kann man nach Bundesländern zusammengestellte Listen der Schulpsychologischen Dienste in Deutschland abrufen. Auf die entsprechenden Seiten kommt man über den Link „Adressen" auf der Homepage der Schulpsychologischen Dienste

(s. obere Adressenangabe). Waren Eltern hochbegabter Kinder in der Vergangenheit noch oft enttäuscht über das mangelnde Wissen von Schulpsychologen zum Thema „Hochbegabung", so findet in letzter Zeit eine spürbare Veränderung statt: Immer mehr Mitarbeiter der Schulpsychologischen Dienste setzen sich mit Hochbegabung auseinander und können Eltern und Lehrern hilfreiche Beratung anbieten. Viele Schulpsychologische Dienste führen mittlerweile auch Fortbildungen zum Thema „Hochbegabung" für Lehrer durch.

Ansprechpartner in der Schweiz

Elternverein für hochbegabte Kinder e.V. (EHK)
Präsident: Wolfgang Stern
Emil-Frey-Str. 117
CH–4142 Münchenstein
Internet: http://www.EHK.ch

Der EHK e.V. ist ein gesamtschweizerischer Elternverein, der sich für die Interessen und Anliegen hochbegabter Kinder und ihrer Eltern einsetzt. Ähnlich wie die DGhK in Deutschland (s. o.) hat sich der Verein zum Ziel gemacht, Wissen über Hochbegabung zu vermitteln, Vorurteile in Gesellschaft, Schule und Familie abzubauen und sich politisch im Interesse der hochbegabten Kinder zu engagieren. Regionale Stammtische bieten den Eltern die Möglichkeit zum Erfahrungsaustausch. Gemeinsam wird beispielsweise nach vorschulischen und schulischen Lösungswegen gesucht, gegenseitig Unterstützung gewährt und über Therapiemöglichkeiten informiert. Weiter werden Kontakte zu Behörden und Personen aus dem Bereich Schule, Medizin, Psychologie, Justiz und Medien vermittelt.

Genauere Informationen können der Web-Seite entnommen werden. Dort gibt es beispielsweise Hinweise zu dem Verein selber, über Kursangebote, bildungspolitische Ziele, Stammtischtermine, Adressen von Kontaktpersonen der einzelnen Regionen etc.

Netzwerk Begabungsförderung
Schweizerische Koordinationsstelle für Begabungsforschung (SKBF)
Entfelderstr. 61
CH–5000 Aarau
Tel.: +41 (0) 62 / 83 35 23 90
Fax: +41 (0) 62 / 83 35 23 99
Internet: http://www.skbf-csre.ch

Die Schweizerische Koordinationsstelle für Begabungsforschung (SKBF) informiert über schweizerische Forschungs- und Entwicklungsprojekte auf dem Gebiet des Bildungswesens. Dabei geht es vor allem um den Austausch an Informationen und Erkenntnissen aus Wissenschaft und Praxis, also beispielsweise von Unterrichtenden, Bildungspolitikern und Forschern. Auf der angegebenen Web-Seite finden sich Kontaktadressen, aktuelle Publikationen, Infos über Unterrichtsmaterialien, Weiterbildungsmöglichkeiten und Tagungen. Eine Reihe von Links führt zu anderen Internetseiten, die sich dem Thema „Hochbegabung" widmen.

1.2 Allgemeine Anlaufstellen

Erziehungs- und Familienberatungsstellen
Adressenliste im Internet: http://www.bke.de/eb-katalog.htm

In größeren Städten finden sich meist mehrere Erziehungs- und Familienberatungsstellen, die teilweise in staatlicher, teilweise in kirchlicher Trägerschaft (Arbeiterwohlfahrt, Paritätischer Wohlfahrtsverband, Caritas, Diakonisches Werk etc.) arbeiten. Die Beratung ist kostenlos, da Eltern laut Gesetz einen Anspruch auf Erziehungshilfe haben.

Unter der angegebenen Internetadresse befindet sich ein Verzeichnis aller Familien- und Erziehungsberatungsstellen in Deutschland. Über eine Suchmaschine können die Beratungsstellen ausfindig gemacht werden, die in der Nähe des eigenen Wohnortes liegen. Natürlich können die Adressen auch den Gelben Seiten oder dem Telefonbuch entnommen werden.

Kinder- und Jugendtelefon/Krisenintervention
Bundesweite Rufnummer:
08 00 / 1 11 03 33
Sprechzeiten: Montag bis Freitag 15^{00}–19^{00} Uhr

Telefonseelsorge
Bundesweite Rufnummer:
08 00 / 1 11 01 11 oder 08 00 / 1 11 02 22
Sprechzeiten: rund um die Uhr
E-Mail: beratung@telefonseelsorge.de
Internet: http://www.telefonseelsorge.de

Beide Organisationen beraten Personen, die sich in einer Krise befinden. Jeder Anrufer wird automatisch mit dem Krisendienst verbunden, der regional am nächsten liegt. Die Beratung erfolgt anonym und alle Mitarbeiter unterliegen der Schweigepflicht. Der Anruf ist kostenlos, die Nummer wird auf der Telefonrechnung nicht aufgeführt. Für weitergehende Hilfsangebote verweisen das Kinder- und Jugendtelefon und die Telefonseelsorge gegebenenfalls auf geeignete Fachleute.

Die Telefonseelsorge bietet mittlerweile auch Beratung im Internet an. Rat Suchende können ihr Anliegen unter der oben angegebenen Adresse per E-Mail an die Mitarbeiter der Telefonseelsorge schicken und bekommen so schnell wie möglich eine Antwort.

1.3 Anlaufstellen zu spezifischen Problem- und Fragestellungen

Ängstlichkeit/Ängste

Christoph-Dornier-Klinik für Psychotherapie
z. Hd. Herr Dr. Markus Pawelzik
Tibusstr. 7–11
48143 Münster
Tel.: 02 51 / 4 81 00
Fax: 02 51 / 4 81 01 05
E-Mail: info@c-d-k.de
Internet: http://www.c-d-k.de

Kostenlose telefonische Beratung: 02 51 / 4 81 01 00
Sprechzeiten: Mittwoch 17^{00}–20^{00} Uhr

Die Christoph-Dornier-Klinik in Münster, in der hauptsächlich Psychologen arbeiten, ist eine Spezialklinik zur Behandlung von Ängsten und anderen psychischen Störungen bei Erwachsenen sowie (älteren) Kindern und Jugendlichen. Die in dieser Klinik durchgeführten, im Durchschnitt ca. dreiwöchigen Intensivtherapien gegen Ängste sind verhaltenstherapeutisch orientiert, d. h. sie beruhen auf der Annahme, dass Ängste gelernt wurden und auch wieder verlernt werden können (s. Teil II, Kap. 3.2). Die Patienten setzen sich dabei unter Anleitung ihres Therapeuten angstbesetzten Situationen aus und lernen, dass sie diese bewältigen können.

Die Kosten für eine Therapie in der Christoph-Dornier-Klinik werden nur selten von den Krankenkassen übernommen, da es sich bei der Klinik um eine private Stiftung handelt. Für eine stationäre Therapie muss deshalb mit Kosten von mehreren Tausend Euro gerechnet werden.

Zentrale der Christoph-Dornier-Stiftungen
für Klinische Psychologie in Deutschland
Salzstr. 52
48143 Münster
Tel.: 02 51 / 4 18 34 40
Fax: 02 51 / 4 18 24 50
E-Mail: info@christoph-dornier-stiftung.de
Internet: http://www.christoph-dornier-stiftung.de

Neben der Christoph-Dornier-Klinik in Münster (s. o.) gibt es sowohl in Münster als auch in Berlin, Braunschweig, Dresden und Marburg Christoph-Dornier-Stiftungen, in denen ambulante Therapien nach dem oben beschriebenen Konzept durchgeführt werden. Über die Zentrale in Münster können die entsprechenden Adressen und Telefonnummern erfragt werden.

Aufmerksamkeitsdefizit-/Hyperaktivitätsstörung

AdS e. V.
Elterninitiative zur Förderung von Kindern
mit Aufmerksamkeitsdefizit-Syndrom (ADS) mit/ohne Hyperaktivität
Postfach 1165
73055 Ebersbach
Internet: http://www.s-line.de/homepages/ads

Der AdS e. V. bietet Selbsthilfegruppen in zahlreichen Städten an. Orte und Termine können auf den Internetseiten des AdS e. V. nachgeschaut werden. Hier finden sich außerdem Hintergrundinformationen zum Erscheinungsbild des Aufmerksamkeitsdefizit-Syndroms mit und ohne Hyperaktivität, die die häufigsten Fragen von Eltern betroffener Kinder beantworten.

Bundesverband Aufmerksamkeitsstörung/Hyperaktivität e. V.
Postfach 60
91291 Forchheim
Tel./Fax: 0 91 91 / 3 48 74
E-Mail: BV-AH@t-online.de
Internet: http://www.osn.de/user/hunter/badd.htm

Der Bundesverband Aufmerksamkeitsstörungen/Hyperaktivität e. V. publiziert eine Zeitschrift, Fachbücher und ein Video als Hilfestellung für Eltern, Lehrer und andere Bezugspersonen von Kindern mit einer Aufmerksamkeitsdefizit-/Hyperaktivitätsstörung. Die Mitglieder treffen sich monatlich in regionalen Elternselbsthilfegruppen. Eine telefonische Beratung findet nicht statt.

Kontakte und Informationen bei „Hypies"
Internet: http://www.hypies.de

Im Internet finden sich unter der angegebenen Adresse sehr schön gestaltete Seiten für hyperaktive Kinder und Erwachsene mit reichhaltigen Informationen. Die Beiträge drücken viel Wertschätzung für die Betroffenen aus und geben Anregungen zum Umgang mit dem eigenen Anderssein.

Depressionen

Christoph-Dornier-Klinik für Psychotherapie
z. Hd. Herr Dr. Markus Pawelzik
Tibusstr. 7–11
48143 Münster
Tel.: 02 51 / 4 81 00
Fax: 02 51 / 4 81 01 05
E-Mail: info@c-d-k.de
Internet: http://www.c-d-k.de

Kostenlose telefonische Beratung: 02 51 / 48 10 – 1 00
Sprechzeiten: Mittwoch 17^{00}–20^{00} Uhr

Die Christoph-Dornier-Klinik in Münster, in der hauptsächlich Psychologen arbeiten, ist eine Spezialklinik, in der neben anderen psychischen Störungsbildern auch Depressionen bei Erwachsenen sowie bei (älteren) Kindern und Jugendlichen behandelt werden.

Die Therapie verfolgt drei Hauptziele (s. auch Teil II, Kap. 3.4): Erstens werden Aktivitäten gefördert, die Spaß machen. Gemeinsam mit dem Therapeuten lernt der Klient, wieder aktiver zu werden. Hierdurch werden angenehme Erfahrungen und Erfolgserlebnisse möglich. Zweitens wird versucht, depressionsfördernde Denkmuster und Einstellungen zu ändern sowie durch hilfreichere Betrachtungsweisen zu ersetzen. Drittens wird durch ein Training von förderlichen Verhaltensweisen im zwischenmenschlichen Kontakt eine Verbesserung der sozialen Fertigkeiten angestrebt. Ziel ist es, den Umgang mit anderen Menschen selbstsicherer und angenehmer zu gestalten.

Die Kosten der Therapie werden nur selten von den Krankenkassen übernommen, da es sich bei der Klinik um eine private Stiftung handelt. Für eine stationäre Therapie muss deshalb mit Kosten von mehreren Tausend Euro gerechnet werden.

Zentrale der Christoph-Dornier-Stiftungen
für Klinische Psychologie in Deutschland
Salzstr. 52
48143 Münster

Tel.: 02 51 / 4 18 34 40
Fax: 02 51 / 4 18 24 50
E-Mail: info@christoph-dornier-stiftung.de
Internet: http://www.christoph-dornier-stiftung.de

Neben der Christoph-Dornier-Klinik in Münster (s. o.) gibt es sowohl in Münster als auch in Berlin, Braunschweig, Dresden und Marburg Christoph-Dornier-Stiftungen, in denen ambulante Therapien nach dem oben beschriebenen Konzept durchgeführt werden. Über die Zentrale in Münster können die entsprechenden Adressen und Telefonnummern erfragt werden.

Lese-Rechtschreib-Schwierigkeiten

Bundesverband Legasthenie e. V.
Königstraße 32
30175 Hannover
Tel.: 05 11 – 31 87 38
Fax: 05 11 – 31 87 39
E-Mail: info@legasthenie.net
Internet: http://www.legasthenie.net

Beim Bundesverband Legasthenie e. V. erhalten Eltern betroffener Kinder persönliche Beratung, Informationsschriften und Hinweise auf geeignete Literatur. Der Verband hat sich zum Ziel gesetzt, Eltern für die Schwierigkeiten ihrer lese-rechtschreibschwachen Kinder zu sensibilieren und sie im Umgang damit zu unterstützen. Unter der angegebenen Internet-Adresse findet sich ein Link zu den Adressen der Landesverbände.

Westfälische Wilhelms-Universität Münster
Sekretariat der Abteilung Empirische Pädagogik
Georgskommende 33
48143 Münster
Tel.: 02 51 / 8 32 93 06

Unter dieser Adresse können sich Interessenten zum Kurzförderprogramm LEGA-OPTIMA® anmelden. Dabei handelt es sich um ein Trainingsprogramm speziell für hochbegabte Kinder mit LRS. Ausführliche Informationen dazu finden Sie in Teil II, Kap. 1.4.

Mangelnde Lern- und Arbeitstechniken

Studienkreis
Universitätsstr. 104
44799 Bochum
Tel.: 02 34 / 97 60 01
Fax: 02 34 / 9 76 02 00
E-Mail: info@studienkreis.de
Internet: http://www.studienkreis.de

Studienkreise gibt es in allen größeren Städten Deutschlands. Der Verein bietet kostenlose Konzentrations- und Lerntrainings für Kinder ab der dritten bis zur 13. Klasse an. Die Kurse sind eingeteilt in solche für Dritt- und Viertklässler, für Fünft- bis Achtklässler und für Schüler ab der neunten Klasse. Die Telefonnummer des zum eigenen Wohnortes am nächsten gelegenen Studienkreises kann telefonisch über die Zentrale erfragt, oder im Internet bzw. auch im Telefonbuch nachgeschaut werden.

Mobbing

Bundesarbeitsgemeinschaft der Kinderschutz-Zentren
Spichernstr. 55
550672 Köln
Tel.: 02 21 / 56 97 53
Fax: 02 21 / 5 69 75 50
E-Mail: die@kinderschutzzentren.org
Internet: http://www.kinderschutzzentren.org

Kinderschutz-Zentren gibt es in einer Reihe von Städten in Deutschland. Sie beraten Kinder, Eltern und Lehrer zu den Themen „Missbrauch", „Gewalt" und „Mobbing". Über den Link „Kinderschutz-Zentren" auf der angegebenen Internetseite können die Adressen der einzelnen Institutionen in Deutschland eingesehen werden. Manche Kinderschutz-Zentren bieten Fortbildungen für Lehrer zu Maßnahmen gegen Gewalt an Schulen an (s. hierzu den Link „Fortbildung").

Mobbingtelefon in Baden-Württemberg:
Tel: 08 00 / 7 77 66 65
Sprechzeiten:
Montag bis Freitag 13^{00}–16^{00} Uhr

a) für betroffene Kinder: http://www.kidsmobbing.de
b) für Eltern und Lehrer betroffener Kinder:
http://www.kidsmobbing.de/eltern_index.htm

Das Telefon steht Kindern und Jugendlichen zur Verfügung, die unter Mobbing, Gewalt bzw. Isolierung leiden. Betreut wird das Telefon von Frau Dr. Schäfer (Max-Planck-Institut für psychologische Forschung, München) und Herrn Dr. Linster (Universität Freiburg). Auch Eltern und Lehrer, die Mobbing beobachten, können hier Rat suchen. Die Telefonnummer ist kostenlos, kann aber leider nur aus Baden-Württemberg angewählt werden. Im Internet besteht die Möglichkeit, sich per E-Mail an die Beratungsstelle zu wenden.

Medium e.V.
Institut für geschlechtsbezogene Bildung, Sozialpädagogik und Forschung

Kreuzbergring 81
37075 Göttingen
Tel./Fax: 05 51 / 48 67 00

Albertstr. 21
30451 Hannover
Tel./Fax: 05 11 / 2 15 15 55

Medium e.V. macht eine Reihe von geschlechtsspezifischen Angeboten, wie z.B. Seminare für Jungen und Mädchen zu den Themen „Gewalt" und „Ausgrenzung" oder Seminare für Lehrer zum Umgang mit Mobbing in der Schule. Außerdem informiert das Institut über Anbieter von Selbstbehauptungskursen und bietet Beratungen für Kinder, Eltern und Lehrer an, die unter Mobbing und Isolation leiden bzw. etwas dagegen unternehmen wollen.

Mobbingzirkel
Internetarbeitskreis für Lehrer zum Thema Mobbing
Adresse: http://mobbingzirkel.emp.paed.uni-muenchen.de

Dieses Forum speziell für Lehrer wurde von einer Projektgruppe der Universität München eingerichtet. Wer sich dort anmeldet, erhält ein Passwort und kann sich dann auf verschiedenen Seiten zum Thema „Mobbing" informieren und mit anderen Lehrern eigene Verhaltensmöglichkeiten in spezifischen Mobbing-Situationen diskutieren. Darüber hinaus wurde eine Austauschbörse über vorhandene oder geplante Interventionen an Schulen eingerichtet. Außerdem bestehen Downloadmöglichkeiten von aktuellen Untersuchungen zu Mobbing an bayrischen Schulen. Links führen von den Seiten des Mobbingzirkels zu Empfehlungen von Lehrmaterialien sowie vertiefender Literatur zum Thema „Mobbing".

In kritischen Fällen bieten die Initiatoren dieses Forums eine E-Mail-Beratung an. Das Ziel ihres Projektes besteht in erster Linie darin, gemeinsam Hilfestellungen zum Umgang mit Mobbing an Schulen zu entwickeln und wiederum anderen Hilfe Suchenden verfügbar zu machen. Deshalb hoffen sie auf eine rege Nutzung ihres Angebots und wünschen sich konstruktive Anregungen zu dessen Veränderung, um einen optimalen Transfer zwischen Universität und Schulpraxis zu ermöglichen.

Suizidalität

Beratungsstelle NEUhland
Nikolsburger Platz 6
10717 Berlin
Tel.: 030 / 8 73 01 11
Sprechzeiten: Montag bis Freitag 9^{00}–18^{00} Uhr
Fax: 030 / 8 73 42 15
Internet: http://www.neuhland.de

Bei NEUhland handelt es sich um eine Berliner Beratungsstelle für suizidgefährdete Kinder und Jugendliche bis 25 Jahren mit angeschlossenen Krisenunterkünften. Telefonisch können sich dort Kinder und Jugendliche aus ganz Deutschland beraten lassen. Auch für Eltern suizidgefährdeter Kinder kann NEUhland eine Anlaufstelle sein. Unter der angegebenen Internetadresse finden sich einfühlsam geschriebene Einführungen zum Thema „Suizid" bei Kindern und Jugendlichen. Für Lehrer gibt es sehr ausführliche Informationen zum Umgang mit suizidgefährdeten Schülern und zur allgemeinen Suizidprävention. Außerdem kann hier ein Verzeichnis mit den ambulanten Krisendiensten in Deutschland eingesehen und ausgedruckt werden. Es empfiehlt sich, dass Sie die für Ihre Region relevanten Adressen ausfindig machen und auf den freien Seiten am Ende von Anhang 1 vermerken.

Informationssammlung zum Thema „Suizidalität"
Internet: http://members.aol.com/suicidepsy/home.html

Die Internetseite enthält viele Links zu den Themen „Suizid" und Suizidprävention", u. a. zu Informationen für Menschen in Krisen, zu Kontaktadressen von Hilfseinrichtungen sowie zu Untersuchungsergebnissen und Diskussionsgruppen.

1.4 Institutionen, die bei der Suche nach den richtigen Ansprechpartnern für ein spezielles Problem Unterstützung bieten

Wenn Sie auf der Suche nach professionellen Hilfsangeboten oder Selbsthilfegruppen zu spezifischen Themen- und Problemstellungen sind, können Ihnen die unten aufgeführten Institutionen weiterhelfen.

a) Suche nach einem Psychotherapeuten/einer Psychotherapeutin:

Bei den Krankenkassen können sich Klienten erkundigen, ob die Behandlungskosten eines bestimmten Psychotherapeuten, zu dem sie gerne gehen würden, übernommen werden. Manche Krankenkassen geben auch Listen mit den Adressen derjenigen Therapeuten heraus, die vor Ort arbeiten und deren Kosten sie übernehmen.

Psychotherapie-Informations-Dienst (PID)
Heilsbachstr. 22
53123 Bonn
Telefon: 02 28 / 74 66 99
Sprechzeiten: Montag, Dienstag, Donnerstag, Freitag 9^{00}–12^{00} Uhr;
Montag und Donnerstag 13^{00}–16^{00} Uhr
Fax: 02 28 / 64 10 23
E-Mail: WD-PID@t-online.de
Internet: http://www.psychotherapiesuche.de

Unter der angegebenen Internetadresse hat der PID eine Suchmaschine zum Auffinden von geeigneten Psychotherapeuten eingerichtet. Durch Eingabe einer Postleitzahlenregion und der fakultativen Angabe weiterer Merkmale (z. B. „Hilfe wird für ein Kind gesucht", „Hauptproblem sind Ängste") lassen sich Therapeuten finden, die vor Ort tätig sind und sich mit den angeführten Problemen auskennen. Die beim PID arbeitenden Diplom-Psychologen bieten auch telefonische Auskünfte über die Behandlungsangebote in einer Region an und informieren darüber, bei welchen Therapeuten die Kosten von den Krankenkassen übernommen werden. Sind sich Klienten nicht sicher, welche Art Hilfeleistung sie suchen, werden sie hierzu beraten.

b) Suche nach einer Selbsthilfegruppe

NAKOS
Nationale Kontakt- und Informationsstelle zur Anregung und
Unterstützung von Selbsthilfegruppen der DAG SHG e. V.
Albrecht-Achilles-Str. 65
10709 Berlin
E-Mail: nakos@gmx.de
Internet: http://www.nakos.de

Die Nationale Kontakt- und Informationsstelle zur Anregung und Unterstützung von Selbsthilfegruppen (NAKOS) arbeitet zentral für Deutschland zum Thema „Selbsthilfe". Dort können sich Interessenten ganz allgemein über Selbsthilfegruppen informieren und Aufklärungsmaterial sowie Arbeitshilfen (z. B. „Starthilfe zum Aufbau von Selbsthilfegruppen") anfordern.

Weitergegeben werden folgende Kontaktadressen:

– Adressen von Bundesvereinigungen der Selbsthilfe zu verschiedenen Erkrankungen, seelischen und sozialen Problemen, die zu dem jeweiligen Thema informieren und örtliche Gruppenkontakte vermitteln

– Adressen von professionellen Einrichtungen der Selbsthilfe-Unterstützung auf örtlicher/regionaler Ebene, die Kontakte zu vor Ort bestehenden Selbsthilfegruppen vermitteln.

Anfragen richten Sie oder Ihre Klienten bitte schriftlich mit einem adressierten und frankierten Rückumschlag (DIN A4, 1,44 €) an obige Adresse.

Selbsthilfeinformations- und Kontaktstellen des Deutschen Paritätischen Wohlfahrtsverbands
Heinrich-Hoffmann-Str. 3
60528 Frankfurt am Main
Tel.: 069 / 6 70 60
Sprechzeiten: Montag bis Donnerstag 7^{00}–17^{00} Uhr;
              Freitag 7^{00}–15^{00} Uhr
Fax: 069 / 6 70 62 04
Internet-Adresse: http://www.paritaet.org

Ein Verband, der Selbsthilfekontaktstellen vor Ort unterhält, ist der Deutsche Paritätische Wohlfahrtsverband, der in jeder größeren Stadt vertreten ist. Hier kann man sich direkt über die regionalen Selbsthilfegruppen informieren. Die Adressen der regionalen Paritätischen Wohlfahrtsverbände können entweder dem Telefonbuch entnommen oder unter der oben angegebenen Internet-Adresse bzw. Telefonnummer in Erfahrung gebracht werden.

Eigene Adressen

Die folgenden Kästen bieten Ihnen Platz, Adressen von Beratungsstellen, psychiatrischen Ambulanzen und anderen Institutionen Ihrer Region aufzuschreiben, die Sie bereits kennen gelernt haben und die Sie Klienten mit spezifischen Problemen zur weitergehenden Hilfe oder auch Diagnostik empfehlen können.

Adresse: _____

_____

Tel.: _____

Sprechzeiten: _____

Fax: _____

E-Mail: _____

Internet: _____

Adresse: _____

_____

Tel.: _____

Sprechzeiten: _____

Fax: _____

E-Mail: _____

Internet: _____

Adresse: _____

_____

Tel.: _____

Sprechzeiten: _____

Fax: _____

E-Mail: _____

Internet: _____

Adresse: _____

_____

Tel.: _____

Sprechzeiten: _____

Fax: _____

E-Mail: _____

Internet: _____

Adresse: _____

_____

Tel.: _____

Sprechzeiten: _____

Fax: _____

E-Mail: _____

Internet: _____

Adresse: _____

_____

Tel.: _____

Sprechzeiten: _____

Fax: _____

E-Mail: _____

Internet: _____

Adresse: _____

_____

Tel.: _____

Sprechzeiten: _____

Fax: _____

E-Mail: _____

Internet: _____

Adresse: _____

_____

Tel.: _____

Sprechzeiten: _____

Fax: _____

E-Mail: _____

Internet: _____

Adresse: _____

_____

Tel.: _____

Sprechzeiten: _____

Fax: _____

E-Mail: _____

Internet: _____

2 Begabtenförderung

2.1 Institutionen, die Fördermaßnahmen anbieten

Wenn Sie auf der Suche nach Förderkursen für hochbegabte Kinder sind, finden Sie evtl. bei den unten aufgeführten Institutionen ein passendes Angebot.

a) Förderkurse

Deutsche Gesellschaft für das hochbegabte Kind e.V. (DGhK)
Geschäftsstelle
Dorothea Karcher
Sondershauser Str. 80
12249 Berlin
Tel: 07 00 / 23 42 28 64
Sprechzeiten: Montag bis Freitag 8^{00}–11^{00} Uhr
                                und 16^{00}–19^{00} Uhr
E-Mail: Vorstand@dghk.de
Internet-Adresse: http://www.dghk.de

Die DGhK bietet in ihren jeweiligen Regionalverbänden Förderkurse für hochbegabte Kinder und Jugendliche zu verschiedenen Wissensgebieten an. Es wird darauf geachtet, dass die Kurse keinen Schulstoff vorwegnehmen. Die Ziele dieser Kurse bestehen u. a. darin, den großen Wissenshunger hochbegabter Kinder zu stillen, soziales Lernen anzuregen und Lerntechniken zu vermitteln.

Hochbegabtenförderung e.V.
Vorsitzende Jutta Billhardt
Am Pappelbusch 45
44803 Bochum
Tel.: 02 34 / 93 56 70
Sprechzeiten Montag bis Freitag 9^{00}–12^{00} Uhr
                               und 14^{00}–17^{00} Uhr
Fax.: 02 34 / 9 35 67 25
E-Mail: hbf@hbf-ev.de
Internetseite: http://www.hbf-ev.de

Die Hochbegabtenförderung e.V. bietet zzt. in 18 Städten Deutschlands Förderkurse für hochbegabte Kinder und Jugendliche an. Der dort vermittelte Stoff nimmt grundsätzlich keine schulischen Themen vorweg. Um einen Kurs belegen zu dürfen, muss durch die Kopie eines bei einem Diplom-Psychologen durchgeführten Intelligenztests nach-gewiesen werden, dass der IQ über einem Wert von 120 liegt. Die Kursteilnahme ist kostenpflichtig und beträgt 78 € im Monat. Für Geschwister und bei mehreren Kurs-belegungen erhält man einen Rabatt von 25 %. Im Internet befindet sich eine Auflistung der einzelnen Kursangebote. Die verbindliche Aussage darüber, in welchem Kurs noch Plätze frei sind, erfolgt telefonisch.

Studienkreis
Herr Dr. Günter Habdank
Universitätsstr. 104
44799 Bochum
Tel.: 02 34 / 97 60 01 (Zentrale) oder
      02 34 / 9 76 01 05
Fax: 02 34 / 9 76 02 00 oder 02 34 / 9 76 01 50
E- Mail: ghabdank@studienkreis.de
Internet: www.studienkreis.de
Übersicht der Städte mit Kursen für hochbegabte Kinder im Internet:
http://
www.studienkreis.de/produkt_main/menue_punkte/?name=begabt

Der Studienkreis hat in fast allen größeren Städten Niederlassungen. Ursprünglich als Nachhilfeeinrichtung für schwächere Schüler konzipiert, bietet er mittlerweile in einigen Städten (z. B. Bochum, Bremen, Hamburg-Niendorf, Kassel, Stade) auch Angebote speziell für hochbegabte Kinder an. Die Städte mit ihren jeweiligen An-sprechpartnern sind im Internet unter der zuunterst angegebenen Adresse aufgeführt. Die Palette der Kursinhalte reicht von mathematischen Themen über philosophische Fragestellungen bis hin zu Sprachunterricht. Die Kurstreffen finden nachmittags nach dem Schulunterricht oder samstags statt.

b) Schüler- und Jugendwettbewerbe

Bundesministerium für Bildung und Forschung (BMBF)
Referat Öffentlichkeitsarbeit
53170 Bonn
Tel.: 0 18 88 / 5 70
Fax: 0 18 88 / 57 20 94
E-Mail: information@bmbf.bund.de
Internet: http://www.bmbf.de/foerde01/bildung/schwer-
punkte/3-1-1-6-1.htm

Das Bundesministerium unterstützt die Durchführung von Schüler- und Jugendwettbewerben. Unter der angegebenen Internetadresse befindet sich eine umfangreiche Darstellung an naturwissenschaftlichen, mathematischen, geistes- und sozialwissenschaft-
lichen sowie musisch-kulturellen Wettbewerben. Beispielhaft wird der Wettbewerb
„Jugend forscht" weiter unten kurz dargestellt. Eine Übersicht an Wettbewerben ist
ebenfalls im Anhang der Broschüre „Begabte Kinder finden und fördern" abgedruckt,
die kostenlos beim BMBF bestellt werden kann. Die vom Bundesministerium finanzi-
ell geförderten Wettbewerbe sind außerdem auf einem Plakat „Schüler- und Jugend-
wettbewerbe" aufgeführt, das ebenfalls beim BMBF angefordert und z. B. an Schulen
ausgehängt werden kann.

Bildung und Begabung e. V.
Herr Dr. Harald Wagner
Kennedyallee 62–70
53175 Bonn
Tel.: 02 28 / 95 91 50
Sprechzeiten: Montag bis Donnerstag 9^{00}–17^{00} Uhr;
　　　　　　　 Freitag 9^{00}–15^{00} Uhr
Fax: 02 28 / 9 59 15 19
E-Mail: info@bildung-und-begabung.de
Internet: http://www.bildung-und-begabung.de

Auf seinen Internetseiten bietet der Verein „Bildung und Begabung e. V." Informationen zum Bundeswettbewerb Mathematik, zur Internationalen Mathematik-Olympiade,
zum Bundeswettbewerb Fremdsprachen und zur Deutschen Schüler Akademie. Weitere
Auskünfte z. B. zu Förderangeboten im In- und Ausland, Stipendien, Fachtagungen,
Fortbildungsangeboten, Adressen von Experten der Begabungsforschung und Publikationen können telefonisch erfragt werden.

Stiftung Jugend forscht e. V.
Baumwall 5
20459 Hamburg
Tel.: 0 40 / 3 74 70 90
Sprechzeiten: Montag bis Freitag 9^{00}–17^{00} Uhr
Fax: 0 40 / 37 47 09 90
E-Mail: info@jugend-forscht.de
Internet: http://www.jugend-forscht.de

Der Wettbewerb „Jugend forscht" richtet sich an junge Menschen bis 21 Jahre, die sich für
Naturwissenschaften (Biologie, Chemie, Physik), Mathematik/Informatik und Technik
(Geo- und Raumwissenschaften, Arbeitswelt) interessieren. Für Schüler bis 15 Jahre

gibt es den Juniorenwettbewerb „Schüler experimentieren". Jeder interessierte Schüler kann sich selbst anmelden. Lehrer sollten begabte Schüler auf diesen Wettbewerb aufmerksam machen und sie zu einer Teilnahme ermutigen. Die Anmeldefrist ist in jedem Jahr der 30. November. Im Dezember bekommen die Interessenten eine Aufforderung, bis Mitte Januar eine schriftliche Arbeit über ihr Forschungsprojekt einzureichen, die maximal 15 Seiten lang sein soll. Anfang Februar werden die Teilnehmer dann zu einer Präsentation ihres Projekts zum Regionalwettbewerb eingeladen. Ausführlichere Informationen finden sich auf den sehr schön gestalteten Internetseiten von „Jugend forscht" (Adresse s. o.).

2.2 Schulen für hochbegabte Kinder mit bundesweitem Einzugsgebiet

Jugenddorf-Christophorusschule Braunschweig
Gymnasium mit Sonderförderzweig für Hochbegabte
Georg-Westermann-Allee 76
38104 Braunschweig
Tel.: 05 31 / 7 07 80
Fax: 05 31 / 70 78 88
E-Mail: postman@cjd.brunswiek.de
Internet: http://www.tu-bs.de/schulen/Christophorus_BS

Die Jugenddorf-Christophorusschule Braunschweig ist ein privates, staatlich anerkanntes Gymnasium mit den Jahrgangsstufen 5–13, das als Ganztagsschule geführt wird und dem ein Internat angeschlossen ist. Von Klassenstufe 9 an gibt es einen Sonderförderzweig für Hochbegabte. Darin erfolgt der Unterricht in den Klassenstufen 9 und 10 in fächerübergreifenden Lernfeldern. Verpflichtend ist das Lernen von Japanisch als dritter Fremdsprache und die Teilnahme an einem Theaterprojekt. In der gymnasialen Oberstufe belegt jeder Schüler mindestens fünf Fächer als Leistungskurse. Das Schuljahr gliedert sich in diesen letzten drei Schuljahren in Trimester. Im ersten und zweiten Trimester, der Basisphase, wird der Unterrichtsstoff des ersten und zweiten Schulhalbjahres unterrichtet. Im dritten Trimester, der Zeit zwischen den Oster- und den Sommerferien, findet eine Vertiefungsphase statt. In der Vertiefungsphase kann aus einem besonderen Kursangebot entsprechend der individuellen Interessen gewählt werden.

Die Auswahl der Schüler für den Sonderförderzweig erfolgt in einer sogenannten Kontaktwoche im Mai/Juni jeden Jahres. In dieser Woche nehmen alle Interessenten an einem speziellen Probeunterricht teil und es werden zahlreiche psychodiagnostische Untersuchungen vorgenommen. Über die Annahme entscheiden die Mitarbeiter der Schule in einer Konferenz. Die Eltern beteiligen sich mit 380 € an den Kosten für die Kontaktwoche. Das Schulgeld beträgt für externe Schüler ca. 350 €, für interne Schüler 1355 € pro Monat. Bei entsprechenden Voraussetzungen übernimmt das Jugendamt die Kosten (s. Teil II, Kap. 1.2, S. 126). Außerdem werden

Stipendien vergeben. Ab der zehnten Klasse kann Schüler-BAFÖG beantragt werden.

Der Jugenddorf-Christophorusschule in Braunschweig ist eine psychologische Beratungsstelle mit den Schwerpunkten Intelligenzdiagnostik, Schullaufbahnberatung und Krisenintervention angeschlossen, bei der sich auch Schüler von anderen Schulen sowie deren Eltern beraten lassen können.

Seit 1999 befindet sich in der Nachbarschaft der Jugenddorf-Christophorusschule auch eine Grundschule, die Hans-Georg-Karg-Schule, in der leistungsstarke und leistungsschwache Schüler in integrativen Klassen unterrichtet werden. Da es für Grundschüler natürlich noch kein Internat gibt, ist der Besuch dieser Schule nur für Kinder aus Braunschweig möglich.

Jugenddorf-Christophorusschule Königswinter
Cleethorpeser Platz 12
53639 Königswinter
Tel.: 0 22 23 / 9 22 20
Fax: 0 22 23 / 92 22 12
E-Mail: cjdkoenigswinter@myokay.net
Internet: http://www.cjd-koenigswinter.de

Die Jugenddorf-Christophorusschule Königswinter ist ein privates, staatlich anerkanntes Gymnasium mit einem Realschulzweig. Hochbegabte Schüler werden ab der fünften Klasse in integrativen Klassen mit gut begabten und motivierten „normalen" Gymnasialschülern unterrichtet. Ab der Jahrgangsstufe 11 gibt es einen Förderzweig für hochbegabte Schüler, der in seinem Konzept dem der Braunschweiger Christophorusschule entspricht. Der Schule ist ein Internat angeschlossen, in das bereits Kinder ab der fünften Klasse aufgenommen werden. Das Schulgeld beträgt für Internatsschüler 1400 € pro Monat. Für Eltern, die diesen Betrag nicht bezahlen können, bestehen verschiedene Möglichkeiten: Zum einen werden Bedürftigkeitsstipendien vergeben, zum anderen übernimmt das Jugendamt bei entsprechenden Voraussetzungen (s. Teil II, Kap. 1.2, S. 126) die Kosten. Für externe Schüler ist der Schulbesuch kostenlos. Eltern werden jedoch zur Finanzierung der extracurricularen Förderangebote um eine Spende von 44 € pro Monat gebeten.

Jugenddorf-Christophorusschule Rostock
Groß Schwaßer Weg 11
18057 Rostock
Tel.: 03 81 / 80 71 00
Fax: 03 81 / 80 71 03
E-Mail: cjd.rostock@t-online.de
Internet: http://www.uni-rostock.de/cjd/schule.htm

Die Jugenddorf-Christophorusschule Rostock ist aus einer ehemaligen mathematisch-
naturwissenschaftlichen Spezialschule und einer ehemaligen Sportspezialschule der
DDR hervorgegangen. Zusätzlich wurde ein „normales" Gymnasium integriert. Die
Schule befindet sich in freier Trägerschaft des Christlichen Jugenddorfs (CJD) und ist
vom Kultusministerium als Schule mit besonderer pädagogischer Prägung anerkannt.
Hochbegabte Schüler werden ab der fünften Klasse in integrativen Klassen mit normal bzw. gut begabten Gymnasialschülern unterrichtet. Ab der Jahrgangsstufe 9 gibt
es für intellektuell hochbegabte Schüler einen Förderzweig, in dem die Klassenstärke
auf 16 Schüler begrenzt ist. Hochbegabte Schüler, die diesen Förderzweig besuchen
wollen und von außerhalb kommen, können in dem Internat wohnen, das der Schule
angeschlossen ist. Das Abitur wird in der 12. Klasse abgelegt. In den Klassenstufen
9 und 10 wird der Unterricht nach Möglichkeit fächerübergreifend gestaltet. In der
Sekundarstufe II wählen alle Schüler mindestens drei Leistungskurse.

Die Auswahl der Schüler erfolgt ähnlich wie in Braunschweig (s. o.) in einer sogenannten Kontaktwoche anhand von Testdiagnostik und Beobachtung im Probeunterricht. Die Kosten für den Schulbesuch sind auf Anfrage erhältlich. Bei entsprechenden
Voraussetzungen übernimmt das Jugendamt die Kosten (s. Teil II, Kap. 1.2, S. 126).
Außerdem werden Stipendien vergeben.

Landesgymnasium St. Afra/Meißen
Gründungsbüro: St. Afra
Kynastweg 57a
01662 Meißen
Tel.: 0 35 21 / 40 19 88
Fax: 0 35 21 / 40 19 87
E.Mail: st.afra@t-online.de
Internet: http://www.sankt-afra.de

Dieses staatliche Ganztagsgymnasium mit Internat (Eröffnung: Sommer 2001) unterrichtet Schüler der Jahrgangsstufen 7 bis 12. Bildungs- und Erziehungsziel ist eine
breite allgemeine Bildung sowie die Förderung von Charaktereigenschaften wie Belastbarkeit und Sensibilität, Durchsetzungsfähigkeit und Kompromissbereitschaft. In
den Klassenstufen 7 bis 10 wird der Unterricht in Basis- und Ergänzungsunterricht
gegliedert. Pro Trimester erarbeitet jeder Schüler ein Projekt. Dabei wird die Fähigkeit zur Kooperation und Teamarbeit sowie zu Kommunikation und Präsentation
trainiert. In der Oberstufe können sich die Schüler die Themen, an denen sie arbeiten, z. T. frei wählen und werden dabei in wissenschaftliches Arbeiten eingeführt.
Jeder Schüler muss in St. Afra mindestens drei Fremdsprachen lernen: Englisch,
eine weitere moderne Sprache nach Wahl und Angebot der Schule sowie eine alte
Sprache.

Voraussetzung für die Aufnahme eines Schülers in St. Afra sind die Bildungsempfeh-
lung für das Gymnasium und eine ausführliche Beurteilung der abgebenden Schule.
Während eines einwöchigen Probeunterrichts mit Internatsaufenthalt werden eine In-

telligenztestung sowie Beobachtungen des Schülers und Gespräche mit ihm durchgeführt. Erfasst werden sollen v. a. die Interessen des Schülers, seine Motivation und seine Integrationsfähigkeit. Aufgrund der staatlichen Unterstützung liegen die Kosten für den Internatsbesuch geringer als in den privaten Internaten. Außerdem sind Sozial- und Leistungsstipenden vorgesehen.

TALENTA-Schule
Steinhauser Str. 8
59590 Geseke-Eringerfeld
Tel.: 0 29 54 / 9 00
Fax: 0 29 54 / 90 69
E-Mail: post@talenta-schule.de

TALENTA ist ein Gymnasium ausschließlich für Hochbegabte, das als Ganztagsschule konzipiert und dem ein Internat angeschlossen ist. Aufgenommen werden hier v. a. hochbegabte Schüler mit bestimmten Problemen, die meisten von ihnen gehören zu den sog. „Underachievern" (s. Teil II, Kap. 1.2). Der Unterricht erfolgt teilweise im Klassenverband mit etwa 20 Schülern und teilweise in speziellen Gruppen, in denen die Schüler nach Leistungsfähigkeit und nicht nach Alter zusammengefasst werden. Bestimmte Lerninhalte werden fächerübergreifend behandelt. Mit Beginn der fünften Klasse werden zwei Fremdsprachen erlernt. Zur Vermeidung einer einseitigen intellektuellen Entwicklung müssen verpflichtende Schwerpunkte im handwerklichen, künstlerischen und sportlichen Bereich gewählt werden.

Voraussetzung für die Aufnahme in die TALENTA-Schule ist die Eignung für das Gymnasium, eine differenzierte Beurteilung der abgebenden Schule, wissenschaftlich festgestellte Intelligenztestergebnisse und ein Aufnahmegespräch von Eltern und Kind in der Schule. Die Entscheidung trifft die Schulleitung. Der Besuch der Schule mit Unterbringung im Internat kostet pro Monat 2 800 €, für externe Schüler ist der Schulbesuch kostenlos. Bei entsprechenden Voraussetzungen (s. Teil II, Kap. 1.2, S. 126) übernimmt das Jugendamt die Kosten.

Neben den dargestellten Schulen gibt es mittlerweile in mehreren Städten Gymnasien mit Spezialklassen für Hochbegabte sowie Grundschulen für Hochbegabte oder auch einfach Schulen, die ein besonderes Angebot für hochbegabte Kinder und Jugendliche machen. Weitere Schulen für Hochbegabte sind geplant. Interessenten müssen vor Ort versuchen, die entsprechenden Adressen ausfindig zu machen. Ansprechpartner können die Kultusministerien, die Stadt- oder Kreisverwaltungen sowie Beratungsstellen sein.

2.3 Förderangebote im Internet

a) Für Kinder im Grundschulalter:

Wissenschaft und Natur für Kinder
Internet: http://www.geo.de/geolino/index.html

Unter der oben angegebenen Adresse finden sich die Internetseiten zur Kinderausgabe der Wissenschaftszeitschrift „GEO". Hier werden kleinere Experimente vorgestellt, z. B., wie man mit keimenden Bohnen Gips sprengen kann. Die dargebotenen Informationen sind sehr einfach aufbereitet und daher für hochbegabte Kinder nur als Einstiegslektüre geeignet.

Themenseiten zu Spiel, Spaß, Natur und Technik für Kinder
Internet: http://www.zapzapzebra.de

Unter der angegebenen Internetadresse finden sich schön gestaltete Seiten zu Themen wie „Natur erleben", „Wind und Wetter", „Backen", „Tricks" etc. Kinder bekommen hier Vorschläge zur Durchführung verschiedener Experimente, z. B. eine Avocado zum Keimen zu bringen oder eine Ananas einzupflanzen.

b) Für Schüler im Gymnasium:

Ask a Professor/Ask a Professional
Service im Internet unter der Adresse:
http://dbs.schule.de/askaprof.html

Unter der angegebenen Internetadresse finden sich Links zu Informationsseiten und E-Mail-Adressen von deutsch- und englischsprachigen Wissenschaftlern verschiedener Bereiche, z. B. Mathematik, Mineralogie, Informatik, Astronomie, Biologie, Vulkanologie, Raumfahrt etc. Diesen Wissenschaftlern können per E-Mail Fragen gestellt werden und sie bemühen sich, diese auf gleichem Wege zu beantworten. Das Angebot ist in erster Linie für Schüler gedacht, kann aber auch für Lehrer interessant sein.

c) Für Schüler unterschiedlicher Altersgruppen:

Vermittlung von Brieffreundschaften
Service im Internet unter den Adressen:

a) http://www.juma.de/post/jumpost.htm
b) http://home.t-online.de/home/okampmeyer/deutsch.htm

Hier können interessierte Schüler im Netz Brieffreunde finden. Die unter a) angegebene Adresse vermittelt Postadressen aus- und inländischer Schüler, die an einem Briefkontakt interessiert sind, die unter b) angegebene Adresse vermittelt E-Mail-Adressen. Bei beiden Vermittlungsstellen ist es möglich, seine eigene Postanschrift bzw. E-Mail-Adresse anzugeben und sich in einem kurzen Brief vorzustellen.

d) Für Schüler, Studenten und Erwachsene:

Tandempartnervermittlung
E-Mail: tandem@slf.ruhr-uni-bochum.de
Internet: http://www.slf.ruhr-uni-bochum.de

Im Internet-Tandem-Netzwerk arbeiten Hochschulen und andere Institutionen zusammen, um das Sprachenlernen im Tandem zu erleichtern. „Sprachenlernen im Tandem" bedeutet, dass zwei Personen mit verschiedenen Muttersprachen paarweise zusammenarbeiten, um voneinander ihre Sprachen zu lernen, mehr über die Person und die Kultur des Partners zu erfahren und auch andere Kenntnisse – z. B. aus ihrem Tätigkeits- und Interessenbereich – auszutauschen. Manchmal lassen sich Partner finden, die in der gleichen Stadt wohnen und sich deshalb persönlich treffen können. Häufig jedoch wohnen die beiden Partner in unterschiedlichen Ländern und kommunizieren per E-Mail miteinander. Unter der angegebenen Internetadresse finden sich Hilfen und Anregungen, wie man über diesen Kommunikationskanal eine effektive Lernpartnerschaft gestalten kann.

Wer möchte, dass ihm/ihr die Tandempartnervermittlung hilft, einen Tandempartner oder eine Tandempartnerin zu finden, sollte eine kurze Nachricht an die oben angegebene E-Mail-Adresse schicken und darin folgende Informationen mitteilen: Name und Vorname, E-Mail-Adresse, Muttersprache, die Sprache, die er/sie erlernen möchte und ob er/sie Schüler, Student oder ein erwachsener Lerner ist. Optional können außerdem Alter, Beruf und Interessen angegeben werden. Aufgrund der großen Anfrage kann es ein wenig dauern, bis die Nachricht beantwortet wird. Sobald ein Tandempartner gefunden wurde, meldet sich die Tandempartnervermittlung per E-Mail. Der Vermittlungsservice ist kostenlos.

2.4 Lernsoftware

FWU-Medien/Lernsoftware
s. Link unter der Internet-Adresse: http://dbs.schule.de

Die angegebene Internetadresse ist die Homepage des Deutschen Bildungsservers. Von dort gelangt man über den Link „FWU-Medien" zu einem sehr umfangreichen Verzeichnis an Lernsoftware. Um passende Angebote ausfindig zu machen, kann man zunächst die Medienkategorie (z. B. CD-ROM oder Videokassette), den Bildungsbereich (z. B. Kindergarten, Grundschule, Sekundarstufe I oder II, Hochschule) und den Fachbereich (z. B. Deutsch, Chemie, Geschichte – jeweils mit weiteren Unterkategorien) eingrenzen und dann eine Suche starten. Die ausfindig gemachten Angebote werden ausführlich beschrieben und ihr Preis genannt. Sie können entweder über den angegebenen Hersteller oder den Buchhandel bezogen werden.

Eigene Adressen

Die folgenden Kästen bieten Ihnen Platz, sich weitere Adressen von Institutionen, die Fördermaßnahmen für hochbegabte Kinder und Jugendliche anbieten, von Schulen für Hochbegabte, von Förderangeboten im Internet sowie von Computerprogrammen zu notieren.

Adresse: _____

_____

Tel.: _____
Sprechzeiten: _____
Fax: _____
E-Mail: _____
Internet: _____

Adresse: _____

_____

Tel.: _____
Sprechzeiten: _____
Fax: _____
E-Mail: _____
Internet: _____

Adresse: _____

_____

Tel.:   _____

Sprechzeiten: _____

Fax: _____

E-Mail: _____

Internet: _____

Adresse: _____

_____

Tel.:   _____

Sprechzeiten: _____

Fax: _____

E-Mail: _____

Internet: _____

Adresse: _____

_____

Tel.:   _____

Sprechzeiten: _____

Fax: _____

E-Mail: _____

Internet: _____

3 Fortbildung und Unterrichtsmaterialien für Lehrer und Erzieher

3.1 Anbieter von Fortbildungsveranstaltungen

a) Für Lehrer:

Internationales Centrum für Begabungsforschung
Dr. Christian Fischer
Georgskommende 33
48143 Münster
Tel.: 02 51 / 8 32 42 30
E-Mail: ICBF@uni-muenster.de

In Zusammenarbeit mit dem Institut für Weiterbildung an der Universität Nijmegen hat das European Council for High Ability (ECHA) einen Lehrgang entwickelt, der zur Verleihung des „European Advanced Diploma in Educating the Gifted" führt. Ziel dieses ca. eineinhalbjährigen Lehrgangs ist es, Lehrer dazu zu befähigen, Begabtenförderung in der Schule zu verwirklichen. Die Teilnehmer am Lehrgang werden in Gruppen zu ca. 25 Personen zusammengefasst, die sich regelmäßig mit ihrem Supervisor treffen. Außerdem finden im Verlauf des Lehrgangs vier zweitägige Seminare statt. Themen dieser Seminare sind u. a. „Intelligenz", „Leistungsmotivation", „Kreativität", „Möglichkeiten und Grenzen der Identifizierung von Hochbegabung durch Lehrer", „Erkennen von hochbegabten Underachievern" etc. Jeder Teilnehmer muss in seiner eigenen Schule ein Begabtenförderungsprojekt durchführen und darüber eine Diplomarbeit mit einem Umfang von 30–60 Seiten verfassen. Interessierte Lehrer aus Deutschland wenden sich bitte an die Adresse in Münster.

Schulpsychologische Beratungsstellen
Internet: http://www.schulpsychologie.de

Im Internet kann man nach Bundesländern zusammengestellte Listen der Schulpsychologischen Dienste in Deutschland abrufen. Auf die entsprechenden Seiten kommt man über den Link „Adressen" auf der Homepage der Schulpsychologischen Dienste. Einige Schulpsychologen bieten Fortbildungen für Lehrer zum Thema „Hochbegabung" an. Dabei geht es in erster Linie um Möglichkeiten der Förderung sowie der stärkeren sozialen Integration, um den Umgang mit Verhaltensproblemen, Störverhalten und Arbeitsverweigerung hochbegabter Schüler und natürlich um das Erkennen einer Hochbegabung. Auch die Verbesserung der Kommunikation zwischen Lehrern, Eltern und Schülern ist ein wichtiges Thema, das manchmal im Rahmen dieser Fortbildungen besprochen wird. Wie das Angebot im Einzelnen aussieht, muss bei den jeweiligen Schulpsychologischen Beratungsstellen erfragt werden.

Adressen der Fortbildungsinstitutionen für Lehrer in Deutschland
Internet: http://www.imn.htwk-leipzig.de/~koepf/fortbildung.html

Unter dieser Internetadresse finden Sie eine Liste mit den nach Bundesländern sortierten Fortbildungsinstitutionen für Lehrer in Deutschland. Ob das jeweilige Institut Fortbildungen zum Thema „Hochbegabung" anbietet, muss telefonisch erfragt oder ebenfalls im Internet (s. nachfolgende Adresse) nachgeschaut werden.

Übersicht der im Internet vertretenen Fortbildungsinstitutionen für Lehrer
Internet: http://www.dasan.de/katalog/d/bildung/schulen/lehrerfort-
         bildung.htm

Auf dieser Internetseite finden sich Links zu allen online vertretenen deutschen Fortbildungsinstitutionen für Lehrer, die nach Bundesländern sortiert sind. Auf den Internetseiten der einzelnen Fortbildungsinstitute kann häufig das aktuelle Programm eingesehen werden.

b) Für Erzieher:

Jugenddorf Hannover
im Christlichen Jugenddorfwerk Deutschlands e.V.
Gundelachweg 7
30519 Hannover
Tel.: 05 11 / 87 83 90
Sprechzeiten: Montag bis Freitag 7^{30}–6^{00} Uhr
Fax: 05 11 / 86 28 88
E-Mail: CJD-Jugenddorf.Hannover@gmx.de

Im Christlichen Jugenddorf Hannover finden mehrmals im Jahr Fortbildungen für pädagogische Fachkräfte zum Thema „Hochbegabung" statt. Zum einen wird hierbei auf das Erkennen einer Hochbegabung bei Kindern eingegangen. Dazu werden be-

stimmte Verhaltensweisen, Fähigkeiten sowie Eigenarten hochbegabter Kinder dargestellt, die auf eine besondere Begabung hindeuten, und es werden die gängigen Intelligenztests vorgestellt. Zum anderen wird in der Fortbildung auf den Umgang mit spezifischen Problemstellungen im Zusammenhang mit einer Hochbegabung eingegangen.
In Kleingruppen entwickeln die Teilnehmer anhand von Fallbeispielen eigene Lösungsideen zu solchen Problemen und diskutieren darüber. Zudem werden Möglichkeiten
eines differenzierten Beschäftigungsmaterials für hochbegabte Kinder vorgestellt und
Literaturempfehlungen zu dem Thema gegeben. Die Teilnehmerzahl ist auf acht bis
zehn Personen begrenzt, um einen adäquaten Rahmen für einen intensiven Austausch,
Fragen und Anmerkungen bieten zu können.

3.2 Unterrichts- und Spielmaterialien

a) Für Lehrer:

Schulpsychologische Beratungsstelle Lüdenscheid
Straberger Str. 3
58511 Lüdenscheid
E-Mail: post@luedenscheid.de

Die Schulpsychologische Beratungsstelle Lüdenscheid hat zwei Trainings zum Erwerb
von Lern- und Arbeitstechniken für Schüler unterschiedlicher Klassenstufen entwickelt. Zum Training „Lernen lernen", das im Rahmen eines Schulprojekts konzipiert wurde und für Kinder ab der fünften Klasse geeignet ist, gibt es eine Dokumentation, die gegen eine Gebühr von 17,90 € bei obiger Adresse bestellt werden
kann. In dieser Dokumentation finden sich u. a. Informationen zu den verschiedenen
Lernkanälen, über die Schüler Wissen aufnehmen, zu Zeitmanagement und Übungen
zur Konzentration. Außerdem kann für 5 € die CD „Lernen lernen mit Mutmachlie-
dern" bestellt werden. Für Schüler in der Oberstufe wurde eine Mappe mit dem Titel
„Selbstgesteuertes Lernen" erstellt, die gegen eine Gebühr von 14 € bei der Beratungsstelle bezogen werden kann.

**Unterrichtsmaterialien und Projekte online auf dem deutschen
Bildungsserver**
Internet: http://dbs.schule.de/db/listen.html

Dieser Service im Internet hält ein umfangreiches Angebot an Unterrichtsmaterialien
und Projektvorschlägen bereit. Interessierte Lehrer können zunächst die Ressourcen-
kategorie (z. B. Lehr-Lernmittelaufgabensammlung, Nachschlagewerk, Buch, Projekt),
den Bildungsbereich (z. B. Kindergarten, Grundschule, Sekundarstufe I oder II, Hoch-

schule) und den Fachbereich (z. B. Deutsch, Englisch, Musik – jeweils mit weiteren Unterkategorien) eingrenzen und dann eine Suche starten. Bei einer Suche zur Lektürebesprechung im Fach Deutsch werden dann beispielsweise Anregungen zur Besprechung unterschiedlicher Werke mit aufgeschlüsselter Stundenverlaufsplanung und abwechslungsreichem Medieneinsatz gegeben.

Tauschbörse Unterricht
Service im Internet unter der Adresse:
http://www.blume-programm.de/ab/boerse/b_1.htm

Die „Tauschbörse Unterricht" ist ein offenes Angebot für alle Lehrer, die Anregungen für ihre Unterrichtsgestaltung suchen. Sie können sich hier über 700 Arbeitsblätter mit Vorlagen für Puzzle, Lernspiele, Memories, themenbezogene Kreuzwort-, Such- und Zahlenrätsel, Bastelvorlagen für Daumenkinos, Phenakistoskope etc. herunterladen. Über ein thematisch sortiertes Stichwortverzeichnis lassen sich geeignete Angebote auswählen.

Die Arbeitsblätter sind auch auf einer CD-ROM erhältlich, die käuflich erworben werden kann. Dazu muss ein Verrechnungsscheck über 20 € an den „Verein der Freunde und Förderer der Binnerfeldschule" ausgestellt und an folgende Adresse geschickt werden: Alfred Bergkemper, Iringweg 50, 59757 Arnsberg.

b) Für Erzieher:

Hochbegabung bei Kleinkindern
Informationsseiten im Internet unter der Adresse:
http://www.klugekinder.bwk.at

Im Forum „Kluge Kinder" finden sich im Internet Informationen zu hochbegabten Kindern zwischen ein und sechs Jahren sowie zu Möglichkeiten ihrer Förderung. Dazu werden Bücher, Spiele und Lernsoftware empfohlen. Erzieherinnen können hier Anregungen für Aktivitäten im Kindergarten finden.

Eigene Adressen

Auf dieser sowie der nächsten Seite finden Sie Platz, Adressen von Institutionen, die Fortbildungen für Lehrer oder Erzieher zum Thema „Hochbegabung" anbieten, zu notieren.

Adresse: _____

_____

Tel.: _____

Sprechzeiten: _____

Fax: _____

E-Mail: _____

Internet: _____

Adresse: _____

_____

Tel.: _____

Sprechzeiten: _____

Fax: _____

E-Mail: _____

Internet: _____

Adresse: _____

_____

Tel.: _____

Sprechzeiten: _____

Fax: _____

E-Mail: _____

Internet: _____

Adresse: _____

_____

Tel.: _____

Sprechzeiten: _____

Fax: _____

E-Mail: _____

Internet: _____

Adresse: _____

_____

Tel.: _____

Sprechzeiten: _____

Fax: _____

E-Mail: _____

Internet: _____

Adresse: _____

_____

Tel.: _____

Sprechzeiten: _____

Fax: _____

E-Mail: _____

Internet: _____

Stichwortverzeichnis

Abschluss des Gesprächs 74–93
Absprachen 85 f.
Adaptives Intelligenz Diagnostikum
    42 f.
Aggressivität 172–181
AID ⎫ s. Adaptives Intelligenz
AID 2 ⎭ Diagnostikum
Aktives Zuhören 24–27
Aktivierungsstörung 209
Akzeleration 16
Akzeptanz 102
Anderssein 156 f.
Anforderungen
    – zu geringe 109–117, 230
    – zu hohe 229 f.
Anforderungsniveau 201
Angst 215 f., 235 f.
Angst vor Fehlern 144
Ängstlichkeit 215–224
Angstschwelle 219
Anliegen der Klienten 31
Anpassung 123 f.
Anspannungsniveau 219
Antidepressiva 241
Antriebslosigkeit 236
Arbeitsorganisation 34 f.
asynchrone Entwicklung 14, 156
Asynchronie
    – externale 139
    – internale 138
    – Lehr-Lernstil- 139
Aufmerksamkeit des Beraters 24 f.
Aufmerksamkeitsdefizit-/Hyperaktivitäts-
    störung (AD/HS) 205–214
    – des vorwiegend hyperaktiv-
      impulsiven Typus 208
    – des vorwiegend unaufmerksamen
      Typus 207 f.
Ausgrenzung, s. Mobbing
Äußere Differenzierung 17
Autoaggression 174

Bauchschmerzen 225, 227
Begabtenförderung (Adressen) 288 ff.

Beratungsgruppen 97–104
Beratungskompetenzen 37
Beratungssetting 21
Beratungsstellen (Adressen) 269 ff.
Berliner Intelligenzstrukturmodell 9
Bettnässen 225, 227
Bilanzaufstellung 59 f.
Blitzlichtrunde 101
Brainstorming 58
Bulimie 226
Burnout 86 ff.

CFT, s. Culture Fair Test
Culture Fair Test 42

Depressionen 234–242, 247 f.
Deutsche Gesellschaft für das
    hochbegabte Kind e.V. 190, 270,
    288

Eifersucht zwischen den Geschwistern
    184, 189
eigene Grenzen 33 ff., 54, 90
eigene Kompetenzen 33 ff.
emotionale Entlastung 31, 44 ff.
emotionale Expressivität 152 f.
Enrichment 16 f.
Entspannung 90, 221 f.
Entspannungstraining 232
Entwicklungsaufgaben 184 f.
erlernte Hilflosigkeit 237
Erwartungen des Klienten 32 f.
Erziehungs- und Familienberatungs-
    stellen (Adressen) 275
Etikettierung 195
Extra-Aufgaben 201

Familienrat 189 f.
Familientherapie 190, 240 f.
Feinstrukturierung 75, 76 f.
Förderangebote im Internet (Adressen)
    295 f.
Fördermaßnahmen 15 ff., 112 f.
Förderunterricht 201

Fortbildung (Adressen)
- für Erzieher 300 f.
- für Lehrer 299 f.
Fragen stellen 28–30
- geschlossene 28 f.
- offene 28 f.
- Spiegelungs- 28 f.
Früheinschulung 113
Frustration 143 f., 176
Frustrationstoleranz, geringe 144,
146
Furcht 215 f.

Gefühle 43 ff.
- Erkennen der 44 f.
- Wiedergeben (Widerspiegeln) der
45 ff.
Gesprächsergebnisse 74 f.
Gesprächsführungstechniken XV f., 23 f.
Gewalt, s. Mobbing
Gewaltbekämpfung in der Schule
168
Grobstrukturierung 75 f., 77 f.
Gruppenberatung 95 ff.

Hamburg-Wechsler-Intelligenztest für
Kinder 41 f.
HAWIK-III ⎱
HAWIK-R ⎰ s. Hamburg-Wechsler-
HAWIVA ⎰ Intelligenztest für Kinder
Helfer für schwächere Schüler 201
Hochbegabtenberatung
- Definition 2 f.
Hochbegabung
- Definition 1 f., 6 ff.
Hyperaktivität, s. Aufmerksamkeits-
defizit-/Hyperaktivitätsstörung
hypochondrische Tendenzen 122

Ich-Botschaften 65
Informationsbedürfnis 31 f.
Informationsvermittlung 39 f.
Innere Differenzierung des Unterrichts
16, 112
Intelligenz 2, 8 ff.
Intelligenzprofil 13
Intelligenzquotient (IQ) 2, 10 f.
Intelligenztests 2, 9 ff., 41 ff.

interkulturelle Unterschiede 152
Isolation 150–161, 249
- endogene Faktoren 154
- exogene Faktoren 154

K-ABC, s. Kaufman-Assessment
Battery for Children 43
Kinder- und Jugendtelefon 38, 275
KJHG 126
Klärungshelfer 203
Klassenclown 111, 194
Kommunikationsmodell 48
Kommunikative Kompetenz XV f.
Konflikte
- Definition 182
- familiäre 182–191
- zwischen Eltern und Lehrern 199 f.
- zwischen Lehrern und Schülern
194 f., 198
Konfliktgeschehen 186
Konfliktgespräche 202
Konfrontieren 64
Kontaktfähigkeit, Mangel an 153
Kontaktinteresse, geringes 153
Kontextinformationen 23
Kontrollierter Dialog 26, 49
Kopfschmerzen 225, 227, 229
Kritische Lebensereignisse 123

Längsschnittuntersuchungen 12 ff.
Legasthenie 135
Lehrer-Eltern-Beziehung 192 ff.
Lehrer-Schüler-Beziehung 192 ff.
Lehrer-Schüler-Eltern-Triade 197
Leistungsstörungen 120
Leitung einer Beratungsgruppe
101–104
Lern- und Arbeitstechniken 15, 124,
127–134
Lernkurve 132
Lernsoftware 297
Lernumgebung 133
Lese- und Rechtschreibfehler, typische
137, 139
Lese- und Rechtschreibtrainings 140
Lese-Rechtschreib-Schwierigkeiten
(LRS) 15, 123, 135–141
Lösungsstrategien 56, 60 f.

Metakommunikation 69 f.
Migräne 225, 227
Mitteilen eigener Erfahrungen 65
Mobbing 15, 162–171
Moderation einer Beratungsgruppe
101 ff.

Neurotransmitterstoffwechsel 209

Ohnmacht 243, 247
Ordnungsliebe 144
Organisatorische Bedingungen der
Beratung 34 ff.

Paraphrasieren 24, 25 f.
Parasuizid 246 f.
Parasympathikus 228
Pausen 90
Peers 7, 151
Perfektionismus 142–149, 248
personenzentrierte Psychotherapie 108,
148, 160, 170, 223
persönliche Aussprache 31, 32, 43 ff.
persönliche Stellungnahmen 62 ff.
Persönlichkeitsmerkmale 12
Perspektiven 74 ff.
pessimistischer Erklärungsstil 237 f.
Problemklärung 32, 55 ff.
Problemlöseprozess 56 ff.
 – Lösungsalternativen 58
 – Ziele 57 f.
Protokollbogen 23, 77–84
 – Kurzform: Muster 83
 – Langform: Muster 79 ff.
Protokollieren 84
Psychische Entwicklung von Hoch-
begabten 3, 11 ff.
PsychKG 250
Psychopharmaka 241
psychophysiologische Störung 225
Psychosomatische Beschwerden
225–233
Psychotherapie 108
Psychotherapie-Informations-Dienst
(Adresse) 283

Ratschläge 63 f.
Ritalin-Therapie 211

Sachkompetenz XVI
Schlafstörungen 236
Schmerzbewältigungstraining 232
Schülerwettbewerbe (Adressen) 289 ff.
Schulen für Hochbegabte (Adressen)
291 ff.
Schulische Förderung von Hoch-
begabten 15 ff.
Schulunterricht 112
schwierige Beratungssituationen 68 ff.
Selbstanspruch, hoher 144
Selbstbeobachtung 90 f.
Selbsthilfe-Berater XIII f.
Selbsthilfegruppen 97 ff.
Selbsthilfeinformations- und Kontakt-
stellen (Adresse) 284
Selbsthilfekontaktstellen 99
Selbstkompetenz XVI
Selbstwahrnehmung 54
Sensibilität 156, 220
Setting s. Beratungssetting
soziale Kompetenzen 152
soziale Unterstützung 91 f.
Spannungskopfschmerzen 225, 227, 229
Spirale der Enttäuschungen 176, 230,
238
Sprachliche Ausdrucksformen 49 ff.
 – Antonyme 50
 – Einfachheit 50
 – Repräsentationssystem 50, 51 f.
 – Synonyme 50
Stören des Unterrichts 111, 194
Stress 86, 228 f.
Strukturieren 75 ff.
Suizid, s. Suizidalität
Suizidalität 243–252
Supervision 55, 92 f.
 – Arbeitsgruppen zur kollegialen
92 f.
Supervisionsgruppe 37
Sympathikus 228

Techniken der Gesprächsführung
s. Gesprächsführungstechniken
Teil-Unterricht in höheren Klassen 113
Telefonseelsorge 38, 275
Theorie der psychosozialen Entwicklung
184 f.

Todesgedanken 236
Todessehnsüchte 246
Training sozialer Fähigkeiten 159

Überbeanspruchung, s. Burnout
Überspringen 4, 16, 113 ff.
übertriebene Erwartungen, s. Burnout
Underachievement 4, 118–126
Underachiever 1, 8, 14, 118 ff.
Unterforderung 109–117
Unterrichtsmaterialien (Adressen) 301 f.

Vegetatives Nervensystem 228 f.
Veränderungsaktivitäten des Klienten 63
Verantwortung des Helfers 53
Verbergen eigener Fähigkeiten 15, 111

Verhaltenstherapie (kognitive) 108, 148,
    180, 212, 222, 239 f.
Verstärkung des Klientenverhaltens 63
Verzweiflung 53 ff.

Vigilanz 209
Vorschläge 63 f.
Vorurteile über Hochbegabte 6, 11 f., 14

Wahrnehmungsfähigkeiten 220
Wertschätzung 102 f.
Widerstand 72 f.

Zielbestimmung 57 f.
Zufriedenheitserlebnisse 90
Zusammenfassen 27, 77

Kurt A. Heller

Hochbegabung im Kindes- und Jugendalter

2., überarbeitete und erweiterte
Auflage 2001, 509 Seiten,
€ 46,95 / sFr. 77,–
ISBN 3-8017-1376-8

Das Buch berichtet über eine der umfassendsten Hochbegabungsstudien der Gegenwart. Zunächst werden die wichtigsten Untersuchungsziele und Forschungsbefunde der Längsschnittstudie dargestellt. Es folgt eine detaillierte Methoden- und Befundbeschreibung. Die zweite Auflage stellt die Befunde zweier Follow-up-Erhebungen in den 90er Jahren dar und geht dabei insbesondere auf die Langzeitprognosebefunde der eingesetzten Messinstrumenten zur Identifizierung hochbegabter Kinder und Jugendlicher ein.

Heinz Holling
Uwe Peter Kanning

Hochbegabung

Forschungsergebnisse
und Fördermöglichkeiten

1999, X/171 Seiten,
€ 26,95 / sFr. 44,80
ISBN 3-8017-1294-X

Das Buch stellt grundlegende Theorien und Forschungsergebnisse zur Hochbegabung dar und erörtert Probleme der Diagnose intellektueller Hochbegabung. Weiterhin werden unterschiedliche Möglichkeiten zur Förderung betroffener Kinder und Jugendlicher diskutiert. Auch dem vielfach vernachlässigten Thema der beruflichen Hochbegabung wird besondere Aufmerksamkeit geschenkt.

Hogrefe

Hogrefe-Verlag

Rohnsweg 25 • 37085 Göttingen
Tel.: 05 51 - 4 96 09-0 • Fax: -88
E-Mail: verlag@hogrefe.de

Anna Julia Wittmann

Hochbegabten- beratung

Theoretische Grundlagen
und empirische Analysen

2003, 221 Seiten,
€ 29,95 / sFr. 49,80
ISBN 3-8017-1750-X

Viele Personen, die sich im Bereich der Hochbegabtenberatung engagieren, sind auf ihre Aufgabe nur unzureichend vorbereitet und benötigen dringend ein Beratungsprogramm, an dem sie sich orientieren können. Der Band stellt die Entwicklung eines Konzepts zur Hochbegabtenberatung dar. Neben Informationen darüber, welche fachlichen, kommunikativen und Selbstkompetenzen Hochbegabtenberater benötigen, wenn sie erfolgreich beraten wollen, wird außerdem der Fortbildungsbedarf von Lehrern aufgezeigt.

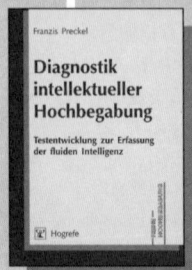

Franzis Preckel

Diagnostik intellektueller Hochbegabung

Testentwicklung zur Erfassung
der fluiden Intelligenz

2003, 217 Seiten,
€ 29,95 / sFr. 49,80
ISBN 3-8017-1747-X

Ziel des Buches ist es, einen Test zur Erfassung der fluiden Intelligenz im hohen Begabungsbereich bereitzustellen. Das Buch beschreibt die Hintergründe der Testkonstruktion sowie die Gütekriterien des Tests. Ausgangspunkt der Testentwicklung ist die Annahme gradueller intellektueller Unterschiede zwischen durchschnittlich und hoch begabten Personen.

Hogrefe

Hogrefe-Verlag

Rohnsweg 25 • 37085 Göttingen
Tel.: 05 51 - 4 96 09-0 • Fax: -88
E-Mail: verlag@hogrefe.de